BUR
rizzoli

Storia d'Italia

1. L'Italia dei secoli bui
2. L'Italia dei Comuni
3. L'Italia dei secoli d'oro
4. L'Italia della Controriforma
5. L'Italia del Seicento
6. L'Italia del Settecento
7. L'Italia giacobina e carbonara
8. L'Italia del Risorgimento
9. L'Italia dei notabili
10. L'Italia di Giolitti
11. L'Italia in camicia nera
12. L'Italia littoria
13. L'Italia dell'Asse
14. L'Italia della disfatta
15. L'Italia della guerra civile
16. L'Italia della Repubblica
17. L'Italia del miracolo
18. L'Italia dei due Giovanni
19. L'Italia degli anni di piombo
20. L'Italia degli anni di fango
21. L'Italia di Berlusconi
22. L'Italia dell'Ulivo

STORIA D'ITALIA

INDRO MONTANELLI
ROBERTO GERVASO

L'Italia del Settecento

1700-1789

Premessa di Sergio Romano

BUR rizzoli

ISBN 978-88-17-04432-5

Per la parte aggiornata:
Testi appendice e inserto a colori – Massimiliano Ferri
Ricerca iconografica – Silvia Borghesi
Mappe – Angelo Valenti

Prima edizione aggiornata BUR Storia d'Italia ottobre 2010

Premessa

Per l'Europa e per una parte importante delle Americhe il Settecento fu il secolo dei lumi, dell'Enciclopedia, della grande filosofia di Kant, dello spirito dissacrante di Voltaire, del populismo egualitario di Rousseau, di Washington, Franklin, Jefferson, di «despoti illuminati» come Maria Teresa, Giuseppe II, Federico il Grande di Prussia, Pietro il Grande di Russia. Quando lo sguardo si abbassa sull'Italia il quadro appare del tutto diverso. Mentre l'Inghilterra diventa una potenza economica mondiale, la Repubblica di Venezia è ormai soltanto l'ombra di se stessa. Mentre i Paesi Bassi sono divenuti un dinamico emporio commerciale, Genova vive degli investimenti fatti nell'epoca della sua straordinaria ricchezza finanziaria. Mentre la Germania è teatro del grande Rinascimento romantico, Firenze è la custode fedele e diligente del suo grande passato. Si parla degli Stati italiani nelle Corti europee quando il Re di Napoli viene chiamato al trono di Spagna e gli Asburgo-Lorena subentrano ai Medici nel Granducato di Toscana. A Roma intanto il Papa conduce una sconsolata battaglia di retroguardia contro le politiche riformatrici di Re e Imperatori che, pur continuando a proclamarsi cattolici, non esitano a ridurre considerevolmente gli antichi privilegi della Chiesa romana. Con un'eccezione, il Piemonte, gli Stati italiani sono ormai dipendenze delle grandi dinastie europee, residenze mediterranee di sovrani in cerca di un trono, piccole e patetiche Corti provinciali. Godono di una limitata sovranità e la loro stabilità dipende dal rapporto fra le maggiori potenze. Ne avremo una conferma alla fine del secolo quando le guerre provocate dalla Rivoluzione francese sconvolgeranno gli equilibri del continente.

Questo non significa che la Penisola sia estranea alla vita intellettuale dell'Europa. Accanto agli arcadi, ai poeti di Corte e agli eruditi esistono personalità capaci d'inserirsi e di emergere nelle grandi correnti culturali del tempo: Giambattista Vico, Pietro Giannone, Ludovico Antonio Muratori. Per molti scrittori e artisti, tuttavia, l'Italia è un abito troppo stretto. Il talento di Metastasio trova i suoi ammiratori a Vienna. Le qualità di Giuseppe Baretti, giornalista e pubblicista, trovano a Londra gli impieghi più adatti ai suoi molteplici talenti. Goldoni scrive per i teatri parigini le commedie degli ultimi vent'anni della sua vita. Casanova e Gorani scrivono in francese le loro memorie. Algarotti conquista la sua notorietà europea tra Londra e Berlino. Cesare Beccaria viene riconosciuto in Francia ancora prima che in Italia. E verso la fine del secolo, sulla scia degli avvenimenti francesi l'aria della cultura italiana comincia a diventare più fresca e respirabile.

Sergio Romano

L'ITALIA DEL SETTECENTO

AVVERTENZA

Eccoci alla sesta tappa di questa ricostruzione della storia d'Italia. Gli scopi ch'essa si propone li abbiamo già spiegati troppe volte per doverli enunciare. Possiamo soltanto aggiungere che, malgrado l'ostilità di cui siamo stati fatti segno da parte della storiografia accademica, la schiera dei nostri lettori non solo non si è assottigliata, ma si è di volume in volume irrobustita. Del resto, anche le critiche hanno mutato tono e registro. Ed è naturale. Un successo momentaneo lo si può interpretare come un abbaglio del pubblico. Ma quando esso dura da venti anni sempre in crescendo, bisogna pur riconoscergli qualche motivo un po' più valido.

Lasciamo tuttavia questa polemica che, a dire il vero, non ci ha mai scalfito, convinti com'eravamo che sarebbero stati il tempo e i risultati a farne giustizia. E veniamo al Settecento: questo secolo contraddittorio in cui si consuma il processo di decadenza iniziato con la Riforma e il predominio spagnolo, ma nello stesso tempo si pongono le premesse del successivo risveglio. Noi abbiamo cercato di far risaltare questo contrappunto, che ci ha obbligato a dettagliare più di quanto fin qui avessimo usato.

*Il lettore vedrà che abbiamo amputato il secolo, facendolo finire all'89. Ma non c'è bisogno di chiarirne i motivi. Che la Rivoluzione francese abbia posto fine all'*ancien régime, *al vecchio regime, e iniziato una nuova era, non soltanto in Francia, ma in tutta Europa, e quindi anche in Italia, è cosa ormai riconosciuta da tutti. Quindi non abbiamo fatto che attenerci al tradizionale criterio.*

Un'ultima cosa. Probabilmente l'anno venturo non potremo essere puntuali alla solita scadenza. Per quanto già da un pezzo ne abbiamo avviato il lavoro preparatorio, quello del Risorgimento è un periodo che c'impone almeno un altro paio d'anni di ricerche, e che forse dovremo dividere in due puntate, e anche di più.

Arrivederci quindi, caro lettore, non al '71, ma al '72, nella speranza che questa pausa non basti a cancellarci dalla tua memoria.

I.M.

Ottobre 1970 R.G.

PARTE PRIMA

L'ITALIA IN EUROPA

L'EUROPA NEL XVIII SECOLO
Confine dell'Impero
Asburgo di Spagna
Asburgo d'Austria
Prussia
Repubblica di Venezia
Acquisizioni francesi 1659-97
Nystad
REGNO DI SVEZIA
Pietroburgo
Stoccolma
Mosca
R. DI DANIMARCA E NORVEGIA
Mare del Nord
Copenaghen
Mar Baltico
REGNO D'INGHILTERRA
Londra
PROVINCE UNITE
Berlino
REGNO DI POLONIA
IMPERO RUSSO
Kiev
Varsavia
Oceano Atlantico
Parigi
IMPERO ROMANO GERMANICO
Rastadt
Vienna
Varsailles
REGNO DI FRANCIA
UNGHERIA
Pest
SVIZZERA
Monaco
SAVOIA
Avignone
STATO DELLA CHIESA
Belgrado
IMPERO OTTOMANO
Mar Nero
REGNO DI SPAGNA
Madrid
Lisbona
R. DI PORTOGALLO
Istanbul
Roma
REGNO DI NAPOLI
Napoli
I. Baleari
Gibilterra
Mar Mediterraneo

CAPITOLO PRIMO

LA GUERRA DI SUCCESSIONE

Con *L'Italia del Seicento*, abbiamo lasciato l'Europa in una situazione – come oggi si dice – di *suspense*, china sul capezzale di un moribondo, in attesa di conoscere il suo testamento. Questo moribondo era Carlo II, ultimo Asburgo del ramo spagnolo. Vediamo di riassumere, per comodo del lettore, il perché di tanta trepidazione.

Gli Asburgo erano stati, per quasi due secoli, l'incubo dell'Europa. Piccoli feudatari dell'Alsazia, poi diventati Duchi d'Austria, avevano moltiplicato, a furia di spada e di matrimoni, possedimenti e titoli. Il colmo lo aveva toccato ai primi del Cinquecento l'imperatore Carlo V, nelle cui mani si era trovata concentrata una favolosa eredità. Da parte di padre gli toccarono i Ducati d'Austria, il Tirolo, la Borgogna e le Fiandre.

Da parte di madre – Giovanna la Pazza, unica figlia di Ferdinando d'Aragona e Isabella di Castiglia – gli toccarono la Spagna e tutto il nuovo mondo latino-americano, dal Messico alla Patagonia. A tutto questo, egli poté aggiungere il titolo di Sacro Romano Imperatore, già detenuto da suo nonno Massimiliano; un titolo che, per quanto svuotato di effettivo contenuto, gli conferiva una teorica sovranità su quella galassia di Principati divisi e discordi ch'era allora la Germania. Sicché si può dire che solo la Francia e l'Inghilterra si sottraevano al suo dominio.

Carlo aveva sognato di ricostituire sotto il suo scettro l'unità europea di Carlomagno. Pare che carezzasse l'idea di diventarne anche la guida spirituale assumendo la tiara di Papa. Ma dovette rendersi conto a proprie spese che questi programmi ecumenici – cioè di unione universale – erano ormai fuori tempo. Egli trovò sulla sua strada due implacabili nemici: i Re di Francia, e Lutero. I primi si sentivano materialmente soffocati dai domini Asburgo che premevano su quelli loro sia dalla parte della Germania che da quella della Spagna. Il secondo, rompendo l'unità religiosa, distruggeva il presupposto di quella politica. L'Europa non tendeva all'unità. Tendeva alla formazione di Stati nazionali, ognuno con la propria Chiesa indipendente da quella di Roma. E gli Stati nazionali naturalmente si ribellavano al potere soprannazionale che Carlo voleva imporgli.

Al crepuscolo della sua vita di continue lotte e d'inutili vittorie, Carlo ebbe il buon senso di arrendersi a questa realtà. E comprendendo che nessuno, dopo di lui, sarebbe stato in grado di tenere in pugno un Impero così vasto, ma anche così diviso e sparpagliato, lo ripartì. I domini ereditari di Casa d'Asburgo (Austria, Moravia, Boemia) li lasciò al fratello Ferdinando che assunse anche il titolo imperiale. La Spagna con tutto il suo Impero americano, le Fiandre e i possedimenti italiani (che inglobavano mezza Penisola e tenevano l'altra mezza alla loro mercé) andarono al figlio Filippo II. Così la dinastia Asburgo si era scomposta in due rami: quello spagnolo, e quello austriaco.

Cattolico zelante, e perfino bigotto, Filippo volle ritentare l'avventura del padre. Se egli intendesse approfittare della Controriforma, che chiamava i cattolici alla riscossa, per imporre il proprio potere all'Europa, o se approfittasse del proprio potere per restituire alla Chiesa il suo esclusivo primato, nessuno lo sa, e forse non lo sapeva nemmeno lui. Comunque, i due interessi coincidevano, ed egli ne fu il campione. Ma ora, oltre che coi Francesi, doveva vedersela con gli Olandesi in rivolta contro il giogo spagnolo, e con la flotta inglese, smaniosa del dominio sui mari.

Filippo non venne mai a capo di questa coalizione. I suoi successori, Filippo III e Filippo IV, non riuscirono a risolvere le due grandi crisi – quella demografica e quella economica – che travagliavano il Paese. Sicché quando sul trono di Madrid salì l'ultimo rampollo della dinastia, Carlo II, quell'immenso Impero, nonostante le sue dimensioni, aveva già da un pezzo cessato di rappresentare un pericolo per gli Stati europei e la loro indipendenza.

Ma ce n'era un altro, che aveva preso il suo posto: la Francia. Essa era stata preda di convulsioni religiose che avevano messo a repentaglio la sua unità. C'era stata anche, in seguito all'estinzione della dinastia Valois, una lotta per la successione al trono risoltasi infine con la vittoria del ramo collaterale dei Borbone. Ma in mezzo a tanti triboli, la Francia aveva avuto la ventura di trovare dei grandi Ministri – Sully, Richelieu, Mazarino, Colbert – che ne avevano fatto la più forte potenza europea. Così forte che, quando sul trono salì un sovrano ambizioso, insolente e innamorato della gloria militare come Luigi XIV, il Re Sole, credette di poter ripetere con successo il tentativo di Carlo e di Filippo. Negli ultimi decenni del Seicento, l'Europa fu messa a soqquadro dagli eserciti di questo monarca, che trovava pretesti di guerra in tutto.

Ma anche lui aveva dovuto fare i conti con la nuova Europa degli Stati nazionali. Inghilterra e Olanda avevano capeggiato la resistenza, che alla fine aveva prevalso.

Con la pace di Ryswick del 1697, la Francia aveva dovuto rinunziare alla sua pretesa di farla da padrona. Essa restava uno dei più importanti fattori della politica europea, ma non era più in condizione di dettarla. Si era insomma stabilita una *balance of powers*, un equilibrio di poteri, in cui quello francese aveva il suo considerevole peso, ma anche i suoi contrappesi, ch'erano soprattutto tre: l'Olanda, piccola terra, ma già grande potenza marittima e coloniale; l'Impero asburgico d'Austria coi suoi eccellenti eserciti; e l'Inghilterra, che già fin d'allora vedeva in queste situazioni di equilibrio l'unica garanzia della propria incolumità e la condizione del proprio sviluppo: finché gli europei si neutralizzavano a vicenda, essa poteva tranquillamente costruire il suo impero transoceanico.

Malgrado la vastità dei suoi domini, la Spagna era scomparsa dall'elenco delle grandi potenze. Madrid non era più un «centro direzionale» della politica europea. Eppure, ecco che proprio allo scadere del secolo, tutti gli sguardi tornavano a convergervi. L'Europa pendeva dalla bocca di un Re che da vivo non aveva contato nulla, ma da morto poteva metterla di nuovo a soqquadro. A chi avrebbe lasciato la sua corona?

Carlo II l'aveva portata di malavoglia, oppresso dal suo peso. Nelle sue ascendenze c'erano probabilmente troppi matrimoni fra consanguinei. Era nato male, e reggeva l'anima coi denti. Fino a dieci anni avevano dovuto tenerlo in collo perché le gambe non lo sostenevano. Una malformazione del palato gl'impediva di articolar bene le parole. I suoi sudditi lo chiamavano *el Hechizado*, lo stregato, perché i preti attribuivano al diavolo i suoi malanni. Ne aveva una collezione, che avevano trasformato la Corte in una clinica. Nessuno credeva che sarebbe sopravvissuto a suo padre, e per questo lo avevano sposato prestissimo, nella speranza che lasciasse almeno un erede. Ma Carlo non era riuscito nemmeno a questo, e sua moglie, una Principessa austriaca, era afflitta da troppi scrupoli religiosi per rimediare con un cortigiano o con uno stalliere, come talvolta le Regine fanno in questi casi (e non soltanto in questi casi). Ora si apriva una crisi dinastica, che metteva in subbuglio tutta l'Europa.

L'eredità infatti era grossa. Oltre la Spagna, erano in giuoco le Fiandre, cioè il Belgio con la sua potenza industriale, i possedimenti italiani che consentivano un assoluto dominio su tutta la Penisola, e l'immenso Impero sud-americano. In mano a uno Stato in crisi, com'era quello spagnolo, questo patrimonio non esercitava gran peso sulla bilancia mondiale. Ma se fosse toccato a uno Stato già di suo efficiente, l'equilibrio europeo ne sarebbe stato sconvolto. I concorrenti in lizza erano due: gli Asburgo d'Austria, che avanzavano un diritto dinastico e di sangue, visto che Carlo era Asburgo anche lui; e Luigi XIV. Il Re Sole aveva sposato la sorella di Carlo, Maria Teresa. È vero che nel contratto di matrimonio rinunziava a ogni pretesa al trono spagnolo anche a nome dei discendenti suoi e di sua moglie. Ma in quello stesso contratto si garantiva a Maria Teresa una ricca dote che invece non era stata mai pagata. E Luigi sosteneva che i due impegni si condizionavano a vicenda: evaso l'uno, cadeva anche l'altro.

O per meglio dire lo aveva sostenuto finché i suoi eserciti gliene avevano dato la forza. Dopo la pace di Ryswick, aveva rinfoderato queste ambizioni. E anzi si era accordato con Inghilterra e Olanda per cercare una soluzione di compromesso, al di fuori della volontà di Carlo. Così le tre potenze si spartirono – sulla carta – la pelle dell'orso. Napoli e Sicilia sarebbero toccate alla Francia per ripagarla della sua rinunzia, la Lombardia all'Austria per tacitarla, mentre sul trono di Madrid sarebbe salito un personaggio neutro e di poco conto, che fornisse garanzia di non diventare un pericolo pubblico. Si avanzarono le candidature di Pietro II di Braganza e di Vittorio Amedeo II di Savoia. Ma poi furono scartate, e il prescelto fu un piccolo Principe Wittelsbach di Baviera.

Purtroppo, costui morì subito dopo, e bisognò ricominciare daccapo. Il secondo accordo prevedeva l'assegnazione della corona, con la Spagna, il Belgio e l'Impero latino-americano a Carlo d'Asburgo, secondogenito dell'imperatore Leopoldo, mentre alla Francia sarebbero andate Napoli, la Sicilia e Milano: il che l'avrebbe resa arbitra dell'Italia.

Pare impossibile, ma a rifiutare questa soluzione fu proprio la parte che più ne profittava: l'Austria. Sicuro che il Re spagnolo avrebbe testato in favore di suo figlio, Leopoldo rispose che costui non poteva accettare una successione così saccheggiata, e si disse pronto a difenderne l'integrità con la spada.

Era in questo tramestìo di proposte, controproposte, lusinghe e minacce, che Carlo si disponeva a passare a miglior vita, e non si tratta di figura retorica perché mai agonia fu più tribolata della sua. Nessuno gli dava requie. Ai salassi e ai clisteri dei medici s'intramezzavano gli esorcismi dei preti, incaponiti a liberarlo dalla malìa. La moglie austriaca lo teneva sotto il ricatto sentimentale della fedeltà dinastica. I dignitari di Corte erano divisi, ma tutti intrigavano prospettando catastrofi.

Il disgraziato consultò i teologi, ma trovò divisi anche quelli, e si appellò al Papa, il quale naturalmente fece i conti in base al proprio interesse. La presenza in Italia di un Principe imperiale in grado di esercitarvi una forte autorità costituiva, per gli Stati della Chiesa, un pericolo. Perciò il responso di Roma fu favorevole alla Francia. Carlo, forse più per stanchezza che per convinzione, vi si attenne, e all'insaputa della moglie lo tradusse in testamento. Il trono era assegnato a Filippo d'Angiò, nipote di Luigi e di Maria Teresa.

A Parigi la notizia fu accolta più con orgasmo che con gioia. Accettare quel lascito significava provocare l'Europa a una nuova guerra. Rifiutarlo, oltre che la rinuncia a un immenso impero, era una confessione di paura e una perdita di faccia. Il Re Sole esitò. Ma alla fine l'orgoglio e la passione dei gesti teatrali ebbero la meglio. Nel ricevere gli ambasciatori spagnoli che venivano a comunicargli ufficialmente il testamento del morto, Luigi spalancò una porta e, additando il nipote Filippo che dietro di essa aspettava, esclamò: «Signori, ecco il Re di Spagna!». La risposta ormai era agli eserciti.

Non seguiremo le sorti di questo conflitto, che durò un'altra diecina d'anni. Basterà un rapido riassunto. La fortuna dapprincipio aiutò la Francia. Una caduta da cavallo la liberò dal suo più irriducibile nemico, il re Guglielmo III d'Inghilterra; e l'Olanda, attaccata di sorpresa, piegò la testa. Rimaneva l'Austria, ma era lontana e per di più presa tra due fronti: quello balcanico eternamente minacciato dai Turchi, e quello settentrionale su cui tornava a profilarsi il pericolo della Svezia, com'era accaduto nella Guerra dei Trent'anni.

Questo consentì a Luigi di riportare alcuni facili successi, che ridiedero ossigeno alle sue ambizioni egemoniche. Non si contentò d'istallare Filippo sul trono di Madrid. Contrariamente agl'impegni che aveva preso, lo dichiarò qualificato a succedergli anche su quello di Parigi: il che avrebbe fatto della Spagna e del suo Impero un'appendice della Francia, e di questa una potenza irresistibile.

A questo punto la coalizione avversaria passò risolutamente alla controffensiva. E a guidarla furono due condottieri di altissimo rango: John Churchill, ed Eugenio di Savoia. Churchill, antenato di Winston, era una geniale canaglia, che doveva la sua carriera soprattutto alla bellissima moglie, Sara. Non l'aveva sposata per freddo calcolo. L'amava appassionatamente, seguitò ad amarla per tutta la vita, le fu sempre fedele, ma seppe anche servirsene sfruttando al meglio la sua amicizia con la regina Anna, la cognata di Guglielmo, cui era succeduta sul trono. Fu così, «per raccomandazione», che si guadagnò il titolo di Duca di Marlborough e i galloni di Generalissimo. Ma se ne mostrò più che degno infliggendo ai Francesi due memorabili batoste, a Blenheim e a Ramillies. Può indurre a qualche amara riflessione il fatto che quest'uomo giunto ai più alti fastigi per intrigo, per intrigo cadde dopo aver dimostrato che se li meritava. Lo premiarono delle sue vittorie mettendolo sotto inchiesta per malversazione e obbligandolo all'esilio per evitare la galera. Solo più tardi fu riabilitato e poté rimpatriare.

L'altro grande condottiero fu Eugenio di Savoia, italiano d'origine, ma apolide di vocazione. Era infatti figlio di un Savoia di ramo cadetto e di Olimpia Mancini, nipote del Mazarino. Aveva offerto i suoi servigi di soldato al Re Sole che li aveva sprezzantemente rifiutati. E allora si era arruolato negli eserciti di Leopoldo d'Asburgo. Non sapendo più egli stesso come considerarsi, si firmava, con un miscuglio d'italiano, tedesco, francese, *Eugenio von Savoy*. In realtà la sua patria era la caserma, e la servì mirabilmente. A ventiquattr'anni era già Maresciallo dell'Impero. E nel 1697, aveva inflitto ai Turchi una tale disfatta che, con la pace di Carlowitz, l'Austria fu liberata per sempre dalla loro minaccia.

Questi due uomini, oltretutto legati da profonda amicizia, rovesciarono le sorti della guerra. I loro eserciti irrompevano in Madrid, cacciandone Filippo e istallandovi Carlo d'Asburgo. Ridotto allo stremo, il tracotante Re Sole si disponeva alla resa, quando il vento della fortuna nuovamente cambiò. In Inghilterra un governo conservatore e pacifista prese il posto di quello liberale e guerrafondaio provocando, come abbiamo detto, la disgrazia di Lady Churchill e di suo marito. Gli Ungheresi, liberati dalla minaccia turca, insorsero contro l'Austria costringendo il grande Eugenio ad accorrervi. E infine gli Spagnoli sorsero in armi. Essi avevano accolto Filippo senza entusiasmo. Ma vedendolo cacciato da un esercito straniero, il loro orgoglio reagì e li spinse alla rivolta. Nel 1710, ben guidati da un Generale francese, il Vendôme, scacciarono a loro volta l'usurpatore Carlo.

Il Re Sole, reso ragionevole dalla vecchiaia e dagli acciacchi, capì tuttavia che non era il caso di spingere troppo oltre le cose: la Francia era spossata e in preda a una grave crisi economica. Doveva contentarsi di una pace a buone condizioni. E questa pace fu saldata coi trattati di Utrecht del 1713 e di Rastadt del 1714.

Fra le tante che si possono anche dimenticare, questa è una data da ricordare, specie per noi Italiani. Per un secolo e mezzo l'atto costitutivo del nostro Paese era rimasto quello stabilito dal trattato di Cateau-Cambrésis del 1559, che praticamente aveva fatto dell'Italia una colonia spagnola. Ora sopravveniva quello di Utrecht che per un secolo e mezzo avrebbe fatto dell'Italia una colonia austriaca. Il destino della Penisola cambiava cavallo. L'unica cosa che non cambiava era la sua qualifica di colonia.

L'ITALIA NEL 1700

CAPITOLO SECONDO

UTRECHT

Utrecht 1713 e Rastadt 1714: due date, dicevamo, importanti. I relativi trattati rappresentano infatti l'atto costitutivo della nuova Italia nel quadro della nuova Europa. Vediamo dunque di ricapitolarne un po' più chiaramente i risultati.

Primo fatto di fondamentale importanza, che tocca direttamente il nostro Paese: il cambio della guardia, sul trono di Madrid, fra Asburgo e Borbone. Non dimentichiamoci che l'Europa del Settecento è ancora un'Europa prevalentemente «dinastica», cioè un'Europa in cui l'interesse delle dinastie regnanti prevale su quelli nazionali. Non è più così in Olanda, dove in seguito alla rivoluzione democratica del calvinismo il potere è scivolato nelle mani del Parlamento, cioè dei rappresentanti del popolo. Non è più completamente così in Inghilterra, dove la combattiva minoranza puritana, anche se non è riuscita a istaurare permanentemente la repubblica, limita il potere della monarchia e la sta avviando verso una forma «costituzionale» che al Parlamento la subordina. Ma è così nei tre grandi Paesi cattolici – Austria, Francia, Spagna – di cui l'Italia non è che una dipendenza. Re non «per volontà della nazione», ma «per grazia di Dio», Asburgo e Borbone si ritengono i legittimi e assoluti proprietari dei loro Reami. Li considerano un bene di famiglia, di una famiglia il cui bene è molto più importante di quello del popolo. È in base a questa concezione che si combattono le guerre, si negoziano le paci, si sconvolgono e si ristabiliscono gli equilibri.

La partita fra loro s'era saldata, come abbiamo visto, in due tempi. A Utrecht le due potenze borboniche – Francia e Spagna – si misero d'accordo con Inghilterra, Olanda, Prussia, Portogallo e Savoia che formavano la coalizione avversaria. Ma mancava il maggiore interessato: gli Asburgo d'Austria, rappresentati da Carlo VI, quello che aveva cercato di coronarsi Re di Spagna e che frattanto era diventato Imperatore per la morte del padre Leopoldo e del fratello Giuseppe. Costui tentò di proseguire la guerra per conto suo. Ma dopo un anno dovette piegarsi alle condizioni concordate a Utrecht. E anche lui firmò la pace, a Rastadt. Ora vediamo cosa guadagnarono e cosa persero i principali contraenti, e quindi a quale nuovo equilibrio di forze diedero avvio.

Per la Francia, a riprova di quanto dicevamo, dobbiamo distinguere fra Paese e dinastia. La dinastia fece un grosso affare perché piazzò uno dei suoi Principi Borbone, Filippo V, sul trono di Spagna, anche se s'impegnava, per allora e per sempre, a non riunire le due corone sulla testa dello stesso Re. Quanto al Paese, è un altro discorso. Per il fatto di non avere perduto neanche un palmo del suo territorio metropolitano, dopo essere stato sull'orlo del collasso, potrebbe sembrare ch'esso se la fosse cavata abbastanza bene. Però le sue forze navali uscivano dal conflitto decimate e scompaginate, e per di più doveva cedere all'Inghilterra Terranova e i possedimenti canadesi dell'Acadia, cioè della Nuova Scozia e del Nuovo Brunswick, le sue teste di ponte in Nord-America. La Francia restava una grande potenza terrestre, ma veniva cancellata come potenza marittima e Impero transoceanico. Agl'interessi della dinastia, che si era arricchita del trono spagnolo, il Re Sole aveva sacrificato quelli della Nazione.

Lo stesso va detto della Spagna. La partita s'era chiusa a vantaggio del Borbone – Filippo V – che aveva conservato la corona lasciatagli da Carlo II. Ma a quale prezzo, per il Paese! Esso manteneva il suo immenso Impero latino-americano, ma doveva abbandonare tutti i suoi vecchi possedimenti europei, che non erano roba da poco: le Fiandre (pressappoco l'attuale Belgio), il Ducato di Milano, la Sardegna, Napoli, lo Stato dei Presidi (Orbetello e dintorni) e Sicilia: un patrimonio di cui diremo dopo la ripartizione. Ma la perdita più grave non era questa. Erano i mari, a cominciare dal Mediterraneo. Doveva cedere infatti Gibilterra e Minorca all'Inghilterra che così nel Mediterraneo s'istallava da padrona. Non solo. Ma all'Inghilterra dovette cedere anche il cosiddetto *asiento*, cioè praticamente il controllo sulla tratta dei negri, ch'era il più redditizio affare dell'epoca. D'allora in poi le sue comunicazioni col Sud-America furono alla mercé della flotta britannica. E fu soprattutto questa situazione a fare della Spagna, malgrado la vastità e ricchezza del suo Impero transoceanico, una potenza di second'ordine.

Per l'Austria il discorso va rovesciato. La dinastia Asburgo aveva perso la posta principale: la corona di Spagna. Ma lo Stato austriaco aveva fatto un affare. Gli erano stati assegnati, come indennizzo della rinuncia asburgica al trono di Spagna: le Fiandre, il Ducato di Milano, il Regno di Napoli, la Sardegna e lo Stato dei Presidi.

Ed eccoci dunque all'Italia, che così vedeva sovvertito tutto il suo assetto. Dei sonnecchianti staterelli in cui era divisa, uno solo aveva attivamente partecipato al sobbollimento della guerra di successione: il Piemonte. Il suo titolare, Vittorio Amedeo II, s'era gettato in quel conflitto soprattutto per un'ambizione di rango: da Duca qual era (di Savoia), voleva diventare Re. E a Utrecht c'era riuscito. Come premio del suo contributo, gli avevano riconosciuto, – in aggiunta ai suoi vecchi titoli di Duca di Savoia e Principe di Piemonte – quello di Re di Sicilia. Questo era il più importante dei suoi guadagni, in un'epoca in cui il rango era, per le dinastie, la principale preoccupazione. Ma non il solo. I Savoia avevano anche arrotondato i loro possedimenti piemontesi con l'acquisto di Casale, rimasta fin allora in mano francese; e di Alessandria, Valenza e alcune zone del Monferrato cedute dall'Austria.

Tutto il resto della Penisola restava com'era, cioè come dice la cartina geografica qui riprodotta a pag. 26. La Repubblica di Venezia, oltre i suoi possedimenti istriani e dalmati sull'altra sponda adriatica, mantiene il suo entroterra che ingloba tutto il Veneto, il Friuli e una bella fetta di Lombardia fino a Bergamo, riducendo all'osso il Ducato di Milano, che però dal 1707 ha assorbito quello di Mantova. I Farnese restano Signori di Parma e Piacenza. La Repubblica di Genova mantiene le sue strisce di Riviera di Ponente e di Levante. Il Ducato di Modena resta patrimonio degli Este. Lucca mantiene la propria indipendenza sotto regime repubblicano. I Medici conservano il loro trono di Granduchi di Toscana. Lo Stato della Chiesa rimane nei suoi vecchi confini. Napoli e la Sardegna, lo abbiamo detto, entrano nel patrimonio asburgico, mentre la Sicilia è passata ai Savoia.

Su questa situazione pesano alcune incertezze. Le dinastie Medici e Farnese sono minacciate di estinzione per mancanza di successori. Chi ne sarà l'erede? L'inchiostro non si è ancora seccato sui trattati di Utrecht e di Rastadt che già le diplomazie europee sono al lavoro per risolvere la spinosa questione. Ne parleremo più tardi. Per ora affrettiamoci alla conclusione.

L'Italia ha trovato un nuovo padrone. Essa non è più che un'appendice dell'Austria, che non solo vi domina territorialmente, ma ne condiziona l'equilibrio. Però con una forza indigena deve fare i conti: il Piemonte. Neanche ora che è diventato (provvisoriamente) Re di Sicilia, il Savoia ha mezzi e statura per contrapporsi al colosso Asburgo. Ma la sua diplomazia lo tiene agganciato all'Europa, che lo considera un elemento attivo del proprio equilibrio e che gli ha affidato proprio la mansione di fare da contrappeso all'Austria. Ecco il vero grande successo dei Savoia. I loro Stati e i loro mezzi sono poca cosa. La Sicilia gli ha fornito una corona di Re, ma niente altro: gli costa più di quanto non gli renda. Però sono inseriti nel giuoco internazionale, e ne sono protagonisti attivi.

Questo sistema è opera dell'Inghilterra, la vera trionfatrice di Utrecht. Essa ha raggiunto tutti i suoi obiettivi. Quello fondamentale non era di dare la vittoria all'uno o all'altro contendente, ma d'impedirla a entrambi. È stata alleata degli Asburgo quando i Borbone minacciavano di spazzarli via. Ma quando ha visto che a correre questo rischio erano i Borbone, si è affrettata a far la pace. Essa ha ormai scelto la sua linea politica che rimarrà invariata per due secoli, cioè fino alla Seconda guerra mondiale, e che si riassume nella formula *balance of powers*, equilibrio delle potenze. Applicata all'Europa di allora, questa formula significava equivalenza di forze fra i due grandi blocchi continentali: quello borbonico e quello asburgico. Infatti a por fine al conflitto l'hanno spinta soprattutto due cose: il fatto che il Re di Francia Luigi XIV, il prepotente Re Sole, si è formalmente impegnato a tenere per sempre separate le due corone, quella di Francia e quella di Spagna; e il fatto che l'aspirante Asburgo al trono di Madrid, Carlo, in seguito alla morte del suo fratello maggiore, ha ereditato insieme al titolo d'Imperatore il trono d'Austria e, se fosse riuscito ad accaparrarsi anche quello di Spagna, sarebbe diventato il padrone di un'Europa che l'Inghilterra vuole senza padroni. Ecco perché Londra ha detto: basta. Meglio due sovrani borbonici a Parigi e a Madrid che un solo Asburgo a Madrid e a Vienna.

Ma la diplomazia britannica non si contenta di questo risultato. Fra i due blocchi così rimessi in equilibrio tra loro in modo che si neutralizzino a vicenda, essa interpone e potenzia una sfilza di piccoli Stati satelliti, che da questo momento diventano i suoi protetti. Anzitutto l'Olanda per sbarrare il passo nel Nord-Europa all'espansionismo dell'Austria, istallata nel Belgio. Poi la Prussia e la Baviera per tenere in scacco l'Asburgo e rendere sempre meno effettivo il suo titolo d'Imperatore di Germania. E in Italia il Piemonte a fare da intercapedine fra Austria e Francia.

Di questo equilibrio, l'Inghilterra si fa la patrona e garante. Essa non ha cercato di annettersi neanche un palmo di terra, sul continente. Il premio alla sua vittoria l'ha cercato altrove. Si è accaparrata Gibilterra e Minorca: due piccole cose, ma che le danno il controllo del Mediterraneo, dove d'ora in poi la sua flotta la farà da padrona. Si è fatta consegnare la Baia di Hudson, Terranova e l'Acadia dalla Francia, che forse non si è accorta di avere con queste cessioni rinunziato al Canada, o anche se se n'è accorta non vi ha dato peso perché anche il Canada Parigi lo considerava «pochi arpenti di neve», come diceva Voltaire. Tutte briciole, insomma. E briciola sembrava anche il monopolio dell'*asiento* strappato alla Spagna e il «vascello di permesso», cioè il diritto d'inviare una volta all'anno una nave a vendere il suo carico nei Paesi spagnoli del Sud-America. Solo più tardi la Spagna si rese conto che l'*asiento* costituiva la più grossa fonte di ricchezza dei commerci marittimi internazionali e che il vascello di permesso era un grimaldello destinato a far saltare la barriera protezionistica in cui la Spagna si sforzava di chiudere il suo impero latino-americano per farne la propria esclusiva «riserva» economica. Così l'Inghilterra, con tre o quattro clausole del trattato di Utrecht che sembrano di secondaria importanza, è diventata insieme, o si sta avviando a diventare, l'arbitra dell'Europa e la incontrastata padrona delle vie di comunicazione tra il vecchio e il nuovo mondo americano, dove nessuno può più farle concorrenza.

Il perché di tanto successo è abbastanza facile da capire. E si può riassumere così: di tutte le potenze europee, salvo l'Olanda, l'Inghilterra è l'unica che agisce in base ai suoi interessi nazionali, invece che a quelli dinastici. Il Re Sole ha messo a soqquadro il continente non per la Francia, ma per procurare altri troni alla sua famiglia, i Borbone. Gli Asburgo hanno fatto altrettanto. I Savoia non hanno avuto di mira che la corona reale. Fra poco vedremo la Spagna lanciarsi allo sbaraglio per procurare Reami e Ducati ai figli della sua regina Farnese. Quella che perseguono tutte queste teste coronate è una politica di puro ingrandimento dinastico.

L'Inghilterra, no. Anch'essa ha un Re o una Regina. Ma ha anche un Parlamento che non gli consente di sovrapporre l'interesse della dinastia a quello del Paese. Ecco perché, invece che il prestigio, essa persegue vantaggi concreti. La guerra la fa il cittadino, che la paga di tasca sua e col suo sangue. E questi sacrifici non è disposto a farli per regalare al suo Re un trono o un titolo. Il cittadino vuole Gibilterra perché Gibilterra è il Mediterraneo coi suoi noli e i suoi mercati. Vuole l'*asiento*, perché l'*asiento* è il monopolio del traffico più redditizio. Vuole il Canada perché il Canada è il grano, il legname e le pellicce. Vuole il vascello di permesso perché con quello apre alla propria esportazione il continente sud-americano. E soprattutto vuole la padronanza incontrastata sui mari perché i mari sono, per lui isolano, la sicurezza e la ricchezza. Di troni e di titoli per i suoi Re, s'infischia.

È questa preminenza del pubblico interesse sull'interesse dinastico che rende così prosaica, ma anche così efficiente, la politica inglese. Essa non corre dietro ai pennacchi della grandezza. Va al sodo. Le guerre non si fanno per la gloria. Si fanno per la prosperità, di cui la potenza militare è solo uno strumento. La guerra di successione spagnola è costata parecchio denaro, che ha obbligato la Tesoreria a contrarre parecchi debiti coi cittadini. Costoro reclamano il rimborso. Il governo li appaga facendoli azionisti di una Compagnia dei Mari del Sud, cui concede il monopolio del commercio col continente latino-americano. L'Asburgo vuole aggiungere il Belgio ai gioielli della sua corona? Se lo prenda. Ma con l'impegno che resti spalancato alle flotte e alle esportazioni britanniche.

La preponderanza inglese sull'Europa è il frutto di questa superiore saggezza che non si esaurisce soltanto nel fatto militare e diplomatico. Diventa anche lezione ed esempio morale. Piano piano le menti più avvertite del continente si rendono conto che il successo dell'Inghilterra è dovuto a una concezione dello Stato che contraddice in pieno a quella delle monarchie per diritto divino che affliggono l'Europa, e si mettono alla sua scuola. A garantire e rafforzare il suo primato, d'ora in poi, non sono più soltanto l'invincibile flotta, la grande banca, la grande industria che da questo momento prende l'aìre, ma anche il modello di organizzazione politica moderna ch'essa offre all'antiquata Europa degli assolutismi, affrettandone la crisi.

L'Europa dopo i trattati di Utrecht e Rastadt
Possedimenti spagnoli
Possedimenti degli Asburgo
Confini dell'Impero Romano Germanico nel 1714
Territori ceduti dalla Spagna:
alla Francia (dal 1659 al 1678)
al Piemonte sabaudo (1713)
all'Imperatore Carlo VI d'Asburgo (1714)
REGNO D'INGHILTERRA
Londra
Amburgo
Amsterdam
Brema
PROVINCE UNITE
Utrecht
Dunkerque
Anversa
POMERANIA
BRANDEBURGO
GHELDRIA
PRUSSIA
REGNO DI POLONIA
Varsavia
FIANDRE FRANCESI
ARTOIS
Colonia
PAESI BASSI SPAGNOLI
SASSONIA
SLESIA
BOEMIA
MORAVIA
Oceano Atlantico
Parigi
LORENA
Strasburgo
FRANCA CONTEA
CHAROLAIS
BAVIERA
Vienna
AUSTRIA
Buda
Pest
CANTONI SVIZZERI
TIROLO
VALTELLINA
REGNO DI FRANCIA
Lione
Torino
D. DI MILANO
Venezia
REGNO D'UNGHERIA
Santander
Bilbao
Avignone
PIEMONTE
Genova
Nizza
Finale
Salamanca
Saragozza
CASTIGLIA
CATALOGNA
Madrid
REGNO DI PORTOGALLO
ROUSSILLON
GRAND. DI TOSCANA
STATO D. CHIESA
IMPERO OTTOMANO
Barcellona
Stato dei Presidi
Roma
REGNO DI SPAGNA
Lisbona
Valencia
Minorca (alla Gran Bretagna nel 1713)
Pontecorvo
Benevento
Siviglia
R. DI SARDEGNA
Napoli
REGNO DI NAPOLI
I.e Baleari
ANDALUSIA
Cadice
Cartagena
Gibilterra (alla Gran Bretagna nel 1713)
Mar Mediterraneo
Ceuta
Melilla
Orano
Algeri
Tunisi
R. DI SICILIA

CAPITOLO TERZO

ALBERONI

Parlando della guerra di successione, ci è già capitato di menzionare il Vendôme, il grande Generale francese, che aveva organizzato e guidato gli Spagnoli in rivolta contro Carlo d'Asburgo Nel suo seguito, quando arrivò a Madrid per riportarvi sul trono Filippo V, c'era un piccolo prelato italiano destinato a un grande avvenire non soltanto sulla scena spagnola, ma su quella europea. Si chiamava Giulio Alberoni.

Era figlio d'un ortolano di Piacenza che, oltre ai cavoli, doveva coltivare anche parecchie ambizioni perché mandò il ragazzo a studiare, chissà con quali sacrifici, in un signorile collegio di gesuiti. Giulio se ne mostrò degno non solo nelle pagelle, ma anche nella scelta della carriera: quella ecclesiastica, l'unica, in quei tempi di caste chiuse, che apriva prospettive anche ai giovani di umili origini.

L'occasione di mettere in luce i suoi talenti diplomatici gli si presentò al principio della guerra di successione spagnola, quando il Vendôme calò in Italia alla testa d'un esercito francese. Il Farnese, Duca di Parma, ebbe bisogno di trattare con lui, e ne affidò il compito al Vescovo di Borgo San Donnino che si portò dietro, come aiutante, l'Alberoni. L'incontro fra il Generale francese che, sebbene Duca anche lui, era un rozzo soldataccio, e gli emissari parmensi, lo racconta Saint-Simon, dalle cui *Memorie* lo trascriviamo pari pari:

> Il Vescovo di Parma si trovò assai sorpreso d'essere ricevuto dal Generalissimo mentre stava sul vaso e più ancora dal vederlo alzarsene a metà della intervista e pulirsi il culo davanti a lui. Ne fu così indignato che, pur senza protestare, se ne tornò a Parma lasciando a mezzo la sua missione e dichiarò al Duca che, dopo quanto gli era capitato, non intendeva riprenderla. Sul posto era rimasto Alberoni... Il Duca pensò che il vaso del signor di Vendôme non meritasse meglio di un tale ambasciatore, e lo incaricò di condurre a fine le trattative che il Vescovo aveva interrotte. Alberoni, che non aveva ragioni di mostrare la sua fierezza, e che sapeva benissimo che tipo era Vendôme, decise di piacergli a qualunque costo per assolver bene il compito che gli era stato affidato, e così salire ancora di più in grazia del suo padrone. Fu dunque introdotto dal signor di Vendôme mentre sedeva sul suo solito vaso, e seppe rallegrare la conferenza con scherzi e pagliacciate e oscenità che ebbero tanto maggior successo in quanto erano state precedute da ogni sorta di lodi e complimenti. A un bel momento Vendôme fece davanti a lui quello che aveva fatto davanti al Vescovo: si alzò e si pulì il culo. A quella vista Alberoni esclamò: «Oh culo d'angelo!», e corse a baciarglielo.

Saint-Simon non amava Alberoni, e può darsi che in questa descrizione abbia un po' calcato la mano. Ma il guaio è che il personaggio rende la scena del tutto credibile. Un po' lusingato nella sua volgare tracotanza, un po' persuaso che un uomo capace di tali gesti incarnasse l'ideale del diplomatico, il Vendôme assunse l'Alberoni al suo servizio e in breve non seppe più fare a meno di lui. L'Alberoni lo prese – e non in senso figurato – per la gola. S'era accorto che la gola, per il Generale, contava molto, e gliela soddisfece di tutto punto, ammannendogli i piatti che più gradiva e altri inventandone di testa sua: zuppe al formaggio, complicate salse, dolci annaffiati al liquore. «Al punto» dice Saint-Simon «che il Vendôme, trovandolo sempre più di suo gusto e continuando a confidarsi di tutto con lui, lo introdusse completamente nella sua intima compagnia assai più come un amico e consigliere che come un domestico; e presto anche i pezzi più grossi dell'esercito s'abituarono a far la corte all'Alberoni.»

Così l'intraprendente abatino arrivò a Madrid, e sempre all'ombra del suo padrone s'istallò a Corte. Con la prontezza che lo distingueva, fece presto a capire la situazione, e soprattutto il carattere di Re Filippo. Questo giovanottello «scarso di difetti come di virtù» era un sensuale bigotto dominato da due sole passioni: la femmina e l'inginocchiatoio. Non tradiva la moglie per paura dell'inferno, ma la spossava.

Questa moglie, Maria Luisa di Savoia, creatura di carattere dolce e docile, probabilmente avrebbe preferito un marito infedele. Quel *surmenage* coniugale la svuotava di energie e contribuiva a farla succuba della *camarera mayor*, o dama di compagnia, che si era portata dall'Italia: la principessa Orsini, donna astuta e volitiva, che a Corte contava più della stessa coppia reale, anche perché corrispondeva direttamente col nonno e protettore di Filippo, Luigi XIV, di cui era la fiduciaria.

L'Alberoni non perse tempo a conquistarsela. Sicché quando il Vendôme morì, fulminato dal colesterolo che gli aveva procurato il suo diletto cuoco, questi aveva già il protettore di ricambio. Subito dopo morì anche Maria Luisa. E fu allora che l'alleanza fra i due maneggioni italiani diventò operativa. Entrambi sapevano che Filippo non era tipo da consolarsi della vedovanza con avventure d'alcova, anche se la discendenza era già assicurata. Bisognava dunque procurargli un'altra moglie che stesse al loro giuoco. E chi, meglio di un'Italiana, faceva al caso? La scelta cadde su Elisabetta Farnese. E ci vuol poco a capire che fu l'Alberoni, suddito dei Farnese e a essi tuttora legatissimo, a suggerirla. Descrisse Elisabetta come «una buona lombarda impastata di butirro e di formaggio». E per l'Orsini quella era la miglior referenza: essa voleva soltanto un'altra Maria Luisa da dominare.

Bisognava convincere il Re. Ma a quello provvide Alberoni facendo valere anzitutto le ragioni dinastiche. Unica nipote di Antonio Farnese, Elisabetta era l'erede del Ducato di Parma. E il Ducato di Parma poteva diventare la testa di ponte per la riconquista dei vecchi possedimenti spagnoli in Italia. Ma poi, aggiungeva Alberoni, c'erano le qualità personali della Principessa: butirro e formaggio di giorno, ma di notte... Eccitato da questi discorsi, Filippo rispettò a stento i sei mesi di lutto. Elisabetta, sposata per procura, giunse in Spagna. E l'impaziente sposo le mandò incontro a Pamplona l'Alberoni, artefice del matrimonio. Cosa si dissero, non si sa. Ma il fatto è che l'indomani del suo arrivo, la nuova Regina mandò a chiamare la *camarera mayor*. Questa corse da lei, convinta di riceverne i ringraziamenti per la collaborazione prestata al matrimonio, e invece trovò due guardie che l'accompagnarono a una carrozza già pronta per condurla al confine. Alberoni non doveva più dividere con nessuno la fiducia della Regina e l'ascendente su di lei.

Elisabetta non era una padrona facile da servire. Lo stesso Alberoni la definiva «scaltra come una zingara e consumata nelle più fini arti del regnare». Ma queste arti si riducevano poi a una sola: tenere sotto la sua pantofola il Re, e fu Alberoni a insegnargliene il modo: «Far apparire tale attaccamento per lui, da non poterne rimanere un solo istante divisa senza patir svenimento». Docilissima di notte a quel marito sempre avido di amplessi, Elisabetta si prendeva le sue rivincite di giorno coi suoi capricci, le sue ostinazioni, i suoi eccessi. Costringeva i cortigiani a cavalcate e cacce spossanti, ne metteva a dura prova i succhi gastrici con banchetti pantagruelici, trattava i Ministri come lacché. L'unico che riusciva a tenerla a bada era quel prelato italiano, che le faceva insieme da «balia, confidente, segretario, cuoco e padre». Duttile e soave, sempre pronto a rispondere all'insulto con una battuta adulatoria o scherzosa, l'Alberoni la secondava nelle piccole cose per garantirsene la complicità in quelle grandi. Come aveva fatto col Vendôme, sfruttava soprattutto la sua ingordigia. Nelle cronache del tempo si legge di un frenetico rincorrersi di valige diplomatiche da Parma a Madrid. Quelle valige erano piene non di documenti, ma di specialità parmigiane (formaggi, culatelli, passate all'uovo) di cui l'Alberoni curava con le proprie mani il trattamento in cucina. Solo a stomaco pieno, la vorace sovrana diventava ragionevole. E l'accorto prelato ne approfittava per attrarla nei suoi disegni politici e farli avallare dal Re.

Non ci voleva molto del resto, perché sul punto fondamentale concordavano: sebbene l'una Regina, l'altro Primo Ministro di Spagna, quei due Italiani seguitavano a pensare soltanto all'Italia, e a pensarci da Parmensi, cioè in funzione degl'interessi Farnese. Il primo traguardo era assicurare la successione dinastica del Ducato. Elisabetta aveva avuto due figli, Carlo e Filippo, che non potevano aspirare al trono di Spagna perché quello aveva già il suo titolare nei rampolli di primo letto del marito. Carlo doveva dunque diventare Duca di Parma. Ma come si sarebbe mantenuto quel Principato in un'Italia ormai alla mercé degli Asburgo d'Austria?

Alcuni storici vedono nell'Alberoni un precursore del Risorgimento perché parlava di «liberare l'Italia». Sì, la voleva liberare dagli Asburgo, ma per farne una dipendenza dei Borbone spagnoli in quanto successori dei Farnese. Questo era il suo programma. Per realizzarlo, occorrevano due cose: ricostruire la potenza militare della Spagna e procurarle degli alleati. La prima impresa gli riuscì, almeno entro i limiti consentiti dalle arcaiche strutture del Paese: in pochi anni approntò un esercito e una flotta abbastanza efficienti. Ma sul piano diplomatico, non conobbe che insuccessi nonostante la spregiudicatezza delle sue mosse, o forse proprio per questo. I suoi doppi giuochi erano così sfacciati che tutti diffidavano di lui, e nel linguaggio delle Cancellerie europee veniva comunemente chiamato «l'avventuriero italiano».

Cercò d'isolare l'Austria, inserendosi nell'alleanza anglo-franco-olandese, la cosiddetta Triplice. Non essendoci riuscito, intrallazzò con lo Zar di Russia e col Re di Svezia perché attaccassero gli Asburgo alle spalle. Nello stesso tempo trattava coi Turchi perché riprendessero l'offensiva nei Balcani. Ma contemporaneamente, siccome aspirava al cappello di Cardinale, offriva al Papa la flotta spagnola per una crociata contro di loro.

A questo punto, come spesso capita ai maneggioni troppo furbi, rimase impigliato nel proprio giuoco. Il Papa accettò il baratto mandandogli il cappello cardinalizio, ma chiedendogli in cambio le navi per dare il colpo di grazia ai Turchi, che pochi mesi prima erano stati sbaragliati da Eugenio di Savoia a Petervaradino. «Quelle bestiazze si fanno battere così male a proposito!» aveva esclamato Alberoni, indispettito. La loro sconfitta, liberando l'Austria dal pericolo più grave, mandava a monte tutti i suoi piani. Pensò di rivalersene giuocando anche il Papa, visto che il cappello ormai lo aveva avuto. E invece di mandar la flotta su Costantinopoli, la mandò con diecimila soldati in Sardegna, che le scarse guarnigioni austriache non poterono difendere.

Lì per lì parve che il colpo di forza riuscisse. L'Austria, che sul mare contava poco, si rivolse per aiuto alle potenze che lo dominavano: Inghilterra e Olanda. Ma queste, preoccupate del crescente peso degli Asburgo dopo il trionfo di Petervaradino, non solo non intervennero, ma avanzarono una proposta di compromesso che andava a tutto vantaggio della Spagna: questa avrebbe dovuto annettersi direttamente Napoli e Sicilia, mentre il figlio di Elisabetta avrebbe avuto non soltanto Parma, ma anche il Granducato di Toscana, dove la dinastia Medici stava per estinguersi. La Sardegna sarebbe andata ai Savoia per compensarli della perduta Sicilia. Sicché agli Asburgo non sarebbe rimasto che il Ducato di Milano.

Sembra impossibile, ma fu proprio Alberoni a rifiutare questa transazione, che praticamente avrebbe rifatto dell'Italia una colonia spagnola. Forse la colpa non fu sua, ma della forsennata Elisabetta – la «strega di Spagna», come ormai la chiamavano – che, imbaldanzita dal successo e sobillata dallo zio di Parma, voleva la definitiva cacciata degli Asburgo dalla Penisola. Ma il Cardinale ebbe comunque il torto di lasciarsene prendere la mano. Era troppo abituato a strisciare per puntare i piedi. Volente o nolente, impartì alla flotta l'ordine di ripetere in Sicilia l'operazione già compiuta in Sardegna. Anche lì resistenza ce ne fu poca da parte delle guarnigioni piemontesi solo da poco istallate nell'isola.

Ma ce ne furono molte di più da parte delle potenze

europee, allarmate da questo rigurgito di aggressività spagnola. La Triplice, che fino a poco prima le si era mostrata avversa, accettò l'Austria come socia trasformandosi in Quadruplice, e regolò la sorte dell'Italia senza consultare la Spagna, ripiombata nel suo isolamento. Con Milano e Napoli, l'Austria avrebbe riavuto anche la Sicilia. Il Re del Piemonte ne sarebbe stato indennizzato con la Sardegna. Quanto ai Borbone, il figlio di Elisabetta avrebbe ereditato, alla morte degli attuali titolari, il Ducato di Parma e il Granducato di Toscana.

Il Re piemontese, Vittorio Amedeo, non era meno armeggione dell'Alberoni, come si vedrà nel capitolo che gli dedicheremo. Per sottrarsi a quel baratto ne inventò di tutte. Propose perfino di rinunziare, oltre che alla Sardegna, anche al Piemonte, se gli davano in cambio Napoli e la Sicilia. Ma non lo ascoltarono, e dovette arrendersi. La Spagna non si piegò, e la Quadruplice passò alle vie di fatto. La flotta spagnola fu distrutta da quella inglese a Capo Passero lasciando le truppe sbarcate in Sicilia tagliate fuori dalla madrepatria. L'Alberoni rispose vietando agli Spagnoli, pena la vita, di propalare la notizia e montando a Parigi una congiura contro il Duca d'Orléans, in quel momento sul trono come reggente. La congiura fu scoperta, e fornì alla Francia il pretesto per una dichiarazione di guerra alla Spagna nonostante la comunanza della dinastia regnante. L'esercito faticosamente ricostruito dall'Alberoni non resse. E a fare le spese della disfatta naturalmente fu lui, il Cardinale. Lo abbandonarono tutti, anche il Duca di Parma, ch'egli aveva sempre trattato come suo legittimo sovrano e ai cui interessi aveva sacrificato quelli spagnoli; e anche Elisabetta, di cui aveva secondato tutti i capricci.

Eppure questo arrendevole cortigiano, pronto anche a

baciare il sedere a un Generale, e di cui a Londra dicevano: «Da vero Italiano, gli manca il senso dell'onore», seppe cadere con una dignità e anche una grinta che nessuno gli sospettava. Cacciato come un servo (il Re e la Regina inventarono una partita di caccia per evitare la visita di congedo), attraversò la Spagna difendendosi con la pistola alla mano dai sicari che gli avevano sguinzagliato alle calcagna per sopprimerlo e impadronirsi dei suoi documenti. Riuscì a salvare il più importante, l'epistolario, ma non se ne valse contro nessuno dei suoi persecutori. Rinnegato e insultato da tutti, non tentò rappresaglie né si abbandonò a piagnistei. Processato, ma poi assolto e riabilitato dalla Chiesa, fece ancora valere i suoi talenti, che non eran pochi, come governatore della Romagna. E morì senza lasciare né un memoriale di difesa del proprio operato, né – cosa ancora più strabiliante – un gran patrimonio: gli unici suoi «profitti di regime» erano una bella collezione di quadri.

CAPITOLO QUARTO

CAMBRAI, VIENNA, AQUISGRANA

Tutte queste vicende trovarono una loro (momentanea) conclusione nel trattato dell'Aja, cui seguì il congresso di Cambrai del 1722. Ancora una volta esso ribadiva, a profitto dell'Inghilterra, il principio dell'equilibrio delle potenze in Europa. Ma a noi interessa soprattutto l'assetto italiano, di cui ecco il riepilogo.

I Savoia, promossi a Utrecht al rango di Re, non lo erano più della Sicilia, ma della Sardegna. La Sicilia tornava con Napoli sotto la sovranità dell'Austria, già padrona del Ducato di Milano. Ma siccome due dinastie indigene – i Medici di Toscana e i Farnese di Parma – stavano per estinguersi, la loro eredità sarebbe andata al primogenito di Filippo e di Elisabetta di Spagna, Carlo.

Ma i trattati, si sa, durano quel che durano. Quello dell'Aja era appena stato firmato, che già la diplomazia europea si rimetteva in movimento. Noi non seguiremo tutte le sue quadriglie che richiederebbero un trattato in più volumi. Ci limiteremo solo agli episodi che più da vicino interessano il nostro Paese.

Il primo fu un ennesimo rovesciamento di alleanze. Il motivo per cui la Francia s'era schierata contro la Spagna era che in quel momento sul suo trono c'era un reggente della casa Orléans, il quale naturalmente sentiva molto meno la solidarietà dinastica coi Borbone spagnoli. Ma appena la reggenza finì, e sul trono di Parigi tornò, grazie al raggiungimento della maggiore età, un Borbone vero, Luigi XV, la sua politica ridiventò di stretta amicizia con la Spagna. Queste due potenze si accordarono su un'altra delle tante «liberazioni» dell'Italia, cioè per cacciarne gli Asburgo austriaci e istallarvi i Borbone.

In questo giuoco la Francia pensò di coinvolgere il Piemonte che sarebbe stato compensato col Ducato di Milano, mentre alla Spagna, cioè ai figli di Elisabetta, sarebbero andati, oltre i soliti Ducati di Toscana e di Parma – tuttora in attesa della morte dei legittimi titolari Medici e Farnese –, Napoli e la Sicilia. Fu un negoziato difficilissimo perché per «Ducato di Milano» il Piemonte intendeva tutta la Lombardia, comprese Mantova e Cremona, e gli Spagnoli non volevano saperne.

La guerra scoppiò prima che un accordo fosse raggiunto. Scoppiò non per l'Italia, ma per la Polonia, dove si era aperta un'altra crisi dinastica, che metteva di fronte Francia e Austria: la prima voleva che il trono fosse assegnato al Leczynski; la seconda lo reclamava per il suo vassallo Augusto di Sassonia. Ma, una volta scoppiato, il conflitto si estese subito anche all'Italia, dove il Savoia di turno, Carlo Emanuele, provvide ad annettersi Milano. Gli Austriaci, impegnati in Polonia, non la difesero e si rinchiusero in Mantova.

I Franco-spagnoli mossero contro di loro, comandati dallo stesso principe Carlo che, in seguito alla morte dello zio, era finalmente diventato Duca di Parma, in attesa di diventarlo anche di Toscana. Ma per dare il colpo di grazia all'avversario, occorreva l'aiuto di Carlo Emanuele. E Carlo Emanuele non si decideva a darlo, se prima non gli garantivano Mantova e Cremona. Il tempo passava. Nuove situazioni andavano maturando. E la Francia, dopo aver fatto il possibile per mettere d'accordo i suoi due alleati, preferì intendersi direttamente con l'Austria.

I negoziati sboccarono nel trattato di Vienna del 1738, la cui comprensione richiede una piccola digressione. L'Austria era tormentata da una grave crisi dinastica. L'imperatore Carlo VI era salito sul trono perché il fratello primogenito Giuseppe era morto lasciando soltanto delle figlie che per legge non potevano ereditarlo. Però aveva chiesto a Carlo l'impegno, se anche lui fosse rimasto senza eredi maschi, di cambiare quella legge in modo che la successione toccasse alla maggiore delle sue figlie. La condizione si era realizzata. Anche Carlo non aveva avuto che figlie femmine, e quindi aveva emanato una nuova legge, la cosiddetta «Prammatica Sanzione», la quale autorizzava la successione anche in linea femminile; ma a cominciare dalla figlia sua, Maria Teresa, non da quelle di Giuseppe.

Da anni, Carlo stava lottando per indurre gli altri Sovrani d'Europa a riconoscere la validità di questa legge in modo che costoro non facessero scoppiare, il giorno della sua morte, una ennesima guerra di successione anche in Austria. Col trattato di Vienna la Francia s'impegnava a questo riconoscimento, che però comportava una serie di conseguenze anche sulla situazione italiana. L'Austria infatti lo ripagava rinunziando a Napoli e Sicilia, che sarebbero andati ai Borbone di Spagna, cioè al principe Carlo. Ma in compenso otteneva, oltre alla restituzione di Milano, il Granducato di Toscana.

Quest'ultima clausola esige anch'essa una digressione, di cui chiediamo scusa al lettore; ma la colpa è del groviglio dinastico. Abbiamo detto che la guerra era scoppiata per la successione al trono di Polonia. Alla fine aveva vinto il candidato austriaco. Ma siccome lo sconfitto

Leczynski era suocero di Luigi XV, bisognava trovargli un compenso. E questo compenso fu il Ducato di Lorena. Ma questo aveva a sua volta un titolare, Francesco. Anche a lui bisognava dare un compenso perché era il marito di Maria Teresa, futura Imperatrice d'Austria. E il compenso fu appunto il Granducato di Toscana, che così cambiava per la seconda volta padrone prima ancora di esser rimasto vacante.

Com'era logico, questo accordo suscitò il furore sia della Spagna che del Piemonte. Entrambi minacciarono di continuare la guerra per conto loro. Ma era la minaccia di una pistola scarica. Prima l'uno, poi l'altra dovettero arrendersi, ma restando all'agguato di un'occasione più favorevole.

Questa si presentò alla morte di Carlo VI, nel '40. In quel momento l'Austria era impegnata fino al collo nel suo eterno conflitto coi Turchi, che tratteneva nel cuore dei Balcani i suoi eserciti. Ne approfittò subito Federico di Prussia per contestare la Prammatica Sanzione, cioè l'ascesa al trono di Maria Teresa. Federico apparteneva alla dinastia Hohenzollern che, come i Savoia, da poco erano diventati Re, e non perdevano occasione per ingrandirsi in Germania a spese degli Asburgo, come i Savoia non la perdevano per ingrandirsi in Italia. Federico occupò di sorpresa la Slesia intaccando non tanto il territorio dell'Impero, quanto il principio della sua integrità.

Elisabetta di Spagna – poiché era sempre lei a dettare la politica di Madrid – ci vide la grande occasione per realizzare il suo sogno: quello di dare una corona anche all'altro suo figlio, Filippo, riunendo sotto il suo scettro Lombardia, Parma e Piacenza. Ma fu proprio questo che impedì al Piemonte di aderire al progetto. Carlo Emanuele non voleva gli Asburgo a Milano. Ma non ci voleva nemmeno i Borbone. E siccome in quel momento i Borbone, sempre spalleggiati da quelli francesi, erano più forti e quindi più pericolosi degli Asburgo, egli si riavvicinò a Vienna, dalla cui parte ora stavano Inghilterra e Olanda, ma a modo suo, cioè con un piede solo. Il suo intervento militare si sarebbe limitato alle operazioni in Lombardia e sarebbe stato compensato con l'annessione di Vigevano e di uno sbocco al mare in Liguria, Finale, che apparteneva a Genova, la quale si alleò subito alla Francia. Quanto a Milano, l'eterno miraggio dei Savoia, l'impegno prevedeva questo: che, esclusine in ogni caso i Borbone, Piemonte e Austria si riservavano di manovrare ciascuno per conto proprio anche trattando separatamente col nemico. Era la legalizzazione del doppio giuoco, e mandò in visibilio i diplomatici del tempo: l'ambasciatore di Venezia a Torino lo chiamò «un fatto meraviglioso».

La condotta della guerra fu in tono con l'ambiguità di queste premesse. E noi non vogliamo affliggere il lettore col resoconto di tutt'i capovolgimenti cui diede luogo. Diremo soltanto che nel '43 il Piemonte era in tali condizioni da dover impegnarsi coi denti rinunziando per sempre ai «fatti meravigliosi», cioè a ogni speranza su Milano; e nel '45 tutta la Penisola era alla mercé dei due figli di Elisabetta al comando dei Franco-spagnoli.

Una controffensiva degli Austro-piemontesi ricacciò gl'invasori, ma a capovolgere gli avvenimenti furono i capricci degli uomini, e nella fattispecie di una donna, la solita «strega di Spagna». Spaventata dai suoi appetiti, la Francia pensò di contrapporle il Piemonte, richiamandolo nella sua alleanza. Da buon Savoia specializzato in rovesciamenti di fronte, Carlo Emanuele non si fece pregare, ma sempre a suo modo, cioè impegnandosi solo a mezza bocca. Appena seppe che gli Austriaci, liquidate per il momento le pendenze con la Prussia, ridiscendevano il Brennero, assalì di sorpresa e imprigionò le guarnigioni francesi di Asti e Alessandria.

Il colpo di grazia ai borbonici in Italia lo assestò la morte a Madrid di Filippo V. Non era un personaggio di gran rilievo. Ma la sua fine comportava quella di sua moglie. Il successore Ferdinando VI, figlio del primo letto, detestava la matrigna e provvide subito a esiliarla dalla capitale e, anche per far dispetto a lei e ai suoi rampolli, richiamò le truppe spagnole dall'Italia, abbandonando i fratellastri al loro destino.

Per Carlo Emanuele, questo era anche troppo. Egli non voleva il definitivo trionfo dei Borbone, ma nemmeno quello degli Asburgo. Lo si vide dalla fretta con cui s'impadronì di Finale e di Savona per sbarrare il passo agli Austriaci in marcia su Genova per castigarla della sua solidarietà con la Francia. Fu in questa occasione che Balilla lanciò il famoso sasso, destinato a rimbalzare sulla testa di generazioni d'Italiani come il primo segno di una riscossa nazionale. Non esageriamo. Probabilmente Balilla lo avrebbe lanciato anche contro i Piemontesi, se fossero stati loro a rimanere a Genova. Tuttavia il suo gesto esprimeva un sentimento di fierezza – sia pur soltanto municipale – assolutamente nuovo da parte di un popolo «abituato da secoli» diceva Voltaire «a essere il premio dei vincitori».

La sassata diventò prima sassaiola, poi insurrezione, e gli Austriaci dovettero sgombrare. I Francesi si misero in moto lungo la Riviera per dare man forte alla Repubblica. Per impedirgli di piantarvi bandiera, la flotta inglese bloccò il porto. Ne derivò un garbuglio diplomatico ancora più aggrovigliato del solito, che finì per impaurire un po' tutti. Da cinquant'anni l'Europa non aveva conosciuto che rari intermezzi di pace. Le guerre «politiche» del Settecento non erano condotte con l'ottuso furore e non sortivano gli effetti devastatori di quelle religiose del secolo precedente. Ma nemmeno esse erano dei minuetti come le farebbero apparire le incipriate parrucche e le sofisticate uniformi militari del tempo. Tutti sentivano il bisogno di por fine a quell'interminabile drenaggio di sangue e di denaro. L'Inghilterra se ne rese interprete e, come aveva fatto a Utrecht, prese l'iniziativa delle trattative aprendone per conto suo con la Francia. Gli altri dovettero seguire.

L'appuntamento fu fissato per l'autunno del '48 ad Aquisgrana. E qui ci affrettiamo ad accorrere anche noi dopo questa lunga carrellata di guerre sparpagliate, di effimere alleanze, d'intrighi e tradimenti, di cui disperiamo che il lettore abbia potuto seguire il filo. Se qualche volta lo ha smarrito, non se ne faccia. Tutto, da Utrecht in poi, rimase allo stato fluido. Solo Aquisgrana diede un nuovo assetto che, per l'Italia, era destinato a durare più d'un secolo, salvo l'intermezzo degli eserciti di Napoleone.

Vediamo di rendercene conto più da vicino.

L'Italia dopo la pace di Rastadt (1714)

CAPITOLO QUINTO

IL NUOVO ASSETTO ITALIANO

Il 18 ottobre 1748 i rappresentanti delle potenze europee firmarono ad Aquisgrana il trattato di pace. Il principio a cui s'informava era quello dell'equilibrio. Naturalmente senza dirlo, i contendenti prendevano atto che la lunga serie di guerre che avevano insanguinato per mezzo secolo l'Europa era stata del tutto inutile. Il primato europeo, di cui sia gli Asburgo che i Borbone avevano rincorso il sogno, si era rivelato un fantasma. Dovevano rassegnarsi a convivere tenendosi in bilico come voleva l'Inghilterra, ancora una volta trionfatrice. E l'Italia fu adibita a campo sperimentale di questo giuoco di contrappesi.

Come al solito, il Piemonte se l'era cavata, e anzi con qualche guadagno; anche se non proporzionato ai costi di quel lungo almanaccare fra guerre, alleanze e tradimenti. I grandi sogni dei Savoia erano stati: la Lombardia fino a Mantova, il Ducato di Parma e Piacenza, e lo sbocco al mare di Finale. Questi sogni rimanevano proibiti. Al tavolo delle trattative i Savoia dovettero contentarsi di qualche briciola: Voghera, Vigevano e l'alto Novarese.

Gli Asburgo conservavano il Ducato di Milano, fino al Ticino, che rientrava direttamente sotto la loro corona; ma dovevano rinunziare a Genova su cui avevano sperato di mettere le mani. In compenso la Toscana era assegnata definitivamente a loro, ma non a titolo di provincia austriaca come la Lombardia. Il titolo granducale veniva attribuito a Francesco di Lorena, il marito di Maria Teresa, da poco eletto Imperatore di Germania, ma con l'impegno di tenerlo sempre separato dalla corona austriaca. Alla propria morte, Francesco lo avrebbe trasmesso non al primogenito destinato a succedergli sul trono di Vienna, ma al secondogenito, che così avrebbe dato avvio a una dinastia formalmente autonoma di Lorena toscani.

Dopo il brusco allontanamento della «strega di Spagna» dalla scena politica, il suo secondogenito Filippo aveva dovuto rinunziare alle sue pretese sul Ducato di Milano. Ma suo suocero, Luigi XV di Francia, era riuscito a procurargli la sospirata eredità Farnese: il Ducato di Parma, Piacenza e Guastalla. Ma con una, anzi con due condizioni sospensive: se fosse morto senza prole, o se per motivi di successione avesse assunto un'altra corona, il Ducato sarebbe stato smembrato: Parma e Guastalla agli Asburgo, Piacenza ai Savoia.

A Napoli s'insediava definitivamente il primogenito di Elisabetta, Carlo, col titolo di Re. Ma anche per la sua successione si erano prese delle precauzioni. Come fratellastro del Re di Spagna, Ferdinando VI, rimasto senza figli, egli ne era anche l'erede presuntivo. Perciò anche lui, come Francesco di Lorena, se fosse salito sul trono di Spagna, s'impegnava a trasmettere la corona di Napoli non al primogenito, destinato a succedergli in quella di Madrid, ma al secondogenito, in modo da tenerle separate.

Gli altri Stati della Penisola, cioè quelli della Chiesa, Genova, Venezia e la piccola Repubblica di Lucca, rimanevano inalterati.

Come si vede, l'equilibrio era ben dosato. Si bilanciavano bene le forze esterne delle due dinastie straniere, Asburgo e Borbone. E si bilanciavano altrettanto bene quelle interne: Regno sardo-piemontese, Regno di Napoli, Granducato di Toscana, Stati della Chiesa e le due Repubbliche marinare. Ci sono un paio di cose da notare. La prima è che anche le dinastie straniere insediate in Italia dovevano avviarsi con le «secondogeniture» a diventare italiane. La seconda è che in questo giuoco di contrappesi il Piemonte perdeva, almeno per il momento, il suo monopolio di protagonista. Fin qui era stato l'unico Stato italiano con una politica attiva. Ora faceva parte di un coro.

E vediamo rapidamente l'evoluzione di questo assetto nel corso del secolo. Come il lettore ben capisce, essa non dipendeva da forze e volontà interne, che non esistevano; ma dalle vicende dinastiche e dai mutevoli rapporti internazionali, di cui l'Italia restava una semplice posta, un articolo di scambio.

Subito dopo la spartizione della preda, Spagna e Austria trovarono conveniente intendersi per mantenerla. Col trattato di Aranjuez del 1752 esse si accordarono sui due punti di maggiore comune interesse: riaffermare il loro rispettivo diritto di tutela su Napoli e sulla Toscana malgrado le secondogeniture, e imbrigliare il Piemonte chiamandolo a controfirmare il trattato che ribadiva lo *status quo*. Il Piemonte cercò di sottrarsi invocando la partecipazione anche di Francia e Inghilterra, nella speranza di trovare in esse qualche punto d'appoggio per riprendere l'iniziativa, ma non ci fu nulla da fare. «Avvezzo a pescar nel torbido, il Re sardo convien che al presente segga mutolo spettatore di quel che gli altri fanno» scriveva con visibile soddisfazione l'ambasciatore di Napoli a Vienna.

Senonché i rapporti internazionali sono cangevoli come il cielo di marzo. Subito dopo Aranjuez sopravvenne un ennesimo «rovesciamento di alleanze»: la Francia, da tradizionale nemica, diventa l'amica dell'Austria, mentre la tradizionale amica dell'Austria, l'Inghilterra, ne diventa la nemica e s'allea alla Prussia. Non ci sembra il caso di diffonderci sugl'inghippi e i motivi, d'altronde complicatissimi, di questi voltafaccia. Ma due parole vanno spese per spiegare come questa piccola Prussia, finora sconosciuta nel gotha delle grandi potenze, fosse diventata una seria rivale dell'Austria, per il primato in Germania.

La Germania – non ci stancheremo di ripeterlo – era più disunita dell'Italia; un coacervo di Stati e staterelli gelosissimi delle proprie autonomie e in perpetua lotta tra loro. Gli otto più importanti, incarnati in altrettanti Principi o Vescovi, eleggevano l'Imperatore, ma non gli riconoscevano che un potere puramente nominale. Da circa tre secoli il titolo era sempre andato agli Asburgo, che tuttavia dovevano ogni volta sudare per assicurarselo. Ora Maria Teresa era riuscita a farlo attribuire a suo marito, Francesco di Lorena. Ma tutto questo aveva provocato una crisi, di cui la Prussia aveva approfittato. I suoi Re Hohenzollern facevano in Germania, nei riguardi dell'Austria, una politica analoga a quella che in Italia facevano i Savoia, cui somigliavano nell'ambizione e nella spregiudicatezza. Essi volevano scacciarne gli Asburgo sostituendoli come forza unificatrice, e un secolo dopo ci sarebbero riusciti. L'attuale titolare della corona, Federico il Grande, perseguiva questa mira con particolare vigore. Era talmente machiavellico che scrisse un libro contro Machiavelli per dimostrare che non lo era. Contro di lui, il suo agguerritissimo esercito e le sue spericolate iniziative politiche, l'Austria era costretta a concentrare i suoi maggiori sforzi diplomatici e militari. E di questo naturalmente risentiva la sua posizione in Italia. Non solo. Ma quella inquieta Prussia forniva al Piemonte l'aggancio per uscire dall'inerzia cui l'accordo di Aranjuez lo condannava. L'accordo fra i due Reami era, per così dire, scritto nelle stelle. Essi avevano in comune la cosa più importante: il nemico.

Ma riprendiamo il filo delle vicende internazionali, che condizionavano quelle italiane. Fra le due coalizioni (Francia, Spagna e Austria da una parte, Inghilterra e Prussia dall'altra), la competizione era ormai scoppiata in guerra aperta, la cosiddetta «Guerra dei sette anni». Essa non coinvolgeva l'Italia, ma consentiva al Piemonte di rimettersi all'asta come sempre aveva fatto. Nel '59 un emissario segreto della Prussia giunse a Torino per portare a Carlo Emanuele una lettera di Federico con una proposta allettante: alleanza fra il Piemonte e Napoli per scacciare l'Austria dall'Italia e spartirsene le spoglie. Ma era un'idea che poteva maturare solo nella testa di uomini che non conoscevano la situazione italiana. Napoli non avrebbe mai preso iniziative, neanche le più vantaggiose, se avessero recato altrettanti vantaggi al Piemonte. Per di più il suo Re, Carlo, sapeva di dover succedere tra poco sul trono di Spagna al fratellastro Ferdinando, ormai alla fine, e voleva lasciar la corona di Napoli al suo terzogenito. Per compiere senza intralci questa operazione, aveva bisogno dell'appoggio di Francia e Austria, contro cui perciò non avrebbe mai preso iniziative. Di tutto questo Carlo Emanuele era conscio, e perciò lasciò cadere la proposta prussiana, che d'altronde la stessa Inghilterra si rifiutava d'avallare.

Il disegno di Carlo si compì. Pochi mesi dopo egli salì sul trono di Madrid, e suo figlio Ferdinando gli successe su quello di Napoli. Per il Piemonte il giuoco diventava sempre più difficile, chiuso com'era da tutte le parti nella morsa dei Borbone e degli Asburgo. Carlo Emanuele e il suo successore Vittorio Amedeo III ne escogitarono di tutte. Si offrirono come mediatori di pace. Elaborarono un complesso progetto per farsi riconoscere come Principi dell'Impero con diritto di voto per l'elezione dell'Imperatore. Per secoli avevano lottato per sottrarsi a questa qualifica, che gli Asburgo volevano imporgli. Ora la reclamavano per partecipare all'elezione imperiale e crearvi degl'impacci per gli Asburgo. Ma gli Asburgo lo capirono, e rifiutarono. La Guerra dei sette anni seguì il suo corso, senza che il Piemonte riuscisse in qualche modo a interferirvi e a trarne profitti. Al tavolo della pace che nel '63 liquidò le pendenze, i suoi rappresentanti non sedettero. Il Piemonte restava il piccolo Reame di un'Italia sospinta al margine della grande politica e ribadita nel suo immobilismo.

Ma se l'assetto della penisola non era cambiato, cambiato era il contesto europeo. I trionfatori di quella guerra erano l'Inghilterra e la Prussia. L'Inghilterra aveva vieppiù ingrandito e rafforzato il suo Impero coloniale a spese di Francia e Spagna, le cui flotte erano state spazzate via dalla sua. La Prussia s'annetteva definitivamente la Slesia, ma soprattutto si affermava come la forza traente e unificatrice della Germania, naturalmente a tutto scapito dell'Austria il cui prestigio aveva ricevuto un colpo mortale. Maria Teresa, sempre più sollecita per la propria famiglia che per il proprio Paese, aveva ottenuto da Federico l'appoggio per la successione di suo figlio Giuseppe al titolo imperiale. Ma questo titolo aveva perso anche il poco contenuto che gli restava. La Germania guardava ormai agli Hohenzollern, come un secolo dopo l'Italia avrebbe guardato ai Savoia.

Era logico che gli sconfitti Asburgo e Borbone cercassero compensi. E altrettanto logico era che li cercassero soprattutto in Italia, dove entrambe le dinastie avevano già i loro capisaldi.

La prima a farne le spese fu Genova. La Repubblica era, come al solito, nei guai con la Corsica, ribelle al suo dominio. Stavolta però gl'insorti avevano trovato un capo di notevoli qualità, anche politiche: Pasquale Paoli. Per venire a capo della sua rivolta, Genova chiese aiuto alla Francia di cui era la tradizionale alleata, e che sempre gliel'aveva prestato. Glielo prestò anche in questa occasione, ma se lo fece ripagare con quattro piazzeforti, fra cui Ajaccio. E di lì cominciò a tessere il suo doppio giuoco fra Paoli e Genova, fingendo di volerli condurre a un accordo, ma in realtà lavorando per aggravare il disaccordo. A un certo punto Genova ebbe il sospetto che Francia e insorti stessero per intendersi alle sue spalle e ai suoi danni. E, non potendo sventare la manovra con la forza, preferì uscire dal giuoco cavandone almeno qualche utile. Essa stessa propose a Luigi XV di assumere «provvisoriamente» la sovranità sull'isola dietro versamento di un sussidio. Quel «provvisoriamente» serviva soltanto a salvare la faccia. Nell'accordo era detto che Genova avrebbe recuperato i suoi diritti solo quando essa avesse potuto rimborsare alla Francia non solo i sussidi, ma anche tutte le spese di occupazione e amministrazione dell'isola, una volta che questa fosse stata pacificata.

A rendere irrealizzabili queste condizioni provvide Paoli scatenando una vera e propria guerra contro i Francesi, che durò fino al '69. Egli s'appellò a tutte le potenze europee, ma nessuna gli rispose. Austria e Spagna erano ancora legate alla Francia, e il loro accordo paralizzava gli Stati italiani su cui s'esercitava la loro tutela. L'unico che cercò di ostacolare l'operazione fu il Piemonte, che invocò l'aiuto dell'Inghilterra, ma invano. Londra era troppo soddisfatta dei grossi guadagni realizzati e troppo impegnata a digerirli per rimescolare le carte del giuoco. Si limitò a mandare ai ribelli qualche aiuto in armi e denaro, ma non si lasciò coinvolgere. A Paoli non restò che abbandonare la propria terra. Dieci anni dopo, come previsto dal trattato, la Francia presentò a Genova il conto dei sussidi che le aveva versato e delle spese di occupazione. Era una somma che Genova non poteva rimborsare. E così la Corsica diventò definitivamente una provincia francese.

Mentre la Repubblica di Genova si riduceva a una fetta di Riviera e la sua flotta perdeva le sue più importanti basi nel Mediterraneo occidentale, Venezia entrava in crisi in quello orientale. La Serenissima aveva sempre seguito una sua propria politica, volta più verso il Levante che verso l'Italia. Da un pezzo le sue flotte marciavano di conserva con gli eserciti austriaci nella lotta contro i Turchi. Sulla fine del Seicento essa aveva perso Candia, suo principale punto di forza, ma si era rifatta con la conquista della Morea. Ma fu un successo effimero. La pace di Passarowitz del 1718 gliela ritolse. E da quel momento a Venezia non rimasero, fuor dell'Adriatico, che le isole Jonie. Ma la perdita più grave non erano quelle territoriali; era quella dell'iniziativa politica. Per difendersi dai Turchi, la Serenissima aveva dovuto legarsi mani e piedi al carro Asburgo. Le vittorie di Eugenio di Savoia avevano condotto l'Austria nel cuore dei Balcani. E i domini della Serenissima si trovavano ora completamente incastrati in quelli austriaci.

Vienna non si contentò della propria potenza terrestre. Volle diventare anche una potenza marinara, e si mise a costruire flotte. Trieste e Fiume vennero dichiarate «porti franchi» e cominciarono ad attrarre gran parte di quei traffici, di cui fin allora Venezia aveva goduto l'esclusiva. Sul metro italiano, la Repubblica era uno Stato di considerevole entità. Oltre a tutto il Veneto e al Friuli, inglobava anche gran parte dell'attuale Lombardia compresa Bergamo, e sull'altra sponda adriatica si prolungava per quasi tutta la costa jugoslava dell'Istria alla Dalmazia fino a Ragusa e Càttaro. Ma la forza di Venezia non stava nelle sue dimensioni territoriali. Stava nella sua posizione geografica e nella sua qualità di unica potenza marittima dell'Adriatico. Perciò essa rappresentava un grosso impaccio per l'Austria di cui ora si trovava in balìa. Ne rendeva asfittici gli sbocchi sul mare e ne rompeva le comunicazioni con Milano obbligandole a dirottarsi per l'impervio Trentino. Era chiaro che Vienna aspettava soltanto la buona occasione per sbarazzarsi della Repubblica, e intanto cercava di metterla economicamente in crisi con la concorrenza della propria flotta.

Venezia se ne rendeva conto. «Scansare ogni scossa» era diventata la parola d'ordine della sua diplomazia, una parola d'ordine che implicava la totale rinuncia a qualsiasi iniziativa. In realtà essa non aveva più nessuna carta da giuocare. L'Inghilterra, intenta al suo Impero transoceanico su cui l'Adriatico non poteva interferire, badava solo al suo duello con la Francia, e questa era amica dell'Austria. La Turchia era ormai in posizione difensiva. Solo la Russia, che nella sua marcia di penetrazione in Europa trovava nell'Austria il suo maggiore ostacolo, poteva essere interessata a Venezia. Ma c'era anche il pericolo che proprio a spese di Venezia le due rivali si accordassero. Nel 1782 l'Austria propose infatti alla Russia un regolamento di conti con la spartizione dell'Impero turco in cui rientrava anche la liquidazione della «eredità giacente» di Venezia. Il progetto non andò in porto perché la Francia si oppose (si oppose per la Turchia, non per Venezia). Ma così ormai era considerata la Repubblica di San Marco, un tempo signora del Mediterraneo: una «eredità giacente».

La sua decadenza era misurabile in cifre. Una popolazione di tre milioni e mezzo di abitanti, compresi i «Domini da mar» dell'Adriatico e dell'Egeo, venticinque vascelli di linea, quindici fregate e alcune unità di naviglio leggero. Cosa sono di fronte ai sedicimila navigli della flotta inglese e ai suoi ottantamila marinai? Eppure questa residua forza è sproporzionata alle risorse economiche di uno Stato che non sa più dove attingerne ora che la concorrenza austriaca batte in breccia i suoi porti e i suoi noli. Il bilancio in dissesto non consentiva di rinnovare le attrezzature e di rimodernare i cantieri. La flotta era invecchiata. Ma con essa era invecchiato tutto: gl'ingranaggi amministrativi, la mentalità degli uomini di Stato, perfino la diplomazia, che per secoli era stata maestra a tutta Europa.

All'origine di questo declino c'erano tanti fattori, ormai arcinoti. Li capivano e li denunziavano anche i contemporanei. Ma ad essi sfuggiva quello fondamentale: Venezia era stata la più grande potenza marittima e coloniale di un'Europa senza potenze. Ma dal momento che queste cominciarono a formarsi sull'unità di misura nazionale, per Venezia, rimasta sul modello rinascimentale uno Stato cittadino, non ci fu scampo, né poteva esserci. Anch'essa doveva pagare, come tutti gli altri Stati italiani, la divisione dell'Italia.

Ecco il quadro dell'Italia del Settecento, che per tutto il resto del secolo non fu più turbato da avvenimenti internazionali di rilievo. Abbiamo preferito seguirne il filo dal principio alla fine – un filo sommario, lo riconosciamo, volutamente ridotto agli episodi più salienti – per fornire al lettore dei punti di riferimento, che gli consentano di meglio comprendere le vicende interne dei singoli Stati. Ma prima di addentrarci in queste vicende, dobbiamo vedere di quali orientamenti politici e culturali esse furono il riflesso e il frutto. Perché l'Italia è una colonia in tutto: anche nel campo del pensiero. Non ne elabora di suo. Adatta alle proprie condizioni quello degli altri. E gli altri sono soprattutto l'Austria, la Francia e l'Inghilterra.

CAPITOLO SESTO

IL RIFORMISMO AUSTRIACO

Fra i Paesi che esercitavano la loro influenza sull'Italia, l'Austria teneva naturalmente il primo posto: era essa che dominava la Penisola dalle posizioni chiave di Milano e di Firenze, cui presto si sarebbe aggiunto il Reame di Napoli per il lento scivolamento nella sua orbita dei Borbone di laggiù. Era un'influenza quasi esclusivamente politica perché sul piano culturale l'Italia subiva di più altre attrazioni. Ma per influenza politica non si deve intendere soltanto il vincolo che faceva della Penisola una «dipendenza» dell'Austria. Ci fu qualcosa di più. L'Austria non si limitò a mandare in Italia dei governatori, dei Granduchi e dei reggimenti. V'importò anche delle idee e delle riforme che scossero il Paese e vi fecero scuola. Gli apologeti del Risorgimento non se n'abbiano a male. Ma sul piano organizzativo e amministrativo, l'Italia deve molto all'Austria, che a sua volta deve molto a Maria Teresa e alla sua discendenza.

Abbiamo già detto come questa donna ascese al trono, alla morte del padre Carlo VI nel 1740. E dovette trovarlo piuttosto scomodo. Non solo perché fu subito costretta a difenderlo con le armi, ma anche perché esso aveva più lustro che sostanza. Non parliamo del titolo imperiale che – lo abbiamo già visto – era ridotto a una pura finzione. Ma anche il patrimonio ereditario di casa Asburgo, a parte la compatta cittadella austriaca, era piuttosto sgangherato: un coacervo di terre e genti di diversa razza, religione, lingua e cultura, tenute insieme da forze centripete a corrente alternata. Boemi, Moravi, Ungheresi, Croati erano ogni poco in subbuglio contro il centralismo di Vienna. E proprio nel momento in cui Francesi, Prussiani e Bavaresi, approfittando della crisi aperta con la successione di Maria Teresa e forse contando sulla sua inesperienza, cercavano di saccheggiarne il tesoro, i nobili ungheresi innalzavano il vessillo della rivolta.

I retori della storia (ce ne sono anche in Austria) hanno tramandato ai posteri l'edificante e melodrammatica scena della giovane sovrana che, accorsa nel parlamento di Budapest, solleva tra le braccia il figlioletto in fasce invocando su di lui la protezione dei cavallereschi magnati che a quella vista balzano in piedi gridando: *Moriamur pro rege nostro Maria Theresia!*

In realtà le cose si svolsero in maniera molto più prosaica. I magnati contrattarono puntigliosamente la loro lealtà facendosela ripagare con larghe autonomie. Ma l'Imperatrice diede prova in questa transazione di notevole accortezza e sangue freddo. Non era un genio, ma non ne aveva nemmeno gli scompensi. Le sue qualità erano l'equilibrio, la praticità, una grande carica umana e soprattutto un altissimo senso del dovere. C'è da chiedersi se quella di Regina fosse la sua vera vocazione. Forse no. Ma, visto che le toccava di esserlo, lo fu con impegno, scrupolo e buon senso. Forse al suo equilibrio giovò il fatto ch'essa non sacrificò all'ambizione la sua vita di donna. Amò teneramente suo marito Francesco di Lorena, gli dette ben sedici figli, e sopportò con molta pazienza i suoi adulteri. Quando Francesco morì, abbracciò la sua ultima amante e le disse: «Ah, signora mia, cosa *abbiamo* perso!».

Sebbene essa gli avesse fatto assegnare, oltre al Granducato di Toscana, il titolo d'Imperatore, Francesco l'aiutò poco negli affari di Stato. Era troppo occupato nelle battaglie d'alcova e nell'amministrazione delle finanze domestiche, di cui fu un abilissimo regista. Investì i suoi soldi in industrie tessili, cui poi fece dare l'appalto delle uniformi per l'esercito, e seguitò a vendere materie belliche a Federico di Prussia anche quando costui guerreggiava con l'Austria. Non si curò molto neanche dei figli, cui invece Maria Teresa dedicò cure fin troppo assidue. Il suo amore materno era soffocante come quello di una chioccia. Regolava minutamente la loro vita e trascorse la propria a procurar troni ai maschi e buoni partiti alle femmine. Al primogenito era destinato il titolo imperiale, al secondo il Granducato di Toscana, al terzo il governatorato di Milano, a Maria Antonietta il Delfino di Francia, Luigi XVI (che dopo averla condotta all'altare la condurrà sulla ghigliottina), a Maria Carolina il Principe ereditario di Napoli, Ferdinando. Gran parte della sua politica estera fu condizionata da questo assillo del «posto» per i suoi pulcini. E anche dopo averveli sistemati, seguitava a sorvegliarli perché voleva che del posto a loro volta si servissero per procurarne degli altri alla famiglia. Li tempestava di lettere, ne esigeva altrettante, li teneva in una perpetua «sauna» di amorose sollecitudini e di cocenti rimbrotti.

Ma questo superlavoro domestico non andava a detrimento dei suoi impegni di sovrana. «Tutti i Re d'Europa sono soltanto illustri imbecilli, meno Carlo Emanuele di Sardegna e Maria Teresa» scrisse il suo mortale nemico Federico di Prussia. Essa non permise mai ai propri sentimenti e propensioni di prevalere sugl'interessi dello Stato. Personalmente molto pia e perfino bacchettona, fu tuttavia fermissima nell'imbrigliare la Chiesa e nel ridurne il potere temporale. L'Inquisizione con lei fece pochi affari e non riuscì nemmeno a conservare ai gesuiti l'Università di Vienna che fu affidata ai laici.

Essa rivelò il suo giudizio soprattutto nella scelta dei collaboratori. Quello che meglio la secondò fu il principe Kaunitz che fu per quarant'anni il suo factotum. Kaunitz veniva dalla diplomazia e Carlyle lo descrive come un personaggio sofisticato e piuttosto insolente. Insolente doveva esserlo davvero perché un giorno che Maria Teresa gli mosse degli appunti per la spregiudicatezza con cui ostentava le sue amanti, le rispose: «Maestà, sono qui a parlare dei vostri affari, non dei miei». Ma Maria sapeva anche incassare, quando le conveniva. E Kaunitz era davvero insostituibile: «la miglior testa d'Europa» lo definì il solito Federico, che pure ne era la maggior vittima perché fu Kaunitz che, per isolarlo, provocò quel «rovesciamento di alleanze» di cui abbiamo già parlato.

Ma il Cancelliere non si limitò alla politica estera. Quell'insieme di disparate terre e genti che formavano il Reame asburgico non aveva altro mastice che la persona del Re Imperatore. Un'ossatura di Stato non c'era. Kaunitz gliela diede. Fu lui a costruire dal nulla quell'amministrazione modello che ha consentito all'Austria di sopravviversi per quasi due secoli. Essa ha dato l'impronta a un tipo di «funzionario» solerte, scrupoloso e intriso di una dignità che per farsi valere non aveva bisogno di ricorrere ad atteggiamenti autoritari, alla cui scuola noi Italiani possiamo solo rimpiangere di aver troppo poco imparato.

Kaunitz e la sua sovrana non compirono una vera e propria rivoluzione. Essi ammodernarono il loro Paese cioè i loro Paesi, ma senza violentarne la tradizione, il costume e l'economia. Ne rispettarono l'impalcatura feudale e agraria, lasciarono che ognuno parlasse la sua lingua. Si limitarono a creare una ferrea intelaiatura amministrativa, affidando alla scuola e all'esercito la formazione di un tipo di suddito che vedeva nella monarchia e nella sua bandiera qualcosa di superiore alla propria nazionalità. Un'economia basata sul risparmio e sulla solidità della moneta, un codice chiaro e flessibile, una magistratura rigorosa ed efficiente, una burocrazia modestamente pagata, ma altissimamente considerata, furono gli strumenti con cui Maria Teresa riuscì a fare delle sue sparpagliate province uno dei più compatti (per allora) Stati europei.

Alla cultura badò poco, e fu il suo grande difetto. Per lei la cultura era soltanto la scuola, e la scuola era non una palestra d'intelligenze, ma un'incubatrice di funzionari e di ufficiali. Sotto il suo regime, in fatto di servizi, sviluppo urbano, fasto, eleganza, Vienna rivaleggiò con Parigi. Ma di Parigi non ebbe mai il fremito intellettuale, la commistione fra uomini di Stato e uomini di lettere o d'arte o di filosofia, ch'era stata anche la caratteristica dell'Atene di Pericle e della Firenze di Cosimo e Lorenzo il Magnifico. Il padre di Mozart scrisse che il pubblico dei teatri viennesi era fatto di gentiluomini e di gentildonne eleganti di fuori ma rozzi e grossolani di dentro, assolutamente refrattari all'intelligenza e alla bellezza. Forse lo scrisse perché quel pubblico aveva fischiato suo figlio. Ma quei fischi gli davano ragione. Comunque è un fatto che la Vienna di Maria Teresa non riuscì a esercitare sull'Europa contemporanea un'influenza proporzionale al suo peso perché le mancò l'apporto culturale. Essa esportava nei Paesi della sua area eccellenti Generali, governatori e prefetti, validi criteri amministrativi, buone leggi e regolamenti. Idee, no.

Di questo aveva coscienza il primogenito Giuseppe, erede al trono. Per meglio prepararvelo, sua madre aveva curato in maniera particolare la sua educazione. Ma tanta sollecitudine aveva sortito, come spesso accade, l'effetto contrario. Giuseppe fu, da ragazzo, un contestatore avanti lettera. «Il mio Giuseppe non sa obbedire» si lamentava la madre. I gesuiti che gli avevano dato come precettori fecero di lui un furioso anticlericale. Quando scoprì Voltaire, se ne ubriacò. E quando seppe che Voltaire era intimo amico di Federico di Prussia e lo teneva in gran conto, si entusiasmò anche di lui, sebbene fosse il nemico giurato degli Asburgo, e non ebbe pace finché non andò a esternargli di persona la propria ammirazione.

Maria Teresa pensò che l'unico modo di disciplinarlo era di affidargli qualche responsabilità, e a vent'anni lo fece membro del Consiglio di Stato. Giuseppe vi portò una ventata d'ideologia progressista che sconvolse i tradizionalisti e abitudinari patriarchi che lo componevano. Propose di abolire tutto il rituale di Corte, le proprietà ecclesiastiche, i dazi e le gabelle, di tassare anche l'aristocrazia, e di liberare i contadini da ogni gravame feudale. C'era gente che, per aver propagandato idee molto meno radicali di quelle, era finita in galera.

Gli dettero moglie, e per una volta tanto egli gradì la scelta che gli veniva imposta: Isabella di Parma, figlia di don Filippo di Borbone. Giuseppe apprezzò molto la sua gioventù, la sua grazia e più ancora forse la sua malinconia perché la condivideva. Ma in Isabella quella malinconia era patologica. La vita la spaventava. E quando, dopo pochi mesi di matrimonio, fu colpita dal vaiolo, si sottrasse alle cure e si lasciò morire.

Giuseppe non si riebbe mai più da quel dolore. Si piegò alla ragion di Stato che gl'imponeva di risposarsi, ma odiò la seconda moglie, una Principessa di Baviera, prima ancora di conoscerla. La trovò «repulsiva», non ebbe con lei alcun rapporto, e forse benedisse il vaiolo che con assoluta imparzialità si portò via poco dopo anche lei. Da allora non volle più sentir parlare di matrimonio, e si dedicò alle cure del governo con una dedizione esclusiva che rasentava il fanatismo.

Nel '64 lo avevano coronato «Re dei Romani», il titolo che avviava a quello d'Imperatore. La cerimonia dell'investitura, cui partecipò da spettatore anche il giovane Goethe, gli parve un grottesco residuato medievale (qual era). «Mi costa un grande sforzo» scrisse al fratello «trattenermi dal dire a tutti questi imparruccati signori quanto sono idioti, loro e i loro discorsi.» L'anticamera al titolo imperiale fu breve: suo padre lo lasciò vacante l'anno dopo. La morte del marito fu per Maria Teresa un terribile colpo. Si tagliò i capelli, si disfece di ogni monile, regalò il suo guardaroba meno gli abiti di lutto, e annunziò il proposito di ritirarsi in convento. La trattenne il senso del dovere: Giuseppe era troppo giovane e impetuoso per abbandonargli interamente le redini del potere. Insieme al titolo imperiale essa gli affidò il comando dell'esercito e la supervisione sulla politica estera che tuttavia rimase nelle accorte mani di Kaunitz. Ma mantenne la qualifica di Regina e la suprema autorità sugli affari interni d'Austria, Ungheria e Boemia.

La convivenza fra mamma e figlio fu burrascosa. Giuseppe tentava continuamente di forzarle la mano con progetti di riforme in cui la timorata sovrana avvertiva con orrore un gran puzzo di Voltaire e d'ateismo. Ma quando anch'essa cadde malata di vaiolo, la trepidazione di Giuseppe, che sfidando il contagio rimase ininterrottamente al suo capezzale, fu sincera e appassionata. Di quell'interregno materno si valse solo per emanare una legge sanitaria che liberava i medici dal vincolo di molti tabù imposti dalla Chiesa.

Subito dopo però ricominciarono i bisticci. Giuseppe non si contentò di andare a render visita al grande e sempre più minaccioso Federico. Volle anche, rovesciando il tradizionale sistema di alleanze, combinarne una con lui. Il risultato fu un accordo fra Austria, Prussia e Russia per la spartizione della Polonia, la prima delle tante che quell'infelice Paese ha subìto. Nonostante la bella fetta che assegnava all'Austria, Maria Teresa vi appose la sua firma a malincuore e dopo molte riluttanze. «Piange, ma prende» fu il cinico commento di Federico. Ma il rincrescimento della Regina era sincero. Scrisse al figlio Ferdinando: «Il rimorso mi pesa sul cuore, mi tortura la mente, e mi avvelena le notti». E a Giuseppe: «Che vi siate scelto per modello Federico non vi fa onore. Questo conquistatore non è mai riuscito a conquistarsi un amico. E che vita è, una vita senza calore umano?». Forse in queste parole c'è anche un po' di gelosia.

Col passare degli anni, la volontà di Giuseppe prevalse sempre più su quella della madre. Egli ebbe una gran parte nella soppressione dell'ordine dei gesuiti, che Maria Teresa proteggeva, e nella confisca dei loro beni e nell'abolizione della tortura: fatto, per quei tempi, rivoluzionario. Poi il giovane Imperatore volle andare a Parigi per dare – disse – qualche consiglio alla sorella Maria Antonietta, da poco salita al trono. Il consiglio ai due giovani sovrani fu di procedere allo smantellamento del vecchio regime feudale e alle riforme di cui il Paese aveva bisogno, prima che una rivoluzione spazzasse via anche il trono. Come si vede, quando Giuseppe affermò di aver capito in pochi giorni della Francia più di quanto suo cognato Luigi XVI ne avesse capito in tutta la vita, non era una vanteria. Ma la vera ragione che l'aveva spinto ad andarci era il desiderio di prender contatto con l'ambiente dei *filosofi*, di cui aveva ammirato le opere e fra i quali ottenne un grande successo. Solo per non dispiacere a sua madre, che lo considerava il diavolo in persona, rinunziò a una visita a Voltaire.

Quando rientrò a Vienna, vi trovò brutte novità. Incoraggiati dal suo anticlericalismo, i Boemi si stavano convertendo al protestantesimo così massicciamente che la Regina aveva reagito con misure persecutorie. Fra madre e figlio ci fu uno scontro che solo il tatto di Kaunitz riuscì ad appianare. Ma subito sopravvenne un'altra complicazione. Il Duca di Baviera era morto senza lasciare eredi. Al candidato dell'Austria, Federico ne oppose uno suo. Sentendosene tradito nell'amicizia, Giuseppe mobilitò, sordo ai richiami di sua madre che lo ammoniva di non stuzzicare quell'avversario spericolato e rotto a tutte le insidie. I Prussiani erano già sconfinati in Baviera, la stavano mettendo a sacco, e l'Europa tratteneva il fiato paventando un'altra Guerra dei sette anni. In un soprassalto d'autorità la vecchia Regina riprese in mano il timone e mandò a Federico un emissario segreto con un'offerta di compromesso, che Federico accettò.

Maria Teresa aveva salvato la pace, ma usciva da quell'ennesima crisi col figlio definitivamente prostrata. Grassa di costituzione, negli ultimi anni si era vieppiù appesantita, e il cuore ne risentiva. Colpita da una bronchitella, non poté mettersi a letto, dove non riusciva a respirare. Giuseppe fu, come al solito, la sua più amorosa e assidua infermiera. Una sera, aggiustandole i cuscini, le disse: «Vostra Maestà è in cattiva posizione». «Sì,» rispose lei «ma abbastanza buona per morirci.» Spirò il giorno stesso: 29 novembre 1780.

Ora Giuseppe era libero di governare come voleva, e non mise tempo in mezzo. Liquidò in pochi giorni la vita di Corte col suo pesante rituale di feste e cerimonie, e ne istaurò un'altra da grande e coscienzioso burocrate. Come Federico, volle essere soltanto «il primo servitore dello Stato», e non gli costò sforzo perché solo lo Stato lo interessava. Non aveva né donne né hobby. Aveva solo, davanti ai suoi occhi, il miraggio di una *Città del Sole* che realizzasse gl'ideali della giustizia e dell'efficienza e servisse di modello a tutte le altre nazioni.

Non si lasciò condizionare da pregiudiziali democratiche. Il popolo, diceva, non aveva abbastanza preparazione ed esperienza per poter fare da sé. Bisognava dunque governare *per*, ma non *con* e *attraverso* il popolo. È il principio su cui si basano tutti i dispotismi. E despota fu anche lui, nel senso più pieno della parola. Scelse i propri Ministri infischiandosi di titoli, rango e anzianità, e li trattava come impiegati, a eccezione di Kaunitz che riuscì per qualche anno a tenergli testa. Li controllava con un sistema di spionaggio degno di Stalin e, accentrati così nelle proprie mani tutti i poteri, si diede a costruire il suo utopico Regno.

Fu una grandine di riforme: abolizione della pena di morte e di tutte le discriminazioni religiose, introduzione del divorzio, liberazione dei servi, abbattimento dei privilegi feudali. Erano misure che mettevano a soqquadro tutte le impalcature di quella società agraria e basata sulle caste nobiliari. Ma Giuseppe non si curò degli squilibri che ne derivavano. Travolgendo ogni resistenza, demolì tutto il sistema di dazi interni che facevano da supporto economico delle autonomie regionali. Lasciò solo, e anzi rafforzò, quelli esterni avviando così il suo Reame all'autarchia. Naturalmente gli altri Paesi reciprocarono con alte tariffe protettive. E questo spinse Giuseppe a «pianificare» la produzione in modo da dare il passo all'industria e alla città sull'agricoltura e il contado. Questo significava l'indebolimento della proprietà terriera su cui si basava l'aristocrazia a profitto dei ceti borghesi e imprenditoriali. Insigniti di titoli e blasoni, industriali e mercanti formarono anch'essi una nobiltà che faceva da contrappeso a quella tradizionale e diedero avvio a un capitalismo fortemente protetto dallo Stato.

Giuseppe non si lasciò scoraggiare dal sentimento profondamente cattolico della popolazione e le impose la tolleranza con editti di esemplare intolleranza. A coloro che si ostinavano a praticare discriminazioni religiose fece infliggere ventiquattro scudisciate (che non venivano considerate tortura perché non procuravano la morte). L'effetto fu un rapido incremento nelle conversioni al protestantesimo e una proliferazione di logge massoniche che Giuseppe, lungi dal combattere, organizzò in due sette in modo da evitarne la dispersione. Non abolì la censura. Ma la comminò imparzialmente sia ai libri che contenevano attacchi al Cristianesimo, sia a quelli che propalavano miracoli e leggende che alimentassero la superstizione. Le opere scientifiche ne erano comunque immuni, e quelle all'*Indice* erano messe a disposizione degli studiosi. L'insegnamento doveva essere assolutamente libero, e quando quattordici studenti bigotti contestarono un loro professore perché sosteneva che il mondo era più antico di quanto la Bibbia dicesse, Giuseppe ordinò che fossero espulsi «perché delle teste così vuote non possono profittare dell'istruzione».

Queste misure crearono nella Chiesa tale apprensione che Pio VI si precipitò a Vienna. Da più di tre secoli e mezzo nessun Papa aveva attraversato il Brennero. Fu accolto da una folla osannante che volle così manifestare la sua avversione all'anticlericalismo dell'Imperatore. Questi scrisse con una punta di cinismo: «È stato un bellissimo spettacolo. Dal balcone il Papa ha impartito l'assoluzione a rate anche di sessantamila peccatori alla volta e una donna è rimasta schiacciata nella ressa proprio sotto la mia finestra». Egli colmò il Pontefice di doni e onori, ma non gli concesse nulla. Quando, di lì a pochi mesi, gli restituì la visita a Roma, vi fu accolto da una folla non meno osannante che volle così manifestare la propria avversione al clericalismo.

Ma di ben altra portata si rivelarono le resistenze interne della tradizione, del costume, delle autonomie locali, delle singole nazionalità e, se si vuole, anche del pregiudizio. Con l'occhio fisso alla sua *Città del Sole*, Giuseppe le aveva sottovalutate. Ma alle prime difficoltà economiche e diplomatiche, se le trovò di fronte. Un'incauta alleanza con Caterina di Russia lo costrinse a una campagna contro i Turchi, che mise in luce le magagne dell'esercito. Quasi tutti appartenenti alla nobiltà terriera o ad essa legati, i comandanti non avevano molta voglia di battersi per un Imperatore che aveva mortificato la loro casta tradizionalmente depositaria del culto della lealtà e dei valori guerrieri. Per ridare slancio alle truppe demoralizzate dall'apatia dei capi, Giuseppe dovette richiamare in servizio e passare il comando al vecchio maresciallo Laudon, eroe della Guerra dei sette anni. Ma la Prussia aveva approfittato degli smacchi austriaci per scendere in campo accanto ai Turchi. Sul suo trono non c'era più il grande Federico, di cui Giuseppe aveva celebrato la scomparsa con queste cavalleresche parole: «Come soldato rimpiango la morte di questo grande condottiero. Come patriota, rimpiango che sia venuta con trent'anni di ritardo». Ma il suo successore ne continuava la politica antiaustriaca. I magnati ungheresi, sempre all'agguato della buona occasione, innalzarono il vessillo dell'indipendenza nazionale, sotto cui si nascondeva il proposito reazionario di restaurare i privilegi feudali e la servitù della gleba che Giuseppe aveva abolito. I Belgi seguirono l'esempio, scacciarono il governatore austriaco, ch'era il cognato stesso dell'Imperatore, e proclamarono la Repubblica. Giuseppe si rivolse per aiuto alla sorella Maria Antonietta e a suo marito Luigi XVI. Ma proprio in quel momento la rivoluzione spazzava via anche loro.

Lo sventurato sovrano non sapeva più a che santo votarsi, anche perché coi Santi era sempre stato in guerra. Tutta la sua utopia era in pezzi. Perfino la fedelissima Austria gli si ribellava, sobillata dai preti. Su consiglio del fratello Leopoldo, Granduca di Toscana, restituì agli Ungheresi la loro corona, la corona di Santo Stefano, e se ne riguadagnò i consensi. Ma ormai era tardi per tentare una rivincita. Il suo fisico non aveva retto ai dieci anni di forsennato lavoro che si era imposto. Stomaco e polmoni erano in disordine, i nervi cedevano rosi dalla tensione e dall'insonnia. Ora si aggiungeva l'idropisia. Chiamò Leopoldo per passargli le redini del potere, lasciò che il prete gl'impartisse i sacramenti e dettò il proprio epitaffio: «Qui giace Giuseppe che non riuscì in nulla».

Perché non fosse riuscito, non ebbe il tempo di domandarselo. Se lo avesse avuto, forse si sarebbe accorto che quel «nulla» non era del tutto esatto. Ciò che gli era mancato era quel realismo che invece sua madre aveva posseduto al massimo grado. Non aveva visto, o aveva sottovalutato gli ostacoli, e aveva troppo anticipato i suoi tempi. Gli uomini di Stato miopi sono rovinosi per i loro popoli, e quelli presbiti per se stessi. Giuseppe aveva avuto il peggior nemico nel proprio carattere impaziente e dispotico, inaccessibile ad altre voci che non fossero quelle di dentro. Come tutti i grandi «pianificatori» aveva della società un'idea astratta e libresca, ma assoluta e refrattaria a qualsiasi compromesso. La cieca fede in ciò che faceva lo rendeva intollerante, e perfino brutale, con chi non la condivideva. Perciò aveva saputo più comandare che dirigere. E perciò si era fatto sorprendere da una realtà di cui non aveva mai voluto prendere atto.

Ma ciò non toglie nulla alla generosità e nobiltà dei suoi intenti. Di tutti i despoti di quest'epoca di despoti, egli fu certamente il più «illuminato». Le sue riforme anticiparono troppo l'età moderna, ma l'anticiparono. E del resto egli stesso ne ebbe il presentimento, quando scrisse nella sua lettera di addio a Kaunitz: «Spero che la posterità, più imparziale e quindi più giusta dei contemporanei, riconoscerà l'onestà e giustezza delle mie intenzioni».

Aveva visto chiaro. La posterità ha preso atto del suo fallimento, ma lo considera più meritevole di tanti successi. L'Austria impiegò due secoli a realizzare le riforme che Giuseppe aveva preteso di realizzare in dieci anni. Ma dovette realizzarle. Dopo la morte dell'autore esse furono frettolosamente revocate. Ma il loro spirito rimase, si travasò anche all'estero, specialmente in Italia, e provocò un fermento d'idee che nessuno poté più arrestare. I riformatori del Settecento, soprattutto in Lombardia e Toscana dove l'influenza austriaca era più diretta e palpabile, ne furono ispirati e pervasi. Quel po' di nuovo che nel campo dell'organizzazione politica e amministrativa si realizzò sullo scorcio del secolo nel nostro Paese, fu in gran parte sollecitato dall'esempio di Giuseppe. La sua opera cadde. Il suo seme fruttò.

CAPITOLO SETTIMO

L'ESEMPIO INGLESE

Più che le guerre, che preferiva lasciar fare agli altri, l'Inghilterra del Settecento aveva saputo vincere le paci. Sia Utrecht che Aquisgrana furono il trionfo della sua diplomazia, sempre tesa a quella *balance of powers*, a quell'equilibrio di poteri in Europa che non consentisse a nessuno di essi di prendere il sopravvento sugli altri. E questo faceva sì che i popoli più deboli, ma attaccati alla propria indipendenza nazionale, vedessero nell'Inghilterra una garanzia. A Torino e a Venezia, per esempio, l'ambasciatore inglese era considerato «amico» per definizione e godeva di «entrature» particolari.

Ma queste simpatie non si limitavano al campo diplomatico. L'Europa cominciava a capire che i successi di quel Paese non erano dovuti soltanto all'accortezza dei suoi dirigenti, ma anche alla stabilità del suo sistema politico e sociale. Ed è questo sistema che comincia a essere preso a modello e a fare scuola.

Neanche in Inghilterra i contrasti mancavano. Fino a metà del secolo, a dividere l'opinione, c'era stata anche la questione dinastica. Nell'*Italia del Seicento* abbiamo succintamente raccontato le vicende dei suoi Re Stuart. Uno di essi fu decapitato da Cromwell, l'ultimo fu scacciato dal trono a opera del marito di sua figlia Maria, l'olandese Guglielmo d'Orange, che si coronò al suo posto, ma non riuscì a fondare una nuova dinastia per mancanza di eredi. Dopo la sua morte, sua cognata Anna regnò da sola, e come successore si scelse l'unico suo congiunto di religione protestante, come il popolo voleva: il duca Giorgio di Hannover. Era un personaggio di mezza tacca, un principotto di marca tipicamente tedesca, cioè rozzo e caporalesco, che oltre tutto non parlava una parola d'inglese. Le antipatie che suscitò diedero forza ai «giacobiti» come si chiamavano i partigiani dell'ultimo Stuart, Giacomo, esule in Francia, e spinsero suo figlio a tentare uno sbarco in Inghilterra per riconquistare il trono. Prendendo – come spesso capita ai fuoriusciti – le speranze per realtà, contava su una rivoluzione, che non scoppiò. Solo alcuni esponenti della più retriva nobiltà scozzese, tuttora partigiani dell'assolutismo monarchico che gli Stuart incarnavano, si schierarono al suo fianco, ma furono sbaragliati dall'esercito regolare. Il pretendente se ne tornò in Francia, e gli Hannover si sentirono più sicuri sul loro trono, sebbene una certa fronda giacobita seguitasse a serpeggiare nel Paese.

Ad alimentarla era soprattutto la classe terriera, di sua natura conservatrice e autoritaria, che faceva capo a un partito, quello *Tory*, in contrapposizione ai *Whigs*, che rappresentavano gl'interessi e le idealità dei ceti progressisti legati all'industria e alla finanza. Perché oramai in Inghilterra i partiti c'erano, e quindi c'era una vita politica articolata, che dettava le sue condizioni ed esigenze anche al Re. Costui non poteva agire di sua testa, come facevano i suoi colleghi di Vienna e di Parigi, anteponendo magari i propri interessi nell'Hannover – il Principato tedesco da cui provenivano e di cui avevano conservato la corona – a quelli inglesi. L'Inghilterra era ormai una nazione che si governava da sé. E si governava appunto attraverso i suoi due partiti, che rappresentavano le due grandi forze, materiali e morali, in cui il Paese era diviso: quella della campagna e dell'agricoltura, i *Tories*; e quella della città, dell'industria e del commercio, i *Whigs*.

La lotta fra loro era vivace, ma di rado degenerava in scontri frontali. A impedirlo erano la conformazione e il costume delle classi dirigenti, che appunto per questo facevano spicco sul resto d'Europa e ne venivano prese a modello. Esse erano composte quasi esclusivamente di aristocratici. Ma questi aristocratici non formavano una casta chiusa di parassiti del potere e della ricchezza. Chiunque acquistasse titoli di merito come uomo di Stato, o come finanziere, o come industriale, veniva insignito di un titolo nobiliare ed entrava a far parte della categoria, arricchendola con le sue fresche energie; mentre il figlio cadetto del nobile, non potendo aspirare al titolo che spettava unicamente al primogenito, cercava di procurarsene un altro dandosi al servizio di Stato, o alla finanza o all'industria. Tutto questo assicurava un continuo ricambio di uomini che, anche quando si combattevano fra loro, difficilmente si dimenticavano di far parte dello stesso sistema, e ne condividevano la mentalità, il linguaggio e i fondamentali interessi. Questo non faceva dell'Inghilterra il regno della giustizia sociale. Il grande anelito democratico ed egalitario che aveva animato la rivoluzione di Cromwell si era spento assieme alle passioni religiose del Seicento. *Tories* o *Whigs*, le nuove classi dirigenti avevano in comune la religione della ricchezza, e in base ad essa commisuravano i diritti individuali. Quello di voto era riconosciuto soltanto a chi avesse adeguati titoli di proprietà, e quindi la massa n'era esclusa. Ma rispetto al resto d'Europa l'Inghilterra appariva la nazione più avanzata, senza esserlo tuttavia al punto da sembrare irraggiungibile. Il suo esempio funziona appunto per questo. Il tipo di liberalismo ch'essa offre al continente non ha nulla di utopico. Anche sul piano religioso esso ha perso le asprezze, le angolosità, il terrificante rigore del primo calvinismo. Esso fa della «tolleranza» la propria architrave, e per poterla praticare nei confronti di tutti si contenta d'un vago deismo completamente disancorato da qualsiasi teologia. Esso insomma dice a tutti, cattolici e protestanti: «Lasciate stare i problemi della rivelazione, della predestinazione, del sacerdozio eccetera. Contentatevi di sapere che c'è un Essere soprannaturale chiamato Dio. La sua esistenza è dimostrabile anche filosoficamente e i suoi precetti morali sono quelli che secondano le inclinazioni naturali dell'uomo. Chi condivide questo credo e lo pratica, andrà sicuramente in paradiso. L'inferno è riservato ai fanatici, cioè agl'intolleranti, a qualunque chiesa o sètta appartengano».

Era il messaggio più facile da tradurre in qualsiasi lingua e il più tentatore per dei cervelli europei già intrisi di razionalismo e rischiarati dai «lumi» francesi. Ma a propiziarne la diffusione e il successo ci furono anche altri due fattori.

Il primo fu la parte di guida che l'Inghilterra assunse risolutamente in campo economico con la sua rivoluzione industriale. Gli storici ancora si domandano perché questo fenomeno nacque lì. Perché, dice qualcuno, l'Inghilterra non subì invasioni e non ne fu devastata, e perché aveva un vasto Impero coloniale in cui poteva attingere le materie prime e riversare i suoi prodotti. Ma la Spagna era stata nelle stesse condizioni, eppure l'industria non vi si sviluppò. Perché, dice qualche altro, la conversione dall'agricoltura alla pastorizia liberò molta manodopera contadina e la rese operaia. Ma questa conversione fu

SVILUPPO INDUSTRIALE IN INGHILTERRA ALLA FINE DEL XVIII SECOLO

provocata dallo sviluppo dell'industria tessile che aveva bisogno di lana, e quindi di bestiame, e quindi di pasture: cioè fu una conseguenza, non una causa. Crediamo che i motivi siano altri. Anzitutto, la gestione del potere da parte di una classe dirigente sensibilissima ai problemi economici perché formata da uomini che venivano dagli affari, o vi si davano. Secondo, il carattere della scienza inglese che dette subito la precedenza alla ricerca pratica, cioè alla tecnologia, invece che a quella astratta come avveniva dappertutto altrove: più che a scoprire leggi e princìpi, lo scienziato inglese mirava a inventare macchine e procedimenti. L'Inghilterra non dà più i grandi geni solitari alla Bacone e alla Newton, ma produce una pleiade di pratici realizzatori. Darby costruisce il primo altoforno, suo figlio il primo ponte di ferro, Reynolds la prima ferrovia, Wilkinson rischia il manicomio per aver avanzato il progetto di costruire in ferro anche le navi, ma poi trova il modo di realizzarlo, e questo consolida l'assoluto primato della flotta mercantile inglese. Perfezionato da Hargreaves, il telaio inglese produce quattro volte più di qualunque altro europeo e permette all'Inghilterra d'inondare il mercato mondiale coi suoi cotonati. L'elenco potrebbe continuare per pagine e pagine. Riassumiamolo nella conquista culminante: la macchina a vapore di Watt.

Watt incarna alla perfezione il genio scientifico inglese del Settecento. Invece di frequentare la scuola, aveva istallato una fabbrica di attrezzi. L'Università di Glasgow gliene diede da riparare uno, che avrebbe dovuto generare del vapore, ma non ci riusciva perché lo perdeva quasi tutto per strada. Watt ideò un contenitore, e al momento d'applicarlo s'accorse che il vapore non solo ci restava imprigionato, ma sviluppava una forza capace di azionare tutto il meccanismo. La scoperta fu accettata, ma le applicazioni furono considerate di poca utilità e troppo costose. Watt cercò finanziamenti, e ne ottenne uno anche dal parlamento, a riprova di quanto la classe dirigente inglese fosse aperta all'esigenze del progresso tecnico. Ma i risultati furono deludenti. Ci volle un imprenditore di larghi mezzi e di mente illuminata, Boulton, per consentire esperimenti su scala più larga. Boulton aveva cinque fabbriche di articoli vari, che andavano ad acqua. Capì quale balzo avanti potevano fare col vapore e rilasciò a Watt una specie di assegno in bianco per dargli modo di perfezionare la sua macchina. I difetti dipendevano dalla grossolanità dei cilindri. Ma Wilkinson riuscì a produrne uno che rispondeva ai requisiti. L'anno dopo Boulton poteva dire a un visitatore mostrandogli il suo stabilimento gremito di centinaia di operai: «Io qui produco e vendo ciò di cui tutti hanno bisogno: l'energia». Infatti tutti gl'imprenditori vi accorrevano da ogni angolo dell'Inghilterra per provvedersi della nuova macchina.

Le conseguenze della rivoluzione industriale furono varie. Anzitutto, essa spinse l'Inghilterra ad allargare il suo Impero coloniale per cercarvi le materie prime e vendervi i suoi prodotti. Gl'Inglesi non lo conquistarono per arricchire di nuove province la corona del loro Re come facevano Spagnoli e Francesi; lo conquistavano per procurare cotone alle proprie tessiture e metalli alle proprie fonderie. Questo poneva su basi solide e concrete i rapporti fra madrepatria e colonie: l'Inghilterra era la forza dirigenziale di questo cosmo perché ne era il centro finanziario e manifatturiero. Ecco perché questo Impero ha resistito fino ai nostri giorni.

Secondo, essa sconvolse l'assetto sociale del Paese. Il bisogno di manodopera spopolò le campagne distruggendo la famiglia patriarcale contadina e spazzò vie le vecchie corporazioni. L'imprenditore prende l'operaio dove lo trova e l'operaio corre da chi lo cerca infischiandosi di «patenti» e «licenze». Fin allora immobile, la società si fluidifica e crea i grandi concentramenti urbani di Liverpool, Birmingham, Manchester, Newcastle. L'unica agricoltura che si salva è quella che si presta a essere meccanizzata, cioè sfruttata secondo precisi criteri capitalistici.

Terzo. Sempre meglio razionalizzata, e quindi sempre più massiccia, la produzione gettò sul mercato una crescente quantità di beni dando l'abbrivo a quella che oggi si chiama «la civiltà dei consumi». Ma nello stesso tempo creò il bisogno di una manodopera sempre più qualificata che richiese un moltiplicarsi di scuole, librerie e attrezzature scientifiche, tutte intese però al professionalismo pratico.

Quarto. La ferrea legge della concorrenza imponeva procedimenti sempre più raffinati, e quindi macchine sempre più complicate, e quindi investimenti sempre più cospicui. Di qui il colossale sviluppo delle banche, le cui sedi dominano per imponenza le fabbriche, e il perfezionarsi dei loro sistemi operativi. Ma di qui anche la corsa ai profitti. L'imprenditore inglese non lesina nel macchinario: non solo è sempre pronto a rinnovarlo, ma profonde capitali per finanziarne i perfezionamenti: «Ogni stabilimento» diceva Tucker «ha i suoi inventori e il suo capannone per gli esperimenti». Ma quello che si spende nelle macchine si cerca di risparmiarlo sugli operai, sfruttati all'osso. I salari sono miserabili, gli orari oscillano fra le dodici e le quattordici ore, donne e bambini sono brutalmente sfruttati, e fino alla fine del secolo una legge inumana proibisce severamente la formazione di sindacati che possano organizzare gli operai e avanzare rivendicazioni in loro nome. Così il capitalismo moderno, figlio della rivoluzione industriale, si presenta subito col suo doppio volto: d'insostituibile promotore del progresso economico e di responsabile dell'ingiustizia sociale.

A comprendere e a denunziare questa contraddizione fu un uomo che per natura e abitudini di vita vi sembrava il meno qualificato. Adamo Smith era un quieto giovanotto scozzese, che con l'economia non aveva altro rapporto che il fatto di essere figlio d'un ispettore delle dogane. Non fu mai tentato né dalla banca, né dall'agricoltura, né dall'industria perché in quell'epoca dominata dal denaro, era uno dei pochi che al denaro non badasse. Aveva fatto buoni studi filosofici a Oxford, s'era prestato a far da tutore al figlio di un Duca per poterlo accompagnare a Parigi e aver occasione di frequentarvi i *filosofi* più in vista da Voltaire a Turgot a Quesnay. Ma non mostrava nessuna fretta d'«arrivare». Per non complicare la propria esistenza e ridurne al minimo le esigenze, non aveva nemmeno preso moglie, né gli si conoscevano amanti. Viveva con la madre, pago dei propri pensieri, di cui si decise a spremere il frutto solo nel 1776, quando aveva già cinquantatré anni.

Il libro che aveva così a lungo maturato si chiamava *Natura e cause della ricchezza delle Nazioni*, e a esso si può con tutto comodo far risalire la nascita di una nuova scienza: l'economia politica. Nessuno può contestargli questa paternità. In fatto di pensiero economico, da Smith nasce tutto e il contrario di tutto: anche Marx, anche Marcuse. Quanto a Mao, ve lo diremo il giorno in cui avremo capito che cosa Mao pensa.

Molte delle sue idee non sono sue. Per esempio non lo è la distruttiva critica del sistema «mercantile», già bersagliato e ridicolizzato dai fisiocratici in Francia e da Hume nella stessa Inghilterra. Per i mercantilisti, lo abbiamo già detto, la ricchezza era l'oro, e perciò dipendeva unicamente dalla cosiddetta «bilancia dei pagamenti». Più s'esportava, più oro entrava; meno s'importava, meno oro usciva. Questo spingeva i governi, compreso quello inglese, a innalzare tariffe doganali contro le importazioni. E questo creava dei mercati nazionali protetti e autarchici, cioè dei compartimenti stagni, che impedivano la libera circolazione delle merci, e quindi la concorrenza, e quindi il progresso. Era un'assurdità. Ma lo era specialmente per l'Inghilterra nel momento in cui, grazie alla sua rivoluzione industriale, essa si trovava nella necessità di dare uno sbocco ai suoi manufatti sui mercati stranieri ed era in condizione di conquistarli grazie alla sua superiorità tecnica.

Già i fisiocratici avevano negato che la ricchezza fosse l'oro. Ma poi avevano aggiunto che la sua unica fonte era la terra, cioè il prodotto agricolo: e qui sbagliavano. Smith raddrizzò l'errore dicendo che la fonte della ricchezza era *anche* la terra, in quanto fornitrice delle materie prime, ma a essa andava aggiunto il lavoro non solo come manodopera ma anche come organizzazione e «servizi». L'oro, diceva, è soltanto uno strumento di scambio: un Paese può averne molto ed essere poverissimo, come può averne poco ed essere ricchissimo. Quel che conta è la produzione. E da cosa è stimolata e regolata? Dalla legge del «mercato», cioè dalla domanda e dall'offerta. Se l'offerta, cioè la disponibilità d'un prodotto, diminuisce, ne cresce la domanda, cioè il bisogno. Il prezzo sale. Salendo, assicura un più largo profitto che induce l'imprenditore a produrre di più. L'aumento dell'offerta, cioè della disponibilità, provoca la riduzione della domanda. E questo fa scendere il prezzo che così si riequilibra.

Il nostro non è, si capisce, che un riassunto molto schematico e grossolano del pensiero di Smith. Ma ci pare che basti per far capire le sue implicazioni politiche. Egli diceva in pratica ai governanti: «Basta con le restrizioni, coi monopoli, coi calmieri, con le dogane, insomma con tutte le bardature mercantiliste. *Laissez faire*, lasciate fare all'economia. Essa ha già le sue leggi: gliele dà il "mercato"».

È la cosiddetta dottrina «liberista», di cui Smith è considerato il creatore. Ma è un creatore che sapeva vedere anche i vizi della sua creatura. Egli pone a fondamento del processo e del progresso economico l'interesse individuale, considerandolo uno stimolo insostituibile. È il grande avvocato della proprietà privata. Ma non la idealizza, anzi ne anticipa e denunzia le pericolose degenerazioni. Evidentemente questo studioso casalingo e mammaione, che trascorre la sua giornata rinvoltato nelle pantofole e nelle scartoffie, ha saputo guardarsi intorno. Ha visto la nascita d'un miserabile proletariato urbano, la sua degradazione nelle baracche che sorgono intorno alle fabbriche, ha visto le donne e i bambini spremuti da un capitalismo di rapina, ha capito che l'interesse individuale abbandonato alle proprie tentazioni può trascendere in un bestiale sfruttamento dell'uomo, e scrive: «L'interesse dell'imprenditore non sempre coincide con quello pubblico, e pertanto bisogna guardarsi dal seguirlo ciecamente. Le proposte di legge che vi s'ispirano vengono da una categoria di persone che sono istintivamente portate a ingannare e opprimere i lavoratori, e che di fatto molto spesso li ingannano e li opprimono». Sembra di leggere Marx.

Subito dopo egli aggiungeva, è vero, che non doveva essere il governo, ma la stessa classe imprenditoriale a frenare i propri istinti sopraffattori per motivi non di moralità e di giustizia, ma di calcolo: salari più alti, egli dice, e tempo più libero consentiranno agli operai di moltiplicare i propri consumi, e quindi saranno anch'essi di stimolo alla produzione. Ma Smith chiede che anche agli operai si riconosca il diritto d'organizzarsi come lo si riconosce agl'imprenditori. E questa proposta doveva suonare pericolosamente sovversiva agli orecchi di una classe dirigente che veniva tutta da quella capitalista, o comunque vi era strettamente legata. Eppure Smith non solo non incorse in nessuna censura, ma fu riconosciuto come maestro e ispiratore dagli stessi uomini di Stato. Il più grande di essi, Pitt, a un banchetto ufficiale gli assegnò il posto d'onore dicendogli: «Noi non siamo che i vostri scolari».

Era questa l'Inghilterra che faceva scuola al resto d'Europa: la scuola non dell'alta filosofia, ma dello spirito pratico e utilitario, della stretta collaborazione fra uomini di pensiero e uomini d'azione, cioè di una cultura al servizio della società che la teneva al riparo da ogni sentimento di «frustrazione» e quindi da ogni tentazione eversiva.

CAPITOLO OTTAVO

I «LUMI» FRANCESI

Nel 1743 un filosofo squattrinato di nome Diderot propose all'editore parigino Le Breton di pubblicare una *Enciclopedia* che raccogliesse tutto il sapere umano e lo spiegasse in un linguaggio chiaro e accessibile a tutti.

L'idea non era nuova. Una *Enciclopedia*, anzi una *Cyclopoedia o Dizionario universale di Arti e Scienze*, esisteva digià in lingua inglese, e Le Breton ne aveva intrapreso la traduzione, cui appunto attendevano lo stesso Diderot e D'Alembert. Ma Diderot la trovava, oltre che superata, piena di squilibri e di lacune. Tanto valeva compilarne una nuova e più aggiornata. L'editore esitò. L'impresa, secondo i suoi calcoli, sarebbe costata due milioni di lire – una somma folle, per quei tempi –, e per tentarla occorreva l'appoggio del governo e la certezza d'una clientela. Diderot sembrava il meno indicato a fornire queste garanzie. Proprio in quel periodo egli veniva arrestato per un suo libello contro l'ordine costituito. Ma, rilasciato poco dopo, si diede alla realizzazione del suo progetto con tale ardore che tutti gli ostacoli furono travolti. Il suo «prospetto» in cui era esposto il piano dell'opera persuase i lettori che in massa sottoscrissero le duecentottanta lire richieste per dieci volumi che sarebbero usciti in due anni. Fu – credo – il primo esperimento di vendita rateale, perfettamente riuscito.

Il primo volume apparve nel giugno del '51. Lo apriva un «discorso preliminare» di D'Alembert, che riassumeva i criteri con cui erano stati scelti argomenti e collaboratori, e ne chiariva l'impostazione. Contro la religione non c'erano attacchi diretti. Anzi, s'annunziava che molte delle relative «voci» – come *Gesù*, *Cristianesimo*, *Ateismo* eccetera – erano state affidate alla penna di sacerdoti. Ma queste chiazze d'ortodossia, disseminate fra le sue pagine per prevenire censure e sequestri, non alteravano lo spirito dell'opera, razionalistico e anticlericale. La voce *Cronologia sacra* per esempio elencava minutamente e metteva in ridicolo senza pietà le contraddizioni e incongruenze dei testi sacri. Gli autori più citati erano Bacone e Cartesio, i grandi padri del libero pensiero. A Giordano Bruno era sciolto un inno, perfino esagerato. Insomma, tutta l'opera recava l'impronta di quei *filosofi*, che costituivano il grosso dei compilatori, e il cui sogno era di sostituire la scienza alla religione e se stessi ai preti.

Non seguiremo le vicende di questa straordinaria avventura editoriale, che ne ebbe molte. A un certo punto parve che il governo intendesse mandare al macero l'opera e in galera i suoi autori. Voltaire sollecitò Diderot a trasferirsi a Berlino e a continuare lì le pubblicazioni. Ma l'intrepido enciclopedista tenne duro, e il suo coraggio fu premiato. La signora di Pompadour, amante del Re e grande amica e protettrice dei *filosofi*, persuase i Ministri a ignorare il libro e le reazioni che suscitava. Non sappiamo se più ammirare quel sovrano e i suoi collaboratori per la loro tolleranza o per la loro miopia. Quell'opera era infatti il più tremendo colpo di piccone che mai fosse stato inferto alle impalcature dell'antico regime, ch'era poi il regime attuale. Era – dice il Durant – «la rivoluzione prima della Rivoluzione».

Di errori e inesattezze, era lardellata. E i gesuiti non persero tempo a denunziarli. Con la pedanteria che li distingue, quando si tratta di confutare tesi eterodosse e imbarazzanti, essi rilevarono dozzine di svarioni, di omissioni, di dati arbitrari, di negligenze, perfino di plagi. Sottolinearono il semplicismo di certe argomentazioni, la mancanza di senso storico di gran parte dei compilatori a cominciare dallo stesso Diderot, l'astrattezza del loro ragionare. Punto per punto, quasi tutte le loro critiche erano fondate. Ma perdevano di vista il senso dell'opera nel suo insieme. Essa rappresentava la rottura dei chiusi perimetri accademici in cui la cultura era sempre rimasta fin allora circoscritta e la sua liberazione dai vincoli che la tenevano asservita al potere politico ed economico. Diffondendosi, grazie all'*Enciclopedia*, in mezzo al grande pubblico, essa ne iniziava la redenzione, e in questo apostolato trovava anche una condizione d'indipendenza. D'ora in poi l'intellettuale non si rivolge più al Signore, non gli dedica la sua opera, non ne seconda gl'interessi perché non ne ha più bisogno. Il suo padrone è il lettore. E la sua nuova ambizione è di diventarne il direttore di coscienza. Così la cultura si affranca dal potere e il potere perde il puntello della cultura. Questo era il grande risultato dell'*Enciclopedia*, che nessuna pedanteria di gesuita può inficiare.

Ma c'è di più. L'*Enciclopedia* era la voce dei nuovi ceti e delle loro aspirazioni. Non v'è traccia di democrazia né di socialismo perché i *filosofi*, che di questi ceti sono l'espressione più alta, non erano orientati in questo senso. Un po' per convinzione, un po' forse per prudenza, essi si proponevano di realizzare la loro rivoluzione per interposta persona, cioè servendosi dello strumento che avevano a portata di mano: la monarchia. I loro modelli erano Federico di Prussia e Giuseppe II d'Austria (che non per nulla aveva incontrato fra loro tanto successo), cioè il «despota illuminato», che valendosi dei suoi assoluti poteri mettesse in opera le riforme, come oggi si direbbe, «di fondo», capaci di creare il «nuovo ordine», che essi suggerivano.

Cos'erano queste riforme? Erano la trasposizione sul piano pratico delle premesse filosofiche da cui gli enciclopedisti erano partiti. Fra le voci di questo grande dizionario facevano premio su tutte le altre quelle relative all'economia e alla tecnologia. Era logico, visto che gli ambienti da cui traevano ispirazione e a cui si rivolgevano erano quelli della nascente borghesia imprenditoriale. Essi non si contentavano d'idee astratte. Volevano misure concrete che secondassero i loro interessi. O per meglio dire, su questi interessi avevano modellato delle idee, che dovevano servire di bussola e guida ai legislatori. Essi volevano la scienza al posto della religione perché scienza significa anche tecnica, tecnica significa progresso economico e il progresso economico comportava il cambio della guardia, nelle posizioni di potere, tra la vecchia aristocrazia feudale, redditiera e parassitaria, e i nuovi ceti capitalisti.

L'*Enciclopedia* riscosse un successo clamoroso in tutto il mondo. Fu tradotta anche in Italia, e vi trovò abbastanza clienti per esaurire due edizioni. Poche, in confronto al massiccio smercio che ebbe in Francia e in quasi tutti gli altri Paesi. Moltissime, se si pensa al dilagante analfabetismo del nostro Paese, dove la cultura seguitava a essere il privilegio di una piccola casta chiusa nelle sue Accademie, e per di più interamente asservita al potere politico ed economico, che dell'*Enciclopedia* era il bistrattato bersaglio.

Data questa situazione, era logico che gl'Italiani assimilassero di quell'opera solo quello che potevano, cioè solo quello che non dava noia al potere, il quale variava, come sappiamo, da Stato a Stato. E diciamo subito una verità poco gradevole al palato dei patrioti. Gli Stati che si mostrarono più aperti all'influsso dell'*Enciclopedia* non furono quelli indigeni (Stati della Chiesa, Piemonte, Venezia), ma quelli dominati dall'Austria, come vedremo. Ed è naturale, perché i despoti nostrani erano soltanto despoti, mentre quelli austriaci – Giuseppe e poi Leopoldo – erano, o almeno avevano la pretesa di essere, «illuminati», cioè si trovavano in linea coi *filosofi* dell'*Enciclopedia*, se non su tutto, almeno su un certo riformismo: quello dei fisiocratici.

Si dice che nel 1668 Colbert, il grande ministro di Luigi XIV, domandasse al finanziere Legendre in che modo il governo poteva incrementare la produzione e il commercio. «In un modo solo:» rispose Legendre «lasciandoli fare». Di queste parole i fisiocratici fecero nel secolo successivo il loro motto e programma, che diventarono anche quelli dell'*Enciclopedia*, di cui essi furono tra i principali collaboratori.

Il nome «fisiocrazia», derivato dal greco antico, significa «governo della natura», e a inventarlo fu un funzionario del Ministero dell'Industria e Commercio, Du Pont, autore d'un libro che s'intitola appunto *Fisiocrazia*. Ma, anche se non ancora battezzata, la dottrina era già grandicella.

L'avevano elaborata i *filosofi* amici della Pompadour, che si riunivano nel suo salotto di Versailles. Fra di loro c'era un po' di tutto. C'era il milionario Gournay, che derivava la sua cultura dall'esperienza accumulata come uomo d'affari in Spagna e Inghilterra. Non fu autore di nessun'opera, ma in compenso lasciò un allievo che basta a garantire il valore dei suoi insegnamenti e di cui riparleremo: Turgot. C'era Quesnay, un grande proprietario terriero che si era dato alla medicina ed era diventato il medico curante della padrona di casa e del suo reale amante Luigi XV. C'era Mirabeau, che non fu soltanto il padre di un figlio destinato a una fama più grande della sua; fu anche lui un pittoresco e vulcanico personaggio, mezzo genio, mezzo canaglia, dissoluto, coraggioso e anticonformista. C'era Diderot. C'era Buffon. C'erano Helvétius, Duclos e tanti altri che ora passano per precursori della grande Rivoluzione: quella che tagliò la testa al Re, del cui palazzo erano assidui ospiti.

Lasciamo stare le loro diverse sfumature e i bisticci che li dividevano. Su un punto erano d'accordo: ch'era venuto il momento d'applicare la logica della ragione anche all'economia, e questa logica comandava che lo Stato si limitasse a garantire la vita, la libertà e la proprietà. Nei processi produttivi non doveva entrare. Doveva lasciarli all'iniziativa dei singoli e al giuoco dei loro interessi. «Lasciate fare» dicevano ai governanti riprendendo il discorso di Legendre a Colbert «non turbate la legge naturale che regola i rapporti economici. Essi trovano in se stessi i propri propellenti e correttivi.»

Non era in sé un appello rivoluzionario. Ma rapportato alla situazione vigente, lo diventava. La Francia aveva imprigionato produzione e commercio in una ferrea catena di controlli e restrizioni che garantivano, sì, una bilancia commerciale in attivo e quindi una crescente eccedenza di riserve auree, ma frapponevano invalicabili ostacoli all'iniziativa, all'innovazione e alla concorrenza. La Francia era un'area depressa lastricata di lingotti che servivano soltanto a finanziare la politica di potenza di Re faraoni, intesi unicamente ad aggiungere corone al proprio serto e a innalzare piramidi a propria gloria. Reclamando l'inversione di questa tendenza e sovrapponendo gl'interessi della nazione a quelli del trono, i fisiocratici assestavano un colpo mortale al principio della monarchia per diritto divino, «proprietaria» del Paese e svincolata da ogni impegno verso di esso. Eppure, questo non impedì a uno dei loro maggiori esponenti di scalare il vertice del potere e di gestirlo per qualche tempo in nome del Re.

Abbiamo già incontrato Turgot, l'allievo prediletto di Gournay, tra i frequentatori del salotto Pompadour. I salotti in Francia contavano. Non erano, come lo sono in Italia, convegni di una mondanità sfaccendata e semianalfabeta anche quando, anzi specialmente quando i frequentatori ostentano blasoni con molte palle. Erano il punto d'incontro fra cultura e politica, e davano il via a successi e carriere. Turgot vi era stato accolto con qualche diffidenza per via del suo abito talare. Ma fece presto ad accreditarsi. Era diventato prete perché la tradizione di famiglia, una vecchia famiglia di borghesia impiegatizia, voleva che a ogni generazione ce ne fosse uno. Ma subito dopo aver preso i voti aveva tenuto alla Sorbona una conferenza sul progresso filosofico che rivelava una mentalità squisitamente laica. Gl'intenditori dicono che c'erano dentro molti ricordi di Vico e molte anticipazioni di Comte e del suo positivismo, cioè degl'ingredienti che con la tonaca andavano poco d'accordo. E infatti subito dopo la gettò alle ortiche: «Non posso condannarmi» disse «a portare una maschera per tutta la vita». Entrò nell'amministrazione dello Stato, vi fece preziose esperienze, e ne riassunse il succo in saggi e articoli, che vennero pubblicati nell'*Enciclopedia* e in una rivista di Du Pont. Ma l'opera che lo mise definitivamente in luce furono le *Riflessioni sulla formazione e distribuzione della ricchezza*, che rimane ancor oggi un passaggio obbligato per tutti gli studiosi d'economia politica.

Ci sono dentro anche delle sciocchezze: come per esempio il concetto che della ricchezza l'unica fonte è la terra. Era questa una vecchia fissazione dei fisiocratici. Ma Turgot ne faceva soltanto il punto d'avvio alla formulazione di princìpi per allora del tutto nuovi, come quello che poi si è chiamato «la ferrea legge del salario». L'abbondanza di manodopera, dice, fa sì che l'imprenditore, potendo scegliere, fissi il salario sulle esigenze dei lavoratori che ne hanno meno, cioè che si contentano solo dei mezzi di sussistenza. Questo abbassa il costo del prodotto e garantisce il maggiore utile all'impresa.

Al nostro palato più sensibile alle istanze di giustizia questo criterio risulta inaccettabile, qual è. Ma sul piano scientifico è esatto, e il merito di Turgot è proprio questo: d'aver concepito l'economia come una scienza. Fra le tante cose che impacciavano lo sviluppo della produzione francese c'erano le «corporazioni» che, riservando il diritto all'impiego ai propri affiliati, creavano una casta di operai privilegiati e interessati a escludere la concorrenza di tutti gli altri per tenere alti i salari. Così le imprese non potevano diminuire i costi di produzione né accumulare i capitali per nuovi investimenti e rinnovi d'impianti. Il primo monopolio da eliminare, dice Turgot, è dunque questo delle corporazioni operaie. Solo la libera concorrenza della manodopera può calmierare i salari, solo i bassi salari consentono gli alti utili, e solo gli alti utili consentono l'accumulo di capitale per gl'investimenti. Questo non è, si capisce, tutto il pensiero di Turgot. Ne è soltanto lo schema. Ma crediamo che basti per qualificarlo: si tratta della dottrina che farà da puntello al capitalismo del secolo successivo. E non riguarda soltanto l'economia. Investe tutte le strutture della società dando il ruolo di protagonisti politici a coloro che lo sono nel campo della produzione e del commercio al posto delle vecchie classi aristocratiche.

Il credito che s'era guadagnato con quel libro gli valse la nomina a ispettore delle finanze a Limoges: riprova dell'influenza che i circoli intellettuali esercitavano sul potere. Voltaire ne tripudiò. Egli era da tempo in corrispondenza con Turgot che gli aveva fatto visita a Ferney, e in cui il patriarca del libero pensiero aveva riconosciuto uno dei suoi più fedeli e promettenti allievi. E ne tripudiarono tutti i *filosofi* che attraverso Turgot speravano di conquistare il Re e attraverso il Re di realizzare la loro rivoluzione.

Poco mancò che il sogno s'avverasse. Applicando i princìpi fisiocratici, Turgot ottenne nella sua provincia tali successi che il Re lo chiamò nel consiglio di Stato prima come Ministro della Marina e subito dopo delle Finanze: il posto che aveva occupato il grande Colbert. Il Re non era più Luigi XV, morto da poco, ma Luigi XVI, il marito di Maria Antonietta d'Austria, cognato di Giuseppe II, che forse in quella nomina aveva avuto un po' lo zampino. E il compito che attendeva Turgot non era meno grave e periglioso di quello che Colbert aveva assolto. Anche stavolta la Francia era sull'orlo della bancarotta per via delle sue invecchiate strutture e dei pazzeschi drenaggi che la Corte operava sul Tesoro per i suoi sfarzi e ostentazioni di prestigio e potenza. Nell'assumere l'incarico, il nuovo Ministro disse al sovrano: «Mi affido non al Re, ma al galantuomo», e la sera stessa gli mandò una lettera che riassumeva tutto il suo programma: «Niente cancellazione del debito pubblico, nessun aumento di tasse, nessun prestito. Per sanare la situazione c'è un solo modo: ridurre le spese, e in misura tale che alla fine di ogni anno il conto si chiuda con almeno venti milioni di attivo. Altrimenti, è il fallimento».

Questo preannuncio di «austerità», come oggi si direbbe, suscitò il furore dei ceti privilegiati che consideravano le pubbliche finanze loro privato appannaggio. Essi avevano già cercato d'impedire la nomina di Turgot presentandolo come un miscredente e un pericoloso rivoluzionario per via della sua amicizia con Voltaire e Diderot e della sua collaborazione all'*Enciclopedia*. Dal loro punto di vista, non avevano tutti i torti: Turgot distruggeva le fondamenta del loro regime. E continuò a farlo. Uno dopo l'altro, tutti gl'intralci che si frapponevano alla libera circolazione di merci e denaro e sui quali vivevano tutti i parassiti della Francia cominciarono a cadere. Primo fu il calmiere del grano che il governo aveva imposto per tener basso il prezzo del pane nelle città in modo da evitare rivolte. Ma quel calmiere scoraggiava la produzione spingendo i contadini a disertare le campagne, e questo a sua volta infittiva le carestie. Voltaire gli scrisse entusiasta: «Da questa misura prende avvio una nuova èra. Prego per il vostro successo».

Ma della stessa opinione non furono i popolani di Parigi che, inferociti dall'aumento del prezzo del pane, inscenarono tumulti. Il Re s'affacciò al balcone per placare i dimostranti, fu sonoramente fischiato, e ordinò il ritorno al calmiere. Turgot s'oppose, riuscì a far valere la sua volontà, e ricorse al più semplice di tutti i palliativi: abolì i dazi sul grano, consentendo a quello straniero d'invadere il mercato facendo concorrenza a quello indigeno; e gli speculatori che lo avevano incettato nella speranza che il suo prezzo rialzasse ancora di più uscirono rovinati dall'operazione.

Turgot approfittò del successo per procedere a un'altra riforma: l'istituzione di una «Cassa di sconto», che fu l'embrione e il modello della Banca di Francia, creata da Napoleone un quarto di secolo dopo. Poteva farlo perché, a furia di ridurre la spesa pubblica, non solo aveva eliminato il cronico passivo dello Stato, ma l'aveva trasformato in un massiccio attivo. Ora questo Stato godeva di tale credito che i finanzieri olandesi gli fecero un prestito di settanta milioni di lire al quattro per cento d'interesse. Con questa somma poté saldare tutto il debito pubblico, sul quale pagava interessi dal sette al dodici per cento.

Subito dopo Turgot varò una serie di decreti uno più rivoluzionario dell'altro. Abolì l'imposta sul bestiame e sul commercio del grano, togliendo così il posto e lo stipendio a coloro che vi sovrintendevano. Era già una sfida. Ma ancora più grave era l'abolizione della *corvée*, che obbligava i contadini a prestare giornate di lavoro gratuito per la riparazione di strade, ponti e canali, e che ribadiva il concetto feudale della servitù. E infine la soppressione delle corporazioni. Il parlamento s'oppose, e con questo rifiuto gettò la maschera: diviso nelle sue tre categorie di nobili, ecclesiastici e borghesi – di cui la terza non aveva voce in capitolo rispetto alle altre due –, esso non rappresentava, al contrario di quanto pretendeva, il popolo, ma soltanto alcuni interessi costituiti, che si sentivano offesi da quel massiccio smantellamento di privilegi e monopoli.

Ora per la monarchia si poneva una scelta decisiva: seguire la strada che Turgot le indicava e procedere alla costituzione di un nuovo ordine, dove l'unico metro di misura e l'unico criterio di selezione fosse la produttività; oppure restare con l'aristocrazia e il Clero a puntellare il vecchio regime del privilegio ereditario e parassitario. Luigi XVI era chiamato, con una punta di disprezzo, «il brav'uomo». In realtà era qualcosa di più. Aveva una certa cultura che gli permetteva di capire molte più cose di quanto non sembrasse, e una profonda coscienza dei suoi compiti di sovrano. Dicono che gli mancava il carattere. E tuttavia ne ebbe abbastanza per convocare il parlamento e rifiutare il suo rifiuto. «Vedo che a nutrire amore per il popolo non siamo rimasti che il signor Turgot e io» disse. E, se avesse insistito su quella via, forse avrebbe salvato testa e trono.

Purtroppo non ne ebbe il coraggio, e forse la colpa fu anche di Turgot. Imbaldanzito dal successo, il Ministro strinse troppo i tempi e giunse a proporre l'introduzione della completa libertà religiosa, l'istruzione obbligatoria e gratuita per tutti, e un primo esperimento di democrazia da attuare con l'istituzione di assemblee locali, i cui delegati avrebbero formato il parlamento nazionale. Sarebbe stato il trionfo della giustizia, dell'efficienza e del buon senso. Ma sarebbe stata anche la condanna dell'ordine costituito. Tutti gl'interessi che a questo erano legati e che coinvolgevano quasi tutta la classe dirigente si coalizzarono contro il rivoluzionario Ministro ed esercitarono una tale pressione sul Re che questi non seppe resistere. «Potessi anch'io lasciare il mio posto!» esclamò lo sfortunato sovrano nel ricevere le forzate dimissioni di Turgot. Federico di Prussia disse che con quel licenziamento la monarchia francese aveva firmato la propria condanna a morte. Quanto a Voltaire, scrisse: «Ora che Turgot se n'è andato, a me non resta che morire».

Del grande movimento d'idee che travagliavano e ringiovanivano la Francia, Turgot tuttavia non era stato che il portaparola al potere. I veri protagonisti del «secolo dei lumi» nella Francia e nel mondo, la fonte di tutto il rinnovamento della cultura anche in Italia – per quel poco che di cultura c'era – furono altri due uomini, cui non possiamo esimerci dal dedicare un capitolo a parte.

CAPITOLO NONO

VOLTAIRE E ROUSSEAU

«Il Settecento è Voltaire» disse Victor Hugo. È strano che l'abbia detto proprio lui, che a Voltaire somigliava così poco. Ma appunto per questo la sua testimonianza è convincente. Voltaire si può non amarlo. Si può anche detestarlo. Ma nessuno può contendergli il titolo di direttore della coscienza europea. Quando re Luigi XVI, rinchiuso nella prigione del Tempio in attesa della ghigliottina, vide le opere di Voltaire, di cui gli avevano tappezzato la cella, disse: «Quest'uomo ha distrutto la Francia». Aveva distrutto molto di più: quel modo di essere, di pensare e di agire, quella concezione di vita, quella cultura, quella civiltà, quel sistema che tuttora vanno sotto il nome di *ancien régime*, vecchio regime. In nessuna epoca, in nessun Paese c'è mai stato un intellettuale più «moderno» di lui. Seguita a esserlo, vecchio di due secoli. Non si può pensare in modo più libero di lui. Non si può scrivere in modo più penetrante di lui. Fu, e rimane, «il maestro» per antonomasia.

Il suo vero nome era Francesco Maria Arouet, ed era nato a Parigi, figlio di un notaio molto stimato, timorato e benpensante, e di una madre aristocratica che morì nel metterlo al mondo. Sembrava che da un momento all'altro dovesse morire anche lui, tanto era fragile e malaticcio. Invece campò ottantaquattr'anni, e con un'intensità che sarebbe bastata a riempirne duecento. «Aveva il diavolo in corpo» disse Sainte-Beuve. E questo diavolo cominciò a far capolino appena ebbe imparato a maneggiar l'alfabeto. Quando suo padre lesse le sue prime poesie, disse: «Dio mi ha dato per figli due cretini: uno in versi e l'altro in prosa». Quello maggiore, Armando, già si cimentava infatti in opere di teologia perché aveva abbracciato quella giansenista e sognava il martirio per la sua fede.

La famiglia aveva lasciato la capitale per una piccola città di provincia, dove il Re aveva confinato, per castigarla dei suoi scandali, la più spregiudicata e intelligente cortigiana di Francia: Ninon de Lenclos. Essa conobbe il piccolo Francesco, forse fu la prima persona a intuirne il genio, e morendo gli lasciò duemila franchi perché potesse provvedersi di libri. Il notaio tentò d'impedirglielo. «La letteratura» diceva «è il mestiere di chi vuol essere inutile alla società, di peso ai parenti e di danno a se stesso». Nella speranza di raddrizzargli la testa, aveva affidato Francesco alla pedagogia di un abate, ma non aveva avuto mano felice nella scelta: padre Coignard era un prelato tipicamente settecentesco, cioè colto e dissoluto che insegnò all'allievo tutti i trucchi della dialettica gesuitica, ma anche l'arte d'applicarli in senso contestativo.

A dodici anni il ragazzo era già un esperto controversista, ma la sua vivacità non si limitava al campo intellettuale. In quel corpiciattolo covava un'ansia di vita che lo spingeva a imbrancarsi nelle compagnie più scapestrate. Tanto che suo padre decise d'esiliarlo da un suo parente a Caen cui raccomandò di non lesinargli la frusta, eppoi lo fece assumere come scrivano dall'ambasciatore francese all'Aja. Ma, appena arrivatoci, il giovanotto s'innamorò d'una ragazza e ne nacque un piccolo scandalo che provocò il suo richiamo.

Si fermò a Parigi, e la conquistò unicamente col suo spirito. L'ambiente vi si prestava. Il Re Sole – Luigi XIV – era appena morto, e al suo posto, in attesa che il nipote Luigi XV raggiungesse la maggiore età, c'era come «reggente» un Orléans che, per poter fare i suoi comodi, li consentiva a tutti. Dalla Corte il libertinaggio si propagava all'intera società, e trovava la sua eco nei salotti riempiendoli di pettegolezzi. Francesco vi pescò a piene mani, e tante ne disse, e di così perfide e taglienti, che alla fine gli furono attribuite anche quelle che non erano sue. Ma non c'è dubbio ch'egli contribuì più d'ogni altro a fare della conversazione salottiera francese quella palestra d'intelligenza, di spregiudicatezza e d'eleganza che tuttora ne costituiscono il fascino. Le sue «battute» facevano il giro di questi templi della maldicenza, ma purtroppo raggiungevano anche le orecchie del reggente che un giorno, incontrando Francesco nel parco, gli disse: «Signor Arouet, io vi posso mostrare qualcosa che non avete mai visto». «Che cosa?» «L'interno della Bastiglia.» La Bastiglia era la più malfamata prigione di Parigi. E l'indomani Francesco ci si trovò rinchiuso.

Fu la sua fortuna. In quei mesi di carcere egli adottò lo pseudonimo di Voltaire (anagramma di François-Marie Arouet le jeune), compose un poema e una tragedia, l'*Edipo*, e quando uscì fu accolto come un martire del libero pensiero. Le compagnie drammatiche fecero a gara per inscenare il suo lavoro, e il successo fu strepitoso. Confuso tra gli altri spettatori, c'era il notaio Arouet che, travolto anche lui dall'indiavolato ritmo del dramma e dal crepitìo dei suoi paradossi, borbottava: «Che birbante!... Che birbante!...», ma senza riuscire a nascondere il suo compiacimento.

Questo primo Voltaire sembrava pago d'essere il più

spiritoso dei Parigini: impresa notevole in una città dove spiritosi erano quasi tutti. Per una diecina d'anni infatti non cercò di essere altro che la «stella» dei salotti, e il suo lavoro ne risentì. Scrisse poco, e quel poco non ebbe fortuna. Allo smacco poetico se ne aggiunse un altro sul piano mondano. Un giorno, a un pranzo, il Duca di Rohan gli fece uno sgarbo. Voltaire gli rispose per le rime. E l'altro ordinò ai suoi bravi d'infliggergli una lezioncina «senza toccargli la testa da cui può ancora uscire qualcosa di buono». L'indomani Voltaire, claudicante e con gli occhi pesti, andò a teatro, si presentò nel palco del Duca e lo sfidò a duello. Il Rohan rispose che non poteva battersi con un plebeo e disse al Ministro di polizia, ch'era suo parente, di liberarlo da quell'importuno. Così Voltaire vide per la seconda volta l'interno della Bastiglia. Fu rilasciato subito dopo, ma con un foglio di via per l'Inghilterra. Appena sbarcato a Dover, riattraversò la Manica travestito per andare a vendicarsi. Ma poi ci ripensò, e accettò l'esilio.

Ci rimase tre anni, e ancora una volta la disgrazia fu la sua fortuna. A Londra era già conosciuto da tutti coloro che meritavano d'essere conosciuti, e questo dimostra quanto nel Settecento l'Internazionale della Cultura fosse ben organizzata e funzionante. Voltaire arrivò in tempo per assistere ai funerali di Newton, ne studiò le opere, e fu colpito dalla spregiudicatezza con cui gl'intellettuali di Londra criticavano la monarchia, il governo e la società. Imparò subito la lingua, lesse quanto di meglio la letteratura inglese aveva prodotto da Shakespeare e Bacone in poi, si familiarizzò con la filosofia di Hobbes e di Locke. E il frutto di queste esperienze lo distillò nelle *Lettere inglesi*, una raccolta di stupendi saggi sulla vita e sul costume di Londra.

Gl'Inglesi furono per Voltaire ciò che i Germani erano stati per Tacito. Egli esaltò in loro ciò che mancava ai Francesi: la facilità di scambi e ricambi fra i vari ceti sociali, la libertà che consentiva la convivenza di trenta diverse confessioni religiose, una stampa senza censura, un parlamento che teneva in scacco il governo. Questa gente, diceva con ammirazione, ha tagliato la testa a un Re e ne ha cacciato via un altro.

Naturalmente non erano cose da potersi stampare in Francia, dove Voltaire era frattanto tornato. Egli fece circolare le *Lettere* fra pochi amici, e solo così poté godersi un intermezzo di pace. Ma un editore disonesto riuscì a impadronirsi del manoscritto e a sua insaputa lo stampò. Stavolta le autorità costituite trovarono un'alleata nell'opinione pubblica, ferita nel suo patriottismo da quell'esaltazione dell'Inghilterra, e Voltaire scampò a un terzo soggiorno in Bastiglia solo con una precipitosa fuga.

Una donna l'accompagnava. Sebbene Marchesa (a quei tempi il titolo contava) e parecchio più giovane di lui, la signora di Châtelet non esitò a lasciare il marito per seguire il fuggiasco, affascinata dal suo genio. Ma di genio ne aveva anche lei, almeno stando a Voltaire, il quale diceva che l'unico suo difetto era quello di essere una donna. Essa aveva tradotto Newton e composto un saggio sulla fisica del fuoco. Nei loro rapporti il sesso doveva entrarci poco, ammesso che ci sia entrato. Si stabilirono nel castello di Cirey, e fu nella pace di questo ritiro che sbocciò il grande Voltaire.

Egli si era improvvisamente scoperto la vena del romanziere, e le diede fondo scrivendo uno dopo l'altro *Zadig*, *Il mondo come va*, eccetera. Naturalmente non si trattava di veri romanzi. Voltaire restava essenzialmente un moralista che del romanzo si serviva solo per difendere delle tesi. I protagonisti non sono persone, ma idee. Egli incarna nell'*Ingenuo* quelle di Rousseau facendogli fare la parte dell'imbecille. *Micromegas* è il suo vecchio amico Swift, e via dicendo. Questi racconti, si capisce, non vanno giudicati sul piano della narrativa, ma su quello del *pamphlet*, del libello polemico, di cui rappresentano l'insuperato modello. Non si può scrivere meglio di Voltaire, non si possono dire cose più serie con più aerea leggerezza («La solennità è una malattia» diceva. E se i suoi colleghi italiani lo avessero ascoltato!), con un più perfetto dosaggio di furore, d'umorismo e di fantasia picaresca.

Furono anni felici, forse troppo felici. Le opere di Voltaire dilagavano dalla Francia in tutt'Europa, raggiungevano «tirature» anche di trecentomila copie, cifra mostruosa in un'epoca in cui le masse erano analfabete. La grande Caterina, Zarina di Russia, lo chiamava «il Dio della gaiezza» e gli mandava una pelliccia di visone. Federico il Grande di Prussia gli scriveva: «M'inchino a Voi, da mortale a immortale», e quando Voltaire gli rispose che occorreva capovolgere il rapporto, l'altro protestò per l'adulazione. «Ma un Re che protesta contro l'adulazione è come un Papa che protesta contro l'infallibilità» lo rimbeccò Voltaire.

Tuttavia ancora una volta egli correva il pericolo di restare prigioniero del suo successo, e lo dimostrò lasciandosi abbagliare dalla candidatura all'Accademia di Francia. Per ottenerne l'ammissione, tornò a Parigi a corteggiare gli altolocati patroni di quell'Istituto, si strusciò a qualche Cardinale ritrattando le sue critiche alla Chiesa, insomma commise tutte le bassezze che tutti gli uomini commettono quando sono presi dal lato della vanità, e ottenne quel che voleva. Il grande provocatore sembrava sul punto di affogare nei compromessi con l'ordine costituito.

Come al solito, fu salvato dalla malasorte. Dopo quindici anni di convivenza col genio, la signora di Châtelet s'innamorò d'un «fusto», il marchese Saint-Lambert, e se ne andò con lui. Voltaire prima si accese di rabbia, poi sprofondò nella tristezza. Di lì a poco la bella infedele morì di parto. Il marito, Voltaire e Saint-Lambert si ritrovarono intorno al suo feretro, si scambiarono commosse condoglianze, e rimasero amici per il resto dei loro giorni.

Incapace di sopportare la solitudine a Cirey, Voltaire accettò l'invito di Federico che lo chiamava alla sua Corte di Potsdam presso Berlino. Vi fu accolto con onori degni del più potente sovrano, e dapprincipio tutto andò bene. Ma i due uomini si somigliavano troppo, persino fisicamente, per poter andar d'accordo. Presto entrarono in concorrenza in tutto – nell'arguzia, nella spregiudicatezza, nella malignità –, e cominciarono a odiarsi. Una volta vennero a diverbio sulle teorie di un matematico. Voltaire, che le contestava, scrisse contro di lui un libello, che poi lesse a Federico. Questi ci si divertì, ma gli vietò di pubblicarlo. Voltaire, che già l'aveva consegnato all'editore, fuggì. Sebbene avesse già varcato i confini della Prussia, gli agenti del prepotente Re lo raggiunsero e lo tennero prigioniero sotto accusa d'aver rubato il manoscritto d'un poema composto per Federico. In realtà esso era andato perduto col baule che lo conteneva. Un editore se ne impadronì e lo stampò senza permesso. Ne seguì un litigio da lavandaie. Il Re s'infuriò con Voltaire che s'infuriò con l'editore e lo prese a schiaffi. Alla fine poté riprendere il viaggio. Ma, quando si presentò alla frontiera, seppe che la Francia gli aveva comminato il bando da Parigi. Gli eventi avevano rimediato alle sue debolezze restituendolo alla sua vocazione di campione dell'anticonformismo.

Il motivo del castigo era la pubblicazione di una sua nuova opera, una storia universale: il *Saggio sui costumi*. Voltaire non aveva una specifica preparazione storica. Anzi considerava la storia «una burla che i vivi giuocano ai morti» e diceva ch'essa serviva soltanto a dimostrare che nulla può essere dimostrato dalla storia. Eppure, fu il primo a scriverne una che, lungi dal limitarsi ai fatti della politica, li riconduceva alle cause morali e culturali. Non si lasciò sgomentare dalla vastità dell'impegno – una sintesi che abbraccia tutta la vicenda umana, e non soltanto quella della Francia o dell'Europa, ma anche dell'America e dell'Estremo Oriente, dagli albori della civiltà fino al suo secolo – e dalla difficoltà della documentazione. I particolari, diceva, interessano gli archivisti, i sottufficiali della storia. La data di una battaglia non conta nulla, anzi non conta neanche la battaglia. Quel che conta sono i motivi della battaglia, e i suoi effetti sullo sviluppo del pensiero. Così, al posto dei Re e dei Generali, egli pone a protagonisti i profeti, i riformatori, i filosofi, di cui si serve per ricondurre la storia di tutti i popoli e civiltà al suo eterno immanente motivo: la lotta della libera coscienza contro tutti i servaggi dell'autoritarismo e della verità rivelata.

Il libro aveva suscitato il finimondo. Come al solito, i suoi detrattori si erano attaccati – specie, manco a dirlo, i gesuiti, grandi specialisti in questo genere di caccia – alle inesattezze che conteneva, e ne conteneva molte. Ma i veri motivi di questo furore erano altri. Per la prima volta, uno storico denunziava l'azione disgregatrice che il Cristianesimo aveva esercitato sulle strutture della società romana (una tesi che ormai non trova più oppositori). E per la prima volta una storia contestava la parte di protagonista all'Europa per fare posto a quelle dell'India, della Persia, della Cina. Se Copernico e Galileo avevano degradato la Terra da centro dell'Universo, Voltaire degradava l'Europa da centro della terra. Come si poteva perdonarglielo?

Voltaire s'acquartierò a Ferney, a un passo dal confine svizzero, e di lì sommerse la Francia sotto un diluvio di lettere e di libelli che ridicolizzavano i suoi accusatori. Come già era accaduto nel precedente esilio, la sua casa diventò la mecca di tutti i ribelli, che a Parigi crescevano di numero e di statura. Ne vennero tanti che a un certo punto egli si lagnò di essere stato scambiato per un albergatore. Lavorava furiosamente, riposandosi della penna con la zappa. A un visitatore che gli chiedeva cosa aveva fatto per la posterità, rispose: «Ho piantato quattromila alberi». Gli scrivevano tutti, e a tutti rispondeva. Rispose anche a Rousseau, che aveva corbellato una sua poesia sul terremoto di Lisbona. Ma non con una semplice lettera. Gli rispose col più bello dei suoi romanzi satirici, *Candido*, composto in tre giorni.

Veleggiava ora sui sessant'anni, ma era più attivo e pugnace di quando ne aveva venti. Diderot e D'Alembert, che avevano fondato l'*Enciclopedia*, lo avevano riconosciuto come loro maestro e sollecitavano la sua collaborazione. Voltaire non gliela lesinò, sebbene non concordasse del tutto con le loro tesi, eppoi diede mano a una sua propria enciclopedia, il *Dizionario filosofico*, forse l'opera sua più completa, quella che fornisce la misura della sua inesauribile versatilità. Anche lui, come Bacone e Cartesio, si pone di fronte ai fatti della vita come di fronte a una lavagna vuota, cioè parte dalla negazione di ogni verità che non proceda dalla verifica della ragione. «Il dubbio non è piacevole» diceva «ma la certezza è ridicola. Soltanto gl'imbecilli sono sicuri di ciò che dicono.» Di qui i suoi micidiali colpi di piccone contro tutti i luoghi comuni, a cominciare da quelli della Bibbia. Qui lo stile del moralista trova la sua applicazione più congeniale: la sintesi rapida, il fraseggiare geometrico, il contrappunto icastico e tagliente.

Forse non avrebbe più abbandonato questo atteggiamento di disincantato testimone e revisore del passato, se non fossero sopravvenuti due episodi che personalmente non lo toccavano, ma che misero in crisi la sua coscienza. A Tolosa, il padre protestante di un ragazzo suicida disse che il figlio era morto di morte naturale per sottrarne il cadavere al barbaro castigo che la legge comminava: lo strascinamento a faccia in giù sulla pubblica strada. Fu messa in giro la voce ch'era stato lui a ucciderlo per impedirgli la conversione al cattolicesimo, e lo sventurato morì sotto le sevizie. Di lì a poco un giovane di sedici anni fu accusato d'aver mutilato un crocifisso: gl'inquisitori addussero a riprova il fatto ch'egli aveva in tasca una copia del *Dizionario filosofico* di Voltaire, e lo bruciarono vivo.

Questi avvenimenti scossero violentemente Voltaire, e lo persuasero che non era tempo di evasioni nella storia. Bisognava ributtarsi anima e corpo nella battaglia, e Voltaire lo fece con un impeto che smentiva l'anagrafe. *Écrasez l'infâme*, schiacciate l'infame, fu il suo grido di guerra. L'infame era la Chiesa e il sistema politico che la sorreggeva e se ne faceva sorreggere, cioè tutto il vecchio regime. Voltaire non era ateo, e non lo diventò nemmeno in questa occasione. A Ferney s'era costruita una cappella dedicata a Dio, ma questo Dio non coincideva con nessuno di quelli «rivelati» dalle religioni costituite, sebbene egli avesse dedicato alcune stupende pagine a Cristo, al Cristo del «Sermone sulla Montagna», che piange per i delitti commessi in suo nome.

Il *Trattato sulla tolleranza* e la profluvie di libelli che l'accompagnarono furono, secondo Robertson, «il più strabiliante assalto lanciato da un uomo solo contro la Chiesa». Le sue botte andavano a segno e lo lasciavano. «Il primo santo fu il primo furfante che incontrò il primo stupido», e via di questo passo. Sia il potere ecclesiastico che quello laico ebbero paura. E non potendo tappargli la bocca, dalla quale ormai tutta l'Europa pendeva, cercarono di conquistarselo offrendogli il cappello cardinalizio.

Ma Voltaire non era più l'uomo che pochi anni prima aveva brigato la feluca di Accademico. Da quelle vanità ormai era immunizzato. Voleva soltanto restare fedele a se stesso e alla sua parte, e rifiutò. Oltre tutto, era persuaso che la vittoria fosse vicina, e ne vide il segno nell'ascesa di Turgot al potere. «Siamo nell'età aurea fin sopra i capelli!» scrisse con entusiasmo. «La rivoluzione ormai batte alle porte!»

Era vero, ma non nel senso che credeva lui. Per «rivoluzione» egli non intendeva affatto quella che poi realmente sopravvenne, e di cui avrebbe senza dubbio inorridito. Da vero illuminista, egli la concepiva come una serie di riforme elaborate da uno stato maggiore d'intellettuali, e di cui il popolo sarebbe stato il beneficiario e l'oggetto, non il soggetto. Nella grande eterna diatriba che divide il campo dei pensatori politici, e cioè se gli uomini siano il frutto delle istituzioni o le istituzioni il frutto degli uomini, egli aveva già scelto la sua parte: era convinto che fossero gli uomini a determinare le istituzioni, e che quindi era su di essi che bisognava agire. È del resto l'atteggiamento di tutti i veri moralisti, che fanno dell'uomo, e non delle strutture sociali, il protagonista della storia, e mirano soprattutto al suo riscatto. Dàtemi delle menti libere e delle coscienze sane, diceva Voltaire, e io vi darò dei buoni regimi politici. Il dilemma monarchia o repubblica lo turbava solo in quanto egli stesso non riusciva a risolverlo. Ai Re di Francia preferiva la repubblica, ma alla repubblica preferiva un Re come Marco Aurelio. Il suo sogno restava un monarca assoluto e illuminato che realizzasse le riforme suggerite da un Turgot. Quanto alla democrazia, la rifiutava decisamente.

Voltaire non credeva nel popolo («Quando il popolo si mette a ragionare, è perduto») e, quanto all'uguaglianza, non concepiva che quella di fronte alla legge. La sua rivoluzione era soltanto un'evoluzione senza traumi, uno sviluppo nel tempo guidato dalla ragione e basato più che sul sovvertimento delle istituzioni, sul progresso morale. La sua era insomma l'istanza del liberalismo laico.

Un'istanza eterna, ma a cui proprio in quel momento l'intelligenza francese stava voltando le spalle. Anch'essa aveva sognato la grande riforma illuminista, che avrebbe consentito al vecchio regime di diventare moderno. Ma la caduta di Turgot l'aveva delusa e sospinta su posizioni, come oggi si direbbe, di contestazione globale. Essa non credeva più alla capacità evolutiva del vecchio regime, cioè non credeva più al riformismo. Non voleva più correggere, ma sovvertire il «sistema» di cui Voltaire era pur sempre un prodotto, anche se indocile.

Di questo mutamento di umori, Voltaire dovette avere una premonizione il giorno che ricevette da Gian Giacomo Rousseau un saggio intitolato *Sull'origine della disuguaglianza fra gli uomini* in cui si diceva che, senza le cattive leggi che lo distorcono, l'uomo è buono, come lo sono infatti i selvaggi e gli animali, alla cui condizione esso doveva tornare. Voltaire lo lesse e rispose all'autore: «Nessuno ha mai spiegato più ingegno di voi nel tentare di trasformare noi uomini in bruti. Quando si legge il vostro libro, vien voglia di camminare a quattro zampe. Ma poiché da oltre sessant'anni ne ho perso l'abitudine, sento purtroppo che mi è impossibile riprenderla». Voltaire conosceva da un pezzo Rousseau, e non aveva mai smesso di disprezzarlo. L'aveva definito «il cane impazzito di Diogene», diceva che stava al filosofo come la scimmia all'uomo, ma soprattutto lo considerava un cattivo scrittore (qual era). Mai avrebbe immaginato che gl'intellettuali francesi si stessero iscrivendo in massa alla sua scuola e che la rivoluzione, di cui anche lui presentiva il fremito nell'aria, avrebbe riconosciuto il proprio profeta non in Voltaire, ma in Rousseau.

A impedirglielo furono anche le solenni accoglienze che Parigi gli riservò, quando, a ottantatré anni suonati, volle tornare a visitarla. Fu un viaggio trionfale. La gente fermava la carrozza, staccava i cavalli, e la strascinava a spalle. La pelliccia di visone perse per strada tutti i suoi peli perché migliaia di mani se ne disputarono i ciuffi. Ormai ridotto a uno scheletro, Voltaire arrivò a destinazione con le ossa rotte e una broncopolmonite. Un abate venne a confessarlo, dicendogli che lo aveva mandato Dio. «Mostratemi le credenziali» rispose Voltaire, e lo congedò. Riuscì a riprendersi, e appena poté tenersi in piedi andò all'Accademia, o meglio vi fu portato da una mareggiata di folla osannante, e vi tenne uno splendido discorso. Volle anche assistere, contro le suppliche dei medici, alla rappresentazione del suo ultimo dramma, *Irene*. Il lavoro non valeva gran che, ma il pubblico non se ne accorse perché ogni battuta del dialogo fu seppellita sotto un niagara di applausi. Un turista straniero, capitato per caso in sala, ne fuggì convinto d'essere entrato per sbaglio in un manicomio.

A Ferney non fece in tempo a tornare, ma non se ne dispiacque. Da giovane aveva paventato la morte «perché» diceva «prima voglio finire il mio servizio». Come «servizio» egli concepiva la vita. E per finirlo in tempo, aveva lavorato come forse nessun altro uomo al mondo. Sainte-Beuve è probabilmente nel giusto quando attribuisce questo accanimento alla sua sostanziale ipocondria. Voltaire era un malinconico, che solo nel lavoro trovava consolazione. «Abbiate sempre qualcosa da fare, se non volete suicidarvi» diceva. E anche l'umorismo non era che un antidoto alle sue congenite mestizie.

Poteva ritenersi soddisfatto. Erano cento i volumi comparsi sotto il nome di Voltaire, e non ce n'era uno che non contenesse qualche scintilla del suo genio. A distanza di due secoli, si può rileggerli tutti senza trovarvi un aggettivo superfluo, un grammo di adipe, ed emergere da questa scorpacciata con una fame intatta di Voltaire. Non conosciamo scrittore di cui si possa dire in piena coscienza altrettanto.

Morì dolcemente il 30 maggio del 1778, e la Chiesa gli negò la sepoltura in terra consacrata. Con la scusa ch'era ancora vivo, i suoi fedeli riuscirono a trasportarlo a Scellières, dove un parroco coraggioso e di mente aperta lo accolse nel cimitero. Nel 1791 l'Assemblea Nazionale costrinse il Re, ormai suo prigioniero e avviato alla ghigliottina, a ordinare la traslazione dei suoi resti nel Panthéon. Più di mezzo milione di persone fecero ala al suo passaggio. Ma crediamo che Voltaire avrebbe rifiutato quelle postume onoranze se avesse fatto in tempo a vedere cosa stava succedendo. Era il momento in cui i suoi seguaci – Condorcet, Mirabeau eccetera – stavano per cadere sotto la mannaia di Marat e di Robespierre, figli di Rousseau. Il cane impazzito di Diogene aveva vinto, e la Libertà veniva sacrificata sull'altare dell'Uguaglianza.

La vita di Gian Giacomo Rousseau l'ha raccontata lui stesso nell'unico suo libro – *Le confessioni* – che valga ancora la pena d'esser letto. Perché Voltaire aveva ragione nel qualificare Rousseau un cattivo scrittore. Ma in compenso era una sensibilissima conchiglia, capace di registrare e riecheggiare ingigantite le voci del suo tempo.

Era nato a Ginevra da una famiglia calvinista d'origine francese. Anche lui, per venire al mondo, aveva provocato la morte di sua madre. Ma mentre Voltaire era cresciuto in una casa della borghesia colta e benestante, Gian Giacomo non aveva conosciuto che solitudine e miseria. Suo padre, un uomo avaro e brutale, si disinteressò di lui affidandolo a uno zio, e il ragazzo crebbe a una stretta dieta di busse e patate. A dieci anni s'innamorò della sua maestra che ne aveva trenta, ed egli stesso racconta che appagava il desiderio di lei combinando delle marachelle che la obbligavano a frustarlo. Le sue componenti sessuali erano già delineate: edipismo, onanismo e masochismo. Egli trascorse tutta la vita ad amare donne molto più anziane di lui, a farsene maltrattare e a masturbarsi. Ma, come sempre accade, queste propensioni non si limitarono al sesso. Egli fu sempre un solitario dedito all'autolesionismo, e sciupò regolarmente tutte le sue amicizie per il piacere di sentirsi tradito e perseguitato.

A dodici anni dovette interrompere gli studi per mettersi a lavorare, fece qua e là vari mestieri, frequentò gli ospizi, per guadagnarsi i favori di un prete si convertì al cattolicesimo, si fece assumere come lacché in una famiglia di Torino, vi commise un furtarello, ne incolpò una povera fantesca, e alla fine fu assunto come segretario da una Baronessa savoiarda, Warens. Frigida e adescatrice, costei comprese subito il debole del ragazzo, e perfidamente si divertì a stuzzicarlo fornendo i più provocanti pretesti al suo vizio solitario e godendo di vedervelo consumare. Quando però si accorse che una vicina di casa intendeva iniziarlo all'amplesso, preferì esser lei a concederglielo sebbene avesse un amante in carica. Ci provarono entrambi poco gusto, lui addirittura le pianse addosso, da allora la chiamò «mamma» e lei «gattino», e fecero vita a tre, che ogni tanto diventavano anche quattro.

Fu ancora lei che gli trovò prima un posto di precettore presso una famiglia di Lione e poi di segretario presso l'ambasciatore di Francia a Venezia. Gian Giacomo riuscì a perdere l'uno e l'altro per le sue stramberie, e finalmente si accasò a Parigi. Vivacchiò alla meglio copiando spartiti musicali, unico mestiere che era riuscito a imparare. Ma trovò il modo di allacciare relazione con alcuni dei più noti *filosofi*, fra cui Grimm e Diderot che lo presentarono alla signora d'Epinay, una colta e generosa gentildonna, titolare d'uno dei più accreditati salotti intellettuali. Ma Gian Giacomo in società stava a disagio, anche perché soffriva di una stenosi all'uretra che gli provocava la ritenzione delle urine e quindi un continuo tormentoso stimolo.

Si trovava molto meglio in compagnia di una ragazza del suo quartiere mezzo analfabeta, Teresa Levasseur, non bella, ma devota. Essa gli diede uno dopo l'altro cinque figli, ch'egli depositò all'ospizio dei trovatelli e non rivide mai più. Seguitava a tirare avanti copiando musica, ma anche componendone, e i suoi amici lo aiutavano sotto banco passando qualche sussidio a Teresa. Nel suo talento credevano solo essi per atto di fede. Solo nel '50, quando aveva già trentott'anni, si decise a fornirne un saggio mandando a un concorso indetto dall'Accademia di Digione un *Discorso sulle arti e le scienze*. Apprendiamo con un certo stupore che Diderot, cui lo aveva dato in lettura, lo aveva approvato. In esso Rousseau cercava di dimostrare che le arti e le scienze, cioè la cultura, lungi dal migliorarlo, avevano corrotto l'uomo, che il meglio di sé lo aveva dato solo allo stato di natura. Era esattamente il contrario di ciò che Diderot e tutti i *filosofi* sostenevano nell'*Enciclopedia*. Ma forse Diderot voleva soltanto incoraggiarlo a uscire in qualche modo dall'oscurità, e ci riuscì. L'Accademia premiò il lavoro. Ma la cosa più curiosa è che tutta Parigi, quella Parigi che della cultura faceva una specie di religione, lesse con avidità e parlò con entusiasmo di quella requisitoria contro la cultura.

Dopo questa sortita nel campo della filosofia, Rousseau tornò alla musica, e una sua operetta, *L'indovino del villaggio*, fu rappresentata a Corte ed ebbe gli elogi del Re, che volle conoscere l'autore. Ma Rousseau non poté andarci per via dei suoi disturbi uretrali, e Diderot glielo rimproverò aspramente dicendogli che aveva perso la grande occasione di diventare poeta di Corte con stipendio fisso. «Mi parlò dello stipendio» racconta Rousseau «con un calore che non mi sarei mai aspettato da un filosofo.» Sembrava che ormai la sua vocazione fosse la lirica, su cui preparò anche molte voci dell'*Enciclopedia*. Ma nel '53 si ripresentò al solito concorso dell'Accademia di Digione con un altro saggio, *Sull'origine della disuguaglianza fra gli uomini*. In esso diceva che la società ideale è la famiglia patriarcale, e che a distruggerla era stato un «fatale accidente»: l'istituzione della proprietà privata, fonte di tutte quelle ineguaglianze e ingiustizie economiche e sociali su cui si fonda il cosiddetto «progresso».

Stavolta i *filosofi*, che per il progresso si battevano, cominciarono ad allarmarsi di quest'uomo che avevano creduto dei loro, e che contro il progresso invece tuonava. La risposta di Voltaire la conosciamo. Grimm gli fece alcune osservazioni al vetriolo. Diderot cercò di rimetterlo sulla buona strada commissionandogli per l'*Enciclopedia* un saggio sull'economia politica e suggerendogliene – crediamo – la falsariga. Rousseau si mostrò docile. Il suo scritto ritrattava le tesi individualistiche dei due precedenti *Discorsi* affermando i supremi diritti della comunità sui singoli. Ma la buona armonia fra lui e i suoi amici s'era incrinata. Gl'illuministi erano uomini che, pur volendo riformarla, appartenevano alla società, l'amavano, ne condividevano il costume. Rousseau era, anche nelle sue abitudini di vita, un barbone asociale, che non stava alle regole del giuoco.

La prima ad accorgersene fu la signora d'Epinay, che cercò di metterlo a suo agio offrendogli una sua graziosa casetta in mezzo al bosco di Montmorency, l'Ermitage. Incantato da quella solitudine, Rousseau se ne commosse sino alle lacrime. Ma Grimm scrisse alla benefattrice: «Avete reso un pessimo servizio a Rousseau e a voi stessa. La solitudine completerà l'opera di annebbiamento della sua immaginazione: tutti gli amici, e voi per prima, diverranno ai suoi occhi ingiusti e ingrati». Fu profeta.

Di lì a un po' Diderot fece rappresentare una commedia in cui c'era questa battuta: «Il buono vive in società; il malvagio, da solo». Rousseau la prese per un'allusione a lui (e forse lo era), e la signora d'Epinay dovette faticare non poco per rimetter pace fra i due. Subito dopo fu lei a pagare lo scotto delle suscettibilità di Rousseau. Sua cognata si divertì a adescarlo, e lui ci cascò al suo solito modo. Fu un amore di lettere e di sospiri che lasciò indifferente Teresa. Ma la signora d'Epinay lo trovò sconveniente, e ne informò – o ne fece informare – l'amante della Circe (il marito lo aveva perso per strada da un pezzo). Costui era quel marchese Saint-Lambert, che aveva portato via la signora di Châtelet a Voltaire e che evidentemente era nato con la vocazione di far dispetto ai filosofi. Ne venne fuori un pasticcio di cui tutta Parigi parlò, e Rousseau finì per litigare con tutti, accusandoli di complotto ai suoi danni. Alla fine del '57 lasciò l'Ermitage e sempre in compagnia di Teresa prima prese in affitto un villino nelle vicinanze, poi ne accettò un altro offertogli gratuitamente dal Maresciallo di Luxembourg.

La sua rottura coi vecchi amici era praticamente già consumata. Ma egli volle renderla pubblica e irrevocabile con una *Lettera al Sig. D'Alembert*, che in realtà era una dichiarazione di guerra all'Illuminismo. Più che D'Alembert, i veri bersagli erano la ragione e Voltaire. «Ciò che la ragione può provare alla maggioranza degli uomini è solo il calcolo interessato del profitto personale» scriveva risolutamente. Quanto a Voltaire, non lo nominava. Ma rivolgeva alla città di Ginevra un invito a impedire la nascita di un teatro di prosa, il cui solo effetto sarebbe stato l'avvelenamento delle coscienze e la corruzione dei costumi. E questo, proprio nel momento in cui Voltaire chiedeva ai magistrati ginevrini – che glielo rifiutarono – il permesso d'inscenare le sue commedie. «Rousseau è il Giuda della confraternita» scrisse Voltaire. A sua volta Rousseau gli scrisse: «Vi odio, signore, perché così voi avete voluto; ma vi odio con la passione di uno che ancora potrebbe amarvi, se voi lo aveste desiderato». Voltaire non rispose. Forse, malgrado l'ira, era rimasto colpito dalla singolare e disarmante sincerità di quella confessione.

Come se quella guerra coi vecchi compagni vi avesse innescato una miccia, il genio di Rousseau si accese, e nel giro di cinque anni si consumò. Fra il '57 e il '62 egli scrisse con febbrile impeto le sue opere capitali: *La nuova Eloisa*, *Emilio o Dell'Educazione*, e il *Contratto sociale*. Sebbene a noi sembri che il suo vertice di scrittore egli lo abbia toccato piuttosto con le *Confessioni*, che uscirono postume, non c'è dubbio che a esercitare la maggiore influenza sui contemporanei furono questi tre lavori. E si trattò di un'influenza ciclonica.

Eloisa è un romanzo ispiratogli dallo sfortunato amore con la Circe dell'Ermitage. E a leggerlo oggi, non si capisce il clamore che suscitò. Sono settecento pagine di esclamativi, di sospiri e di puntolini sospensivi. Il primo bacio scocca alla novantesima. Dopo aver ceduto ai desideri dell'amante, l'eroina grida: «Sono caduta nell'abisso dell'infamia», sposa un brav'uomo che accetta non solo la sua colpa, ma anche la perdurante assiduità del seduttore, e lo premia di tanta condiscendenza lasciandogli in punto di morte una lettera in cui gli confessa di non averlo mai amato.

Sembra incredibile che un racconto così prolisso, imperniato su una trama così rugiadosa, abbia potuto sollevare l'entusiasmo di una società come quella parigina che dell'adulterio faceva la sua regola e che si era formato il proprio gusto letterario sulla prosa dei Montaigne, dei Cartesio, dei Pascal, dei Voltaire: scattante, schioccante, asciutta, spregiudicata, epigrammatica. Eppure, il successo fu enorme. La tipografia non faceva in tempo a stampare le copie. Davanti alle librerie, c'erano le code. Una signora che si portò il romanzo a teatro – racconta l'autore –, fu trovata l'indomani nel suo palco, ancora sprofondata nella lettura.

I *filosofi* ne furono sconcertati, e avevano ragione. In quel romanzo c'era più adipe che ossa. Interi capitoli erano aria fritta, cucinata con un periodare lambiccato e faticoso. L'intreccio era banale e convenzionale: tutti i personaggi parlavano come Rousseau che, invece di parlare, predicava. Grimm disse giustamente: «Provàtevi a strizzarlo: in mano non vi resterà che un po' di bagnato».

Ma c'erano due cose, che sembrarono rivelazioni, anche se invece si trattava solo di riscoperte. La prima era il senso poetico della natura che i letterati francesi, tutti d'estrazione cittadina e cresciuti alla scuola del salotto intellettuale, avevano dimenticato da un paio di secoli. Eloisa è una scocciatrice. Ma gli sfondi su cui essa si muove – i laghi, le montagne, le foreste svizzere e savoiarde – sono autentici. I veri protagonisti del romanzo son quelli, e parlano un linguaggio dove la predica cede il posto a un colore e a un calore, cui i lettori, e soprattutto le lettrici, non erano più abituati.

La seconda era la rivincita del sentimento dopo la lunga orgia della ragione. Con Rousseau, il cuore riprendeva il sopravvento sul cervello e gli dettava la sua legge. I suoi eroi non fanno che piangere. Piangono di desiderio prima di soddisfarlo e di rimorso dopo averlo soddisfatto. Spesso piangono anche mentre lo soddisfano, com'era capitato all'autore sul seno della signora Warens. E questo tipo di passione drammatica e gocciolante – da cui nacquero tutti i Werther e gli Ortis che afflissero l'Ottocento – non poteva non rimescolare le fibre di lettrici avvezze a una galanteria spregiudicata come quella del Settecento che in fondo aveva dissacrato l'amore, riducendolo a un giuoco di società: cosa che le donne non perdonano. Eloisa era insomma il grido di guerra del Romanticismo che irrompeva sulla scena d'Europa. D'allora in poi tutte vollero essere Eloise, anime elette, creature emotive, possibilmente tubercolose e perpetuamente immerse in un bagno di lacrime.

Il successo lusingò Rousseau, ma non ne vinse la scontrosità. Invece di approfittarne per rientrare da trionfatore nella società parigina, si rinchiuse ancora di più nel suo rifugio, e sprofondò nel *Contratto sociale*. Rousseau non era un forte argomentatore, e lo si vede anche dalle contraddizioni di questo libro che pure vuol essere la trattazione rigorosa e sistematica dei rapporti tra gli uomini. Egli dice che il singolo deve sottomettersi alla volontà generale. Ma cosa intenda per volontà generale, non è chiaro. In certi momenti, sembra che si tratti della volontà della maggioranza. Ma in certi altri sembra che a formare questa maggioranza non siano tutti i cittadini, ma solo quelli tra loro che sono qualificati a interpretarla. Comunque, colui che in *Sull'origine della disuguaglianza fra gli uomini* s'era presentato come il padre dell'individualismo anarchico qui si trasforma nel grande paladino d'una collettività socialista che ha il diritto di schiacciare l'individuo ribelle con lo specioso sofisma che, essendo essa garante della libertà di tutti, può costringere anche lui a essere libero.

Per nulla sgomento da questa incongruenza, Rousseau affida a questa volontà generale anche il compito di «mantenere con la forza della legislazione l'eguaglianza che la forza delle cose tende a distruggere». Quindi, è chiaro, egli vuole un potere abbastanza forte da coartare lo sviluppo naturale della società: cioè un dispotismo, sia pure in nome della volontà generale. Questo regime, naturalmente repubblicano, deve anche avere un fondamento religioso, e quindi chiunque non vi creda dev'essere bandito dallo Stato e se, fingendo di credervi, contravviene alle sue regole, dev'essere punito con la morte.

Emilio nacque come poscritto alla *Nuova Eloisa*, e Rousseau lo concepì come un manuale di precetti per l'educazione del figlio della sua eroina. In mano a chiunque altro, esso sarebbe diventato un arido testo di pedagogia. Bisogna riconoscere ch'egli ne fece un piccolo capolavoro. La tesi di fondo è la solita: l'uomo nasce libero e buono, è la società con le sue leggi sbagliate che lo rende oppressore e cattivo. L'educazione deve quindi mirare a riportarlo al suo stato naturale.

Appena nato, la levatrice non lo fasci, perché questa è già una costrizione che può condizionare tutto il suo sviluppo. E sia la madre ad allattarlo, in modo che il suo rapporto col figlio non sia deviato da una nutrice. Sin dapprincipio lo si abitui a un'esistenza semplice e all'aria aperta, in intimo contatto con la natura. Nessuna furia di sviluppare il suo intelletto. Ciò che conta è il carattere. Emilio deve sapere subito cosa è bene e cosa è male: questa è l'unica bussola di cui ha bisogno nella vita. Lo sviluppo dell'intelletto è secondario. Anzi, lo si tenga lontano dagl'intellettuali: «Li ho trovati tutti orgogliosi, perentori e dogmatici anche nel loro presunto scetticismo. Non ignorano niente, ma nemmeno sanno provare niente, si burlano gli uni degli altri, e questo è il solo punto su cui hanno ragione. Non ce n'è uno che, potendo distinguere il vero dal falso, non preferisca la propria menzogna all'altrui verità». E qui, come ognuno sente, crepita il suo rancore contro gli ex amici *filosofi*.

A Emilio bisogna dare una religione perché senza una fede in Dio e nell'aldilà, egli non riuscirebbe a dare un senso alla sua vita. Ma quale, delle molte che esistono? Non si può imporgliene nessuna, perché sarebbe un sopruso. Gli si può solo dare un consiglio: «Torna in patria e riprendi la religione dei tuoi padri. È quella che ha la morale più pura e che meglio può soddisfare il tuo cuore». È proprio ciò che Rousseau aveva fatto anni prima, tornando a Ginevra e riabbracciando il calvinismo.

Altro consiglio di sapore autobiografico: «Non lasciate solo Emilio né di giorno né di notte, dormite almeno nella sua stessa camera. Se sperimenta una volta il pericoloso surrogato dell'amore, è perduto». E via di seguito sulla linea di una pedagogia sempre ispirata alle idee-madri di Rousseau: che l'uomo tanto più è buono, libero e felice quanto più si riaccosta allo stato di natura rinnegando il cosiddetto progresso e i suoi valori, a cominciare dalla cultura.

Anche *Emilio* suscitò un immenso baccano. I *filosofi* furono disgustati dall'ostracismo ch'esso dava all'intelletto, e la signora De Staël disse: «Questa didattica costringerebbe ogni padre a dedicare l'intera vita a suo figlio, sicché soltanto i nonni potrebbero occuparsi della propria carriera». Lo stesso Rousseau si rese conto della sua inapplicabilità, e quando un ammiratore venne a dirgli che aveva educato i propri figli come lui diceva, gli rispose: «Peggio per voi e per loro!»

Stavolta però le reazioni non si limitarono agli ambienti intellettuali. Le magistrature cattoliche di Parigi e quelle calviniste di Ginevra si trovarono per una volta d'accordo nel vedere in *Emilio* un attacco al Cristianesimo, e contro il suo autore fu spiccato mandato d'arresto. Esso fu tuttavia eseguito in modo da dargli il tempo di fuggire, e qui comincia l'ultima odissea del vagabondo autolesionista. Egli trovò dapprincipio rifugio nel cantone di Berna, ma anche il senato di questa città gli fece sapere che non gradiva la sua presenza. Sebbene ormai odiasse Rousseau e avesse definito il suo libro «un guazzabuglio in quattro volumi scritto da una balia stupida», Voltaire fu indignato da questa persecuzione e offrì al proscritto l'ospitalità di Ferney.

Rousseau preferì appellarsi a Federico di Prussia, sebbene una volta l'avesse definito «un tiranno travestito da filosofo». E Federico non solo lo fece accogliere a Neuchâtel, ma gli concesse anche una pensione. «Dobbiamo aiutare questo povero disgraziato» scrisse al suo fiduciario. «Penso ch'esso abbia sbagliato vocazione: doveva fare l'anacoreta, il predicatore nel deserto...» Veri o falsi, questi *filosofi* sapevano essere gran signori anche con chi li flagellava.

Ma tutta la Svizzera calvinista ormai era in subbuglio e reclamava la sua espulsione. Con la sua caratteristica malaccortezza, Rousseau aizzò la polemica con una serie di lettere in una delle quali trasse in causa Voltaire designandolo come autore di un libello anonimo che proprio di quei tempi aveva fatto scandalo per le sue eresie. Voltaire, a sua volta minacciato di proscrizione, stavolta perse il lume degli occhi. Ma, mentre giurava che avrebbe fatto bastonare l'infame calunniatore, gli annunziarono che costui stava per venire a Ferney. «Che venga!» urlò stringendo i pugni. «E come lo riceverete?» «Gli offrirò cena, lo metterò nel mio letto e gli dirò: grazie d'aver accettato l'uno e l'altro.» Questo era il *terribile* Voltaire, anche se subito dopo scrisse una violenta filippica contro Rousseau.

Costui per il momento s'era ritirato sul lago di Bienne, ma un tentativo di linciaggio da parte della popolazione l'obbligò a sloggiare e a riparare a Londra. Ma anche qui trovò il modo di litigare con tutti, anche col suo amico e protettore Hume che ve lo aveva chiamato e ch'egli accusò di complicità ai suoi danni con Voltaire, Diderot e Grimm. Stava male in Inghilterra, non ne parlava la lingua, la gente lo corbellava per il suo bizzarro abbigliamento. Da anni portava un berretto di pelo e un caffetano rosso perché alle brache aveva dovuto rinunziare a causa del suo malanno, che l'obbligava a tenere una borsa fra le cosce. A un certo punto si convinse che volevano avvelenarlo, e fuggì precipitosamente con Teresa lasciando anche il bagaglio.

La Francia di Turgot dimenticò il mandato d'arresto che aveva spiccato contro di lui, e gli concesse asilo. Ma il fuggiasco seguitò a fuggire, inseguito dai propri fantasmi. Vagabondò senza requie fra Lione, Grenoble e Parigi, tirando avanti le *Confessioni* che denunciano il suo vaneggiamento. Ebbe il tempo di vedere le trionfali accoglienze che la capitale riservò a Voltaire, e ne fu geloso. Ma quando lo seppe morente, esclamò: «Le nostre vite erano legate l'una all'altra. La sua morte è anche la mia».

Fu profeta. Voltaire si spense nel maggio, lui nel luglio del '78. Anche a lui, come a Voltaire, fu negata la sepoltura in terra consacrata. E anche le sue spoglie furono dalla Rivoluzione trionfante traslate nel Panthéon. Accanto a quelle di Voltaire.

E veniamo ai loro rispettivi làsciti.

Non c'è dubbio che quello di Rousseau esercitò sui contemporanei un'influenza molto più grande e sconvolgente. «Rousseau» disse la signora de Staël che lo detestava «non ha inventato nulla, ma ha messo a fuoco tutto.» E questo *tutto* cominciava dal costume. Fu grazie a lui che le donne di Francia e d'Europa si slacciarono i corsetti e, per offrirle alla bocca dei lattanti, esposero al sole le loro poppe, fin allora riservate ai misteri di alcova. E fu da lui che prese avvio la nuova pedagogia, basata sullo spontaneismo e sull'esperienza, dei Pestalozzi in

Svizzera, dei John Dewey in America e delle Montessori in Italia. Al precettore severo e armato di frusta e alla lezione *ex cathedra* basata sull'autorità dei testi consacrati, si sostituivano il colloquio e l'esercizio sulle cose, che sovvertivano completamente il rapporto fra docente e allievo rendendolo molto più umano e gradevole.

Non c'è dubbio che fu Rousseau a scatenare la grande ondata romantica, intesa come rivincita del sentimento sulla ragione, del cuore sull'intelletto, dell'immaginazione sulla realtà, della fede sulla scienza, della natura sulla civiltà. In letteratura la poesia afferma i suoi diritti sulla prosa, il romanzo sul saggio, la fantasia sulla storia. In arte il neogotico prende il sopravvento sul neoclassico, il colore sulla linea, il paesaggio sul personaggio. Nei rapporti sociali la passione diventa d'obbligo come prima lo erano la misura e il distacco. Le donne imparano a svenire, gli uomini a suicidarsi. Il loro linguaggio si allunga e si sfuma per registrare le più impalpabili vibrazioni del sentimento, gonfia gli aggettivi al superlativo, si frastaglia d'interiezioni esclamative. Dei figli di Rousseau, che i suoi figli veri li aveva portati all'ospizio, si potrebbe redigere un elenco interminabile: Chateaubriand, Lamartine, Hugo, Musset, Sand, Byron, Shelley, Keats: in breve, quasi tutto il gotha letterario dell'Ottocento.

Ma ancora più decisivi sono i suoi effetti sulla politica. Rousseau segna la fine dell'Illuminismo, cioè del tentativo di adattare il vecchio regime delle monarchie assolute all'esigenze della società moderna secondo il metodo delle riforme e senza traumi rivoluzionari. Questo era stato il sogno dei *filosofi*, e fu Rousseau a distruggerlo. I conti fra lui e loro vennero definitivamente regolati nel 1794 quando, in nome di Rousseau, Robespierre procedette, nei confronti dei *filosofi*, a un disconoscimento di paternità rivoluzionaria, spedì sulla ghigliottina il loro ultimo epigono, Hébert, e proclamò il culto dell'Essere Supremo, tipicamente rousseauiano, al posto di quello, tipicamente voltairiano, della Dea Ragione. Burke scrisse che nell'Assemblea costituente «non si parla che di Rousseau. Lui studiano, lui meditano, lui invocano per giustificare i malanni che combinano e le orge di sangue cui s'abbandonano. Ne hanno fatto la loro Sacra Scrittura».

Ai motivi di tutto questo abbiamo già accennato. Alle aristocrazie intellettuali da cui provenivano, e a cui si rivolgevano i *filosofi*, non si potevano proporre soluzioni miracolistiche. Erano troppo colte e smaliziate per credere che un semplice sovvertimento d'istituzioni possa guarire i mali dell'uomo e della società. Ma dal momento in cui, con la caduta di Turgot, queste minoranze riformiste ebbero perso la partita, a prendere il sopravvento furono quelli che oggi chiameremmo i «contestatori globali» del regime, i quali fecero appello alle masse popolari.

Queste masse avevano fame, fame di pane. Non gli si poteva dire, come dicevano i *filosofi*, che i mali dell'uomo e della società sono annidati nella coscienza: una materia impalpabile che va trattata e curata con la libertà, l'educazione, la scuola, la cultura. Per salire sulle barricate, il popolano aveva bisogno di una prospettiva immediata, di una certezza facilmente traducibile in fatti. E Rousseau gliela dava. Sono le istituzioni, diceva, che rovinano l'uomo. Cambiate quelle, e tutti i problemi saranno risolti. È con questi messaggi semplicistici, ma appunto perciò alla portata anche dei cervelli più rozzi, che si scatenano le piazze. A intuirlo per primo era stato D'Alembert, che nel '62 aveva scritto a Voltaire: «Non conviene gridare troppo forte contro Rousseau: ormai è il re delle *Halles*».

Le *Halles* erano i mercati generali di Parigi, le grandi

assise del suo popolino. Gli scaricatori, gli erbivendoli, i barrocciai, le massaie che li gremivano non avevano di certo letto il *Contratto sociale*, ma ne avevano afferrato i motivi dalle parole degli agitatori. Mallet du Pan ricorda d'aver udito nel 1788, cioè un anno prima della rivoluzione, Marat che leggeva e commentava il *Contratto sociale* nelle pubbliche vie tra gli applausi degli astanti. E aggiunge: «Rousseau aveva cento volte più lettori di Voltaire tra le classi medie e inferiori». Ed è naturale, visto non solo che prometteva il miracolo, ma anche il genere di miracolo che prometteva.

Egli infatti non insisteva tanto sulla libertà, esigenza aristocratica di uomini che hanno soddisfatto tutte le altre e che comunque si pongono dei problemi soprattutto morali e spirituali, quanto sulla giustizia, cioè sulla ripartizione dei beni materiali. Mentre Voltaire si rivolgeva alla mente e alla coscienza dei lettori, Rousseau si rivolgeva al loro stomaco nel momento in cui ventiquattro su venticinque milioni di Francesi lo avevano vuoto e cominciavano ad accorgersene. Egli non soltanto diceva che l'uguaglianza conta più della libertà, ma con la sua teoria della «volontà generale» sosteneva che siccome, abbandonando le cose ai loro naturali sviluppi (cioè al *laissez-faire*, al lasciate fare dell'economia liberista), le disuguaglianze si riformano, la comunità doveva impedirlo con la forza, cioè anche col sacrificio della libertà.

Di questo principio si vide la prima applicazione pochi anni dopo quando, appellandosi a esso, Robespierre istaurò uno dei più tremendi regimi polizieschi che la storia abbia conosciuto e mandò al patibolo tutti i suoi nemici. Ma ancora oggi è su di esso che si orientano le grandi correnti del pensiero politico. Il socialismo di Marx, che al mito dell'uguaglianza sacrifica qualsiasi libertà individuale, è d'ispirazione rousseauiana, come lo è tutta la sociologia moderna che spodesta l'uomo dalla parte di protagonista della storia per attribuirla alle «strutture», alle «infrastrutture», alle «sovrastrutture», cioè alle istituzioni, come diceva Rousseau.

Qualcuno potrà obbiettarci che questo non è il pensiero di Rousseau, ma solo una parte di esso. È vero. Nelle sue opere c'è tutto e il contrario di tutto. Nei suoi primi *Discorsi* per esempio ci sono motivi individualistici in netta contrapposizione a quelli socialisti, e spinti a tali estremi di radicalismo che più tardi gli anarchici poterono pescarci a piene mani. Lo stesso Rousseau si rese conto delle proprie contraddizioni, e in uno dei suoi rari intermezzi di umorismo scrisse: «Chi dice di avermi capito dev'essere molto più intelligente di me».

Ma ciò che per noi conta è il modo in cui i suoi contemporanei credettero di capirlo. Per loro, egli fu l'apostolo di una rivoluzione proletaria che pretese far *tabula rasa* non soltanto delle istituzioni esistenti, ma di tutta una civiltà, e il padre di una democrazia non meno assolutista della monarchia di cui prendeva il posto in nome di un egalitarismo imposto con l'inquisizione ideologica e i plotoni d'esecuzione. Egli certamente non immaginò tutto questo. Se avesse visto all'opera la ghigliottina del Terrore, l'avrebbe maledetta. Eppure, all'anagrafe della storia, quel bieco arnese è registrato come figlio suo.

Voltaire era morto in tempo. In tempo non solo per non finire egli stesso sotto la ghigliottina, come ci finì Hébert e come stava per finirci Condorcet, suoi ultimi epigoni, ma anche per non accorgersi che aveva perso la partita nei confronti del «cane impazzito di Diogene». Le trionfali accoglienze che Parigi gli riservò documentavano l'enorme ammirazione che ancora riscuoteva. Ma la sua influenza era finita. Essa era stata immensa come peso specifico, ma di limitato raggio. Voltaire aveva esercitato un influsso decisivo sulle *élites* d'Europa, ma solo su quelle. Giuseppe II d'Austria, la grande Caterina di Russia, Gustavo III di Svezia, Pombal del Portogallo, Aranda di Spagna, Leopoldo di Toscana furono tutti alla sua scuola, per non parlare di Federico il Grande di Prussia che si proclamava suo allievo e cercava d'imitarne perfino lo stile. Tutto ciò che l'assolutismo illuminato del Settecento aveva prodotto di buono con le sue riforme era stata opera di Voltaire. Era stato lui a dare alla società di Parigi quell'impronta corale che l'accomunava a quella dell'Atene di Pericle e a quella della Firenze rinascimentale, cioè alle due più grandi culture che la storia avesse conosciuto. Egli aveva regnato da sovrano assoluto sui suoi focolari: le Corti e i salotti. Ma alle *Halles* non era arrivato, né poteva arrivarci. Non ne avvertiva le esigenze, non ne condivideva gl'interessi, non ne aveva nemmeno il linguaggio. Quello suo è molto più chiaro, più terso, più intelligibile di quello di Rousseau. Ma va al cervello, non al cuore, e passioni non ne accende.

Ecco il motivo per cui ancora oggi, a pesarla sulla bilancia, la sua influenza è limitata, e tale resterà finché le minoranze rimarranno minoranze sopraffatte dalla massa. Ma non c'è uomo che dalla massa si elevi senza cadere in braccio a Voltaire. Il primo ad accorgersene fu Napoleone. «Fino a sedici anni» disse «il mio Dio fu Rousseau. Ma poi incontrai Voltaire e cambiai religione. È l'unico scrittore che si può rileggere per tutta la vita, senza esserne mai delusi.» Napoleone aveva toccato il punto giusto. Rousseau è legato a una «moda», e sia pure a una moda che continua e si rinnova da due secoli. Voltaire, sebbene sia il frutto di una società e di un ambiente determinati, interpreta dei gusti e delle esigenze di ordine eterno. Le sue battaglie contro il fanatismo e l'intolleranza non hanno tempo perché ogni tempo ha i suoi fanatismi e le sue intolleranze. Alla scuola di Rousseau si può diventare anche degli oppressori, sia pure in nome del popolo. Alla scuola di Voltaire non si può diventare che spiriti liberi, indipendenti e anticonformisti. Qualsiasi società, qualsiasi regime avranno sempre bisogno di un Voltaire che con le sue denunce e requisitorie li tenga al riparo dai loro abusi, di cui Rousseau può invece essere il complice. E non parliamo dei valori stilistici. Ciò che oggi rimane letterariamente vivo di Rousseau non è Rousseau, di cui non si possono rileggere che le *Confessioni* per la loro sincerità e pochi altri brani descrittivi di paesaggio, ma quello che Rousseau ha suggerito ad altri. Di Voltaire, è vivo lui, ed è vivo tutto. Non basta leggere Voltaire per diventare scrittori; ma non si può diventare scrittori senza leggere Voltaire: «il più grande nella letteratura dei tempi moderni e forse di tutti i tempi» diceva – aggiungendo un «forse» abusivo – uno che se ne intendeva: Goethe.

Comunque, è in questi due autentici geni che si riassumono le due grandi correnti di pensiero destinate a influenzare tutta l'Europa, compresa l'Italia. E quale di esse abbia più contribuito al Risorgimento, è difficile dire. Si può solo dire che la cultura del nostro Paese, quando nella seconda metà del Settecento comincia finalmente a risvegliarsi, ha per padrini loro due. Tutto l'Illuminismo lombardo e toscano è figlio di Voltaire, tutto il rinnovamento romantico è figlio di Rousseau. E anche oggi la partita decisiva si giuoca in loro nome. Se la nostra democrazia riuscirà a conciliare l'esigenza liberale e morale di Voltaire con quella socialista di Rousseau, sarà salva. Altrimenti...

PARTE SECONDA

L'ITALIA NEI SUOI STATI

CAPITOLO DECIMO

IL PIEMONTE DI VITTORIO AMEDEO II

Vittorio Amedeo II l'abbiamo già incontrato nell'*Italia del Seicento* perché al potere salì sullo scorcio di quel secolo, succedendo al padre Carlo Emanuele II. Ma non era che un ragazzo, e per di più di fragile salute, il che aggravava la già malcerta situazione dei suoi Stati. Il Piemonte aveva sempre salvato la propria indipendenza barcamenandosi fra le potenze europee che si contendevano il primato sull'Italia, e che a quei tempi erano la Francia e la Spagna. Ma a Carlo Emanuele il giuoco non era ben riuscito. Col trattato di Cherasco, i Francesi si erano istallati a Casale e Pinerolo, tenendo Torino sotto il loro ricatto. Non solo. Ma a esercitare la reggenza in nome del figlioletto finché non avesse raggiunto la maggiore età, Carlo Emanuele aveva lasciato la vedova, Giovanna Battista, ch'era una Principessa francese legatissima alla sua patria d'origine.

Secondo alcuni storici, questa donna ambiziosa e autoritaria avrebbe fatto il possibile per svogliare il ragazzo dai suoi compiti di sovrano avviandolo alla «dolce vita». Può darsi. Comunque, è certo che a conservare il potere ci teneva, e forse sognava di continuare a esercitarlo di fatto anche dopo avervi ufficialmente insediato il figlio. Questi non dava l'impressione di volersi ribellare. Pensava solo alla caccia e alle donne, e non mosse obiezioni quando sua madre decise di fidanzarlo alla Infanta del Portogallo, unica erede al trono di quel Paese. Ma di obiezioni ne mosse, e risolute, la Corte. I nobili che la componevano, quasi tutti soldati e diplomatici fedeli alla dinastia, dissero che un'unione fra il Reame del Portogallo e il Ducato di Piemonte avrebbe fatto del Piemonte una colonia del Portogallo. E il progetto sfumò.

Allora Giovanna Battista ripiegò su una Principessa francese, Anna d'Orléans, nipote di Luigi XIV, l'onnipotente Re Sole. Il relativo contratto fu stipulato nel 1684. Ma nello stesso momento in cui accettava la moglie scelta dalla madre, Vittorio Amedeo toglieva a costei i pieni poteri assumendoli di persona, e con tale inaspettata risolutezza ch'essa non riuscì mai più a ficcarci il naso. Il gracile e svagato ragazzetto, che fin allora aveva dato convincenti prove solo come segugio di pernici e di gonnelle, rivelava un piglio in cui si poteva riconoscere quello del grande avo Emanuele Filiberto.

Il primo problema che doveva risolvere era la libertà di manovra del Piemonte. Essa non era possibile finché le guarnigioni francesi restavano a Casale e a Pinerolo. Ma per cacciarle ci voleva una guerra, e la guerra con la Francia era resa difficile dal fatto che nella stessa Corte di Vittorio Amedeo c'erano ben tre partiti francesi: quello di sua madre, quello di sua moglie, e quello della sua amante, una Luynes francese anch'essa, che le malelingue accusavano di essere addirittura una spia. Forse fu questa complicata situazione domestica a cucirgli addosso quell'abito di diffidenza e segretezza che doveva restare una sua permanente caratteristica. Sollecitava il parere altrui, ma non svelava il suo nemmeno ai più fidi consiglieri.

Fu con un colpo a sorpresa che, rovesciando la politica persecutoria di suo padre e di sua madre, richiamò i valdesi nelle loro avite valli savoiarde. Il Papa andò su tutte le furie, ma la mossa del Duca aveva il suo perché. Contro Luigi XIV si stava formando una coalizione, la Lega di Augusta, capeggiata da Inghilterra e Olanda, potenze protestanti. La clemenza verso i valdesi era il miglior passaporto per entrarvi. Fu una guerra dura. I Francesi batterono ripetutamente i Piemontesi, ma Vittorio Amedeo non disarmò e seguitò a tenerli impegnati fin quando il Re Sole, incalzato su tutti i fronti dalle forze alleate, capì che era meglio negoziare con quell'avversario non irresistibile, ma cocciuto. Vittorio Amedeo trattò con lui all'insaputa dei propri alleati, ed ebbe quel che voleva: la restituzione di Casale e Pinerolo. La contropartita fu modesta: la mano di sua figlia Maria Adelaide per il nipote del gran Re. Ma il Piemonte non aveva riconquistato solo due città. Aveva riconquistato la propria libertà d'iniziativa. Una clausola del trattato impegnava esplicitamente la Francia ad astenersi da qualsiasi interferenza negli affari interni del Piemonte, e quando il nuovo ambasciatore francese venne a presentargli le credenziali, il Duca gli disse: «Dite al vostro Re che ci lasci in pace nelle nostre case, con le nostre madri, le nostre mogli e le nostre amanti». Non si può dire che Vittorio Amedeo parlasse per coperte allusioni. La Luynes afferrò senza sforzo quella che la riguardava, e fuggì.

Il trattato di Ryswick del 1697 riconobbe quelli di Torino e di Vigevano che avevano sanzionato l'indipendenza piemontese, e il Duca se ne fece forte per orientare come meglio gli conveniva la sua politica nella nuova guerra che si profilava per la successione al trono di Spagna. Abbiamo già detto che a occasionarla fu la morte dell'ultimo Asburgo della linea spagnola, Carlo II. Costui aveva finito per testare in favore di un Principe della dinastia francese dei Borbone, Filippo, contro un Arciduca Asburgo della linea austriaca che accampava la continuità dinastica. Il Duca trattava secondo il solito segretamente con l'una e con l'altra parte per vedere chi gli prometteva di più. Ma i Francesi se n'accorsero, e con un colpo a sorpresa disarmarono e internarono la guarnigione piemontese di San Benedetto Po. Quel precipitoso gesto spinse il Duca fra le braccia degli Austriaci che gli promisero il Monferrato, una bella striscia della Lombardia, la Lomellina, la Valsesia, Vigevano e un pezzo della provincia di Novara.

Per Amedeo, che non aveva avuto il tempo di prepararvisi, fu un'altra guerra disgraziata. Tre eserciti francesi conversero su Torino rovesciando le resistenze di Susa, Vercelli e Ivrea. Nella capitale assediata, dopo averne fatto partire madre, moglie e figli, il Duca resistette brevemente. Poi, lasciato il comando ai suoi Generali, evase per andare incontro a Eugenio di Savoia che accorreva in suo aiuto alla testa delle forze imperiali. Sebbene sottoposta a violenti bombardamenti, la popolazione reagì con disperato coraggio, tentò anche delle sortite, e in una di esse un giovane minatore, Pietro Micca, penetrato in una galleria, fece scoppiare una mina sotto i piedi dei Francesi saltando in aria insieme a essi come un *kamikaze*.

Dopo centodiciassette giorni di sangue e di fame, quando la città ormai era allo stremo, i due Savoia arrivarono. Non avevano che trentamila uomini contro i quarantasettemila Francesi. Ma la differenza era ampiamente colmata dal superiore genio tattico e strategico di Eugenio. Fu una battaglia-capolavoro che si risolse in poche ore con la completa rotta degli assedianti. Vittorio Amedeo ed Eugenio entrarono in città accolti da una lunga ovazione che li accompagnò fino al Duomo, dove fu officiato un *Te Deum* di ringraziamento.

Ce n'era di che. In conseguenza di quel trionfo che aveva privato il Re Sole di una delle sue più forti armate, sette anni dopo, a Utrecht, Vittorio Amedeo si annetteva tutti i possedimenti che la Francia ancora deteneva sul versante italiano delle Alpi da Fenestrelle a Bardonecchia, le terre che aveva già negoziato con l'Austria e – coronamento di un sogno carezzato per secoli da tutti i Savoia – il titolo di Re di Sicilia. Lontana dai suoi Stati e già ridotta in condizioni di «area depressa», quell'isola rappresentava per lui più un peso che un vantaggio. Ma la corona reale costituiva, in quell'epoca dominata dai problemi del rango e delle «precedenze», una promozione d'incalcolabile valore. L'Italia ora aveva un Re che, pur non essendo il Re d'Italia, era fatalmente tentato di diventarlo. Fra i potentati laici della Penisola, a lui spettava il posto di vertice.

Vittorio Amedeo andò a prendere possesso del suo Regno, facendosi solennemente incoronare nella cattedrale di Palermo sulla fine del 1713. Non conservò questo trono che per sette anni. Poi, come abbiamo già visto nella prima parte di questo libro, la diplomazia europea dovette far fronte all'aggressivo ritorno dell'imperialismo spagnolo fomentato dall'Alberoni, e per imbrigliarlo ebbe bisogno anche dell'Austria, che naturalmente chiese i suoi bravi compensi. Abituato a cogliere tutti di sorpresa, stavolta fu Vittorio Amedeo a esserne colto dal trattato dell'Aja (1720) con cui le quattro grandi potenze stabilirono di togliergli la Sicilia che con Napoli e Milano sarebbe andata all'Austria, compensandolo con la Sardegna su cui gli veniva riconfermato il titolo di Re. Vittorio Amedeo cercò con ogni mezzo di sottrarsi a questo baratto. Arrivò perfino a proporre la rinunzia al Piemonte, se in cambio gli davano la Sicilia e Napoli, e ciò basti a dire quanto poco contasse, nel giuoco politico di allora, unicamente imperniato sugl'interessi dinastici, la sorte dei popoli. Sebbene piemontese fino al midollo, Vittorio Amedeo era pronto ad abbandonare la sua terra, la sua gente, la sua casa pur di assicurarsi un Reame che, nella gerarchia di allora, era considerato più importante del suo. Né la cosa faceva scandalo in quell'epoca di «monarchie nomadi» che, considerando i troni alla stregua di semplici beni di famiglia, se li scambiavano con la massima disinvoltura. Presto vedremo il Duca di Lorena cedere alla Francia il suo Ducato, da ben settecento anni appannaggio della sua dinastia, facendosene compensare col Granducato di Toscana, paese che non aveva mai visitato neanche da turista.

Andati a monte i suoi tentativi, Vittorio Amedeo rinfoderò la spada, e si mise a organizzare i suoi Stati, vecchi e nuovi. Non era facile richiamarli sotto una stessa legge e fonderli in organica unità. Infatti non ci si provò nemmeno. La Savoia, sua terra d'origine, ne fu lasciata fuori. Più che al Piemonte, essa era legata da un vincolo di fedeltà, collaudata nei secoli, alla persona del sovrano, che le consentì di conservare le sue autonome istituzioni, il suo Senato, la sua magistratura, i suoi regolamenti. Era una specie di sua «fattoria» privata. La Sardegna fu abbandonata a se stessa. Arretrata e di difficile accesso per uno Stato privo di flotta come quello piemontese, Amedeo badò soltanto a mantenervi l'ordine con le sue guarnigioni e a mietervi reclute per il suo esercito. Povera com'era, altro non c'era da spremerne.

Quello che si prestava a diventare uno Stato vero anche per la sua compattezza territoriale era il Piemonte, e soprattutto a esso Vittorio Amedeo consacrò le sue energie. Egli seguì il modello di tutte le monarchie assolutiste: un governo fortemente centralizzato, una burocrazia puntigliosa e autoritaria, e guerra a oltranza ai particolarismi e alle autonomie locali. La prima vittima fu naturalmente l'aristocrazia che, arroccata nei suoi castelli, aveva fin lì mantenuto le sue prerogative. Approfittando delle crisi dinastiche, nell'ultimo secolo essa si era impadronita di molti feudi. Vittorio Amedeo ne disconobbe la legittimità, li tolse ai titolari e li vendette, coi relativi blasoni, a gente di estrazione borghese che si fosse distinta nei servizi di Stato: magistrati, medici, mercanti. Così prese due piccioni a una fava: rimpolpò le pubbliche finanze e creò una nuova nobiltà, legata alla dinastia da vincoli di gratitudine, per contrapporla a quella vecchia e scontenta.

Le riforme economiche non furono altrettanto fortunate. Il sogno di Vittorio Amedeo, come di tutti i capi di Stato contemporanei, era l'autarchia, cioè la capacità di bastare a se stesso. Ma l'agricoltura del Piemonte, in gran parte collinare e di montagna, non bastava al fabbisogno, e l'industria era tuttora allo stadio artigianale. Il Re fece del suo meglio per razionalizzare la produzione sottoponendo le «corporazioni», cioè le associazioni sindacali di categoria, a un rigido regolamento. Ma presto si accorse che il grande ostacolo era la mancanza di qualificazione professionale. I braccianti che, scacciati dalla povertà delle terre, si trasferivano in città a cercarvi lavoro non possedevano alcuna nozione. E le botteghe artigiane non riuscivano a svilupparsi in fabbriche perché mancavano tecnici e capitali.

Vittorio Amedeo non aveva mai sentito il bisogno d'istruirsi. Ma ebbe il buon senso di capire che, per creare uno Stato efficiente, c'era bisogno di gente istruita. I suoi rozzi e incolti predecessori non ci avevano pensato, e avevano lasciato decadere l'Università di Torino, che negli ultimi tempi si era ridotta a tredici professori mal pagati e senza prestigio. Vittorio Amedeo la riordinò, ne moltiplicò le facoltà e soprattutto ne laicizzò l'insegnamento sottraendolo ai gesuiti. Con lui la scuola diventò organo dello Stato, e basta. Le regalò anche la propria biblioteca che contava ben diecimila volumi. Crediamo che il gesto non dovette costargli gran sacrificio: probabilmente quei volumi erano intonsi.

Pensò anche ad ammodernare la città per renderla degna del suo nuovo rango di capitale di un Regno. Fra gli altri architetti vi chiamò lo Juvara che fuse in una sintesi abbastanza felice i due stili che avevano dato a Torino il suo carattere: quello classicheggiante e quello barocco. A lui sono dovuti il Castello, o palazzo Madama, la palazzina di caccia di Stupinigi, e Superga. «Torino mi sembra la più bella città d'Italia» scrisse De Brosses che ci capitò in quegli anni «e forse d'Europa. È vero che non vi si trova, o per lo meno è raro, quel grande stile architettonico che domina in alcuni monumenti delle altre città; ma non vi è neppure il fastidio di vedere delle capanne a fianco dei palazzi.»

È una testimonianza importante perché va oltre i valori estetici. La mancanza di contrasti architettonici era la plastica riprova della mancanza, o almeno dell'affievolimento dei contrasti sociali. I signori erano meno signori, e la plebe meno plebe che altrove. Evidentemente, lo sforzo di livellamento compiuto da Vittorio Amedeo cominciava a dare i suoi frutti: fra privilegiati e diseredati si stava formando una classe media abbastanza forte da dare la sua impronta al Paese. Il Re lavorava sodo e sovrintendeva a tutto. Il regime cui teneva sottoposta la sua capitale sapeva di caserma. Per meglio controllarla l'aveva amministrativamente divisa in sessanta «cantoni» e centodiciannove «isole», ciascuna col suo responsabile. Quando il campanone della torre suonava l'Ave Maria, le porte della città venivano chiuse, e nessuno era autorizzato a entrare o a uscire se non munito di speciale permesso. Vittorio Amedeo ispezionava di persona le strade, aggirandovisi senza scorta rinfagottato in un cappotto di panno turchino e con un cappellaccio calato sugli occhi. Attaccava discorso coi passanti, e spesso si fermava a far colazione nella bottega d'un farmacista suo amico. Con gli anni il suo tratto ruvido e brusco si era fatto ancora più spigoloso forse per via delle sventure domestiche che lo avevano colpito. Il primogenito, che si chiamava come lui e che prometteva bene, gli era morto a sedici anni. Le due figlie, Adelaide andata a sposa al Duca di Borgogna, e Luisa a Filippo V di Spagna, erano scomparse giovanissime. A queste perdite non trovava compensi in altri affetti perché non ne aveva e non ne ispirava. Trattava con rudezza, le rare volte che le trattava, anche la moglie e le amanti. Non si apriva alla confidenza nemmeno coi suoi collaboratori più intimi, quali l'Ormea e il Bogino. Dei suoi piani, non rivelava mai nulla a nessuno prima di averli messi in opera. Diceva soltanto che «l'Italia era come un carciofo: da mangiare foglia a foglia». E fu la regola di tutti i Savoia che gli successero sul trono, fino a Vittorio Emanuele II.

Abituato a fare tutto di sorpresa, di sorpresa prese anche la decisione di abdicare in favore del figlio Carlo Emanuele, nel 1730. E, appena datone l'annuncio, partì per Chambéry in Savoia con la seconda moglie, la Contessa di San Sebastiano, che un mese prima aveva sposato morganaticamente, senza nemmeno assistere alle cerimonie dell'incoronazione del figlio. Aveva settant'anni e voleva, disse, trascorrere in pace il poco che gli avanzava. Ma qualche mese bastò a tramutargli la pace in noia. Non si sa, forse nemmeno lui sapeva, se disapprovasse realmente la politica del successore, o se nella disapprovazione cercasse un pretesto per rimangiarsi l'abdicazione. Fatto sta che un bel giorno prese la via di Torino. Sulla vetta del Cenisio chiese consiglio alla moglie. Glielo chiese tre volte, e tre volte essa tacque. Proseguì il viaggio con lei, e nel castello di Moncalieri, senza che nessuno sapesse della sua presenza, dettò l'annuncio del suo ritorno sul trono a un segretario che riteneva fedele. Era forse la prima volta che accordava a qualcuno la sua fiducia, e ne fu mal ripagato.

La notizia giunse immediatamente nella capitale, dove l'Ormea riunì il Consiglio di Stato. Contro la volontà del Re che voleva restituire il trono al padre, contro le sue suppliche e lacrime, egli sostenne e fece trionfare la tesi che, dopo l'abdicazione, Vittorio Amedeo non era più che un suddito come gli altri e il suo gesto punibile come un atto di fellonia. Due reggimenti circondarono Moncalieri, l'ex sovrano fu arrestato come un delinquente e condotto a Rivoli sotto scorta, mentre sua moglie fu addirittura gettata nella prigione di Ceva. La liberarono solo dopo molti mesi per riaccompagnarla a Chambéry dove Vittorio Amedeo era stato confinato e messo sotto sorveglianza.

Il vecchio Re non si riprese più dal colpo. In punto di morte chiese di riabbracciare il figlio, che a sua volta non chiedeva di meglio. L'Ormea glielo impedì. Contro il Ministro furono mosse molte critiche per la sua durezza e inumanità. Forse egli ne aveva sfoggiata tanta anche perché un ritorno sul trono di Vittorio Amedeo avrebbe messo in pericolo il suo «posto», se non addirittura la sua pelle. Ma quali che fossero i moventi del suo veto, l'episodio dimostra che il Piemonte ormai era uno Stato con cui anche i suoi Re, per quanto assoluti, dovevano fare i conti.

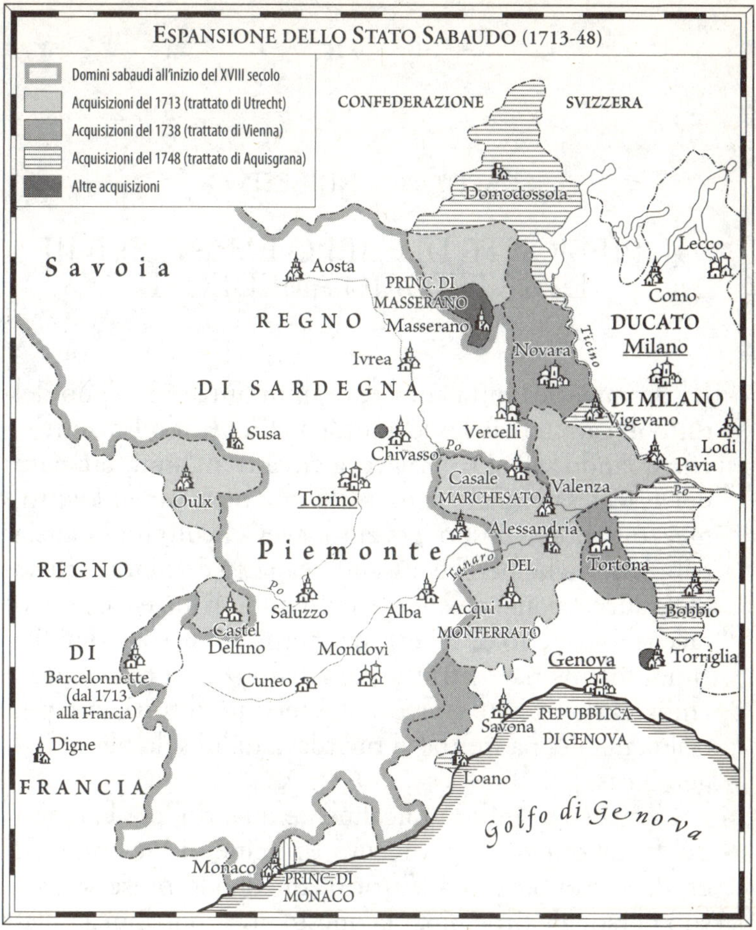
ESPANSIONE DELLO STATO SABAUDO (1713-48)
Domini sabaudi all'inizio del XVIII secolo
Acquisizioni del 1713 (trattato di Utrecht)
Acquisizioni del 1738 (trattato di Vienna)
Acquisizioni del 1748 (trattato di Aquisgrana)
Altre acquisizioni
CONFEDERAZIONE
SVIZZERA
Domodossola
Savoia
Aosta
PRINC. DI MASSERANO
Masserano
REGNO
DI SARDEGNA
Ivrea
Novara
Ticino
Lecco
Como
DUCATO
Milano
DI MILANO
Vigevano
Vercelli
Susa
Chivasso
Po
Lodi
Pavia
Casale
MARCHESATO
Valenza
Oulx
Torino
Alessandria
Piemonte
Tanaro
DEL
Tortona
REGNO
Po
Saluzzo
Alba
Acqui
MONFERRATO
Bobbio
Castel Delfino
DI
Mondovì
Genova
Torriglia
Barcelonnette
(dal 1713
alla Francia)
Cuneo
Savona
REPUBBLICA
DI GENOVA
Digne
Loano
FRANCIA
Golfo di Genova
Monaco
PRINC. DI
MONACO

CAPITOLO UNDICESIMO

IL PIEMONTE DI CARLO EMANUELE III E DI VITTORIO AMEDEO III

La drammatica lotta col padre fu un inizio di regno del tutto in carattere col nuovo titolare. Per Carlo Emanuele, che quando salì al trono aveva circa trent'anni (era nato nel 1701), la vita era stata tutta una quaresima. Brutto, mezzo gobbo e un po' gozzuto, aveva avuto un'infanzia tribolata anche perché, essendo cadetto e quindi escluso dalla successione, nessuno aveva paura di lui, e a Corte lo facevano oggetto di scherzi e scherni. Il ragazzo, timidissimo, introverso e afflitto dalla balbuzie, si era vieppiù chiuso in se stesso, e viveva nel terrore di tutti, ma specialmente del padre che si ricordava di lui solo per infliggergli castighi.

La sua sorte mutò radicalmente quando, per la morte del fratello maggiore, diventò Principe di Piemonte ed erede al trono. Allora Vittorio Amedeo lo prese sotto il suo personale tirocinio, ma questo non contribuì a rallegrargli l'esistenza, anzi gliela rese più dura. In fatto di scuola il Re non era molto esigente. Voleva che il ragazzo imparasse bene il regolamento militare e il manuale di strategia e di tattica; su tutto il resto, comprese la grammatica e la sintassi, era molto corrivo. In compenso, lo teneva continuamente impegnato in ispezioni alle fortezze e alle caserme, dopo le quali gli chiedeva minuziosi rendiconti su tutto, anche sul rancio dei soldati, e guai a lui se trascurava un particolare o si mostrava poco al corrente sulla dislocazione dei reparti o sul calibro dei cannoni. Dacché ebbe raggiunto la maggiore età, lo faceva anche assistere ai Consigli dei Ministri e ai suoi personali colloqui con loro. Poi gli spiegava perché aveva detto certe cose e taciuto certe altre e gli ricordava che in ognuno di quegli uomini covava un traditore.

Questo non impedì a Carlo Emanuele di mantenere in carica due di loro, l'Ormea e il Bogino. Ma, sebbene essi non gli dessero mai motivo di dubitare della loro lealtà, anche lui, come suo padre, fece della diffidenza una regola. Essa, è vero, è un attributo dei Re. Ma per i Savoia è stata addirittura una religione.

La situazione internazionale tornava a farsi difficile, e nello stesso tempo promettente per uno Stato come il Piemonte che da secoli si reggeva e s'ingrandiva sulle risse delle grandi potenze. In Polonia si era accesa la miccia di un'altra successione al trono. Nella prima parte di questo libro abbiamo già detto che vi aspiravano Federico Augusto di Sassonia e Stanislao Leczynski, ma preferiamo ripeterlo per aiutare il lettore a orientarsi in queste aggrovigliate questioni dinastiche.

La Polonia era lontana dal Piemonte, interessi in comune non ce n'erano. Ma in quell'epoca l'asta d'un trono mobilitava tutte le case regnanti e ne rimescolava la distribuzione. Il giuoco era questo: Leczynski era sostenuto dalla Francia per ragioni di famiglia in quanto suocero del suo re Luigi XV, e la Francia era alleata della Spagna per i medesimi motivi, in quanto entrambi i sovrani appartenevano alla stessa dinastia Borbone. Gli Asburgo d'Austria sostenevano Federico Augusto un po' perché costui, come Principe di Sassonia, era un «grande elettore» dell'Impero, di cui essi erano i titolari, un po' perché non volevano l'estendersi dell'influsso francese in un Paese considerato parte della zona d'influenza austriaca.

In questo contrasto, il Piemonte poteva giuocare la sua carta. Carlo Emanuele diffidava sia della Francia, dalla cui invadenza suo padre si era da poco liberato, che dell'Austria solidamente istallata nella Penisola e detentrice del Ducato di Milano. Ma proprio questo Ducato rappresentava da sempre la più ghiotta foglia del carciofo italiano che i Savoia si proponevano di mangiare. Ecco perché Carlo Emanuele preferì schierarsi con la Francia. Ma c'era una complicazione. L'altra alleata, la Spagna, come compenso del proprio intervento, chiedeva non soltanto il Reame di Napoli e della Sicilia, la Toscana (quando l'ultimo Granduca della dinastia Medici, senza successori, fosse morto), nonché i Ducati di Parma e Piacenza per i figli della sua regina Elisabetta Farnese, moglie di Filippo V; ma anche il Ducato di Mantova che faceva parte di quello di Milano.

La Francia, mediatrice fra i due litiganti, si tenne nell'ambiguo per non perdere né l'uno né l'altro. Ma fu ripagata con altrettanta ambiguità. Al principio del '33 Carlo Emanuele, assunto il comando dell'esercito alleato, varcò il Ticino e, senza incontrare nessuna resistenza da parte degli Austriaci che si erano già ritirati, entrò a Milano, facendovisi precedere da un proclama in cui si presentava come «liberatore dell'Italia». Ma i Milanesi lo accolsero come un altro occupante che faceva rimpiangere quello vecchio: in Italia l'odio fra Italiani seguitava a essere più forte di quello per gli stranieri.

Poi Carlo Emanuele mosse contro gli Austriaci che tornavano in forze per riconquistare i perduti domini. Insieme ai Francesi li batté prima a Parma, poi a Guastalla.

Ma quando si trattò di dare il colpo di grazia al loro esercito asserragliato a Mantova, si fermò. Voleva prima sapere a chi sarebbe stata assegnata la città. Gli Spagnoli si erano già impadroniti del Reame di Napoli, dove avevano istallato sul trono il primogenito di Elisabetta, Carlo. Avevano già ottenuto l'ipoteca sulla Toscana e su Parma e Piacenza. Se s'impadronivano anche di Mantova, il Piemonte avrebbe visto sparire quasi tutto il carciofo italiano nelle fauci della Spagna, non meno invadente e pericolosa dell'Austria. Ritardando la sua azione, Carlo Emanuele sperava di mercanteggiare.

Purtroppo, non gliene diedero il tempo. Stanchi di quella guerra, i due maggiori contendenti stavano già trattando l'accordo, e naturalmente lo trovarono a spese dei più deboli. La Francia rinunciò al trono di Polonia per il suo Leczynski, cui fece assegnare per consolazione il Ducato di Lorena che, alla morte del suo nuovo titolare, sarebbe diventato una provincia francese. Il Duca in carica, che frattanto aveva sposato Maria Teresa d'Asburgo, erede al trono austriaco, sarebbe stato compensato della perdita col Granducato di Toscana, la cui vacanza era imminente. L'Austria recuperava altresì tutta la Lombardia compresa Mantova, più Parma e Piacenza. La Spagna perciò doveva contentarsi del Reame di Napoli, già assegnato a Carlo; e il Piemonte, di Tortona, e un lembo di terre novaresi.

Sia Madrid che Torino rifiutarono la transazione considerandola un tradimento, e per il momento riuscirono a ritardarne la conclusione. Ma alle loro spalle, Francia e Austria seguitarono a trattare, e nel 1736 giunsero all'accordo definitivo, che praticamente confermava quello già raggiunto. Carlo Emanuele ne fece di tutte per mandarlo a monte, ma nel '38 dovette firmare anche lui il trattato di

Vienna. I vantaggi territoriali che gliene derivarono erano scarsi, ma gli garantivano un confine sicuro: il Ticino.

D'altra parte, era chiaro che quella sistemazione non aveva nulla di definitivo perché già si profilava all'orizzonte una nuova e più grossa disputa. Anche di questa abbiamo detto, ma sarà meglio ripeterci. Carlo VI d'Asburgo, Re d'Austria e Imperatore di Germania, aveva ereditato il trono dal fratello Giuseppe perché costui non aveva lasciato che figlie. Il patto, fra i due, era stato questo: se nemmeno Carlo avesse avuto figli maschi, doveva lasciare il trono alla primogenita di Giuseppe, riformando la legge di successione che escludeva quella per linea femminile. Carlo non aveva avuto maschi, e la legge l'aveva riformata con la famosa Prammatica Sanzione: ma in favore della propria figlia Maria Teresa, non della nipote, come si era impegnato a fare. Restava però il problema del riconoscimento da parte degli altri Stati. A quei tempi di monarchie assolute, i Re facevano parte di una specie di club, dove si poteva entrare solo se gli altri soci riconoscevano validi e legittimi i titoli di qualificazione. Quelli di Maria Teresa erano, a dir poco, contestabili, e infatti molti si preparavano a contestarli: tutti quelli che avevano interesse a farlo.

Fra costoro c'era Federico Augusto di Polonia, il vecchio protetto dell'Austria che, come marito di un'Arciduchessa Asburgo, ora si presentava come concorrente. C'era Luigi XV di Francia che, in cambio del riconoscimento, pretendeva il Belgio, tuttora provincia austriaca. C'erano i Borbone di Spagna, che a loro volta aspiravano a Parma e Piacenza per il secondo figlio di Elisabetta, Filippo. C'era Carlo Alberto di Baviera che, anche lui come sposo di un'altra Arciduchessa austriaca, poneva la propria candidatura. E c'era soprattutto Re Federico II di

Prussia che aveva anche lui il suo «carciofo» da mangiare: la Germania, che gli Asburgo tenevano divisa in vari Stati per potervi esercitare la loro platonica autorità imperiale. In compenso, Maria Teresa poteva contare sull'appoggio d'Inghilterra e Olanda, che la sostenevano proprio perché tutte le altre potenze l'avversavano, fedeli al loro principio della *balance of powers*, cioè dell'equilibrio di forze in Europa.

Il nodo venne al pettine alla morte dell'Imperatore, nel 1740. E Carlo Emanuele si trovò di nuovo all'asta fra le due coalizioni. L'Austria gli promise dapprima Vigevano e il Marchesato ligure di Finale che gli avrebbe procurato uno sbocco sul mare al di qua delle Alpi (al di là aveva Nizza con cui però le comunicazioni erano difficili). Era troppo poco, e l'Inghilterra intervenne per spingere l'Austria ad alzare il prezzo offrendo anche Pavia e la Contea di Anghiera fino al confine svizzero. Carlo Emanuele tuttavia aspettava che Maria Teresa accettasse, quando seppe che un esercito spagnolo da Napoli risaliva la Penisola puntando, attraverso Bologna e Modena, sulla Lombardia. Pensando che il padrone vecchio è sempre meglio del padrone nuovo, Carlo Emanuele scese in campo contro gli Spagnoli alla testa di un esercito austro-piemontese pur seguitando a trattare con Vienna la spartizione del bottino. Non si era impegnato in nessuna alleanza vera e propria. Come al solito, voleva conservare libertà di manovra, cioè di doppio giuoco.

Come si svolsero le vicende diplomatiche e militari di questo nuovo conflitto, lo abbiamo già raccontato nella prima parte di questo libro. E non vale ripeterci perché può interessare soltanto gli specialisti della guerra e della politica estera. Per Carlo Emanuele fu un seguito di «giri di valzer» con amici e nemici, di cui forse nemmeno suo padre sarebbe stato capace. È probabile che in qualche momento forse neppure lui sapesse da che parte era: come quando, all'indomani della firma di un armistizio coi Francesi, attaccò di sorpresa le loro guarnigioni di Asti e di Alessandria. Intendiamoci: le ambiguità, il doppio giuoco, i repentini rovesciamenti di fronte erano all'ordine del giorno in queste guerre settecentesche per il semplice motivo ch'esse non coinvolgevano dei veri e propri interessi nazionali e sfuggivano del tutto al controllo di una pubblica opinione che ancora non esisteva. Esse si svolgevano come partite di scacchi fra monarchi assoluti che, non dovendo rendere conto a nessuno delle loro decisioni, potevano agire come volevano, lasciandosi guidare soltanto dal tornaconto personale e dinastico. Anche quando non lo avevano letto, il loro direttore di coscienza era Machiavelli, per il quale la politica era un giuoco di abilità non fra popoli, ma fra individui. Ed era logico perché il «Principe» del Settecento era ancora – meno che nei Paesi dove il calvinismo aveva svegliato la pubblica opinione e il senso degl'interessi nazionali – quello dei tempi rinascimentali, di cui Machiavelli era stato il grande interprete e méntore: un Principe che confondeva lo Stato con se stesso. Il popolo per lui non era che un serbatoio di reclute per la conquista di nuovi troni e titoli per i figli, per i generi, per i suoceri eccetera. Carlo Emanuele quindi non faceva eccezione alla regola. Semplicemente, la applicava con particolare zelo e rigore.

Senza correr dietro alle cangevoli sorti di quella lunga guerra, cioè di quel seguito di guerricciole fra le due coalizioni che, grazie alle continue defezioni dei loro partecipanti, cambiavano continuamente fisionomia, veniamo ai fatti che ne propiziarono l'epilogo. Nel 1746 morì Filippo V di Spagna. Era stato un fantoccio nelle mani della sua seconda moglie Elisabetta Farnese, vera autrice e responsabile dell'aggressiva politica spagnola in Italia, dove essa cercava troni per i suoi due figli – Carlo e Filippo – esclusi da quello di Spagna per la presenza di Ferdinando. frutto del primo matrimonio del defunto. Ferdinando, che detestava la matrigna, la estromise immediatamente dagli affari di Stato e richiamò le truppe dall'Italia infischiandosi dei fratellastri, uno dei quali d'altronde aveva già avuto il suo premio: Napoli.

Carlo Emanuele, che fin lì aveva militato di preferenza nel campo austriaco perché il pericolo più grande, per l'Italia e lo stesso Piemonte, era rappresentato dai Borbone franco-spagnoli, si trovò di fronte a una situazione nuova perché ora il pericolo più grande era rappresentato dagli Asburgo di Vienna. Siccome costoro marciavano su Genova per castigarla dell'aiuto prestato alla Francia, egli marciò su Savona e Finale per accaparrarsele prima che s'iniziassero i negoziati per la pace generale. Gli Austriaci, come abbiamo detto, dovettero sgombrare Genova insorta dietro l'esempio di Balilla. I Piemontesi tentarono di conservare Finale. Ma i plenipotenziari riunitisi nel 1748 ad Aquisgrana per dare un assetto definitivo all'Europa, e quindi anche all'Italia, rimisero in discussione ogni cosa.

Come già abbiamo detto, Aquisgrana convalidò nelle sue grandi linee la situazione di fatto che si era già determinata. Carlo venne confermato sul trono di Napoli e della Sicilia, salvo a salire più tardi su quello di Madrid, se il fratello Ferdinando, che non aveva eredi maschi, fosse morto prima di lui. La Toscana restava appannaggio di Francesco di Lorena, marito di Maria Teresa d'Austria, che però alla propria morte lo avrebbe lasciato al secondogenito (il primogenito era destinato, si capisce, al trono di Vienna) per farne uno Stato almeno formalmente indipendente dall'Austria. Il Ducato di Modena e Reggio veniva ricostituito sotto la sua vecchia dinastia Estense. Parma, Piacenza e Guastalla andavano all'Infante Filippo come figlio secondogenito dell'ultima Farnese, Elisabetta. Il resto (cioè lo Stato pontificio, e le Repubbliche di Venezia, Genova e Lucca) restava com'era.

E torniamo al Piemonte che, a furia di cambiare campo, non si sapeva bene se fosse dalla parte dei vinti o dei vincitori, anche perché quella guerra si concludeva senza vincitori né vinti. Le grandi ambizioni che avevano mosso Carlo Emanuele erano: la Lombardia, il Ducato di Parma e Piacenza, e lo sbocco al mare di Finale. Ma rimasero i soliti sogni proibiti. Sotto banco, la diplomazia piemontese tentò di accordarsi con quella francese offrendole Nizza e la Savoia in cambio della Lombardia. Al posto della Lombardia (cui sapevano benissimo che l'Austria non avrebbe mai rinunziato), i Francesi offrirono Parma e Piacenza, visto che Ferdinando di Spagna si disinteressava del fratellastro Filippo cui quel Ducato era stato assegnato. Ma non se ne fece di nulla, e di nulla si fece nemmeno per Finale, che la Francia volle restituita a Genova in premio della sua fedeltà. Il Piemonte dovette contentarsi di un modesto «arrotondamento» che non compensava di certo il costo di quel lungo guerreggiare: l'alto Novarese, l'Oltrepò pavese e il Vigevanasco.

Da quel momento la diplomazia di Carlo Emanuele trovò poco da mordere per tentare nuove proficue «combinazioni». L'accordo sopravvenuto nel '52 fra i Borbone di Spagna e gli Asburgo d'Austria pietrificava la situazione politica della Penisola, dove i primi comandavano a Napoli e a Parma, i secondi in Toscana e in Lombardia. Fra questi due blocchi, il Piemonte era immobilizzato. Poi sopravvenne il cosiddetto «rovesciamento delle alleanze» che vide la Francia schierarsi col blocco austro-spagnolo, mentre l'Inghilterra si schierava con la Prussia. Era il prologo della Guerra dei sette anni che scoppiò nel 1756.

I motivi per cui Carlo Emanuele non poté approfittarne mettendosi come al solito all'asta fra le due coalizioni sono scritti nella geografia. Tutti i suoi vicini militavano nello stesso campo. Coi Francesi sulle Alpi, gli Austriaci in Lombardia, gli Spagnoli in Emilia e a Napoli, il Piemonte aveva le mani legate. Fu forse l'unico conflitto europeo degli ultimi duecent'anni in cui i Savoia non trovarono il verso di cacciarsi. Eppure un beneficio ne trassero, più prezioso di qualsiasi ingrandimento territoriale. Dopo la Guerra dei sette anni il rapporto delle forze europee cambiò in favore dell'Inghilterra e della Prussia rimettendo in movimento il sistema degli equilibri e delle alleanze in modo tale che il Piemonte poté ricominciare a svolgere il suo abituale giuoco di basculla. Un giuoco limitato, ma che gli permetteva di essere presente e di far valere il proprio peso.

Questo però lo vedremo dopo. Per ora torniamo a Carlo Emanuele, e guardiamolo non più nella sua veste di ambiguo diplomatico e Generale, ma in quella di organizzatore e riformatore.

È difficile dire se a governare fu proprio lui, o non piuttosto una «direzione collegiale» composta da cinque uomini: il d'Ormea, il Bogino, il Borgo, il Buglio e il Saint Laurent. Venivano dalla vecchia aristocrazia e ne serbavano il piglio autoritario. Nessuno di loro aveva la statura del grande uomo di Stato. Ma erano gente di grande onestà, di provata fedeltà, e di assoluta dedizione al servizio pubblico. Furono loro a dare un certo tono alla società facendo discendere l'esempio dalla Corte.

La Corte di Torino non aveva mai ceduto alle tentazioni del fasto. Fra le prescrizioni di Vittorio Amedeo c'era quella che per il riscaldamento invernale del palazzo reale non si dovessero consumare più di trentacinque ciocchi di legno al giorno, molto meno di uno per stanza: il che doveva fare di quella dimora un'autentica ghiacciaia. Da un rendiconto della metà del secolo risulta che la Corte gravava sull'erario per poco più di un milione e trecentomila lire all'anno: cifra anche per quei tempi modesta. Il fatto è che, salvo la servitù, quasi nessuno era pagato: addetti al Re e alla Regina erano trecentotrenta nobili che prestavano gratuitamente la loro opera di maestri di cerimonie, maggiordomi, Cancellieri, grandi elemosinieri, gentiluomini «di bocca» e «di camera», paggi, scudieri eccetera, considerandolo un onore.

In compenso, l'etichetta era severa. La giornata dei sovrani era punteggiata d'impegni che per la loro solennità diventavano altrettante cerimonie, a cominciare dalla vestizione mattutina del Re, cui era titolo d'onore essere ammessi. Tutto era regolato dalla canna d'ebano del Gran Maestro. Il Re si comportava e parlava sempre da Re a chiunque si rivolgesse, compresa la moglie e i figli. Ogni mattina di buon'ora guidava tutta la famiglia alla messa, e a mezzogiorno la riuniva intorno alla mensa, dove nessuno poteva parlare, se non invitato da lui. La dieta era spartana. Di Quaresima, i pasti si riducevano a uno solo, quello della sera, che consisteva in una zuppa e un'insalata, scrupolosamente pesate: quattr'once a testa. Solo le grandi solennità venivano festeggiate con un banchetto, di cui però veniva offerto un doppione anche ai mendicanti.

Volente o nolente, l'aristocrazia dovette adeguarsi a questo austero costume. Quasi tutta terriera, essa fin allora aveva considerato Torino una città di piaceri e ci aveva costruito dei palazzi dove veniva a passare la stagione invernale, dedita soltanto alle feste e ai ricevimenti. Ma le cose cambiarono con l'avvento della nuova nobiltà di estrazione borghese e mercantile, creata da Vittorio Amedeo. Essa non abbandonò i propri mestieri e traffici, che rendevano molto più della terra. E per non farsene scavalcare sul piano economico, l'aristocrazia vecchia dovette imitarla. I suoi esponenti, che fin allora non avevano conosciuto altre attività che quella al servizio del Re come militari e diplomatici, cominciarono a curare un po' meglio i loro patrimoni occupandosi delle loro terre, migliorandone le culture, trasformando le ville – o «vigne», come le chiamavano – in fattorie. E anche del palazzo di città fecero una fonte di redditi limitandosi al «piano nobile» e affittando il resto a famiglie borghesi d'impiegati e artigiani, e le soffitte agli operai. Il che creava una frequenza e una comunità di rapporti fra ceti diversi quale non c'era in nessun'altra città in quell'epoca di classi chiuse e di rigide gerarchie.

«La popolazione di Torino» scriveva il fiorentino Fabbroni «ascende a settantacinquemila persone, delle quali quattromila sono oziose, duemila sono oziose, ottomila sono oziose, per lo meno settemila sono oziose, circa mille sono oziose. Alludo ai soldati, ai preti, ai nobili, ai servi di lusso e ai mendichi.» Ma non era vero: i nobili lavoravano, e comunque lavoravano gli altri cinquantamila abitanti. Il Caracciolo la definì una città noiosa come «una dimora di convalescenti». E questo doveva essere vero, dato il rigoroso costume che la Corte vi aveva introdotto e che considerava scandalosa qualsiasi infrazione. Lo si deduce anche dalla mania del giuoco, che nella noia ha sempre il suo concime, e che fu la rovina di tanti patrimoni. Il

Marchese di Priero dovette fuggire per i debiti, quello di Malines finì barbone, dopo essersi venduto palazzi e terre. Ma il panorama della Torino settecentesca resta quello di una città laboriosa e industre, che si sviluppa metodicamente senza i sobbalzi, ma anche senza i disordini del boom. Al principio del secolo si contavano già quattrocento telai, i cui addetti stavano passando dalla lavorazione a domicilio a quella in fabbrica. Nei quartieri lungo la Dora Grossa c'era già crisi di alloggi. Erano nate banche e case di commercio. La pubblica amministrazione era scrupolosa, la magistratura e la polizia severe.

Unica nota stonata di questo ordinato vivere sociale, il trattamento discriminatorio inflitto a Ebrei e protestanti valdesi. I primi erano una minoranza abbastanza forte – cinquemila in tutto il Piemonte, quasi mille nella sola Torino –, ma soprattutto potente e utilissima nel campo commerciale. Ma furono ridotti nel ghetto, le cui porte di notte venivano chiuse, e obbligati a portare un fregio giallo sul vestito. I valdesi, quasi tutta gente di banca, furono il veicolo del capitale straniero che alimentava l'industria locale. Questa attingeva a piene mani alle loro tasche, ma quando si trattava di rimborsare il debito, i debitori si ricordavano che i creditori erano «eretici» e minacciavano il *pogrom*, alla cui origine c'è sempre e soltanto, come si vede, qualche cambiale in protesto.

Se Carlo Emanuele fosse, come tutti gli altri Savoia, un devoto autentico, non si sa. Ma osservante lo era, e scrupolosissimo. Quando si trattava di strappare alla Chiesa qualche terra o «beneficio», era di mano lesta e pesante. Ma a messa ci andava tutti i giorni, in umili panni, mescolandosi alla folla, scialava in processioni, e il suo confessore padre Costa era a Corte un personaggio di gran rilievo. Tanto, che su suo suggerimento Carlo Emanuele, nonostante la sua parsimonia, fece bruciare trentotto quadri della galleria di palazzo perché rappresentavano nudi femminili.

Ma questa non fu che la più veniale delle sue concessioni alla Chiesa. Più gravi furono i suoi cedimenti nel campo scolastico e culturale, quando Vescovi e gesuiti scatenarono l'offensiva contro l'Università ricostituita e laicizzata da Vittorio Amedeo, accusandola di essere un'incubatrice di ateismo e calvinismo. Il Re si provò a resistere, ma l'Ormea, che in quel momento stava negoziando un concordato con la Chiesa, l'indusse ad abolire l'insegnamento delle materie scientifiche. Gli studenti tentarono di proseguirli in Francia, ma l'espatrio fu proibito come un atto di fellonia, così come la ricerca d'impiego in altri Paesi e perfino il matrimonio con stranieri.

La censura ebbe pieni poteri, e naturalmente se ne servì nella maniera più ottusa e odiosa. Niente poteva essere pubblicato neanche all'estero senza licenza di stampa, e l'importazione di libri fu sottoposta a rigidi controlli. Una copia delle opere di Voltaire spedita a un diplomatico dell'Ambasciata francese di Torino fu respinta come merce infetta, nonostante le proteste del destinatario. Gl'intellettuali piemontesi si sfogarono nella filologia. Sebbene fossero tutti di formazione culturale francese, si diedero sotto la guida e l'esempio del Tagliazucchi a italianizzare la lingua, che del resto ne aveva urgente bisogno. I Piemontesi, quando non parlavano il dialetto, parlavano il francese. Ma già Vittorio Amedeo, sebbene figlio di un Francese e marito di una Francese – o forse proprio per questo – ne aveva combattuto l'uso, e un giorno fece frustare un nipote perché si ostinava a parlarla. Pur nella sua rozzezza, quel soldataccio aveva capito che il Piemonte non poteva svolgere la sua missione italiana se non italianizzava la sua cultura. Da allora i letterati torinesi presero la buona abitudine di scrivere in italiano ciò che seguitavano a pensare in francese.

Dell'uomo Carlo Emanuele e del suo carattere rimangono poche testimonianze, anche perché era sempre «in posa», la posa del Re. «Ha un aspetto spiacevole, statura piccola e faccia antipatica; ma è laborioso, intelligente, bravo politico, valoroso e abile nell'arte militare» scrive De Brosses, forse largheggiando un po'. Quanto alla moglie, «il suo labbro austriaco si nota sempre più, ed è bitorzoluta peggio di come l'abbiamo vista a Digione. A parte questo, il suo volto non è spiacevole, ha soprattutto un aspetto nobile e maestoso. Ogni sera tiene circolo, triste quanto si può immaginare. Sta seduta nella poltrona in mezzo al suo studio; tutte le dame sono allineate intorno a lei a una certa distanza, ritte in piedi come comari: si mettono infatti a sedere solo per giuocare. Di tanto in tanto, la Regina rivolge qualche parola a qualcuna di loro, la quale risponde a monosillabi».

Non erano di certo, né l'uno né l'altra, esemplari umani da attirare molte simpatie. Eppure il cordoglio popolare fu grande e sincero quando nel 1773 si sparse la notizia che il Re era alla fine. Lo era da un pezzo, ma nessuno se n'era accorto perché fino all'ultimo aveva fatto fronte ai suoi impegni di Re, sebbene le forze lo avessero quasi completamente abbandonato. Ed era questo che il popolo aveva capito e ammirava in lui. Quell'uomo freddo e introverso, senza slanci né comunicativa, aveva tuttavia avuto un senso sacerdotale del dovere, e ad esso aveva tutto sacrificato. Nonostante gli errori e i triboli che li avevano punteggiati, i suoi quarantatré anni di regno rappresentavano per il Piemonte un capitolo positivo.

Negli ambienti progressisti di Torino, il cambio della

guardia sul trono fu salutato come l'inizio di un'èra nuova. Ne vedevano una garanzia nel Principe che ora vi saliva, e non a torto.

In gioventù, Vittorio Amedeo III non era stato precisamente un ribelle. Ma aveva lasciato capire che, senza la militaresca disciplina di casa Savoia che esigeva l'incondizionata sottomissione del figlio al padre, avrebbe anche potuto esserlo. Era nato nel 1726, e a nove anni aveva perso la madre. Ma non si può dire che fosse rimasto senz'affetti perché la matrigna Elisabetta Teresa, terza moglie di Carlo Emanuele, non gliene aveva fatti mancare. Essa aveva curato di persona l'educazione del ragazzo, e forse fu per suo suggerimento che come precettore gli venne dato non il solito colonnello e il solito abate, ma un intellettuale autentico, il savoiardo Vicardel di Fleury, spirito abbastanza aperto e imbevuto di cultura francese.

Alla sua scuola, Vittorio Amedeo sviluppò un certo amore per le discipline umanistiche, specialmente storia e letteratura, e ben presto ne seppe quanto bastava per accorgersi che suo padre non sapeva niente. Fece finta di nulla. Accettò la rigida regola di Corte, si uniformò ai suoi puntigliosi cerimoniali, si attenne alla sua parte di Principe ereditario con tutte le pesanti servitù ch'essa comportava: gli orari da caserma, le ispezioni ai reggimenti e alle fortezze eccetera. Ma, pur rinunziando a condurre la vita che avrebbe preferito di giovane fra i giovani in mezzo alla gente comune, era riuscito in qualche modo a formarsi una piccola corte personale con uomini di estrazione borghese. In questo circolo, naturalmente, del Re non si poteva parlare male. Ma in compenso si parlava malissimo del Bogino. Lo si rappresentava come un ottuso reazionario, e non era vero. Il Bogino era un conservatore, ma intelligente, attaccato alla tradizione, ma non del tutto insensibile alle nuove idee; e soprattutto un grande galantuomo, fedelissimo allo Stato e alla monarchia.

Vittorio Amedeo condivideva le opinioni dei suoi amici, anzi se li era presi come amici appunto perché avevano quelle opinioni. Ma non ci poteva far niente. In casa Savoia si regnava uno alla volta. E finché il turno non fosse toccato a lui, non aveva nessuna possibilità d'intervenire. Carlo Emanuele si guardava bene dal consultarlo. Lo trattava come egli stesso era stato trattato da suo padre, e questi da suo nonno, cioè tenendolo a distanza e sull'attenti. Nel 1749 gli aveva ordinato di sposare la sorella del re Ferdinando VI di Spagna, Maria Antonietta, e lui aveva obbedito.

Aveva già quarantasette anni, quando Carlo Emanuele si decise finalmente a lasciargli il posto. Il suo primo gesto fu la liquidazione del Bogino, che venne licenziato senza neanche un grazie. Ma le grandi riforme che i progressisti aspettavano e speravano non vennero. Il nuovo Re aveva già superato l'età degli entusiasmi e, una volta entrato nella stanza dei bottoni, s'era accorto ch'essi andavano pigiati con cautela. Anche nel regime di Corte introdusse poche innovazioni. Ne corresse il tono taccagno e provinciale dandogli un'impronta di maggiore regalità e aumentandone il personale. Pretese che all'estero i suoi ambasciatori fossero trattati come quelli delle grandi potenze europee. Ma la regola rimase quella di prima: quella di una piccola capitale austera, burocratica e formalista.

Un'altra misura di Vittorio Amedeo fu la soppressione delle case dei gesuiti. Ma pare che lo facesse a malincuore, e lo dimostrano le condizioni di favore che riservò alle vittime gratificandole di una buona pensione e concedendo loro di restare in Piemonte, anche agli stranieri. Un certo piglio rivoluzionario ebbe invece l'ospitalità accordata alle logge massoniche. Ce n'era già una a Chambéry, di cui era a capo il marchese Bellegarde. Un'altra ne era nata a Torino, che si chiamava Loggia di San Giovanni della Misteriosa. Ma conducevano vita grama, con poche diecine d'iscritti, quasi tutti nobili.

Ora però che si trovava sotto il patronato del Re, la massoneria moltiplicò rapidamente i suoi proseliti facendone anche a Corte e soprattutto nell'esercito. E fu certamente per suo mezzo che certi fermenti cominciarono a penetrare in queste tradizionali cittadelle del conservatorismo piemontese. Vittorio Amedeo non se ne rese conto che nel '94, quando quei fermenti sfociarono in sotterranee simpatie per la rivoluzione francese, i cui eserciti stavano per investire anche il Piemonte. Allora soppresse le logge, ma era troppo tardi.

La riforma più attesa era quella dell'amministrazione. Il Regno di Sardegna non era mai stato unificato. Esso restava diviso in cinque Stati con pochi o punti nessi fra loro: il Piemonte propriamente detto col Marchesato di Saluzzo e il Ducato di Monferrato, il Ducato d'Aosta, il Ducato di Savoia al di là delle Alpi, la Contea di Nizza col Marchesato di Oneglia incuneato nel vecchio territorio della Repubblica di Genova, e la Sardegna. Ognuna di queste regioni si reggeva con propri statuti e leggi. In comune avevano soltanto il sovrano, rappresentato *in loco* dal governatore, dal comandante militare, dall'intendente e dal prefetto. Era una frantumazione che faceva a pugni col centralismo predicato dagl'illuministi, i quali speravano che Vittorio Amedeo vi ponesse riparo. Invece il nuovo Re, o che non credesse al rimedio, o che fosse spaventato dalle sue difficoltà, non ci si provò nemmeno.

Tutto sommato, la sua gestione, che durò dal '73 al '96,

cioè ventitré anni, fu piuttosto incolore. Forse vi contribuì il fatto che i Savoia avevano a cuore due cose sole: la politica estera e la guerra, e Vittorio Amedeo non poté fare né una cosa né l'altra perché la situazione europea non glielo consentiva. La pace di Aquisgrana aveva pietrificato l'Italia. Ci vorrà il grande sconquasso provocato dalla rivoluzione francese per rimescolare le carte del giuoco e offrire occasioni e pretesti all'iniziativa piemontese.

Ma bisogna anche dire che Vittorio Amedeo fece ben poco per prepararvisi. Agli eserciti rivoluzionari che lo investivano, il Piemonte oppose uno Stato disorganico, una società tuttora basata sul privilegio ereditario e un'economia in dissesto perché Vittorio Amedeo fu un pessimo amministratore. E il rudere crollerà come un castello di carte.

CAPITOLO DODICESIMO

LA LOMBARDIA AUSTRIACA

La prima metà del Settecento fu, per Milano, uno dei periodi più tribolati della sua storia. A differenza della Toscana e di Napoli che, nella lunga catena di guerre cominciate con la successione spagnola, furono coinvolte solo sul piano diplomatico, essa lo fu anche sul piano militare. Per decenni seguitarono a passarle addosso eserciti su eserciti, e il suo incerto destino diede luogo a divisioni interne che incisero a fondo sulla sua vita.

Ricapitoliamo alla svelta queste aggrovigliate vicende. Quando Carlo II, ultimo Asburgo di Spagna, vi diede avvìo col suo testamento, Milano era da un secolo e mezzo feudo spagnolo, e come tale avrebbe dovuto passare al successore Filippo di Borbone. Ma sulla ghiotta preda si avventarono anche altri due pretendenti: gli Asburgo d'Austria e i Savoia, ora in qualità di nemici ora in qualità di alleati. L'aristocrazia milanese – e parliamo di essa perché le altre classi non avevano voce in capitolo – parteggiò per gli uni o per gli altri, ma alla fine il partito austriacante prevalse per due motivi: prima di tutto perché gli Austriaci stavano vincendo, eppoi perché i Savoia minacciavano di annettersi una bella fetta di terre lombarde (la Valsesia, la Lomellina, il Vigevanasco), come poi fecero. Per di più i Milanesi furono irritati dal fatto che a un certo punto i Savoia rinunziassero alla Lombardia per ottenere la corona di Re di Sicilia. «Una sola provincia del nostro Stato» disse un senatore milanese «vale più del Regno di Sicilia e di quello di Napoli messi insieme.» Non parlò di «terroni» perché la parola ancora non era stata coniata. Ma il concetto era quello.

Il trattato di Utrecht diede Milano all'Austria. E la città si stava adattando al nuovo padrone, quando la guerra di successione polacca rimise tutto in subbuglio. Il Savoia di turno, Carlo Emanuele III, irruppe nella città quasi completamente sguarnita dalle truppe austriache risucchiate in Prussia, facendosi precedere da un proclama in cui si parlava di «liberazione dell'Italia». Sebbene la parola Italia non risvegliasse echi in nessun cuore, Carlo Emanuele riuscì a suscitare parecchie simpatie. Purtroppo, il suo dominio non durò che tre anni, dal '33 al '36. Poi, per i motivi che abbiamo già detto, dovette abbandonare la Lombardia contentandosi di sbocconcellarne solo Novara e Tortona. Gli Austriaci, tornandovi, fecero pagar caro ai Milanesi il loro collaborazionismo col «nemico invasore»: l'epurazioni fioccarono. E del rancore ch'esse seminarono si videro i frutti nel '40, quando scoppiò la terza guerra di successione, quella per il trono d'Austria. Non potendo cospirare per i Piemontesi, che stavolta con gli Austriaci erano alleati, parte del patriziato milanese cospirò per i Franco-spagnoli che volevano assegnare la Lombardia a Filippo di Borbone, il secondogenito di Elisabetta Farnese, futuro Duca di Parma. La pace di Aquisgrana del 1748 deluse queste speranze. Milano tornò all'Austria, il cui castigo fu ancora più pesante. Molti, per sottrarvisi, dovettero prendere la via dell'esilio: fra di essi, la Contessa del Grillo, moglie di un Borromeo e impresaria del più vivace salotto intellettuale di Milano sul modello di quelli francesi. Ma a qualcuno nemmeno la fuga bastò. La polizia austriaca non esitò a violare la sovranità della Serenissima per catturare il conte Biancani, rifugiatosi nel suo territorio, e mandarlo al patibolo. La milizia lombarda fu sciolta, i poteri delle magistrature cittadine vennero ridotti, e la provincia semplicemente annessa come parte integrante dello Stato austriaco.

Da Aquisgrana in poi quindi, a differenza di quanto era toccato alla Toscana e al Reame di Napoli, diventati Stati autonomi sotto due dinastie indigene, anche se per nome e per sangue legate l'una agli Asburgo di Vienna, l'altra ai Borbone di Madrid, Milano non ebbe una sua propria vita politica, di cui si possa rintracciare la storia. Ne ebbe soltanto una economica, sociale e culturale, che in compenso acquistò molta importanza. Ed è di questa che vogliamo occuparci.

Quello che emergeva dal lungo seguito di guerre di cui aveva costituito una delle principali poste era un paese in regresso. Anche territorialmente non era più il Ducato degli Sforza. Anzitutto, aveva perso molte delle sue migliori province: il Canton Ticino era entrato a far parte della Confederazione Elvetica, tutto l'oltre Ticino era stato rosicchiato dal Piemonte, e tutto l'oltre Adda da Venezia. Così ridotto all'osso, il suo territorio era diviso in circoscrizioni fra cui mancava qualsiasi coordinazione perché sotto il dominio spagnolo ogni nesso statale si era perso in un inestricabile groviglio di leggi e d'istituti contraddittori. Ogni comunità aveva finito col fare parte per se stessa, ciascuna coi propri ordinamenti e la propria cintura di dazi. Quasi più nulla restava della vecchia industria lombarda, soffocata da un sistema corporativo che, come dappertutto altrove, scoraggiava coi suoi privilegi e monopoli qualsiasi iniziativa. E anche l'agricoltura languiva per via del cosiddetto «regime dei campi aperti» che limitava il diritto del proprietario al raccolto. Finito il quale, esso era obbligato a mettere la sua terra a disposizione del pascolo comunitario. Ci vuol poco a capire che questo scoraggiava qualsiasi miglioria e bonifica.

Agl'inizi del secolo, Milano era dunque una classica città di provincia spagnola, cioè inerte e parassitaria. I suoi centotrentamila abitanti – stando ai calcoli più accreditati – erano disegualmente distribuiti in circa cinquemila case, che non soffrivano certamente di asfissia perché erano ben lontane dall'occupare l'intera area recinta dai bastioni della «cerchia» che si chiama appunto «spagnola». E altrettanto disegualmente erano divise le classi sociali. Anche qui il neofeudalesimo istaurato dalla Spagna e dalla Chiesa della Controriforma era documentato dallo stridente contrasto tra i fastosi palazzi di Porta Orientale (l'attuale zona di corso Venezia) e i tuguri della Vigentina, della Fontana e di Porta Tosa. La classe media non aveva ancora una sua propria architettura perché non aveva né la forza né i mezzi per farsela. Milano era una delle poche città italiane che di questa classe avesse conservato un brandello. Ma non si trattava appunto che di un brandello. Essa doveva decollare solo verso la metà del secolo, grazie alle riforme prima di Maria Teresa e poi di suo figlio Giuseppe II.

La prima e la più decisiva, che aprì la strada a tutte le altre, fu il catasto. A dire il vero, esso era stato iniziato fin dal 1718, ma le guerre in cui si era trovata coinvolta non avevano permesso all'Austria di portarlo avanti. Fu solo dopo Aquisgrana che l'Imperatrice riprese il progetto affidandone la realizzazione a un economista fiorentino: Pompeo Neri. Era un'impresa quasi eroica individuare, in quel labirinto di manomorte, di fedecommessi, d'ipoteche, di eredità contestate, di diritti feudali, di «campi aperti», di conflitti demaniali, i vari patrimoni, e procedere a una stima dei redditi e all'imposizione di aliquote d'imposte. Il Neri c'impiegò oltre dieci anni. Ma i risultati compensarono lo sforzo. Vediamo subito perché.

Ridotta all'osso, la riforma consisteva in questa operazione: di ogni patrimonio, si calcolò ch'esso rendesse il quattro per cento del suo valore, quale il catasto lo aveva accertato. Questo quattro per cento diventava così il cosiddetto «imponibile», cioè la quota su cui si doveva prelevare l'imposta. Dalla quale veniva in tal modo esentato tutto il reddito superiore al quattro per cento.

È facile capire che cosa avvenne. I proprietari, che nella stragrande maggioranza erano i nobili, fin allora esentati dalle tasse dal loro privilegio di sangue, e quindi assenteisti, dovettero rimboccarsi le maniche per fare fronte a un'imposta che colpiva il quattro per cento delle loro presunte rendite. Non solo. Ma trovarono un potente stimolo ad aumentarle nel fatto che su queste maggiorazioni invece non avrebbero pagato nulla.

Naturalmente a prendere l'aìre fu anzitutto l'agricoltura. E lo si vide subito dalla trasformazione della villa. Fin allora essa era stata soltanto una succursale del palazzo di città. Il nobile proprietario se l'era attrezzata unicamente per i suoi riposi e svaghi estivi e autunnali: grandi sale di rappresentanza, belle gallerie, splendidi giardini gremiti di statue e fontane. Ma niente che la qualificasse ad attività produttive e amministrative, perché il proprietario non vi produceva né vi amministrava nulla, e spesso addirittura ignorava quali fossero i confini delle sue terre, limitandosi a percepirne le rendite dal suo amministratore.

Subito dopo l'introduzione del catasto, la villa diventa una «cascina», o se ne costruisce una come «dipendenza». Essa fa da centro direzionale di una vera e propria «azienda» che, per diventare «economica», deve raggiungere un reddito superiore al quattro per cento. Qui il proprietario studia coi suoi tecnici il modo di «svegrare» le terre incolte e di migliorare quelle già coltivate. Qui egli comincia a prendere confidenza coi libri di contabilità, coi costi di produzione, con le esigenze del «mercato». Qui insomma finisce il redditiero e comincia l'imprenditore. Non per nulla Lombardia e Toscana sono le uniche regioni che vedono la nobiltà in veste di protagonista del decollo capitalistico. In un'epoca in cui la ricchezza è quasi esclusivamente terriera e i nobili ne sono i quasi esclusivi titolari, è logico ch'essi siano anche i soli a disporre di capitali da investire. Ma lo fanno sotto la frusta di un catasto che, anche se di confezione italiana, è di brevetto austriaco, e infatti trova la sua applicazione nelle due province austriache, Lombardia e Toscana.

Gli effetti non sono soltanto economici, ma anche sociali. Il brandello di borghesia sopravvissuto alla rifeudalizzazione del Cinque e Seicento vede subito nello sviluppo capitalistico dell'agricoltura la grande occasione per riprendere l'iniziativa. Anche in Lombardia il tipo di conduzione che prevale è la mezzadria, la meno adatta alla razionalizzazione richiesta da un'agricoltura concepita e praticata come «impresa». Il «podere» che la famiglia del contadino si tramanda di generazione in generazione è stato l'architrave di un regime patriarcale e immobilistico, da cui il vecchio proprietario non sa decidersi a divorziare. Egli svegra, bonifica, canalizza, riduce la villa a «fattoria» impiantandovi cantine, uffici, stalle e depositi di attrezzi. Magari anche distrugge il giardino, un tempo suo orgoglio e blasone, per farne un orto o un pomaio. Ma di fronte al podere si ferma, come ci si ferma il suo collega toscano.

E allora, a differenza di quanto avviene appunto in Toscana, si fa avanti, in qualità di «affittuario», il borghese. Costui, garantendogli un cànone in ogni caso superiore al famoso quattro per cento del suo valore, si fa dare in gestione dal nobile la sua proprietà. E senza tanti complimenti per il mezzadro e il suo podere, cui nulla sentimentalmente lo lega, procede alla loro smobilitazione. Questo nuovo protagonista non si contenta più della «rendita» tradizionale, neanche maggiorata. Cerca il «profitto». E il profitto esige l'accorpamento della terra al di sopra del podere ed esclude la spartizione del prodotto in parti eguali col mezzadro.

Così l'ascesa di questo nuovo ceto intermedio, dal quale poi verranno in gran parte i pionieri dell'industria, coincide con la crisi di quello mezzadrile e la provoca. Tutta la pubblicistica sociale del secolo risuonerà di gridi d'allarme per l'immiserimento e la crescente proletarizzazione dei mezzadri. Sul fondamento e la validità di queste denunce non ci son dubbi. I mezzadri furono le prime vittime di questo nascente capitalismo applicato all'agricoltura. Ma altrettanto certo è che fu questa rivoluzione a fare di quella lombarda non solo l'agricoltura più avanzata ed efficiente d'Italia, ma anche la scuola e la palestra dell'impresa industriale. Lo dimostra il raffronto con la Toscana dove, per mancanza di un ceto intermedio di affittuari, la mezzadria resisté. La fattoria non diventò mai una vera e propria azienda, e lo spirito imprenditoriale non vi nacque. Il terriero toscano del Sette e dell'Ottocento migliorò notevolmente le sue terre e le sue rendite, ma al profitto non ci arrivò.

Com'era da attendersi, l'affittuario fu subito in guerra col regime dei campi aperti, che rappresentava il più grave ostacolo alla sua opera di trasformazione. La battaglia fu dura perché il diritto di libero pascolo sulle ristoppie e sui maggesi avanzati dal raccolto, oltre a essere ancorato a un costume vecchio di secoli, era una delle poche risorse della popolazione del contado. Ma era chiaro che questo sistema, perfettamente intonato all'economia pastorale del Medio Evo, non lo era più a quella di un Settecento già avviata agli sfruttamenti intensivi. Più che da leggi di riforma, esso fu liquidato dal giuoco della concorrenza. Proprietari e affittuari con sapienti irrigazioni si diedero a coltivare grassi pascoli. Su di essi prosperò un bestiame produttore di carne e di latticini di migliore qualità e molto più a buon mercato di quelli prodotti dalla pastorizia dei campi aperti che ne venne sbaraccata. Anzi, fu questa dei latticini una delle prime industrie lombarde.

Naturalmente questo inizio di rivoluzione capitalistica, che prendeva l'aìre dalla terra, esigeva una bonifica finanziaria. E questa a sua volta era condizionata dal riordino amministrativo. Di amministrazione, gli Spagnoli erano sempre stati digiuni. E anche a Milano se n'erano lavate le mani col sistema degli appalti. Avevano appaltato tutto: dazi, dogane, regalìe, il monopolio del sale, quello dei tabacchi, quello della polvere da sparo, servizi, poste, trasporti eccetera.

Il primo governatore austriaco, che fu Eugenio di Savoia, grandissimo soldato, ma piuttosto sprovveduto in fatto di leggi e di economia, non osò metter le mani in quel garbuglio. Ma più tardi il Pallavicini affrontò il problema, sia pure per gradi. Non revocò subito il sistema degli appalti, ma li unificò in una «Ferma generale» affidandola a un gruppo di capitalisti che avevano già dato convincenti prove di efficienza, in base a un contratto che stabiliva la ripartizione dei redditi fra loro e lo Stato. Vi partecipò in veste di controllore anche l'illuminista Pietro Verri, che non dovette restare soddisfatto del funzionamento perché non si stancò di denunciare il sistema e di chiedere che lo Stato assumesse in proprio la gestione di tutte quelle attività, abolendo i privati intermediari. Fu una lunga battaglia, ma alla fine la vinse. La Ferma fu abolita nel '70, e così finì il secolare scandalo di una speculazione privata inserita fra lo Stato e il cittadino.

A questa riforma seguì il riordino delle circoscrizioni territoriali, che fin allora erano state un autentico caos. Strettamente agganciata com'era al governo centrale di Vienna, la Lombardia non poté diventare uno Stato vero e proprio, ma diventò se non altro una regione ben strutturata e funzionante. Il supremo potere naturalmente era nelle mani del proconsole austriaco, che dapprima si chiamò governatore e lo fu anche di fatto, con assoluta responsabilità di fronte al suo sovrano; eppoi «Capitano Generale e Amministratore Serenissimo della Lombardia», figura puramente rappresentativa, di solito incarnata da qualche Principe di sangue reale – come Francesco Maria d'Este e Ferdinando d'Austria, figlio di Maria Teresa –, sotto i quali il potere esecutivo era affidato a Cancellieri, che in seguito cambiarono la loro qualifica in quella di Ministri plenipotenziari. Fra i Capitani tuttavia ce ne fu uno che esercitò un'influenza effettiva anche perché rimase in carica venticinqu'anni: il conte Firmian, un trentino di cervello lucido e di tratto discreto, che seppe svolgere una saggia opera di mediazione fra Vienna e Milano.

Non era facile perché Vienna, dopo i precedenti a cui abbiamo accennato, diffidava di Milano, e infatti in campo politico non le concesse nessuna autonomia. Viceversa fu larga in fatto di amministrazione. Ed è forse questo che seguita a marcare il carattere civico dei Lombardi, cattivi politici ed eccellenti amministratori.

Per ridurla ai suoi tratti essenziali, la riforma austriaca riconobbe a ogni Comune il suo «convocato», cioè il suo consiglio comunale, composto di «censiti», cioè di proprietari, i quali eleggevano il capo dell'amministrazione, cioè il sindaco. La provincia aveva un corpo consultivo detto «delegazione». E tutti questi «enti locali», come oggi si chiamano, facevano capo alla «Congregazione di Stato» di Milano, che esercitava su di essi una funzione tutoria e di controllo. Il vecchio Senato, la magistratura a cui i Milanesi erano più affezionati, non è scomparso, ma ha mutato attribuzioni che non sono più né politiche né amministrative, ma giudiziarie. Esso è una specie di supremo tribunale con tre sezioni di varia competenza. L'organo più importante è il Consiglio di Governo, vero e proprio ministero.

Bisogna riconoscere che questi organi locali si mostrarono spesso molto più retrivi, timorati e bacchettoni del governo di Vienna. Quando fu decisa la compilazione di un nuovo codice che rendesse il meccanismo della giustizia più svelto e intelligibile al cittadino, a osteggiare il progetto fu il collegio degli avvocati. E fu contro il parere del Senato, il quale voleva mantenerla, che Maria Teresa abolì la tortura. Più tardi suo figlio Giuseppe eliminò anche la pena di morte, salvo che per il reato di ribellione allo Stato. Ma ad applaudire questa civile misura furono soltanto, o quasi soltanto, il Beccaria, che l'aveva suggerita, e i suoi amici.

Ugualmente avversate furono le riforme sociali che miravano a smantellare privilegi e monopoli. Anche a Milano bisognava vedersela con le corporazioni, questi residuati di Medio Evo, che si ostinavano a difendere l'organizzazione pulviscolare e antieconomica delle botteghe artigiane, le prerogative dei «maestri» e dei loro piccoli consorzi, i divieti che ostacolavano la libera circolazione della manodopera. A regolare questi rugginosi meccanismi erano le Giunte di commercio, composte quasi sempre di «notabili» parrucconi e incompetenti. Il governo le abolì per rimpiazzarle con un Supremo Consiglio di economia, composto di gente che se n'intendeva come dimostra il fatto che fra i suoi componenti ci fu anche Pietro Verri, eppoi con un Ministero vero e proprio.

Le corporazioni rimasero, ma solo di nome. Esse non ebbero più la forza d'impedire quei concentramenti di capitali e di energie che condussero alla nascita dello «stabilimento». Il primo o uno dei primi fu un filatoio mosso da un mulino ad acqua invece che a mano, impiantato dai fratelli Bianchi a Porta Nuova. Ma la grande novità non era questa, e nemmeno il prodotto che per qualità gareggiava con quelli francesi e olandesi. La grande novità era che i lavoranti non venivano a portarci il frutto del lavoro fatto a casa con telai di loro proprietà; lo facevano lì in fabbrica coi telai del padrone. Non erano più artigiani. Erano diventati operai.

Nel '47 un Clerici fondò la prima fabbrica milanese di maioliche e ceramiche eppoi una tessitura di pelo di capra e di cammello. I suoi capannoni ospitavano ben cinquecento operai di ambo i sessi, divisi in squadre specializzate ognuna per una certa fase della lavorazione. L'esempio fu imitato dai fratelli Rho che, non riuscendo a trovare operai esperti in filatura di tele gregge, andarono a reclutarne in Svizzera e Alsazia con grande scandalo delle corporazioni, ma col pieno assenso del governo. La loro impresa poi passò ai Cramer, che furono – crediamo – la prima delle molte dinastie svizzere che in seguito vennero a impiantarsi a Milano e svolsero, nel suo decollo industriale, una parte di protagoniste. Essi introdussero una novità che fece scuola: addestrarono alla filatura a domicilio un gran numero di contadini, assicurandogli così una fonte di lavoro nei mesi invernali che li esentavano dalle fatiche, ma anche dai guadagni, della terra. Quasi contemporaneamente un Lionese, Poid, importava a Milano i segreti della lustratura dei drappi.

Citiamo questi esempi perché servono a illuminare un tipico carattere di Milano, destinato a farne la fortuna: la sua totale mancanza di xenofobìa. Fin d'allora Milano fu una città a braccia aperte. Qualunque cosa le portassero e di dovunque venisse, se era buono, lo prendeva e lo faceva suo. Ma questo non deve far credere che il suo decollo fu opera soltanto di stranieri.

Abbiamo visto la nobiltà terriera fare il suo tirocinio imprenditoriale nella cascina. Non fu soltanto il catasto a spingervela. Fu anche la disoccupazione. Il nobile piemontese e quello veneziano svolgevano un'attività perché avevano uno Stato che provvedeva a dargliela: nell'esercito, nella diplomazia, nella magistratura. Il nobile romano stava in Curia a servire (e a sfruttare) il Papa. Quello napoletano stava nell'anticamera del Re a fare il cortigiano. Il nobile lombardo non aveva né un Re, né uno Stato, né una Corte, né un esercito, né una diplomazia. I privilegi che il governo austriaco gli aveva riconosciuto erano il diritto a un cuscino sull'inginocchiatoio di chiesa, allo stemma sulla carrozza, al fiocco sulla testa dei cavalli eccetera. Dal potere, e quindi dal «servizio», era tenuto lontano. Ecco perché ebbe tutto il tempo e anche lo stimolo a gettarsi nell'impresa industriale. E questo provocò una curiosa inversione di tendenze che ebbe un suo profondo riflesso sul costume. Mentre dappertutto altrove la borghesia cercava di nobilitarsi comprando il blasone e adottando il modo di vita degli aristocratici, cioè accettando i valori della società feudale, le sue gerarchie e la sua mentalità immobilistica e redditiera, in Lombardia era la nobiltà che si adeguava alla borghesia, al suo spirito d'iniziativa e al suo slancio imprenditoriale. In questa fusione di classi e facilità di ricambi è il grande segreto del primato lombardo che fin d'allora si delineò. La vittoria della borghesia era la vittoria del mondo moderno sugli avanzi di quello medievale che tuttora ingombravano il resto della Penisola.

Lo confermano anche le cifre statistiche. Secondo i calcoli del Vianello, a Milano c'erano 5600 nobili, 6600 religiosi, 93.000 popolani, e ben 21.000 borghesi. In nessuna città italiana il ceto medio era, anche numericamente, così forte. E il suo avanzamento sul piano culturale è dimostrato da un altro censimento del Vianello sulle scuole di Brera: su circa 1000 iscritti, 46 erano «gentiluomini» cioè nobili, 300 «civili» cioè borghesi, e gli altri «residui», cioè popolani che il titolo di studio promuoveva a borghesi infoltendone i ranghi.

Intraprendente e spregiudicato, questo fu il ceto che più beneficiò del riformismo austriaco. Intanto, esso ebbe a disposizione il grande mercato dell'Impero asburgico, di cui le industrie milanesi, e soprattutto le lane, le tele, la seta, le maioliche, la carta e gli strumenti di precisione, diventarono le fornitrici. Poi, le barriere doganali che le misero al riparo dalla concorrenza straniera. Sia Maria Teresa che Giuseppe mossero guerra ai dazi, ma solo a quelli interni. Quelli esterni li rafforzarono, perché la loro concezione restava mercantilista, cioè autarchica. E quindi l'industria milanese godette, dentro i confini dell'Impero, di una posizione quasi di monopolio. Infine, la legislazione del lavoro. In questo campo, lo Stato mercantilista era, come dice Sombart, spietato. Esso equiparava i vagabondi ai delinquenti spingendoli così ad arruolarsi nelle fabbriche; dettava non i minimi, ma i massimi delle retribuzioni in modo da contenerle sul livello più basso; fissava la giornata lavorativa protraendola dall'alba al tramonto; e proibiva le associazioni dei lavoratori. Insomma, spianava la strada al capitalismo più sfrenato.

I risultati economici furono eccellenti. Le basse mercedi del lavoro, specie in un'epoca in cui le macchine erano ancora rudimentali e quindi il lavoro era la «voce» che più incideva sul costo del prodotto, consentirono agl'imprenditori grossi profitti, quindi grossi accumuli di capitale e grossi investimenti. Ma le cose s'ingarbugliarono sul piano sociale.

I lavoratori non lamentavano soltanto i bassi salari e l'orario spossante. Lamentavano anche, e forse di più, quello che oggi si chiamerebbe «il processo di alienazione». Da secoli erano abituati alla piccola industria artigiana basata su tutt'altra organizzazione. Essa gli consentiva di lavorare a casa, dopo un certo numero di anni li promuoveva «maestri», e insomma gli garantiva una carriera sicura, il cui concime era più l'anzianità che l'efficienza. La corporazione difendeva i loro diritti e le loro paghe, e li metteva al riparo dalla concorrenza impedendo l'assunzione di manodopera che non fosse iscritta nelle sue chiuse liste. Essi si sentivano quindi protetti come dentro una patriarcale famiglia, in cui la solidarietà sovente trascendeva nell'omertà.

Questa famiglia fu distrutta dallo stabilimento, dentro i cui capannoni gli operai si sentirono improvvisamente orfani e alla mercé d'imprenditori e di dirigenti con cui non potevano stabilire quei rapporti diretti e umani che avevano avuto col vecchio «maestro». Le desautorate corporazioni approfittarono subito del loro disagio per cercar di riprendere il sopravvento sui lavoratori aizzandoli alla ribellione. Siccome la legge proibiva lo sciopero, si ricorse a sabotaggi e boicottaggi. Il licenziamento non era temuto perché in quel proliferìo di fabbriche il bisogno di manodopera era in continuo aumento. Il governo ricorse a decreti draconiani che però rivelarono subito la loro inefficacia. La fabbrica aveva creato il «proletariato». E a questo proletariato non c'era legge che potesse impedire di riconoscersi tale e di organizzarsi.

È in questi anni che nasce il «movimento operaio». La sua prima manifestazione fu un ammutinamento nel grande lanificio Guaita di Como. Gl'imprenditori reclamarono processi e galere. Le loro proposte, trasmesse al Supremo Consiglio di economia, passarono per le mani del Beccaria che le bocciò. Egli si recò sul posto, parlò ai ribelli, ne sedò i furori, e stese una relazione in cui additava nel negoziato l'unico metodo per prevenire i conflitti. Le sue conclusioni erano sacrosante, ma premature. Sia la classe padronale che quella operaia erano troppo acerbe per comprenderne la saggezza. Il contrasto che tuttora le divide in Italia è così acuto, perché fin d'allora il rapporto fu male impostato. A un capitalismo retrivo corrisponde sempre un socialismo massimalista, e viceversa.

Quello che abbiamo tracciato non è naturalmente il quadro della Lombardia, ma soltanto un sommario abbozzo. E non vorremmo che il lettore ne fosse fuorviato fino a farsene un'idea tutta e soltanto in rosa. La seconda metà del Settecento non fu, per Milano, l'età dell'oro. Non tutte le riforme introdotte dall'Austria andarono a segno.

Per quanto notevole, il processo di sviluppo capitalistico seguitava a trovare sulla sua strada parecchi intralci. La nobiltà che vi diede il primo impulso non era del tutto guarita dal vizio spagnolesco del fasto che seguitava ad assorbire gran parte delle sue rendite riducendo il risparmio e quindi gl'investimenti. Di questi ultimi, all'agricoltura seguitava a essere destinata un'aliquota troppo grossa, che lasciava scarso margine all'industria. Il protezionismo, garantendo il mercato, non invogliava a migliorìe tecniche che mettessero la produzione lombarda in grado di competere con quelle straniere, bloccate al confine dalla dogana. Questa dava all'industria lombarda una posizione di privilegio all'interno dell'Impero, ma la isolava dal resto d'Europa, e creava in essa la brutta vocazione ai monopoli.

Nel contado la crisi della mezzadria provocò gravi sconquassi e la nascita di un proletariato agrario in condizioni ancora più lamentevoli di quello operaio. Le riforme ecclesiastiche che avrebbero dovuto ridurre il numero dei religiosi, le loro inframettenze e il loro parassitismo incontrarono grosse resistenze anche da parte di un'opinione pubblica molto più arretrata dei governanti. I beni del Clero i cui titoli datavano da prima del 1575 rimasero esenti da tasse; quelli di titolo posteriore, colpiti solo a metà. Molti conventi vennero aboliti, e i compiti di beneficenza e di cultura ch'essi malamente assolvevano furono assunti dallo Stato che però non li assolse molto meglio. La censura fu tolta ai preti, ma rimase, e dei civili che la esercitavano il Verri diceva: «Sono così cretini che fanno rimpiangere i frati domenicani!».

Tuttavia il panorama è largamente positivo, specie se rapportato al resto della Penisola. Questa Lombardia borghese, e appunto perché tale, era l'unica regione italiana in cui si respirasse aria d'Europa. Come funzionava, filtrato da un potente e ben articolato ceto medio, il ricambio delle classi, così funzionava la circolazione delle idee. Il loro raggio era limitato ai salotti e alle Accademie. Ma sulle altre sonnacchiose città della penisola, Milano faceva spicco per le sue vibrazioni.

In questo secolo dei «lumi», essa fu la prima a illuminarsi anche materialmente, con un sistema di lampade (a olio, s'intende) sospese, che diedero il via a una certa vita notturna. Così come fu la prima ad adottare la numerazione delle case. Fin allora, orientarvisi era stata una scienza di specialisti. Il Valsecchi ha ripescato l'indirizzo di un medico così concepito: «Giù dal ponte di San Celso, lungo il naviglio alla diritta, la penultima porta prima d'arrivare al monastero della Vecchiabbia». Perché neanche le strade avevano nome, meno le poche che lo derivavano da chiese o da altre particolarità locali: Olmetto, Poslaghetto, Passerella eccetera.

Alla base di questo progresso c'era non soltanto lo sviluppo economico, ma anche quello culturale che del resto si condizionavano a vicenda. L'istruzione era ancora un'esclusiva dei preti che, avendone detenuto da sempre il monopolio, erano gli unici che disponevano di personale insegnante. Ma Giuseppe II riuscì a statizzare la scuola elementare e a introdurvi nuovi metodi didattici basati non più sulla frusta e l'autorità, ma sulla persuasione e la dolcezza: un riflesso delle idee di Rousseau. Quanto all'Università, Pavia dovette spartirne il monopolio con Milano le cui Scuole Palatine furono organizzate con criteri più moderni.

Sin da questo momento la cultura lombarda si orienta in un senso assai diverso da quello di tutto il resto della Penisola, eccettuata la Toscana che molto le somigliò.

Lungi dall'isolarsi negli studi umanistici rimasticandone i vecchi schemi, cercò i contatti con la vita moderna e ne accolse le esigenze. Essa comprese la rivoluzione industriale e rispose alle sue sollecitazioni. Concretezza e praticità furono le sue caratteristiche. Invece di ripudiarla come un sottoprodotto, essa sposò la Tecnica, se ne nutrì e la nutrì.

Lo si vide dalle Accademie. Anche Milano ebbe le sue, ma di un tipo speciale. Quella dei Cavalieri, fondata dall'Archinti, ricalcava la consorella fiorentina del Cimento, allineando accanto ai libri un nutrito repertorio di strumenti di sperimentazione. Vi si discuteva di filosofia, ma anche di meccanica e di scienze naturali. Più tardi, su ispirazione dello stesso governo, fu istituita una Società patriottica, di cui dice il Vianello: «Se al principio del secolo, le Accademie s'erano dilettate di coronari in onore di una cagnolina o di cicalate sui fichi, i principali temi trattati dalla Società furono i seguenti: sui rimedi contro il contagio nei gelsi, sulla coltivazione delle brughiere, sul miglioramento della produzione dei vini, sui parassiti delle viti, sulla natura e sui rimedi della pellagra...»: gli stessi temi dei Georgofili fiorentini. Ed è significativo che a Milano abortisse il tentativo compiuto da un padre somasco d'impiantarvi una succursale dell'Arcadia, questa maledizione della cultura italiana, deposito e incubatrice del più falso, convenzionale, tarmato e maleodorante letteratume.

Della più famosa di queste conventicole, la Società dei Pugni, diremo a proposito del Verri e del Beccaria. Ma non si può chiudere questo sommario cenno alla vita milanese senza riferirne l'avvenimento principale: la nascita di quello ch'era destinato a diventare e a restare fino ai nostri giorni, nella considerazione di tutto il mondo, il sacro tempio della lirica e del melodramma.

Come in tutte le altre grandi città dell'Impero, anche a Milano c'era un Teatro di Corte. Ma nel febbraio del '76 bruciò, e i Milanesi chiesero di poterne costruire un altro. Maria Teresa autorizzò la concessione di un'area per il nuovo locale, ma non di un soldo per la sua costruzione. Ma quando in maggio vide il bozzetto dell'architetto Piermarini se n'entusiasmò al punto che mise a carico dello Stato il tetto e gli esterni.

In un anno e mezzo i lavori furono condotti a termine. Il teatro prese il suo nome da quello della chiesa di Santa Maria della Scala nella cui area sorgeva. E prima ancora che s'inaugurasse, era già diventato celebre in tutta Europa per la sua stupefacente acustica. Era costato grossi sacrifici al povero contribuente milanese. Ma nessuno li rimpianse quando, una sera d'agosto, i battenti si aprirono, e l'orchestra attaccò il preludio dell'*Europa riconosciuta*, opera del maestro Salieri composta su libretto dell'abate Mattia Verazi.

Il locale, si capisce, non aveva il fasto e l'eleganza di quello d'oggi. All'illuminazione provvedevano solo due lampade a olio che naturalmente non illuminavano nulla, ma in compenso appestavano l'ambiente col loro fumo perché non avevano neanche il tubo di vetro. Per dargli sfogo, s'era dovuto lasciare dei buchi nel tetto. Siccome era estate, nessuno prese raffreddori. Ma d'inverno, sembrava d'entrare in una ghiacciaia. Solo nel ridotto c'era una stufa, su cui negl'intervalli tutti si avventavano per rimettere in circolazione il sangue intirizzito.

Malgrado queste deficienze, la Scala diventò subito il Foro, la vetrina e il salotto della mondanità milanese. A darle il tono erano naturalmente i palchi, di cui erano titolari le famiglie nobili. Esteriormente, erano tutti uguali. Ma ognuno recava sulla balaustra lo stemma gentilizio, e la decorazione interna era lasciata al gusto e al capriccio dell'inquilino. Questi vi si comportava come in un suo appartamento privato organizzandovi cene, partite a carte, e anche altre cose meno confessabili. A proteggerne la privatezza c'era una tenda, che di solito veniva aperta solo al momento della romanza o della «cavatina», poi si richiudeva. Per la Milano del Settecento il palco della Scala fu quello che per Parigi era il salotto: il punto d'incontro fra mondanità e cultura, fra politici e intellettuali. Qui, fra un intermezzo e un do di petto, il Parini dava in anteprima qualche saggio dei suoi versi, qui i Verri e il Beccaria, con uno scaldino in mano, mettevano a punto gli articoli per il «Caffè», qui si discutevano le riforme, si propalavano i pettegolezzi, qui scoppiavano i litigi e si preparavano i duelli. Ecco perché Milano è ancora così visceralmente attaccata al suo teatro: esso è parte – e che parte! – della sua storia.

Il suo settore più pittoresco era la platea, gremita di «sedie volanti» e di canapè a due o a tre posti, e capace di circa settecento persone. Una grossa aliquota era riservata alle cosiddette Cappe nere, i servitori dei palchettisti, pronti ad accorrere a un cenno del loro signore magari per aggredirne un altro. Essi consideravano l'ingresso gratuito un loro sacrosanto diritto, e nessun impresario riuscì mai a fargli pagare il biglietto anche perché fra di loro c'erano i segugi delle personalità del governo della cui autorità si sentivano anch'essi investiti. In Italia la figura del «portoghese» era già istituzionalizzata.

La cosa meno importante di questo tempio della musica era la musica, completamente sopraffatta dai rumori della sala. Stendhal racconta che un'opera dovett'essere sospesa per dieci minuti perché un alterco scoppiato in un palco per cause di giuoco non permetteva nemmeno al direttore d'orchestra di sentire le voci dei cantanti. Costoro si comportavano esattamente come il pubblico. Spesso fingevano di cantare muovendo la bocca e risparmiavano la voce per la cavatina, quando le tende dei palchi si aprivano e per un attimo il brusìo si quietava. Altrimenti fiutavano tabacco, discorrevano con gli spettatori, litigavano con l'orchestra. Erano talmente capricciosi e bizzosi che gl'impresari avevano fatto costruire sotto il palcoscenico un camerino-prigione per i più agitati.

Quest'aria tra di fiera e di bazar sconcertava gli stranieri. Scrive De Brosses: «La platea è pazza o ubriaca, o l'una e l'altra cosa insieme: nemmeno al mercato si fa tanto chiasso. Non basta che ognuno faccia conversazione gridando a perdifiato e saluti con urli i cantanti quando si presentano e mentre cantano, senza ascoltarli. No, i signori della platea esprimono la loro ammirazione picchiando i loro bastoni sui banchi. E a questo segnale, gli spettatori del loggione lanciano milioni di fogli stampati con sonetti di lode del virtuoso o della virtuosa». Il baccano era tale che molto spesso i palchettisti dalle tendine abbassate non si accorgevano della fine dello spettacolo. Erano gl'inservienti che gliel'annunziavano bussando alla porta. Ma non tutti se ne davano per intesi. Stendhal dice che c'era anche chi in palco ci dormiva, solo o in compagnia.

Il Ducato di Milano nel XVIII secolo
Ducato di Milano
Passo del S. Gottardo
Cantoni Svizzeri
Passo del Sempione
Grigioni
Engadina
Adda
Valtellina
Valsassina
Domodossola
Locarno
Lago Maggiore
Lago di Como
Lugano
Asso
Como
Lecco
Arona
Varese
Gallarate
Busto Arsizio
Monza
Bergamo
Repubblica di Venezia
Lago di Garda
Brescia
Caravaggio
Sesia
Novara
Naviglio Grande
Magenta
Martesana
Milano
Soncino
Crema
Vercelli
Abbiategrasso
Vigevano
Pavia
Lodi
Ticino
Codogno
Cremona
Mantova
Casale
Po
Valenza
Piacenza
Casalmaggiore
Alessandria
Tortona
Parma
Ducato di Parma
Guastalla
Novi
Cherasco
Ducato di Modena
Genova
Repubblica di Genova
Stati Pontifici
Mar Tirreno

CAPITOLO TREDICESIMO

VENEZIA: IL DECLINO POLITICO

«Noi non abbiamo più forze terrestri, non abbiamo più forze di mare, non abbiamo più alleanze, viviamo alla mercé del destino e del caso, senz'altro pensiero che la prudenza.» Sono parole di Paolo Renier, uno degli ultimi Dogi di Venezia, a conclusione di un secolo di fallimenti.

Questo secolo – il Settecento – non era cominciato male per la Serenissima. Proprio alla vigilia del Giubileo che lo inaugurava (1699), la pace di Carlowitz, una delle tante tregue dell'eterno conflitto coi Turchi, le aveva assegnato la Morea, come allora si chiamava il Peloponneso, cioè il grosso della Grecia, Egina, Santa Maura, Leucade, Zante. Questi acquisti venivano ad arrotondare un patrimonio già cospicuo: sulla terraferma, la bandiera col leone di San Marco sventolava su tutto il Veneto compresi il Friuli, Brescia, Bergamo, Belluno, e su tutta la fascia costiera dirimpettaia d'Istria, Dalmazia e Albania fino a Corfù. Sia pure ridotto, era pur sempre un impero, da cui una città di centoquarantamila abitanti, qual era allora Venezia, poteva trarre sufficiente alimento economico e politico. Purché, si capisce, la metropoli fosse riuscita a organizzarlo.

Venezia ci si provò. Forse dapprincipio ci si provò anche troppo, concentrando soprattutto i suoi sforzi sul Peloponneso. La vecchia «culla della civiltà» non era mai stata florida, ma dai lunghi secoli della dominazione ottomana emergeva in condizioni addirittura disastrose. La contrada avrebbe avuto bisogno non soltanto della buona amministrazione che Venezia tentò di darle (e in parte ci riuscì), ma anche di larghi investimenti che la strappassero alla sua condizione di area depressa. Sebbene stremata dalla precedente guerra di Creta, Venezia affrontò l'impegno. Ma proprio quando la sua opera di redenzione cominciava a dare qualche frutto, i Turchi tornarono alla riscossa. Nemmeno dopo Carlowitz le loro navi pirate avevano dato tregua a quelle veneziane. Nel 1714 la Serenissima ne catturò una, e i Turchi ne presero pretesto per dichiararle guerra.

Venezia ne aveva affrontato il rischio perché non era sola. Contro i Turchi già marciavano gli eserciti austriaci condotti dal grande Eugenio di Savoia. A questa campagna abbiamo già accennato nel capitolo sull'Alberoni, che coi Turchi trescava perché gli tenessero lontana l'Austria dall'Italia e, quando si lasciavano battere, li chiamava «bestiazze». Le occasioni per ripetere questa parola non gli mancarono perché Eugenio passò di vittoria in vittoria, e a Petervaradino riportò quella decisiva. Ma Venezia non riuscì ad approfittarne. La diplomazia turca la batté sul tempo stipulando con Vienna un armistizio che praticamente isolava la Serenissima. Questa aveva già constatato la propria impotenza. Le sue flotte invecchiate e le sue sguarnite fortezze non erano riuscite a difendere i punti-chiave di Corinto, Argo e Nauplia. I suoi residui avamposti di Creta – Suda, Spinalonga, Santa Maura – non avevano ritrovato né un Bragadin né un Morosini, ed erano caduti quasi senza resistenza.

Sebbene tuttora alleati del vincitore, i plenipotenziari di Venezia si sedettero al tavolo della pace a Passarowitz

(1718) come i rappresentanti di una potenza sconfitta e senz'amici: l'Austria, ormai istallata nel cuore dei Balcani, l'aveva abbandonata, anzi già cominciava a non vedere in essa che un ostacolo alle sue ambizioni di egemonia sull'Adriatico. E quindi, invece che a rifarsi delle perdite patite, l'aiutò a subirne delle altre.

Passarowitz tolse a Venezia il Peloponneso con tutte le isole dell'Egeo e fissò in maniera definitiva i limiti del suo residuo impero. Essa ottenne qualche piccolo compenso in Albania e Dalmazia; Corfù, anche stavolta difesa con disperato impegno dall'assalto turco, divenne il suo estremo avamposto verso Sud e il Mediterraneo. La gloriosa Dominante non dominava più che l'Adriatico.

Poteva anch'essere un benefico ridimensionamento. Da quando la potenza ottomana si era affermata nel Mediterraneo orientale chiudendone tutti gli sbocchi, e le grandi correnti del traffico marittimo si erano spostate verso l'Atlantico e il Mare del Nord (i due avvenimenti erano stati quasi contemporanei e risalivano alla seconda metà del Quattrocento), il grande Impero veneziano era diventato una pura finzione, che la Serenissima aveva tenuto in piedi con uno sforzo logorante. Da oltre due secoli essa viveva al di sopra dei suoi mezzi. E in questo accanimento c'era, sì, un ammirevole orgoglio, ma anche una certa cecità. Ora che il sogno si era definitivamente dileguato, Venezia poteva affrontare realisticamente la nuova situazione e adeguarvisi. In fondo, non era una situazione disperata. Davanti, Venezia aveva ancora un mare tutto suo, l'Adriatico; e alle spalle una vasta provincia, il Veneto, fra le più floride, almeno potenzialmente, d'Italia.

Ma sarebbe occorsa una classe dirigente nuova perché quella vecchia, legata a tutt'altra esperienza, non era in grado di affrontare i problemi che ora si presentavano. Per farlo, non le mancavano soltanto gl'istituti. Gliene mancava anche la mentalità. Osserviamo un po' meglio questo fenomeno in cui si compendia la crisi di Venezia.

Il patriziato veneziano non era uniforme. Era anzi diviso in varie categorie, differenziate per blasone e censo. Però in comune esse avevano l'origine e la vocazione. Il patrizio veneziano non era uomo di terra e d'industria come quello fiorentino e lombardo, anzi teneva queste attività in gran dispregio. Era uomo di nave e di «fondaco», marinaio e mercante, due qualità che quasi sempre si cumulavano nella stessa persona. Molti, come si suol dire, «non nascevano». Diventavano nobili grazie ai successi riportati prima come capitani di navi altrui, poi di quelle proprie, e infine come armatori di flotte, di cui erano essi stessi gli ammiragli sia in pace che in guerra, anche perché fra questa e quella non c'erano nette differenze: anche quando non c'era guerra guerreggiata, c'era sempre quella di corsa, che teneva comandanti ed equipaggi in perpetuo allenamento militare. Ecco perché la marineria veneziana fu, fino al Morosini, invincibile: perché era tutta da guerra, anche quella mercantile, e composta di uomini che passavano con la più grande disinvoltura dal pallottoliere al cannone e viceversa.

I profitti di questo commercio armato, naturalmente, erano proporzionati ai rischi. Chi riusciva a sopravvivervi, si costruiva un palazzo e si dava alla politica, che rappresentava il premio del suo coraggio, della sua accortezza e anche, si capisce, della sua fortuna. Quali conseguenze ne derivassero, è facile capire.

Anzitutto, una relativa onestà. La classe dirigente veneziana non rubava perché era composta di uomini che di arricchirsi non avevano bisogno: vi avevano già provveduto prima. Secondo, la praticità. I suoi esponenti portavano nella politica il frutto di un'esperienza intensamente vissuta, ed era questo che dava al governo e all'amministrazione veneziana quel carattere concreto e pragmatico che ne fece un modello di efficienza, cui s'ispirarono gli stessi Inglesi. Terzo, la coralità. Il potere era talmente ambito che, per evitare pericolose frustrazioni, bisognava assicurarne un bocconcino a tutti.

Per «tutti» naturalmente s'intende i nobili, perché la Costituzione era di marca dichiaratamente e oseremmo dire spudoratamente oligarchica, e solo ai nobili riconosceva la qualifica di «cittadini». Gli altri erano «sudditi», e quindi esclusi dai diritti politici. Ebbene, da un censimento del 1769 risulta che di nobili qualificati a cariche pubbliche ce n'erano 962; e di queste cariche, fra grandi e piccole, 824. Come si vede, la macchina statale di Venezia era congegnata in modo da fornire qualche posto di comando a tutti coloro che avevano i requisiti per aspirarvi. Ma tali requisiti restavano monopolio di una sola categoria, che per di più si veniva deteriorando.

Questo fenomeno era il frutto della sclerosi sociale e professionale. Finché Venezia era stata un Impero in espansione, la sua *élite* era rimasta aperta. Essa assorbiva, facendoli nobili, tutti coloro che si distinguevano nella conquista militare e commerciale e che, come abbiamo detto, dopo aver fatto dei traffici il loro mestiere, facevano del potere politico il loro premio di consolazione. Ma da quando era cominciata la crisi, ed essi avevano perso le flotte, i noli e i mercati, la politica era diventata non più il loro premio, ma la loro professione e industria. Ecco perché si accanivano tanto a difenderne l'esclusiva, come succedeva in tutto il resto d'Italia. Se essi riuscirono a mantenerla più a lungo, fu perché avevano validi motivi per giustificarla: la difesa della laguna.

Come abbiamo già spiegato nell'*Italia del Seicento* (ma lo ripetiamo perché il problema è più che mai attuale), la laguna è una distesa d'acqua mezzo dolce, mezzo salata, racchiusa fra la terraferma e il mare, da cui la separano alcuni tenui lidi di terra. Essa riposa su un equilibrio precario che, abbandonato a se stesso, non regge: o è la terra che se l'appropria col limo dei fiumi che vi sboccano, o se la fagocita il mare rompendo gli sbarramenti dei lidi. Abbiamo già detto come Venezia si salvò dal primo di questi due pericoli dirottando i tre fiumi – il Brenta, il Piave e il Sile – che sboccavano in laguna: faraonica impresa che destò la meraviglia del mondo; e più tardi diremo come nel Settecento si salvò dalla seconda. Ma una cosa risulta chiara: che Venezia, da quando è nata, ha sempre dovuto dare il primo posto, nella lista dei suoi problemi, a quello della sopravvivenza. Esso richiede un costante intervento correttivo dell'uomo sul suo ambiente che, come abbiamo detto, abbandonato alla propria naturale evoluzione, sarebbe presto sovvertito. Di qui la necessità di anteporre l'efficienza a qualsiasi altra esigenza e il prevalere, sugli strumenti politici, di quelli tecnocratici. Venezia è un esempio di «pianificazione» avanti lettera. Nulla era abbandonato al caso o al capriccio degli uomini. Più che in mano al Doge, figura puramente rappresentativa, e ai suoi Consigli che si occupavano quasi esclusivamente di politica estera e militare, la vita della città era regolata dai «Savi», cioè dai tecnici, fra i quali primeggiava quello «alle acque». Era insomma la laguna che condizionava la politica interna veneziana, imponendole un regime stabile e autoritario, capace d'intervenire con la massima prontezza a difesa del suo delicato ambiente, e in cui l'idraulico contava più dell'ideologo.

Bisogna riconoscere che a questi compiti operativi la classe dirigente veneziana fu pari anche in questo secolo di decadenza. Quando essa si accorse che, dopo la minaccia della terra sventata col dirottamento dei tre fiumi, si profilava quella del mare, l'affrontò senza lasciarsi sgomentare da costi e difficoltà. La laguna deve difendersi dal mare, ma non può farne a meno. Se esso non venisse a spazzarla con le sue quotidiane maree, le acque lagunari imputridirebbero e diventerebbero un focolaio d'infezione. Venezia non poteva quindi divorziarne sbarrando le tre bocche di porto che all'Adriatico collegano la laguna fra lido e lido. Doveva soltanto fare in modo che l'onda marina arrivasse in laguna senza carica esplosiva.

Ma col passare del tempo i lidi si erano indeboliti, e nei giorni di tempesta l'ondata li scavalcava scompaginandoli. I Savi decisero di metterli al riparo di un antemurale che facesse da frangiflutti: i cosiddetti «murazzi». Era un'opera colossale perché si estendeva per quasi sei chilometri. Ma a stupirci non sono tanto le sue dimensioni, quanto la tecnica con cui venne eseguita. I Savi si resero conto che neanche il murazzo avrebbe resistito se si fosse lasciato investire frontalmente, e perciò lo costruirono a scalini digradanti sotto la superficie dell'acqua in modo che l'onda arrivasse sulla parte emergente solo dopo essersi rotta sui suoi gradini. Non solo. Ma ricorsero anche a un materiale speciale, la pietra d'Istria, perché l'esperienza gli aveva insegnato che solo quella resisteva alla salsedine. L'impresa, iniziata nel 1744, fu portata a termine nel 1782. E ad essa deve la sua sopravvivenza, non soltanto Venezia, ma anche la sua classe dirigente: la quale anche in quel periodo di declino seppe fare più e meglio di quanto sappia fare oggi lo Stato italiano.

Altrettanto però non può dirsi della sua sagacia e lungimiranza politica. Abituata ad amministrare un Impero, essa seguitava a considerare i possedimenti di terraferma come altrettante colonie. Non riusciva a concepirli come qualcosa di organico che facesse corpo con la città. Per i governanti veneziani, la Repubblica di Venezia era soltanto Venezia. Il resto, sebbene inglobasse città vivaci, economicamente e culturalmente progredite come Padova, Treviso, Vicenza, Brescia, Bergamo, Udine, non erano che terre di conquista, proconsolati. Nemmeno col patrizio di terraferma, il patrizio veneziano si sentiva solidale. Lo trattava dall'alto in basso come un parente povero, anzi come un bastardo entrato per disgrazia in famiglia, e non gli riconosceva diritto di ammissione nel suo *Libro d'oro*, l'albo della categoria nobiliare, riservato alle grandi casate cittadine. Ci volle la falcidie della guerra di Creta, dove i patrizi veneziani caddero a grappoli, per consentire a quelli di terraferma d'iscrivervi il loro nome. Furono in centotrentadue a beneficiare di questo alto onore. Ma ognuno di essi dovette guadagnarselo a suon di centomila ducati, una cifra che portò alcuni di loro al fallimento. Facciamo un salto di cento anni, e veniamo al 1775. Altri quaranta patrizi di terraferma sono ammessi al *Libro d'oro*. La tariffa si è dimezzata. Ma dieci soli accettano di pagarla. Il *Libro d'oro* ha perso il suo fascino nella stessa misura in cui Venezia sta perdendo il suo peso.

Il motivo fondamentale è quello economico. «A Venezia non arrivano» scrive di questi tempi Montesquieu «che una ventina di vascelli francesi, e la maggior parte sono a nolo. Si trasporta a Venezia un po' di zucchero dalle isole e se n'esporta un po' di frumento. Questo pressappoco è tutto il commercio che vi si fa.» Montesquieu esagerava: la realtà era un po' meno catastrofica di come lui la descriveva. Ma di catastrofe si trattava. Non era tanto il numero dei vascelli ch'era diminuito, quanto la destinazione dei loro carichi ch'era mutata. Un tempo essi si fermavano a Venezia, che ne rappresentava il grande «mercato» dove affluivano trafficanti di tutte le nazioni. Ora i carichi, appena sbarcati, prendevano immediatamente la via di Padova, di Verona, di Vicenza. Solo il «Fondaco dei Tedeschi» vi manteneva i suoi magazzini e uffici: tutti gli altri erano emigrati. Venezia era diventata soltanto il porto, lo sbocco al mare del suo territorio. E lo dicevano i censimenti. Nel 1760 la città contava ancora centocinquantamila abitanti. Trent'anni dopo erano ridotti a centotrentacinquemila. Emigravano per disoccupazione.

I «Savi alla Mercanzia», istituiti apposta per parare a questo salasso, facevano quel che potevano, anzi si può dire che, dopo quella della laguna, la difesa del commercio fu il maggiore assillo dei governanti veneziani, com'era logico visto ch'erano tutti di origine mercantile. Ridussero quasi a zero le tariffe doganali, un tempo fra i maggiori introiti dello Stato. Scesero ad accordi umilianti coi *Bey* di Tunisi e di Algeri per mettere le loro navi al riparo dagli attacchi dei pirati e renderle così più appetitose ai noleggiatori forestieri. Aprirono agenzie a Cadice e a Lisbona. Offrirono fondachi gratuiti all'Inghilterra, alla Danimarca, alla Russia. Si gettarono nella dispendiosissima costruzione di una carrozzabile per il Tirolo e di un'altra per i Grigioni. Ma era un'azione impostata più sui rimpianti che sulla realtà. Venezia non era più né più poteva ridiventare il centro di un grande Impero coloniale, qual era stata: l'Austria che le incombeva addosso da tutte le parti di terra, e i Turchi che le sbarravano il Mediterraneo, gliel'impedivano. Poteva essere solo la capitale di uno Stato veneto. Ma ci voleva lo Stato. E Venezia non seppe crearlo perché la sua classe dirigente non vedeva e non capiva che Venezia.

Questo limite si rivelò nel fallimento delle riforme economiche. Venezia non s'intendeva d'industrie perché di suo ne aveva sempre avute poche, e queste poche non erano che artigianato di lusso come i vetri di Murano. Ma nel Veneto uno sviluppo industriale c'era stato. I tessuti di Vicenza, di Padova, di Belluno, così come le armi di Brescia, ora che avevano perso i mercati orientali, avrebbero potuto cercarne degli altri in Austria, in Germania, in Svizzera. Ma questo avrebbe necessitato due cose: anzitutto una liberalizzazione degli scambi che Venezia, fermamente ancorata ai princìpi mercantilisti, rifiutava; eppoi lo smantellamento delle bardature corporative che rarefacevano la manodopera tenendone alti i salari e impedivano l'assunzione di tecnici stranieri più aggiornati. E questo, Venezia non poteva consentirlo perché la corporazione serviva alla sua classe dirigente per contentare quelle lavoratrici garantendo loro l'esclusiva del «mestiere» e svogliarle da ogni rivendicazione politica che mettesse in pericolo il suo monopolio. I Savi fecero qualche timido tentativo di liberare l'industria dai controlli che l'inceppavano. Ma non ebbero il coraggio di condurlo a termine, e così finirono per rovinare anche coloro che volevano proteggere. Già al principio del secolo Murano era in crisi: Venezia non aveva più quella cosmopolita clientela ch'era stata la maggiore acquirente dei suoi preziosi vetri. E molti artigiani, rimasti senza lavoro, emigravano in Francia e in Inghilterra che così s'impadronivano dei loro segreti. Anche la Toscana ne ospitò qualcuno e diede avvìo a una sua propria produzione.

Ma forse la bocciatura più clamorosa il patriziato veneziano la subì nel campo dell'agricoltura. Da quando i traffici si erano contratti, i nobili della Serenissima avevano cominciato a investire i loro capitali in terre dell'interno.

Ma senza portarvi nessuno spirito imprenditoriale perché di terra non si erano mai intesi. Le ville che vi si costruirono erano splendide. Ma non avevano né la ronzante operosità della cascina lombarda, già diventata una piccola industria di trasformazione, né la severità amministrativa della fattoria toscana coi suoi magazzini e cantine. Erano ville e basta. Nei loro viali decorati di statue e allietati da fontane, il patrizio veneziano passeggiava coi suoi pari parlando non di fieno e di concimi o di latte e di formaggi, ma di Stato, di Gran Consiglio, di Senato, di diplomazia. Di terra non s'interessava. L'aveva comprata perché altro non gli restava in cui investire i suoi soldi, veniva a passarci qualche mese l'anno, ma non si occupava della sua gestione. La dava in appalto a degli affittuari che gli garantivano un certo cànone, e che se ne rivalevano sui salari dei braccianti.

Questo fenomeno di conversione sbagliata alla terra non era di piccole proporzioni. Nel 1740 risultava che il patriziato veneziano si era accaparrato il cinquanta per cento delle proprietà di terraferma. E cosa potesse risultare da una miscela di proprietari assenteisti, di fittavoli rapaci e di braccianti sfruttati, ci vuol poco a capirlo: un'agricoltura di rapina, refrattaria a bonifiche di fondo e a migliorie a lunga scadenza. Trasferitosi sulla terra, l'antico mercante-ammiraglio veneziano, che aveva sbalordito il mondo col suo coraggio, con la sua iniziativa, con la sua intraprendenza, si era trasformato in un pigro e assenteista redditiero.

Naturalmente, più le sue rendite diminuivano (e con quei criteri amministrativi dovevano diminuire a vista d'occhio), più cresceva la sua cupidigia di posti di potere politico e la tentazione di sfruttarli come licenze di saccheggio del pubblico denaro. La classe dirigente si corrompeva. La corruzione andava a scapito del suo prestigio. E la situazione interna ne risentiva.

Il malcontento cominciò a fermentare, e di converso s'irrigidirono le resistenze dell'autorità. Come tutte le oligarchie, quella veneziana aveva sempre avuto una polizia efficientissima. Essa faceva capo a uno speciale Consiglio, il «Consiglio dei Dieci» istituito fin dal 1310, al cui spionaggio non sfuggiva nulla. Finché la Serenissima era stata una grande potenza, quest'organo aveva assolto i compiti di un servizio d'informazioni per la sicurezza dello Stato vagliando i rapporti dei suoi agenti all'estero e tenendo sotto controllo gli stranieri e i cittadini che con essi avevano contatto. Ma da quando il rango di Venezia era scaduto, lo spionaggio era diventato solo lo strumento di difesa della casta dominante. Spregiudicato e ciaccione, violava il domicilio dei cittadini, corrompeva i servitori, apriva la corrispondenza, seguiva persino le tresche amorose (Dio sa che archivi doveva avere) per ricattarne all'occorrenza i protagonisti. Ma il suo fiscalismo si esercitava soprattutto sugl'intellettuali, come al solito i più sensibili alle nuove idee in circolazione nel mondo e pronti a diventarne il veicolo. La casta dominante capiva che, per il suo monopolio del potere, quelle idee erano dinamite.

Ma la rivolta contro il regime poliziesco ormai incubava. Verso il 1780 due patrizi, Pisani e Contarini, denunziarono pubblicamente il sistema poliziesco. Forse all'origine del loro atto d'accusa c'erano anche dei motivi personali. Essi appartenevano ai «Barnabotti», come si chiamavano quei nobili decaduti e impoveriti cui lo Stato concedeva gratuitamente un alloggio nel quartiere di San Barnaba. Ma questo non toglie nulla al loro coraggio e alla nobiltà del loro impegno novatore. Essi proposero una serie di radicali riforme intese alla revisione in senso democratico delle istituzioni, a misure fiscali che attenuassero le sperequazioni economiche e alla riduzione del potere dei Dieci. Costoro esitarono parecchio prima di reagire: la pubblica opinione aveva accolto con entusiasmo le proposte dei due ribelli, e nei sestieri popolari si respirava aria di sommossa. Ma quando la polizia, di sorpresa, fece sparire il Pisani nelle carceri di Verona e il Contarini in quelle di Càttaro, nessuno si mosse. E quell'inerzia dimostrò che, a furia di essere tenuta ai margini della vita politica, la popolazione veneziana vi aveva perso ogni interesse, ed era pronta a subire qualsiasi sopraffazione.

D'altronde, non poteva essere diversamente, vista la mancanza di una classe media in grado di fornire dei quadri a un movimento rivoluzionario, o anche semplicemente riformista. Quel po' di borghesia che si era formata, era composta quasi esclusivamente di «statali», legatissimi alla classe dominante, di cui copiavano il costume e gli atteggiamenti. Anch'essi avevano un «libro», il *Libro d'argento*, in cui potevano essere iscritti solo i cittadini nati a Venezia, e proprietari di beni stabili. Formavano la media e alta burocrazia, di cui difendevano il monopolio con lo stesso spirito di casta con cui i patrizi difendevano quello politico. L'altra borghesia, quella del commercio e delle professioni liberali, composta in buona parte di Ebrei, era scaduta di numero, aveva perso il potere economico col declinare di Venezia come centro mercantile, ed era tenuta dai Dieci sotto rigoroso controllo.

I censimenti, anche se imprecisi, parlano chiaro. Verso la fine del secolo, su una popolazione di centotrentacinquemila abitanti, si contavano oltre ventitremila mendicanti e tredicimila servi. Il De Brosses vi aggiunge cervelloticamente sessantamila gondolieri, che invece erano circa quattromila. Ma è chiaro che tutto questo proletariato formava, con le famiglie, almeno i quattro quinti della cittadinanza. E il brandello di classe media che ne avanzava non trovava in esso nessuna eco alla sua ansia di riforme.

Ecco a quale mummificazione della società aveva condotto il regime oligarchico da quando, finita la grande avventura imperiale di cui era stato senza dubbio il brillante artefice e protagonista, non aveva più badato che a difendere i privilegi della casta. Esso non aveva scavato soltanto un irreparabile solco nella popolazione dividendola in due categorie – i dominanti e i dominati, i padroni e i servi – senza ceti intermedi né interessi in comune. Aveva anche contribuito a estraniare sempre più Venezia dalle altre province della Repubblica, dove invece il potere economico stava lentamente passando nelle mani di una borghesia più numerosa, attiva e sensibile alle idee di riforma. Questa classe non poteva intendersi col patriziato veneziano, che la considerava focolare e veicolo di pericolose ideologie. E anche questo impedì a Venezia di diventare un vero e proprio Stato. Ammalata di rimpianti, essa seguitò a considerarsi «la Dominante» e a trattare la terraferma come una colonia. Gli effetti si vedranno alla fine del secolo, quando questa colonia spalancherà le porte agli eserciti francesi e lascerà che la Repubblica della Serenissima venga cancellata con un tratto di penna e ridotta a sua volta a colonia, prima della Francia, poi dell'Austria.

CAPITOLO QUATTORDICESIMO

VENEZIA: FASTO E FESTE

Quanto più stringeva i freni del suo controllo politico, tanto più questo regime poliziesco li allentava in fatto di costumi. Il fenomeno è tipico degli autoritarismi che nascono nel puritanismo e muoiono nella dissolutezza, e del resto ha la sua logica: i piaceri compensano l'oppressione e contribuiscono a sopportarla. La casta dominante veneziana ne fu un'eccellente dispensatrice e regista. «Tutto in questa città» scriveva Goudar «è spettacolo, divertimento e voluttà.» Neanche la Roma di Petronio e la Bisanzio della decadenza avevano avuto un'agonia così festosa e fastosa.

Il calendario veneziano era gremito di «ricorrenze», ognuna delle quali aveva il suo rituale: mai si era assistito a una così massiccia mobilitazione di Santi e di anniversari. Si cominciava a Capodanno, quando il Doge andava in San Marco ad adorare il Santissimo, e non si sapeva chi dei due più guazzasse nei monili. Il 3 c'era la grande parata nella piazza, col Doge che incedeva in paramenti di seta e di velluto, preceduto dai trombettieri con le chiarine d'argento, protetto da un parasole d'oro, e seguito dal Clero e dalla nobiltà in alta uniforme. Le sue apparizioni si ripetevano per l'Epifania, per San Pietro Orseolo, per la traslazione di San Marco, per l'Annunciazione, e così via. Vesti, gesti, passi, movimenti: tutto era fatto per la platea che del resto rispondeva con corale entusiasmo. Le chiese non erano più chiese, ma teatri. Ognuna di esse aveva il suo Santo, ogni Santo il suo anniversario, e ogni anniversario la sua processione, cui non soltanto i parrocchiani, ma tutta la città si sentiva tenuta a intervenire.

Ma lo spettacolo più grandioso era lo Sposalizio del mare, che la Signoria inscenava il giorno dell'Ascensione, la *Sensa*. Celebrazione allegorica della potenza marinara della Serenissima, essa aveva acquistato in sfarzo tutto ciò che aveva perso in contenuto. Stivata sulle gondole, tutta Venezia seguiva il favoloso *Bucintoro* con cui il Doge attraversava la laguna e, giunto all'imboccatura del porto di San Niccolò di Lido, versava in mare un secchio di acqua benedetta dal Patriarca e pronunciava le fatidiche parole: «Sposiamo te, mare nostro, in segno di vero e perpetuo dominio». Il dominio non c'era più. Era rimasta la festa.

«In tutti i Paesi d'Europa» scriveva ancora Goudar «la follia del Carnevale dura pochi giorni; qui se ne gode le stravaganze sei mesi all'anno.» Con quali accorgimenti di calendario i Veneziani riuscissero a prolungarlo tanto, non sappiamo. Ma che ci riuscissero è un fatto. Il Carnevale cominciava la prima domenica d'ottobre. Faceva pausa, o per meglio dire cedeva il passo alle ricorrenze intercalate fra il Natale e l'Epifania. Riprendeva fino alla Quaresima. Dopo questa pausa imposta più dall'esaurimento fisico che dalla devozione, tornava a impazzare per la Fiera. E ogni pretesto, compresa l'elezione di qualche magistrato, era buono per ravvivarlo.

Più che una festa, era una tregua che le autorità civili e religiose accordavano al popolo per fargli meno sentire l'oppressione e le ingiustizie di cui era vittima. Ne avevano bisogno anche i nobili, che un ipocrita conformismo obbligava tuttora a una certa austerità. Essi non potevano per esempio frequentare locali pubblici, né mostrarsi con donne, così come le loro signore non potevano andare in giro senz'accompagnamento di cavalier serventi e di valletti. Il carnevale liberava tutti da queste pastoie. Il «tabarro» – nera cappa, lunga fino ai piedi – e la «bautta» – fitto velo che di sotto il tricorno ricadeva sulla faccia coprendola – parificavano ceti e sessi. Che bastassero a nascondere l'identità, ne dubitiamo. Ma era regola, da tutti scrupolosamente osservata, che nessuno riconoscesse nessuno.

Facciamo pure una tara alle descrizioni che di questa grande moratoria ci sono pervenute attraverso il teatro, la letteratura, il memorialismo, naturalmente sollecitati a lavorar di fantasia. Ma che il generale anonimato si prestasse a ogni sorta di tresche e di licenze, non c'è dubbio. Il palazzo patrizio non poteva impedire l'accesso a chi si presentasse mascherato, e figuriamoci se i plebei non ne approfittavano per irrompervi. Sotto il coperto della bautta, la monaca poteva uscire dal chiostro e la grande dama entrare in una taverna; e figuriamoci se vi rinunciavano. «Si vedono» scriveva Pietro Giannone «donne d'ogni ceto e condizione, sposate, nubili o vedove, frammischiarsi alle cortigiane, poiché la maschera rende tutti uguali, e non si danno impudicizie alle quali esse non si abbandonino con chi le desideri, giovani o vecchi.»

In queste folle promiscue passavano saltellando i personaggi della «commedia dell'arte» nei loro tradizionali costumi: il «Mattacino» dal cappello piumato che lanciava gusci d'uovo pieni d'acque odorose, il «Brighella» con le sue brache bianche a bande verdi, il «dottor Balanzone» con la sua toga nera, il sentenzioso «Magnifico» in zimarra e corsetto rosso, il variopinto e gesticoloso «Arlecchino». Ognuno poteva essere quel che voleva: un pastore, una ninfa, un guerriero tartaro. Casanova ne approfittava per essere tutto in una volta: suonatore di violino, maestro di scherma, alchimista intento a pratiche di magia, corruttore di minorenni e redentore di prostitute. Anche lui avrà lavorato di fantasia nel resoconto di queste avventure. Ma un fondo di verità c'è di certo.

L'immaginativa dei cattivi romanzieri presta a questa Venezia settecentesca una cronaca nera folta di delitti. È falso. Nonostante la maschera e la pessima illuminazione che di notte rendeva le strette e tortuose calli propizie agli agguati, la criminalità di Venezia, a detta dei visitatori stranieri, era la più bassa d'Italia. «Questa gente» scriveva Lalande «non è irrequieta né feroce, bensì gaia, mite, pacifica e facile da trattare.» Secondo De Brosses, in media non si lamentavano più di quattro omicidi l'anno.

Per le autorità, l'unica vera preoccupazione era il giuoco. Tutti erano contaminati da questo démone, che non si scatenava soltanto di Carnevale. Secondo alcuni storici, esso era nel sangue dei Veneziani per via della loro vecchia abitudine al rischio. L'armatore-mercante che, alla barra della nave, partiva col suo carico affrontando rotte infestate dai pirati e di cui non conosceva o conosceva male il tracciato, giuocava d'azzardo e ne aveva contratto il vizio. Ora che i mari gli erano preclusi, lo sfogava al tavolo del casinò.

Ce n'erano dovunque. Ma il più celebre era il Ridotto. Il governo lo teneva in vita perché era la sua più ricca fonte d'introiti. Ma alla fine si rese conto che, inghiottendo i patrimoni della nobiltà, esso la indeboliva anche politicamente, e nel 1774 ne decretò la soppressione. Il rimedio si rivelò peggiore del male. «Tutti i Veneziani» scrisse Goudar «sono caduti in una crisi d'ipocondria. I mercanti non riescono a vendere più nulla, i fabbricanti di maschere sono alla fame, e i nobili Barnabotti, che maneggiavano le carte dieci ore al giorno, hanno le mani atrofizzate. I vizi sono assolutamente necessari alla vita dello Stato.»

I rimedi furono presto trovati. Visto che il Ridotto era abolito, tutto si trasformò in Ridotto: i salotti, i circoli, i caffè, le case delle cortigiane. Il Ballarino così li descrive: «Vi si vedono mescolati dame delle maggiori famiglie e miserabili d'infima estrazione. Il procuratore Morosini e molti altri nobili signori vi si affiancano a una turba infame. In ogni angolo si giuoca al "panfilo". Qualche donna rimasta a corto di denaro, per poter continuare a giuocare e a divertirsi, si presta apertamente al piacere di chi la vuole».

Un giuoco era diventato anche l'amore, o per meglio dire il sesso. A sentire certi memorialisti, specie nelle classi alte non c'era più un matrimonio degno di questo nome. Prendiamola pure con beneficio d'inventario. Ma è indubbio che, a leggere le cronache dell'epoca, risulta che certe parole come «fedeltà», «onore», «virtù», sono scomparse dal vocabolario, come sempre succede quando l'amore diventa galanteria.

Qualcuno dice che fu colpa delle scarpe. Fino a quasi tutto il Seicento, le dame veneziane non avevano conosciuto altra calzatura che gli zoccoli: sandali di legno che fermavano il piede con una striscia di cuoio, e le cui suole poggiavano su due supporti alti anche quindici o venti centimetri. Erano stati inventati al tempo in cui le calli, non ancora lastricate, erano piene di mota e di pozzanghere che solo su quei trampoli si potevano attraversare senza sporcarsi. Ma anche dopo la pavimentazione, le donne erano rimaste fedeli a quella moda per i ghiribizzi e le fantasie che consentiva. Al museo civico se ne conservano due esemplari, uno di quarantatré, l'altro di cinquantun centimetri: segno che, di fronte agl'imperativi e alle bizze della moda, la donna è sempre stata quell'animale conformista e senza cervello che conosciamo anche oggi. Naturalmente, arrampicate su quei trespoli non potevano uscire senz'accompagnamento di qualche famiglio che ve le sorreggesse. E questo toglieva loro ogni libertà di movimenti, e quindi anche di avventure. Ma sulla fine del secolo adottarono la scarpetta di marocchino, o di laminato d'argento, o di broccato d'oro, che, affrancandole dal seguito, le liberava anche dalla sorveglianza. E dalla libertà dei piedi nacque la libertà dei costumi.

Come paradosso, possiamo accettarlo, ma solo come paradosso. La licenza era un frutto non delle scarpe, ma della corruzione che sempre accompagna le società in decadenza. Ne erano contaminati anche i conventi che, a dire il vero, avevano smesso da un pezzo di essere le cittadelle della virtù. La società feudale rinata dalla Controriforma non tollerava la suddivisione dei patrimoni. Secondo il diritto di maggiorascato, l'intera eredità toccava al primogenito, continuatore del nome. Le femmine, rimaste senza dote, se non trovavano marito, dovevano farsi monache. Non sorrette dalla vocazione, naturalmente esse si piegavano malvolentieri al sacrificio, e molte ottenevano che le regole conventuali fossero per loro attenuate. Secondo un libello del tempo, esse ricevevano in parlatorio i loro ganzi, di Carnevale uscivano mascherate e scollate, e si servivano delle converse come mezzane delle loro tresche. De Brosses racconta che nel '37 scoppiò una rissa fra tre monasteri che si contendevano l'onore di fornire un'amante al nuovo nunzio pontificio. Un tempo assolute padrone del mercato erotico, le cortigiane ora si lamentavano della sleale concorrenza e parecchie di esse cambiarono mestiere. «Venezia» scriveva un visitatore francese «non ha bordelli. Lo è.»

Un riflesso di questi allentati costumi lo si coglie anche nella pittura. Essa ha acquistato in grazia tutto ciò che ha perso in grandezza. Non ha più il tocco, il piglio, il respiro dei Bellini, dei Carpaccio, dei Giorgione, dei Tiziano, dei Veronese, dei Tintoretto. Pur conservandone l'eccellenza tecnica, si è adeguata alle più modeste dimensioni di una società provinciale, che ha perso il senso degli alti motivi e il gusto dei vasti orizzonti. Il Canaletto, il Guardi, il Longhi, sono anch'essi grandi maestri, ma di formato dialettale, che con minuziosa e affettuosa precisione si limitano a registrare gli aspetti più minuti e vernacoli della loro città.

Il più rappresentativo fu il Tiepolo che, per bravura di pennello e ricchezza di fantasia, può stare alla pari del Tintoretto. Ma non per il nerbo. La pittura per lui non fu mai né un problema né un tormento. Si sente che ci si dedicava con una gioia tanto più grande quanto più vaste erano le superfici che gli davano da decorare. Le sue figure, che siano donne o Madonne, Santi o guerrieri, briganti o cherubini, sprizzano buona salute. Perfino i Cristi in croce trasudano gioia di vivere. La sensualità gli faceva vedere tutto turgido, butirroso e dorato. Anche i negri, sotto il suo pennello, sembrano dei biondi passati all'hennè. Era proprio il pittore di quella Venezia gaudente che, nel presentimento del naufragio, dava fondo alle sue cambuse. Felice in tutto, nella famiglia, negli adulteri, nella salute, nella carriera, Tiepolo ne fu il perfetto interprete. E fra le altre venture, ebbe anche quella di non veder la fine di quel suo voluttuoso mondo perché morì nel 1770, onorato da tutti, grandi e piccoli.

Venezia era diventata la mecca della pittura perché il governo accordava a quest'arte una particolare protezione. Esso aveva capito l'importanza del patrimonio artistico, e fin dal secolo precedente lo aveva in certo qual modo nazionalizzato vietandone anche ai privati la vendita all'estero. Essi dovevano considerarsi i depositari, non i proprietari delle loro gallerie e pinacoteche. Non era una norma codificata. Ma i domenicani di San Giovanni e Paolo furono minacciati di morte se non rimborsavano i diciottomila ducati al mercante che da essi aveva comprato il *San Pietro Martire* del Tiziano. E quando – racconta il Molmenti – i Grimani si accingevano a impaccare la statua di Marco Agrippa venduta sotto banco a un collezionista forestiero, ricevettero la visita di un inquisitore che gli disse: «Il supremo tribunale, avendo appreso che il signor Marco sta per lasciare questa città, m'invia ad augurargli buon viaggio, così come a Sua Eccellenza Grimani». L'Eccellenza capì e annullò il contratto.

Nel Settecento questa pratica protezionista si tradusse in legge, e così il patrimonio artistico veneziano fu salvo. Ma il governo volle anche arricchirlo, e per questo fece condizioni di favore agli artisti aprendo per loro pubbliche accademie e incoraggiando i privati a fare altrettanto. Si dipingeva dovunque, al chiuso e all'aperto, e dovunque si esponeva: al Ponte di Rialto, in Campo San Rocco, sulle Mercerie. Il Guardi teneva le sue «personali» sotto le Procuratìe.

Un'altra attività molto incoraggiata era la musica, considerata una specie di servizio di Stato come la beneficenza. Quattro grandi conservatori infatti nacquero come «dipendenze» dei quattro grandi ospedali cittadini. I violinisti, i clavicembalisti e i cantanti che ne ottenevano il diploma erano scritturati a scatola chiusa dai grandi teatri di Francia, Inghilterra e Germania, tale era il credito di cui queste scuole godevano in tutto il mondo. A Venezia venivano a farsi consacrare «maestri» i Tartini, i Porpora, gli

Scarlatti. «Fra tutte le *ouvertures* che ho ascoltato» scriveva il Goudar «trovo che solo un certo Vivaldi, veneziano, ha saputo esprimere qualcosa di sinfonico.» E De Brosses: «A Venezia la musica è un'incredibile passione».

Ne erano partecipi tutti: non soltanto i patrizi, che profondevano in concerti le loro ultime risorse, ma anche il popolino. Come dappertutto si dipingeva e si esponeva, così dappertutto si suonava e si cantava: motivi d'opera, oratori, canzoni popolari, sentimentali o ribalde. «Si canta nelle piazze,» scrisse Goldoni «nelle vie e sui canali; i bottegai mentre vendono la loro mercanzia, gli operai mentre lavorano, i gondolieri mentre aspettano i clienti.» Forse gli unici luoghi in cui suonare e cantare non si sentiva erano i teatri per via del baccano che facevano gli spettatori, intenti ad apostrofarsi da platea a loggione, la moglie col cicisbeo, il marito con la cortigiana, il barcaiolo con la sartina, in un volteggiare di vassoi coi sorbetti, le paste e i gotti di vino. La moglie di un ambasciatore veneziano a Parigi scriveva a una sua amica: «I teatri di qui sono molto differenti dai nostri. Figuràtevi che ci si va per stare zitti e ascoltare...».

Dell'altro teatro, quello di prosa, che fa parte di un rinnovamento culturale non soltanto veneziano, diremo a proposito di Goldoni e di Gozzi. Ma questa Venezia del Settecento doveva essere davvero una città incantevole. E, pur con tutti i loro difetti, bisogna ammirarne i governanti che, non potendo più mantenerla capitale di un Impero, riuscivano ancora a farne la capitale del piacere.

CAPITOLO QUINDICESIMO

GLI ULTIMI MEDICI

Con *L'Italia del Seicento* abbiamo lasciato la Toscana nelle mani del più coscienzioso e rovinoso dei suoi Granduchi: Cosimo III. In una galleria come quella dei Medici, fornitrice di personaggi a tutto sbalzo sia per gusto e intelligenza che per canaglieria e dissipatezza, egli fa spicco solo per il suo squallore. Due preoccupazioni lo dominavano fino all'ossessione: le fortune della casata e la salvezza dell'anima. Dell'anima, non sappiamo che sorte le toccò. Della casata, fu il liquidatore.

Forse fu anche vittima di certe situazioni domestiche. L'aria che da ragazzo respirò in famiglia non era delle più adatte alla formazione di un carattere equilibrato. Suo padre, Ferdinando II, era un sovrano amabile, colto e pieno di calore umano. Ma come marito ed educatore, fu un'autentica disgrazia. La moglie Vittoria Della Rovere, donna austera e autoritaria, subì un vero e proprio trauma quando, poco dopo avergli dato il primo figlio, Cosimo, lo sorprese fra le braccia di un paggio. In casa Medici i paggi erano sempre stati di moda, ma Maria Vittoria non si rassegnò a quella concorrenza, ne fece un dramma, e per anni si comportò da vedova di uno sposo vivo, che dal canto suo non si lasciò turbare dalla rappresaglia e continuò nella sua vita di gaudente. Poi gli si riavvicinò quanto bastava per dargli un secondo figlio: Francesco Maria.

Probabilmente su Cosimo influirono gli amari umori di quella madre umiliata e frustrata, cui del resto molto somigliava di dentro e di fuori. Il padre poco si occupava di lui, tutto preso com'era dalle sue cacce, dalle sue feste e dalle discussioni coi dotti dell'Accademia del Cimento, di cui era l'alto protettore. E forse fu proprio in reazione a questo atteggiamento paterno che il figlio sviluppò un carattere chiuso, diffidente, formalista e conformista.

Non ebbe giovinezza perché l'ultima volta che fu visto sorridere fu quando aveva sedici anni. I cronisti dicono che fu una caduta da cavallo a dargli quell'aria eternamente seriosa e corrucciata. Ma è da escludere, visto che l'incidente non gli aveva procurato alcuna lesione. Già da prima aveva preso a frequentare solo chiese e preti. Coi coetanei non s'imbrancava prima di tutto perché non ne considerava nessuno di rango pari al suo, eppoi perché le loro scapestratezze lo riempivano di sdegno e d'orrore. A quanto pare, rimase casto fino al matrimonio.

Questo fu deciso in base ai soliti calcoli di convenienza dinastica, che indussero Ferdinando a scegliergli come sposa una Principessa d'Orléans, Margherita Luisa, nipote di Luigi XIV. Cosimo non la conobbe che attraverso i rapporti inviati al Granduca dai suoi emissari a Parigi, i quali fornivano tutte le garanzie. Oltre alla parentela col più potente sovrano d'Europa, la sposa portava in dote un bel viso, un petto morbido e rotondo, un bacino da fattrice, e soprattutto un carattere allegro e docile.

Sicuro di aver trovato il paradiso, Cosimo si trovò piombato nell'inferno. Forse a fare di Margherita Luisa un'isterica aggressiva e afflitta da mania di persecuzione contribuì anche lui con la sua malaccortezza e frigidità. Incapace com'era di abbandoni, i suoi rapporti con lei furono fin dapprincipio radi e frettolosi. Invece dell'amore,

L'ITALIA DOPO LA PACE DI AQUISGRANA (1748)
VESCOVATO DI TRENTO
Trento
DUCATO DI SAVOIA
Torino
PRINC. DEL PIEMONTE
DUCATO DI MILANO
Milano
Venezia
Mantova
Istria
REPUBBLICA DI VENEZIA
Parma
DUC. DI PARMA
Bologna
Genova
Modena
DUC. DI MODENA
REP. DI GENOVA
STATO DELLA CHIESA
Dalmazia
Monaco
REP. DI LUCCA
Firenze
REP. DI S. MARINO
GRANDUC. DI TOSCANA
PRINC. DI PIOMBINO
Mar Adriatico
CORSICA
(Rep. di Genova)
STATO DEI PRESIDI
REGNO DI NAPOLI
Roma
Pontecorvo
Bari
Benevento
(Stato della Chiesa)
Napoli
Mar Tirreno
SARDEGNA
Cagliari
Palermo
REGNO DI SICILIA
Mar Mediterraneo
Regno di Sardegna (Savoia)
Domini borbonici
Domini degli Asburgo
Domini ecclesiastici dell'Impero

fra i due nacque l'odio. E dall'odio più che dall'amore nacquero tre figli – due maschi e una femmina – che probabilmente ne portavano nel sangue il marchio degenerativo. Dopo anni di scenate intercalate da momentanee e sforzate riconciliazioni, i due coniugi si separarono definitivamente, e lei se ne tornò a Parigi, senza più curarsi neanche delle sue creature.

Questo fallimento aveva ancora più accentuato l'ipocondria di Cosimo e il suo zelo bigotto. Misogino e privo di quegl'interessi artistici e culturali ch'erano sempre stati la specialità dei Medici, si era unicamente concentrato sui suoi impegni di sovrano, ma interpretandoli a modo suo. Immerse non solo la Corte, ma Firenze e tutta la Toscana in un bagno di puritanismo. La sua smania di bonifica si era abbattuta principalmente sulle prostitute, contro le quali aveva istituito un apposito Ufficio del decoro pubblico incaricato della persecuzione. Esse venivano fustigate in strada, costrette a portare un cartello con la scritta: «Meretrici!» e imprigionate nel carcere delle «Stinche» dove restavano finché non si decidevano a entrare in convento. Che valore potesse avere una conversione strappata con simili metodi, non si sa. Ma questo era il concetto che Cosimo aveva della pietà: essa per lui era il rosario, anche se biasciato contro voglia. Di altrettanti attenzioni faceva bersaglio gli Ebrei, nonostante gli enormi servigi che rendevano all'economia toscana, specie a Livorno. Li sottoponeva a ogni sorta di discriminazioni e soprusi per indurli al battesimo. Diceva di farlo per la salvezza della loro anima, e il guaio è che lo credeva veramente.

«Non so per quale accidente, tutto il Paese è sommerso da un diluvio di frati e preti» scrisse un viaggiatore capitato a Firenze in quegli anni. Ce n'erano oltre diecimila, in quella città di sessantamila abitanti, ed è naturale perché era diventato il loro regno. Essi avevano il monopolio della scuola, la usavano esclusivamente per fabbricare altri preti, e tenevano tutta la città nel terrore di uno spionaggio che si serviva sfacciatamente anche del confessionale. L'Inquisizione aveva assoluta priorità sulla polizia di Stato e mano libera contro i deviazionisti. Questo faceva sì che un assassino pronto a recitare un salmo se la cavasse più a buon mercato di un bestemmiatore che per un moccolo si vedeva affibbiati fino a cinque anni di galera. Ed è forse per questo che i Toscani sono diventati tanto blasfemi. «Tutta la vita civica» scrive Acton «era ridotta a una mostruosa parodia di quella monastica: una vita comunitaria in cui la libertà di azione, di pensiero, di opinioni, di affetti, di abitudini, era proibita o regolata da editti e metodi inquisitori.»

Bisogna riconoscere che il primo a dare l'esempio dell'austerità era Cosimo. La sua vita, regolata da una minuziosa etichetta, trascorreva senza calore di affetti tra le scartoffie e l'inginocchiatoio. Mai si era visto un Medici arrabattarsi tanto ai suoi doveri di ufficio. Aveva accentrato tutto nelle sue mani, e questo era il guaio perché tutto recava il sigillo del suo ottuso puntiglio. Da quando l'industria e le banche fiorentine erano state annientate dalla concorrenza dei Paesi protestanti, la Toscana era diventata un Paese quasi esclusivamente agricolo, e di un'agricoltura povera per giunta, data la sua natura collinosa. Invece di facilitare i contadini con incentivi alle migliorìe, agevolazioni fiscali e incoraggiamenti all'esportazione, Cosimo li colpì con ogni sorta di tasse e gabelle condannando la Toscana all'invecchiamento di tutte le sue strutture e estraniandola sempre di più dal mondo moderno. Uno dei motivi per cui perseguitò l'Università di Pisa era perché quello era rimasto l'unico focolare di una cultura laica e libera, ch'egli considerava portatrice d'infezione e di dissoluzione.

Cosimo non aveva il senso dello Stato, cioè lo confondeva con la dinastia. Di politica estera ne fece sempre poca. Ma quella poca era unicamente dominata dall'ambizione di trasformare il Granducato in un Regno. Era ingenuamente convinto che anche i suoi sudditi non ne vedessero l'ora, come se questo avesse potuto migliorare la loro miserabile condizione. E perciò la massima parte degl'introiti veniva devoluta a spese di rappresentanza. Di suo, Cosimo non era spendaccione. Anzi, un po' per austerità, ma un po' anche per avarizia, aveva abolito i fasti e le feste di Corte. Ma quando si trattava di ricevere un sovrano di passaggio, palazzo Pitti veniva rimesso a nuovo per offrire all'ospite un'immagine di Firenze che giustificasse la sua ambizione a diventare la capitale di un Regno. Memorabili rimasero le accoglienze al Re di Danimarca e quelle al Re di Spagna in visita a Livorno. Luminarie, parate, cortei e tornei si sprecavano e si concludevano con larghe distribuzioni di doni. Ma questi splendori non avevano nulla di mediceo. C'era soltanto l'ossessione pacchiana della «bella figura».

Il carteggio di Cosimo coi suoi ambasciatori a Parigi, a Vienna, a Londra, a Madrid è dominato dal leitmotiv del «Trattamento Regio». Quando, sulla fine del Seicento, in cambio della sua alleanza con la Spagna e l'Austria, Vittorio Amedeo di Savoia, pur essendo ancora soltanto Duca, aveva ottenuto da queste due potenze il diritto di essere trattato da Re (il che consisteva soprattutto in questo: che davanti agli altri Re, né lui né i suoi ambasciatori erano più tenuti a togliersi il cappello), Cosimo ne fece una malattia. Inondò le Corti europee di lettere di protesta, in cui diceva che nella gerarchia italiana il Granduca di Firenze era sempre venuto dopo il Doge di Venezia, ma prima del Duca di Savoia. E forse decise di dare sua figlia Ludovica in sposa al Principe elettore del Palatinato perché costui, essendo fratello dell'Imperatrice d'Austria, la inducesse a riconoscere le sue pretese come infatti avvenne. A Cosimo parve di aver vinto una guerra quando da Vienna gli giunse l'autorizzazione a mettere una sbarra sul diadema e farsi chiamare nelle lettere ufficiali «Altezza Reale» e «Serenissimo Principe». Distribuì soldi e vino alla popolazione, convinto ch'essa partecipasse al suo tripudio. E trascorse il resto del suo lungo regno a sollevare incidenti con le potenze che gli contestavano il «Trattamento». Nei rapporti che gli giungevano dai suoi ambasciatori, le notizie circa le guerre, le alleanze, le paci, i trattati commerciali occupano pochissimo spazio. Le uniche cose che interessavano Cosimo erano le nascite, le morti, i matrimoni, le parentele, i titoli e le «precedenze» fra i vari Principi. Non ebbe pace e non badò a spese finché non ebbe ottenuto dal Papa l'investitura a «canonico del Laterano».

L'altra sua ossessione era ovviamente la continuità della dinastia, che per il momento sembrava garantita dai due figli maschi: Ferdinando e Gian Gastone. Era, fra tanti guai, l'unica gioia che gli aveva dato la moglie. Ma i sentimenti non c'entravano. Cosimo non ebbe mai dei palpiti paterni, o per lo meno non ne mostrò. I tre ragazzi crebbero orfani, e un po' di calore d'affetto lo trovarono solo nella nonna Vittoria. Cosimo non vedeva in loro dei figli, ma soltanto dei Principi, come tali esigette che fossero allevati, e mai si curò di capire che uomini fossero. Se qualche speciale cura dedicò a Ferdinando, fu solo perché costui, come primogenito, era destinato alla successione. Ma non si accorse nemmeno che era il più refrattario perché lo vedeva di rado e sempre attraverso lo sbarramento dell'etichetta.

L'educazione del ragazzo era stata affidata al marchese Albizzi, scelto per la sua severità e il suo puntiglio formalistico. Erano le doti meno adatte per un allievo come quello. Ferdinando tirava più dalla madre che dal padre. Come lei era estroso, sensibile e cangevole. Miscredente e libertino, odiava i preti, li chiamava «baron fottuti», e agli affari di Stato preferiva la musica, suonava il clavicembalo, e aveva per gli artisti lirici una passione che non si limitava al piano vocale. Una sera si lasciò andare a tali manifestazioni di entusiasmo verso uno di essi, suo grande favorito, Petrillo, che costui si precipitò davanti a tutti fra le sue braccia e lo baciò, non sappiamo se sulle gote o sulla bocca. Albizzi intervenne con aria così severa che Ferdinando non osò prendere le difese di Petrillo, il quale abbandonò in tutta fretta la Corte, Firenze e la Toscana dove non si fece mai più vedere.

Lungi dallo screditarlo, la dissolutezza giovò alla popolarità del Principe anche perché faceva da contrappunto alla bigotteria del padre, che tutti avevano in uggia. Il frivolo giovanotto, che aveva trasformato la sua villa di Pratolino in un convegno di artisti e vi aveva anche inscenato un'opera lirica, si rivelava almeno in questo un buon Medici, e trovava un valido alleato nello zio Cardinale, Francesco Maria, fratello di Cosimo, che condivideva tutti i suoi vizi e passioni. Per rompere questa alleanza fra gaudenti e porre fine ai loro scandali, Cosimo nominò Francesco Maria governatore di Siena e commissionò per Ferdinando una moglie. La prescelta fu una Principessa di Baviera, Violante che, oltre a fornire buone garanzie di fecondità, avrebbe assicurato l'amicizia di uno dei più autorevoli Principi di Germania, con cui l'Imperatore doveva fare i conti.

Ferdinando non la conosceva, ma per il fatto che volevano dargliela in moglie, la prese in uggia prima di vederla, e andò a passare la sua ultima stagione di celibe a Venezia, la città più gaia d'Italia. Qui trovò un altro Petrillo in un certo Cecchino De Castris, così chiamato per ragioni facilmente intuibili, e se lo portò al seguito nel ritorno a Firenze. Il matrimonio ebbe luogo, come al solito, per procura. Poi Ferdinando andò incontro alla sposa che, appena lo vide, s'innamorò perdutamente di lui. Era una ragazza perbene e romantica, che si era scrupolosamente preparata ai suoi compiti di sovrana, parlava otto lingue compresa la nostra, aveva studiato a fondo la storia dell'arte fiorentina e credeva che gl'Italiani fossero creature appassionate e sentimentali. Era insomma tutto quello che non avrebbe dovuto essere per piacere a Ferdinando, il quale provò subito una violenta repulsione per lei, e fin dal primo momento non fece nulla per nasconderla. Forse non si provò nemmeno a compiere il suo dovere coniugale. Comunque, fu subito chiaro che eredi non c'era da aspettarne, e l'incubo di una estinzione della casata cominciò a tormentare Cosimo. Nella sua costernazione, finì per dare ascolto a un certo Pizzichi, che gli consigliava di elevare su una colonna un monumento a Sant'Antonio perché facesse il miracolo. La colonna fu elevata, e i Fiorentini ci scrissero sotto questo distico ribaldo: «Pizzichi mio, a ingravidar le donne / Ci vogliono c..., e non colonne». Violante portò con ammirevole dignità la sua disgrazia, non se ne lasciò inasprire, non ne fece mai parola con nessuno, e solo una volta, a una dama di Corte che si lamentava di un marito brutale, rispose: «Signora, provo compassione di voi. Ma sotto le mie ampie maniche nascondo ferite più profonde delle vostre».

Non contento di trascurarla, Ferdinando umiliava la moglie ostentando anche in pubblico i suoi rapporti con l'arrogante e capriccioso Cecchino. Insieme a lui decise di lì a un po' di tornare a Venezia per un altro buon bagno nelle giocondità di quella capitale godereccia. A quanto pare lì s'innamorò – finalmente! – di una signora che, per quanto ricambiasse i suoi sentimenti, dapprincipio gli resisté. Invano Cecchino, vedendo in pericolo la sua posizione, cercò di distrarlo. Ferdinando s'intestardì anche perché credette che a insidiargli la preda fosse il Duca di Mantova, cui un Medici non poteva cedere il passo. La signora lo avvertì che non si trattava di questo, ma di una malattia venerea di cui essa era contagiata e di cui non voleva a sua volta contagiarlo. Ferdinando rispose ch'era una scusa, tanto fece che ottenne ciò che voleva, e rientrò a Firenze portandosi nel sangue, come trofeo di quell'avventura, la sifilide. Poco dopo cominciò a manifestare sintomi di paralisi progressiva. Violante si vestì da infermiera e l'assisté con trepido e devoto zelo per i lunghi anni del suo decadimento.

Fu allora che Cosimo cominciò a mostrare qualche sollecitudine per Gian Gastone, di cui fin lì si era ben poco curato. Il ragazzo era cresciuto come il cenerentolo di casa, e ne portava il segno nel carattere malinconico e abulico. L'unico che gli aveva mostrato un po' d'affetto era l'allegro zio Francesco Maria frattanto diventato Cardinale, che quando tornava da Roma lo invitava spesso nella sua villa di Lappeggi, dove ne succedevano di tutti i colori, ma specialmente «balletti verdi». Gian Gastone non aveva la gaiezza spensierata, e piuttosto grossolanotta, dello zio; ma anche lui preferiva le canaglie, di cui questi si circondava, alla società aristocratica di palazzo Pitti, dalla quale non aveva ricevuto che umiliazioni. Quanto a sesso, era fratello di suo fratello.

Non si ribellò all'ordine paterno di sposarsi perché non si era mai ribellato a nulla. «Farò come nelle materie di fede» scrisse «che, benché non ci capacitino, si china il capo e si ubbidisce.» Non volle intromettersi neanche nella scelta della sposa rimettendosi a quella del padre, che, come al solito, la sbagliò. È curioso come Cosimo, pur volendo con tutte le sue forze e sopra ogni altra cosa degli eredi, a tutto pensasse fuorché a ciò che ne rappresenta la condizione: la gradevolezza dell'amplesso. La principessa Anna Maria di Sassonia-Lauenburg era rimasta vedova del Conte Palatino, e fin qui nulla di male. Ma non aveva voglia di risposarsi, e per di più era brutta e rozza: una specie di massaia rurale con un grosso sedere e polpacci pelosi. Questo risultava abbastanza chiaramente dalle informazioni che a Cosimo aveva mandato la sua figliola sposata in Germania che di Anna Maria era anche cognata. Eppure il Granduca mise di mezzo perfino l'Imperatore perché inducesse la renitente vedova a concedere la mano a suo figlio, e mandò quest'ultimo in pellegrinaggio a Loreto per impetrare la grazia. S'impegnò anche a consentire che Gian Gastone risiedesse per un tempo indeterminato nella casa di lei, a Reichstadt in Boemia. E fu qui infatti che si sposarono e si accasarono.

Reichstadt non era che un agglomerato di casupole, adagiato in una buia valle e sormontato da una montagnola in vetta alla quale s'issava la cosiddetta Reggia: una scaratterizzata fattoria, che di bello aveva solo la stalla perché il solo lusso e la sola passione di Anna Maria erano i cavalli. Insomma, il posto più adatto a trasformare l'abituale mestizia di Gian Gastone in vera e propria ipocondria. Sebbene se l'aspettasse brutta, la sposa gli parve ancora più brutta di come se l'aspettava, e per di più autoritaria e bisbetica. Odiava gl'Italiani, e diffidava particolarmente dei Medici perché il suo confessore le aveva detto che in quella famiglia tutte le donne erano morte avvelenate dai loro mariti.

Anche di questo matrimonio, non sappiamo se sia mai stato consumato. Sappiamo soltanto, dalle sue lettere, che Gian Gastone sprofondò nella più nera malinconia, cui cercava rimedio nel vino e nella compagnia di Giuliano Dami, un palafreniere che si era portato da Firenze e che d'allora in poi fu sempre la sua vera moglie: un bel «fusto» mordace, insolente e rotto a qualsiasi turpitudine.

Scampato a un inverno rigidissimo che su quel desolato panorama aveva steso un funebre sudario di neve, a primavera Gian Gastone volle andare a prendere una boccata d'aria. Fece prima sosta nel Palatinato per una visita a sua sorella che non aveva avuto figli neanche lei. Poi seguitò per Parigi e chiese di vedere la madre che non gli mandò nemmeno la carrozza e lo accolse come un estraneo. Cosimo, quando lo seppe, andò su tutte le furie, e gli ordinò di tornare dalla moglie. Voleva un erede, e Gian Gastone gli assicurò che stava facendo il possibile. Ma non era vero. Della moglie non aveva più voluto sapere, e nemmeno di Reichstadt. S'era istallato a Praga che non era Firenze, ma tuttavia una vita cittadina l'aveva. E lì, col suo fido Giuliano, s'era imbrancato con le peggiori canaglie e passava le notti a bere e a giuocare.

Fu una lettera dell'Arcivescovo di quella città che alla fine tolse a Cosimo le ultime illusioni. La Principessa gli aveva detto che si rifiutava di seguire a Firenze un marito con cui non aveva rapporti. Cosimo dovette prendere atto del fallimento di quel matrimonio e, vista l'inutilità della permanenza di Gian Gastone in Boemia, lo richiamò.

I Fiorentini stentarono a riconoscerlo. Sebbene non avesse che trentasette anni, era diventato bolso e cadente.

Pur abitando a palazzo, condusse vita appartata, estraniandosi completamente dagli affari di Stato per i quali del resto non aveva mai mostrato nessuna vocazione e dalla società di Corte che seguitava a odiare.

Ingannava il suo tempo leggiucchiando opere scientifiche, specie di botanica, e raccogliendo oggetti di antiquariato di cui era buon intenditore. Unici suoi compagni erano il Dami, i furfanti che costui gli portava in casa, il vino, e la malinconia.

Sempre più ossessionato dal problema della successione e non potendo sperarla da quei due figli ridotti a rottami, Cosimo prese una decisione eroica: chiese al fratello di rinunziare alla porpora e di prender moglie. Francesco Maria non ne aveva nessuna voglia: la porpora non gli aveva mai impedito di fare i suoi comodi, anzi gliene garantiva l'impunità e per di più gli assicurava larghi introiti. Per le donne non provava trasporti, e inoltre aveva quarantotto anni, che a quei tempi era considerata vecchiaia avanzata, e nel caso specifico lo era. I vizi e le sregolatezze avevano lasciato il loro segno nel fisico dell'allegro Cardinale ridotto a un ammasso di pasta frolla e tormentato dal catarro e dalla gotta, la dannazione di casa Medici. Ma la ragion di Stato esigeva l'erede, ed egli vi si rassegnò.

Come al solito, la scelta fu fatta in base ad accertamenti che tutto attestavano fuorché la disponibilità della sposa all'amplesso di uno sposo come quello. Eleonora Gonzaga aveva tutto in ordine: i quarti di nobiltà, la dote, la salute, l'avvenenza. Le mancava una cosa sola: lo stoicismo. Gliene sarebbe occorso molto per ricambiare i trasporti di quel coniuge catarroso e prostatico, dagli occhi porcini e sbrodolosi nel faccione gonfio e rubizzo. Egli si sottomise pazientemente alle cure tonificanti che i medici gli prescrissero. Sua nipote, che aveva attivamente collaborato alla combinazione di quel matrimonio, come già a quello di Gian Gastone, gli scriveva dalla Germania per fargli coraggio: «Io credo che quando vi togliete l'abito, se ne vedranno delle belle in camera vostra!»

Invece si vide soltanto che la sposina non ci stava. Invano vennero convocati preti per richiamarla ai doveri coniugali e stregoni per propinarle filtri d'amore. Invano Cosimo si appellò al padre di lei con la sua eterna ottusa pretesa che tutto, anche l'amore, si potesse risolvere con l'autorità. L'unico che accettò con filosofia il fiasco senza mostrarsene poi troppo addolorato fu lo sposo, che rimpianse soltanto di aver sacrificato per nulla la sua porpora, i suoi guadagni e i suoi comodi di vecchio scapolo gaudente. Morì poco dopo, e i Fiorentini ne diedero annunzio con questo funebre manifesto affisso di notte sulle mura di palazzo Pitti: «Appigionasi in quest'anno / Che i Medici se ne vanno».

Era vero. A Cosimo, che già aveva doppiato il capo della settantina, non restava più nessuno su cui investire le sue speranze dinastiche. Ferdinando, ridotto a una tremula larva, morì nel 1713. Gian Gastone seguitava a vegetare, disfatto dall'alcol e contornato di canaglie. E gli ambasciatori dislocati all'estero segnalavano che in tutte le Corti europee si era già scatenata una corsa di sciacalli per l'accaparramento dell'eredità. Parve per un momento che l'incombente catastrofe svegliasse nel vecchio Granduca un sentimento patriottico di cui non aveva mai dato segno. Egli accennò all'intenzione di nominare come suo erede il popolo, restituendogli alla propria morte i vecchi ordinamenti repubblicani: se la Toscana non poteva più essere dei Medici, meglio che restasse di se stessa.

Incaricò un suo diplomatico, il Rinuccini, di andare a

parlarne agl'Inglesi e agli Olandesi che, un po' per le loro pregiudiziali democratiche, un po' perché non avevano diritti da accampare sul Granducato, erano i più indicati ad accogliere la proposta. Il loro aiuto era necessario perché già il problema dell'investitura era sul tappeto. I Medici avevano riavuto la Toscana da Carlo V, perciò alla loro estinzione essa doveva tornare all'Imperatore. Ma nei loro due secoli di Granducato, i Medici non avevano perso occasione per contestare questa tesi ed affermare la totale indipendenza della Toscana dall'Impero. Ora si trattava di trovare delle potenze disposte a riconoscerla.

Inghilterra e Olanda lo fecero con entusiasmo e dissero a Rinuccini che il Granduca proclamasse apertamente le sue intenzioni: esse le avrebbero sostenute. Ma il timoroso e timorato Cosimo ci aveva già ripensato. Propose che alla morte sua e a quella di Gian Gastone, l'eredità passasse alla figlia Ludovica, e che caso mai fosse costei a ripristinare la Repubblica. Questo significava complicare ancora di più la già intricata questione facendo nascere e giustificando velleità ereditarie nella parentela tedesca dell'elettrice. Delusi e irritati, gl'Inglesi e gli Olandesi lasciarono cadere le proposte di Cosimo, che così perse la grande occasione di chiudere la sua inutile vita con l'unico gesto che avrebbe potuto riscattarla.

Rimasta vedova dell'elettore palatino, Ludovica tornò a Firenze, convinta di essere lei a succedere al padre, ora che Ferdinando era calato nella tomba e Gian Gastone sembrava che ci avesse già un piede. Era forse l'unica creatura al mondo per cui Cosimo avesse avuto qualche palpito d'affetto e la sola che non lo avesse deluso. Ludovica condivideva il suo puntiglioso senso del dovere, il culto dell'etichetta, l'alto concetto del rango, lo zelo bigotto, ma anche la regale dignità. Sebbene non lo vedesse da ventisei anni, era sempre rimasta in stretti rapporti epistolari con suo padre, ne aveva tenacemente difeso gl'interessi presso la parentela tedesca e gli aveva prestato tutto il suo appoggio anche nella combinazione dei disgraziati matrimoni dei fratelli e dello zio. Risoluta e autoritaria, incuteva più soggezione che simpatia, ma al nome faceva onore. Padre e figlia si misero a dipanare la matassa della successione. Credevano di poterla mercanteggiare con l'imperatore Carlo VI promettendola a qualcuno dei suoi Asburgo, in cambio di Piombino e dei Presidi tuttora in mani austriache. Pur sapendo che stavano per perdere il Granducato, si preoccupavano di aggiungervi quei due palmi di terra. Carlo non gli volle dare nemmeno questa piccola soddisfazione, conscio com'era che il destino della Toscana non si decideva in Toscana. Abbiamo già visto di quali complicate transazioni esso fu la posta tra i Borbone di Madrid e gli Asburgo di Vienna. Solo a cose fatte – per il momento – Cosimo fu informato che il successore dei Medici sarebbe stato Carlo, il figlio di Filippo V di Spagna e di Elisabetta Farnese. Le sue note di protesta furono accolte con alzate di spalle.

Visto che sulla terra non trovava protettori, Cosimo ne cercò uno in cielo assegnando a Firenze un patrono oltre ai due – San Giovanni e San Zanobi – che già aveva. E volle il più autorevole di tutti, San Giuseppe, proclamandone l'investitura con solenni cerimonie. Poi, per propiziarselo ancora di più, scatenò una vera e propria crociata contro le opere d'arte che i preti consideravano scandalose, facendole togliere nottetempo dalla cattedrale e dagli Uffizi.

Fu il suo ultimo gesto, del tutto in carattere col suo carattere. In punto di morte, chiese perdono al popolo non per il cattivo governo, ma per il cattivo esempio che gli aveva dato, e gli raccomandò di andare in chiesa e di confessarsi più spesso di quanto avesse fatto lui, che non aveva fatto altro. Non avendo potuto evitare che a succedergli fosse Gian Gastone invece che Ludovica come lui avrebbe voluto, perché la legge dinastica glielo impediva, negli ultimi giorni se lo era associato come reggente, ma fino all'ultimo aveva voluto vedere e firmare tutto di persona. Per attaccamento al dovere e impavidità di fronte alla morte, fu all'altezza di un Filippo II cui in piccolo, in piccolissimo, somigliava. E finì da Re, lui che in vita aveva tanto smaniato di diventarlo senza riuscirci.

Nel salire sul trono che il padre gli aveva lasciato, Gian Gastone disse: «Mi par d'essere un attore che fa la parte del Re in una commedia». Non aveva torto. Con un'economia da area depressa, quale la Toscana si era ridotta, lo Stato aveva le casse vuote e non sapeva come fronteggiare l'endemico disavanzo e il debito pubblico che negli ultimi anni si era sempre più aggravato. Della flotta toscana non restavano che tre galere accudite da una ciurma di duecento marinai. Dell'efficienza dell'esercito, ci fornisce un'idea un catalogo di soldati riprodotto da Harold Acton: «Domenico Campana, soldato, anni 70, di servizio 34, non ci vede per l'età e cammina con un bastone. Giovan Battista Leonardi, anni 70, di servizio 40, ha perso la vista. Michele Ricci, anni 80, di servizio 59, decrepito con bastone», e via di questo passo. Una totale mancanza di classi dirigenti per via dell'accentramento di tutto il potere nelle mani del Granduca e per una selezione operata non sui meriti di servizio ma sulla devozione in chiesa. Le scuole ridotte ad appendici del seminario, compresa l'Università di Pisa, un tempo faro del pensiero laico e moderno. E infine la mancanza di un domani: a chiunque fosse toccato, il Granducato finiva con la sua dinastia indigena, per diventare la provincia, l'appendice d'un altra potenza.

Ce n'era abbastanza per spegnere gli entusiasmi anche di un sovrano che ne avesse avuti. E Gian Gastone non ne aveva. Non covava ambizioni, il lavoro gli pesava, e mostrarsi in pubblico era per lui un tormento. Infatti vi comparve solo nei primi tempi, poi rimase confinato dapprima nei suoi appartamenti, poi nella sua camera, e infine nel suo letto, che per anni si rifiutò di abbandonare. Qui riceveva i suoi Ministri e collaboratori, coi quali sbrigava alla svelta le pratiche di ufficio. Poi faceva sbarrare la porta per restarsene col suo Giuliano e le canaglie che costui gli portava. Ne aveva reclutato qualche centinaio nei bassifondi della città, e li aveva fatti assumere in regolare servizio col nome di «ruspanti» perché venivano pagati con quegli zecchini che si chiamavano «ruspi».

Tutta Firenze parlava – ma più con divertimento che con scandalo – dei baccanali che si svolgevano negli appartamenti del Granduca. Erano gli stessi protagonisti a darne i resoconti forse esagerando per vanteria. Ma che ne succedessero di tutti i colori, è accertato. Come spesso capita ai signori di grande razza e di sangue troppo raffinato, il Granduca aveva il gusto dell'abiezione, e la praticava facendosi vilipendere, insultare e spesso anche picchiare da quei furfanti. Una volta dovettero levarlo di forza dalle mani di certi saltimbanchi polacchi ch'egli aveva provocato lanciandogli in faccia i bicchieri dopo essersi ubriacato con loro. Provava un sadico piacere a lasciarsi anche derubare. Il Dami faceva man bassa sui suoi oggetti di antiquariato rivendendoli a dei mercanti che poi tornavano a offrirli al Granduca. Questi, riconoscendoli, diceva: «Toh, chi non muore si rivede!», e li ricomprava. Spesso dava feste sontuose a quei parassiti e si divertiva a chiamarli coi nomi altisonanti dei suoi Ministri e cortigiani.

A soffrire di questi scandali era soprattutto la sorella Ludovica, che dal padre aveva ereditato l'orgoglio del nome e del rango. Ma Gian Gastone l'odiava per la parte che aveva avuto nel suo infelice matrimonio, e forse era anche per far dispetto a lei che ostentava la propria degradazione. Una volta essa lo convinse a dare finalmente un pranzo ai nobili di Corte. Gian Gastone li convitò in massa, si ubriacò, si mise a ruttare rumorosamente, vomitò sulla tovaglia e si pulì la bocca coi riccioli del parruccone.

Non volendo alzarsi dal letto neanche per prendere un bagno, non ammetteva che nessuno glielo rifacesse. Da quella cuccia da cani si sprigionavano tali odori, che una volta sua cognata Violante per poco non svenne. Essa era l'unica persona di famiglia cui il Granduca fosse realmente affezionato e a cui consentisse di entrare nella sua camera. Ma quando essa si ammalò e in punto di morte chiese di vederlo per l'ultima volta, egli vi si rifiutò e anzi indisse un'ennesima orgia coi ruspanti. La morte lo sgomentava, voleva dimenticare di esserne incalzato anche lui. E siccome in città correva voce che stava per esserne ghermito, decise di dimostrare che non era vero lasciandosi portare in carrozza alla festa di San Giovanni. I Fiorentini videro passare per le loro strade una specie di foca disfatta nel grasso con gli occhi inebetiti sotto la parrucca a sghimbescio. Per vincere il terrore che la folla gl'ispirava, aveva bevuto più del solito, e ogni tanto si sporgeva dal finestrino per vomitare. Eppure lo acclamarono ugualmente, e con un affetto di cui Cosimo non aveva mai goduto.

Perché questo del «barbone» debosciato era uno dei due volti di Gian Gastone. Ma poi ce n'era anche un altro che gli faceva da contrappunto. Incredibile a dirsi, quest'uomo ridotto a un rottame dall'alcol, dai vizi e probabilmente da una di quelle malattie psichiche ereditarie nella sua famiglia, di cui Gaetano Pieraccini ci ha lasciato un accurato e approfondito studio nel suo libro *La stirpe dei Medici di Cafaggiolo*, si era mostrato un sovrano saggio, equanime e per molti versi illuminato. Aveva inaugurato la sua gestione revocando le misure discriminatorie contro gli Ebrei, e ponendo fine a quelle «cacce alle streghe» di cui facevano le spese soprattutto le prostitute. In un batter d'occhio Firenze si scosse di dosso quel sudario di claustrale austerità, d'ipocrita bigotteria che Cosimo le aveva imposto, e ritrovò un costume di vita più libero, anche se più libertino, e sincero.

Gian Gastone, di cui Harold Acton ha dipinto nel suo libro *Gli ultimi Medici* un ritratto esemplare, non fu un grande riformatore perché non ne aveva l'energia, e forse nemmeno la possibilità. Non poté ricostituire un'amministrazione efficiente anche per mancanza di uomini, di un esercito, di una marina. Ma rimise un po' d'ordine dappertutto e specialmente nelle finanze riducendo drasticamente le spese di Corte e quei fasti di «rappresentanza», di cui suo padre aveva fatto tanto scialo per crescere nella gerarchia delle dinastie regnanti. Pur evitandola e preferendole quella dei ruspanti, egli dette alla società fiorentina un tono diverso, adeguato alla modestia di una città e di uno Stato che non erano più quelli dello splendido Rinascimento. Montesquieu, che ci capitò in quegli anni, scrisse: «Non c'è città in cui si viva più modestamente che a Firenze: con una lanterna cieca per la notte e un ombrello da pioggia, si è completamente equipaggiati.

C'è un governo molto mite: nessuno conosce e si accorge del Granduca e della sua Corte. Proprio per tale ragione, questo piccolo Stato sembra grande». E cita il caso del marchese Corsini che, avendo dovuto spendere centottantamila scudi per la canonizzazione di un suo antenato, raccomandava ai figli: «Ragazzi miei, siate virtuosi, ma non santi. I santi costano troppo».

Ma i veri grandi meriti di Gian Gastone furono altri due. Il primo fu quello di liberare lo Stato dalle interferenze della Chiesa cui Cosimo lo aveva totalmente asservito. Quando l'Arcivescovo reclamò l'applicazione di certi atti di un Sinodo diocesano in contrasto col codice civile, il Granduca gli ordinò di occuparsi degli affari suoi, cioè di quelli dell'anima. E quando il Papa gl'ingiunse di licenziare il ministro Rucellai, noto anticlericale, il Granduca non gli rispose nemmeno. Quest'uomo pigro e abulico che non amava il potere, amava però la libertà, e nel difenderla dalle prevaricazioni dei preti sapeva diventare perfino risoluto e coraggioso.

L'altro suo grande merito fu di ridare dignità ed efficienza all'Università di Pisa che suo padre aveva avversato come un focolaio d'infezione. Fece restituire la cattedra di filosofia a Pasquale Giannetti, lasciò pubblicare le opere di Gassendi condannate dalla Chiesa, e ordinò solenni onoranze a Galileo in Santa Croce. Scrisse Rucellai: «Un solo ostacolo, l'Università di Pisa, impedì che la Toscana fosse ridotta a quello stato d'ignoranza che soffocava tutto il resto d'Italia». E questo ostacolo lo resuscitò Gian Gastone.

Sui negoziati internazionali da cui sarebbe dipeso, dopo la sua morte, il destino del Granducato, non poté influire perché il giuoco era più grande di lui. Ma ebbe il buon senso di capirlo subito e di non impegnarsi in manovre che gli sarebbero costate molto senza rendergli nulla. Si limitò a seguire con attenzione quelle delle grandi potenze cercando di far sì che la successione avvenisse pacificamente e fosse la meno dannosa agl'interessi della Toscana. C'è da chiedersi s'egli non avrebbe potuto compiere il gran gesto, che suo padre non aveva osato, di ripristinare gli ordinamenti repubblicani. Ma quando salì al potere, questa soluzione era già pregiudicata dalle decisioni che le potenze avevano preso col primo trattato di Vienna. E per opporsi alla loro volontà ci sarebbe voluto non soltanto un gesto di gran coraggio da parte di Gian Gastone, ma anche una ferma volontà, da parte dei Toscani, di difendere la propria indipendenza come ai tempi di Pier Capponi. Di capponi a Firenze ce n'era ancora tanti, ma con la c minuscola. E Gian Gastone lo sapeva.

Dapprincipio aveva carezzato il sogno di lasciare il Granducato a un nipote bavarese di Violante. Ma la diplomazia europea lo mise di fronte al fatto compiuto. Senza neanche interpellarlo, stabilì che il suo successore sarebbe stato Carlo, il figlio di Filippo V di Spagna e di Elisabetta Farnese, come abbiamo già spiegato nei capitoli III e IV.

Come tutti i malinconici, Gian Gastone aveva un certo umorismo. Quando gli annunziarono la visita dell'erede, disse: «Vediamo di che figliolo m'hanno fatto padre a sessant'anni». Ma, appena lo vide, lungi dal prenderlo in uggia come un intruso – qual era –, ne rimase conquistato, e ne aveva di che, perché Carlo possedeva tutto per piacere a tutti. Capì al volo la disperata solitudine di quel povero vecchio confinato nel suo sudicio letto e, lungi dall'indignarsi per la sua degradazione, la compatì. Gian Gastone si sentì riscaldato dal calore umano di quel ragazzo, e in occasione della festa di San Giovanni (1732), invitò il popolo a rendergli omaggio come al suo legittimo successore. Il gesto dispiacque all'Austria, che seguitava a nutrire ambizioni sulla Toscana e chiese che la proclamazione venisse revocata. Una nuova guerra stava per scatenarsi in Europa, e il Granduca temette di trovarcisi coinvolto a causa di quel suo avventato gesto. Tergiversò rinviando la protesta al Senato, e frattanto la guerra scoppiò davvero.

A provocarla fu, come abbiamo già visto, la successione al trono di Polonia. Essa non riguardava direttamente l'Italia, ma rimescolava tutte le carte di un giuoco in cui anche l'Italia era coinvolta. Infatti, visto che l'Austria era impegnata in Polonia, gli Spagnoli ne approfittarono per sbarcare truppe a Livorno nella speranza di accaparrarsi non soltanto la Toscana, ma tutta la Penisola. Come si risolvesse questo ennesimo conflitto, lo abbiamo già detto: con l'assegnazione di Napoli e della Sicilia a Carlo, e quella del Granducato a Francesco di Lorena.

Anche di questa transazione, Gian Gastone fu informato solo a cose fatte. E ne fu profondamente dispiaciuto. Preferiva gli Spagnoli agli Austriaci, anche perché più lontani e meno potenti, si era affezionato a Carlo e lo considerava il sovrano più adatto a governare degl'Italiani anche perché era mezzo italiano anche lui per via della madre Farnese. Ma sapeva di non poterci far nulla. E quando gli dissero che a succedergli sarebbe stato il Lorena, commentò scetticamente: «Chissà come sarà quest'altro figlio di cui le potenze mi hanno reso padre!»

Nemmeno in quegli ultimi anni aveva cambiato vita e abitudini. Ci volle un medico per snidarlo d'autorità da quel letto «pieno di sudiciume» e trasferirlo in un altro che s'insudiciò subito anch'esso perché il Granduca non si lavava. E lì seguitò a disfarsi nell'accidia, da cui riuscivano a distrarlo solo i ruspanti. Godeva di sentirsi chiamare da loro con gli epiteti più spregiosi. I suoi vestiti erano in brandelli, la parrucca spettinata gli pendeva da tutte le parti anche perché egli ne adibiva i boccoli a tovaglioli, e «aveva» scrive un cronista «le ugne delle mani e dei piedi come un astore», cioè ripiegate in dentro ad artiglio perché rifiutava di farsele tagliare.

Tutti avevano giurato che sarebbe morto prima di suo padre, e quando gli successe, nel '23, erano convinti che non avrebbe durato più di qualche mese. Invece era rimasto sul trono quattordici anni arrivando fino ai sessantasei che a quei tempi era un'età rispettabile anche per gente sana e robusta. Nel giugno del '37 il Principe di Craon, venuto a rendergli visita per conto del Duca di Lorena, scrisse: «Ho trovato il Granduca in condizioni da far pietà: non era in grado di alzarsi dal letto, aveva la barba lunga, i lenzuoli sudici, la biancheria in disordine e senza trine, e nel complesso dava l'impressione di non avere un mese di vita».

Pochi giorni dopo l'elettrice Ludovica forzò il divieto ch'egli le aveva fatto di comparirgli davanti, e attraverso delle porticine segrete entrò nella sua camera per indurlo al pentimento e alla comunione. Il morente trovò ancora la forza per cacciarla via chiamandola «puttana». Ma poi si arrese alle insistenze di tutti, accettò la visita di un sacerdote, chiese il viatico, e invocò clemenza per i suoi peccati.

Ne aveva commessi tanti. Li aveva commessi tutti. Eppure non ci stupiremmo di sapere un giorno che è finito in paradiso e che non ci ha trovato suo padre, che di peccati non ne aveva commessi punti.

CAPITOLO SEDICESIMO

FIRENZE: LUNGO INTERMEZZO

Uno dei primi Lorenesi che vennero a prender possesso di Firenze in nome del nuovo Granduca Francesco fu un certo Castelmur, che in realtà era Svizzero, ma siccome parlava tedesco, passava per Lorenese anche lui. Non aveva nulla a che fare con la politica. Si occupava di caffè, una bevanda ancora quasi sconosciuta in Italia. E per introdurvela, aprì un locale in via Calzaioli, che subito diventò il punto di raccolta dei partigiani dei Lorena.

Figuriamoci se i Fiorentini potevano rinunciare a quella bella occasione di dividersi in due fazioni. Molti rimpiangevano che l'eredità granducale non fosse toccata a Carlo di Borbone un po' perché costui, quand'era venuto in visita da Gian Gastone, aveva suscitato molte simpatie; un po' perché portava il nome di una dinastia che sembrava fornire ai timorati benpensanti maggiori garanzie di rispetto dello *status quo*. A questa categoria apparteneva soprattutto la vecchia nobiltà, spaventata dal vento di riforme che soffiava da Vienna. Ma siccome quelli loro non erano che sterili rimpianti, gli avversari li chiamavano per dileggio «gli orsi» dal proverbio popolare secondo cui «gli orsi sognano le pere».

Gli orsi reciprocavano la corbellatura dando di «lupi» ai pro-lorenesi, e ne avevano di che. I nuovi padroni infatti non facevano complimenti. Non solo si erano subito appropriate le cariche più remunerative, ma trattavano la città come una preda bellica, mettendo spicciativamente all'asta i mobili, gli arazzi, i quadri di palazzo Pitti, e le stoviglie e suppellettili delle ville medicee. Tutto fu venduto, dice un cronista, «a rotta di collo», e ai difensori del nuovo regime non rimase altro argomento che il caffè di Castelmur. Questa fu l'unica loro vittoria. Il caffè piacque moltissimo ai Fiorentini, le cui case cominciarono a riempirsi di cuccume e chicchere. Solo gli orsi si rifiutarono di convertircisi, considerandolo una delle tante diavolerie moderniste degli aborriti Lorena. Da allora l'uso del caffè diventò una dichiarazione di fede ideologica.

Francesco non si era degnato di venire a dare un'occhiata al suo Granducato, e non aveva voluto nemmeno adottarne l'ordine dinastico. Come Granduca di Toscana infatti avrebbe dovuto assumere il nome di Francesco II. Ma preferì restare Francesco III come gli sarebbe toccato in Lorena, sebbene a questo Ducato avesse ormai dovuto rinunciare in favore del Leczynski. I Fiorentini non conobbero il suo volto che dall'effigie incisa sulle monete. Ognuna di esse valeva il doppio di quelle locali, i «paoli», secondo un cambio fissato arbitrariamente a tutto vantaggio dei nuovi venuti. Attorno ai tavoli di Castelmur, i lupi – quasi tutti appartenenti alla borghesia e alle professioni liberali – avevano un bel magnificare le riforme austriache. La gente li guardava come collaborazionisti degli occupanti e complici delle loro rapine.

Solo oltre due anni dopo l'investitura, Francesco si decise a render visita alla città insieme alla moglie Maria Teresa. Gli augusti ospiti non fecero, lì per lì, cattiva impressione. Anzi, suscitarono parecchie simpatie con la loro affabilità. Visitarono i monumenti come semplici turisti, e i benpensanti furono gradevolmente sorpresi nello scoprire che Francesco, fin allora ritenuto massone e mangiapreti, conosceva molto bene la musica sacra e «cantava a cappella» in coro coi frati. La regale coppia andò anche, via Arno, a Pisa e a Livorno per raccoglierne l'omaggio, e rinunziò ai festeggiamenti programmati per il ritorno quando seppe che Ludovica era caduta ammalata. Anche questo fece buona impressione. E più ancora ne fece l'offerta, che Francesco rivolse alla vecchia elettrice Palatina, di assumere la reggenza del Granducato in suo nome. L'offerta fu declinata, ma parve a tutti generosa e cavalleresca.

Tutto si guastò al momento della partenza, quando i Fiorentini videro incolonnarsi lungo la via Bolognese un interminabile corteo di barrocci tirati da muli e buoi, e carichi del tesoro di casa Medici, che non aveva forse l'eguale in Europa. È vero che di quel tesoro il Lorena era l'erede. Ma i Fiorentini ritenevano sottinteso che fosse da considerare connesso al titolo, e quindi inamovibile. Quel brutale saccheggio li riempì di sdegno. I carri continuarono a sfilare per dieci giorni. Li seguiva soltanto Maria Teresa perché Francesco era tornato a Livorno, dove avrebbe dovuto imbarcarsi per Trieste e raggiungere l'armata imperiale in marcia nei Balcani contro i Turchi. Una libecciata gliel'impedì, obbligandolo a prendere anche lui la via Bolognese.

I Fiorentini facevano l'elenco degli oggetti scomparsi e cominciavano a guardare con simpatia Ludovica, ultima erede di una casata, da cui Firenze era sempre stata arricchita, non depredata. Fin allora essa non era mai stata molto popolare. La gente rivedeva in lei suo padre Cosimo, cui nel carattere somigliava, e aveva parteggiato per Gian Gastone quando questi l'aveva confinata nella villa di Lappeggi. Ora era tornata a palazzo Pitti e, sebbene vi conducesse una vita molto appartata, restava all'altezza del nome che portava. Riceveva i visitatori sotto un grande baldacchino nero, a lutto per l'estinta dinastia, trattandoli come se fossero ancora i suoi sudditi. Invecchiando, era diventata ancora più dura e arcigna, ma il suo tratto era rimasto regale. L'accusavano di avarizia perché non faceva mai elemosine. Ma in compenso spendeva a piene mani per condurre a compimento le opere iniziate dai suoi antenati, come la facciata di San Lorenzo disegnata da Michelangelo. Su una carrozza tirata da quattro pariglie di cavalli, andava a rovistare le botteghe di antiquariato per arricchire le collezioni di famiglia. Da buona Medici, aveva il gusto degli oggetti d'arte, e sapeva riconoscerli a prima vista.

Era per orgoglio e per non essere costretta ad avallare le ruberie lorenesi che aveva rifiutato la reggenza offertale da Francesco. Voleva che dell'ultima Medici i Fiorentini conservassero un ricordo degno del nome, e ci riuscì. Questa vecchia signora vestita di nero che discuteva da intenditrice con pittori, scultori e architetti e insieme a essi riordinava le gallerie di Pitti e degli Uffizi, faceva contrasto con la pacchianeria dei Lorenesi che valutavano i quadri solo in base alle loro dimensioni, e la metteva in risalto. Non perdeva occasione per confonderli e mortificarli con battute taglienti che facevano il giro della città suscitandovi divertiti consensi. Ma lo schiaffo più grosso ai saccheggiatori di Firenze lo dette col suo testamento, con cui lasciava alla città l'intero immenso patrimonio di famiglia: le Gallerie Pitti e Uffizi, il gabinetto delle gemme, le collezioni delle statue, dei bronzetti, delle medaglie e dei cammei, la Sacrestia Nuova di Michelangelo, le Biblioteche Laurenziana e Palatina, i reliquiari sacri. A patto che niente venisse asportato da Firenze.

Morì a settantacinque anni, nel 1743. E tutti i Fiorentini seguirono il suo feretro, compresi i lupi pro-lorenesi, compresi i mendicanti cui essa aveva rifiutato le sue elemosine. Tutti sentivano che con questa vecchia signora autoritaria e cipigliosa scompariva l'ultimo vestigio della grandezza fiorentina e si concludeva il ciclo di una cultura e di una civiltà.

Due anni dopo, il Granduca di Toscana saliva sul trono imperiale. Per la precisione, a salirci era sua moglie Maria Teresa, succeduta nel 1740 a suo padre Carlo VI grazie alla Prammatica Sanzione. Abbiamo già accennato alla complicata controversia che ne era derivata e alle difficoltà che la nuova Imperatrice aveva dovuto sormontare per essere riconosciuta come tale. Il marito diventava Imperatore di riflesso a lei, come «coadiutore degli Stati». E i Fiorentini sperarono che, così salito di rango, il loro Granduca avrebbe smesso di spolparli come aveva seguitato a fare.

Ma subito dovettero accorgersi che si trattava di pura illusione. Francesco era un parsimonioso amministratore del patrimonio di famiglia, cui aveva dovuto dar fondo per far valere i diritti suoi e di sua moglie. E ora, per colmarne le falle, appesantiva il suo fiscalismo.

Sotto gli ultimi Medici, la Toscana aveva goduto di un'amministrazione più bonaria che buona. Il fisco era ingiusto in quanto colpiva più severamente le classi povere di quelle ricche, ma non esoso. Il suo gettito era quasi tutto assorbito dagli stipendi dei funzionari che lo rimettevano in circolo. Allo Stato restavano le briciole, e al Granduca, ricco di suo, quasi nulla. Con questi criteri, la Toscana aveva progredito poco per mancanza di spirito imprenditoriale e di capitali da investire in grandi opere pubbliche, ma il suo modesto benessere era abbastanza diffuso e garantito da una burocrazia mal pagata e piuttosto inefficiente, ma accomodante e soccorrevole.

I Lorenesi istaurarono altri metodi, di rapina. Essi liquidarono tutto l'apparato amministrativo dandone i servizi in appalto ai privati. Cominciarono con le dogane e le gabelle, poi le poste, poi la zecca, poi la magona. Alla fine appaltarono anche la produzione e la distribuzione del ghiaccio, e perfino il mantenimento delle ville e i giardini medicei. Con questo sistema, eliminarono il gravame degli stipendi e dei salari. L'appalto era messo all'incanto. L'otteneva chi s'impegnava a pagarlo di più. Naturalmente il vincitore si rifaceva dell'esborso torchiando sia gl'impiegati che gli utenti. Erano costoro, in definitiva, a fare le spese di un sistema che mirava ad assicurare il più largo margine di utile a due soli beneficiari: l'appaltatore e lo Stato, cioè il Granduca: un Granduca che a Firenze non si era fatto più vedere e ne risucchiava tutte le rendite a Vienna. Secondo alcuni economisti, era il sessanta per cento del reddito lordo toscano che prendeva quella strada: un salasso da mettere in ginocchio anche l'economia di un Paese florido, quale la Toscana non era.

A regolare questo predatorio meccanismo, Francesco aveva designato un «reggente» che dapprincipio fu il Principe di Craon. Non aveva altro merito che quello di essere stato precettore del Lorena e di avergli combinato il matrimonio con Maria Teresa. I Fiorentini l'odiavano considerandolo il responsabile del saccheggio. In realtà era un buon diavolo che, anche se avesse voluto, non avrebbe potuto disobbedire agli ordini del suo avido sovrano. E gli stessi suoi denigratori furono costretti a rimpiangerlo, quando il suo posto fu preso prima dal Richecourt e poi dal Botta-Adorno.

Pur di origine italiana, costui aveva fatto tutta la sua

carriera, fino al grado di Maresciallo, nell'esercito imperiale. Anzi, era stato lui il comandante di quel corpo di spedizione austriaco che i Genovesi, guidati da Balilla, avevano scacciato a sassate dalla loro città. La situazione che trovò a Firenze non era delle più invitanti. Se il Craon si era limitato a soddisfare l'appetito del Granduca, il Richecourt vi aveva aggiunto il suo facendo tale man bassa che, calato in Toscana «coi buchi nelle calze», ne era ripartito con un patrimonio di oltre cinquecentomila ducati. La città non ne poteva più di questi salassi, il malcontento dilagava, ma il Botta-Adorno non era uomo da preoccuparsene. A differenza del suo predecessore, non era ladro. Ma era un ottuso esecutore di ordini, un uomo di caserma, senza intuito politico né capacità amministrative. Quando la Toscana fu investita dalla carestia del '64, non seppe inventare nulla per farvi fronte. L'unica sua preoccupazione fu l'ordine pubblico. La gente morisse pure di fame, ma non calpestasse le aiuole. E quando il Granduca gli chiese, oltre quello di soldi, un tributo di uomini da arruolare nei suoi eserciti, egli non esitò a requisirli provocando una massiccia fuga di contadini nei vicini Stati pontifici. «Per lui» scrisse un cronista «i Toscani contano per un di più.» Non solo li voleva docili. Ma pretendeva anche che si associassero ai fasti e ai nefasti della famiglia regnante, condividendo la gioia delle culle che la rallegravano e il dolore delle bare che l'attristavano.

Solo nel '65 i Fiorentini soddisfecero questa sua pretesa: quando da Vienna giunse l'annunzio che il Granducato avrebbe avuto non più un reggente, ma un vero e proprio titolare. Questi, secondo l'impegno della «secondogenitura» contratto anche dall'Austria ad Aquisgrana, avrebbe dovuto essere Carlo Giuseppe, ch'era appunto il secondogenito della dinastia. Ma il giovane Principe era morto, e quindi la Toscana sarebbe toccata al terzogenito Pietro Leopoldo, che altrimenti avrebbe dovuto contentarsi del Ducato di Modena e Massa.

Sebbene non avesse che diciassette anni, si provvide subito ad accasarlo con l'Infanta di Spagna, Maria Luisa. Come quasi sempre capitava in questi matrimoni reali, i due giovani non si conoscevano. Si videro per la prima volta quando s'incontrarono a Innsbruck per le nozze, e a quanto pare si piacquero, sebbene la loro luna di miele cominciasse male assai: prima con una colite da parte di lui, che l'obbligò a disertare il letto coniugale; poi per l'improvvisa morte dell'imperatore Francesco, stroncato da un infarto mentre tornava da teatro.

Per quest'ultimo lugubre evento, il Botta-Adorno avrebbe voluto che i Fiorentini prendessero il lutto. Essi invece non nascosero la loro contentezza un po' perché di Francesco avevano poco da rimpiangere, un po' perché la sua scomparsa affrettava e rendeva più radicale il gran cambiamento. Vivo suo padre, Pietro Leopoldo avrebbe dovuto contentarsi del titolo di governatore generale. Ora invece poteva assumere senz'altro quello di Nono Granduca e assoluto Signore di Toscana.

I Fiorentini non sapevano nulla di lui. Ma speravano che un Granduca residente in Toscana e senz'altro titolo che quello di Toscana, avrebbe finito per sentirsi solidale con la Toscana e per farne gl'interessi.

CAPITOLO DICIASSETTESIMO

LA TOSCANA DI PIETRO LEOPOLDO

«Leopoldo ha avuto dalla natura un cuore buono, generoso e sensibile. Ma è indolente e pigro, con una forte tendenza a formarsi idee preconcette, cui poi rinuncia con difficoltà perché ha troppo alta opinione di se stesso e non ama chiedere consigli, né seguire quelli che gli vengono dati. Cerca di raggiungere i suoi fini con l'astuzia e per vie traverse. Vorrei che nell'aspetto e nel contegno diventasse più libero, franco e sicuro, meno rozzo nell'accento e nella voce, più avvincente nel modo di comportarsi e di esprimersi. Ha una grande preferenza per la piccola gente e predilezione per le cose piatte e insipide. Vorrebb'essere cortese, ma difficilmente ci riesce.» Così Maria Teresa in una *Istruzione* al precettore di suo figlio.

Il giudizio era abbastanza esatto, nel momento in cui venne formulato. L'adolescente non lasciava presagire gran che di buono. Partecipava svogliatamente alla vita di Corte, aveva in uggia l'etichetta, si annoiava alle feste, detestava l'esercito, le uniformi, le parate militari, era trascurato nel vestire, usava un linguaggio da stalliere, sputava in terra, si mangiava le unghie, soffriva di malinconia e di disturbi intestinali, e si mostrava a suo agio solo con la servitù che lo adorava.

Probabilmente questi umori dipendevano, come oggi

si direbbe, da un complesso di «frustrazione». Maria Teresa era una chioccia che, per troppo covarli, rischiava di soffocare i suoi pulcini. Era per difendersene che Pietro Leopoldo ricorreva alle «vie traverse». Per di più, il suo avvenire sembrava privo di prospettive, visto che il trono imperiale era destinato al primogenito Giuseppe e il Granducato di Toscana al secondogenito Carlo. A lui, terzogenito, sarebbe toccato al massimo il Ducato di Modena e Massa, dove non gli sarebbe rimasto che vegetare. Le unghie rose, la malinconia, la colite, il «capellonismo», erano il risultato di questo disagio.

Forse avrebbe finito per incanaglirsi nei bagordi, se la morte di Carlo, nel '60, non gli avesse aperto la successione al Granducato. Il Granducato significava l'allontanamento da Vienna, cioè dalle soffocanti gonnelle di sua madre, l'indipendenza, la responsabilità, il potere. Tutto, di colpo, per lui cambiò. E di colpo cambiò anche lui. I grumi del suo carattere si sciolsero, le crisi di malinconia si diradarono, trovò perfino piacere a comandare un reparto di cavalleria in una parata militare. E quando lo avviarono al matrimonio con l'Infanta Maria Luisa di Borbone, figlia di Carlo III (quello che, prima di diventare Re di Napoli, e poi di Spagna, avrebbe dovuto essere lui il Granduca di Toscana), ci andò con entusiasmo, perché sapeva che subito dopo avrebbe proseguito per l'Italia. Il ragazzo «indolente e pigro» di cui parlava sua madre era divorato dalla smania di fare e di far bene.

Non aveva che diciotto anni, quando giunse a Firenze con la sposa, e con un «consigliere», il conte von Thurn. Costui in realtà doveva assolvere le mansioni di sorvegliante per conto dell'Imperatrice, la quale non si rassegnava all'idea che i suoi pulcini crescessero e facessero da sé. La città, sentendosi restituita grazie a lui al rango di capitale, lo accolse festosamente: «Questi giovani sposi fanno ringiovanire tutta la Toscana» scrisse un cronista. E l'entusiasmo salì alle stelle quando il nuovo sovrano, appena insediato, licenziò il Botta-Adorno e tutti i Lorenesi del periodo di reggenza, che avevano tanto irritato i Fiorentini. Era chiaro che Leopoldo voleva governare la Toscana coi Toscani.

Tutto ciò dispiacque a Maria Teresa. Per lei, Leopoldo doveva restare un figlio e la Toscana uno Stato satellite da governare con gli uomini e secondo gl'interessi di Vienna. Mandò lettere piene di rimbrotti a Leopoldo perché, senza neanche avvertirla, aveva fatto un giro nel Granducato e comminò la disgrazia al Thurn perché, lungi dall'impedirglielo, ne difendeva l'operato. Il poveretto, già gravemente malato, ne morì. E il suo posto fu preso dal principe Rosenberg, destinato a esercitare un'azione tanto discreta, quanto importante sul giovane sovrano.

Questi era stato calorosamente festeggiato in tutte le città, specie a Livorno, dove per la prima volta aveva visto il mare, se n'era innamorato e aveva deciso d'incrementare la flotta. Fra i numerosissimi stranieri che, divisi per «nazioni», popolavano quella città resa florida dal «porto franco», i più potenti erano gli Ebrei, i quali capirono subito che in quel Granduca avevano trovato un amico, cioè un amico della libertà e del progresso. I fatti dovevano dimostrare che non si erano sbagliati.

Lungi dallo scoraggiarsi per i rabbuffi della madre, Leopoldo accentuò la propria indipendenza fino a entrare in conflitto col fratello Giuseppe cui, secondo il testamento del loro padre Francesco, avrebbe dovuto versare tutto ciò che si trovava nelle casse dello Stato granducale: un milione e duecentomila fiorini. Era un brutto colpo per le salassate finanze toscane, e Leopoldo cercò di pararlo con tutti i mezzi. Si rassegnò a cedere solo dopo uno scambio di lettere molto aspre, che compromise i suoi buoni rapporti sia col fratello che con la madre. Per fortuna proprio allora, dopo una femmina, Maria Luisa mise al mondo un maschio, che automaticamente diventava erede al trono imperiale, essendo Giuseppe rimasto due volte vedovo e senza figli. Il fausto evento riportò l'armonia tra i due fratelli. Lo zio, felice, assegnò al nipotino in culla una pensione di sessantamila fiorini all'anno.

La crisi in cui versavano le finanze granducali dopo quell'ultimo drenaggio spinse Leopoldo ad anticipare il suo programma di riforme. Si vide subito che le idee non gli mancavano. Se l'era formate nell'atmosfera illuministica di Vienna e alla scuola di un precettore francese, Sauboin, nutrito di fisiocrazia, che lo aveva seguito anche a Firenze. Ma gli occorrevano gli strumenti, cioè gli uomini e le leggi.

Di uomini, in questa città che n'era stata a suo tempo tanto prodiga, ora c'era gran carestia perché l'asfissiante regime di Cosimo non ne aveva certo favorito la produzione. Palazzo Pitti era rimasto in balìa dei preti e di un vecchio patriziato conservatore e misoneista. Leopoldo in questo ambiente non frugò nemmeno, tanto lo disprezzava. I preti li mise alla porta. I nobili cercò di non inimicarseli gratificandoli di ordini cavallereschi, nuove più rutilanti divise e incarichi onorifici. Ma già l'etichetta istaurata a Corte denunziava orientamenti novatori e democratici. La pompa era stata bandita e il rituale semplificato. Ogni venerdì le porte del palazzo si aprivano a chiunque volesse dire o chiedere qualcosa al Granduca, che riceveva tutti e con tutti s'intratteneva affabilmente. Qualcuno dice che, più che democrazia, questo era spionaggio bell'e buono. Probabilmente era una cosa e l'altra. Lo sparagnino Leopoldo si serviva di questi incontri un po' per stabilire rapporti diretti coi sudditi, un po' per sapere da loro – gratis – cosa succedeva in città. Comunque, la cosa contribuì alla popolarità del Granduca. Ai Fiorentini piaceva il suo tratto alla mano. Piacevano le sue frequenti apparizioni nei teatri, compresi quelli più proletari, da spettatore qualsiasi. Piacevano la sua frugalità e parsimonia, in cui tutti riconoscevano un carattere nazionale. Piaceva perfino il suo libertinaggio, dopo il lungo bagno di austerità subìto al tempo di Cosimo. E forse proprio perché piaceva, la voce popolare gliene accreditò più del dovuto. In realtà Leopoldo non sacrificò mai ai piaceri di alcova i doveri coniugali: lo dimostrano i sedici figli che fece snocciolare alla moglie, e la perfetta armonia dei suoi rapporti con lei e con loro. Delle sue scappatelle, Maria Luisa era informata. Quando portava la nidiata alle Cascine e i bambini per strada li salutavano, essa diceva ai suoi: «Rispondete... Potrebbero essere tutti vostri fratelli...».

Ma quello che soprattutto piaceva di Leopoldo era il suo metodo ordinato di lavoro e i collaboratori che si era scelto. Se li era cercati nel ceto medio, quello naturalmente più aperto alle sollecitazioni riformiste, ma senza un criterio rigidamente ideologico. Più tardi Mirabeau padre – il famoso «amico degli uomini» – esaltò in Leopoldo «il grande fisiocratico». Forse così Leopoldo aveva voluto apparirgli perché Mirabeau lo era e ai suoi elogi ci teneva. In realtà era un empirico che gli uomini li valutava, più che sulla dottrina, sull'esperienza.

Il primo che assunse ai suoi servizi fu Pompeo Neri. E non tanto per il nome che si era fatto come professore di diritto pubblico a Pisa, quanto per le prove che aveva dato come riformatore del catasto in Lombardia. Leopoldo, che secondo lo Zobi «possedeva finissimo tatto nel discernere gli uomini più adatti a effettuare i suoi divisamenti», ma nonostante la giovanissima età era cauto e sempre in guardia anche dai propri entusiasmi, prima lo sperimentò in alcuni incarichi operativi. E solo quando ne ebbe toccato con mano le qualità di equilibrio e di efficienza, gli affidò la direzione del Consiglio di Stato, facendone così il «primo motore» del vasto programma di riforme che aveva in mente. Insieme essi operarono le altre scelte: quella di Gian Francesco Gianni al Ministero (che allora si chiamava Segreteria) delle Finanze, e quella di Rucellai per i delicati rapporti con la Chiesa che di lì a poco dovevano ingarbugliarsi. Più tardi si sarebbe fatto avanti un altro protagonista, il Tavanti, destinato a succedere al Neri. Ma l'abbozzo del nuovo Stato fu opera dei primi tre e di pochi altri, perché Leopoldo era infedele solo con le donne. Ai collaboratori era fedelissimo e nel suo lungo regno ne cambiò ben pochi. Apertissimo fu invece sempre ai consigli di tanti altri, che chiamava la sera a consulto, perché soleva dire che «dieci occhi vedono meglio di due», e critiche e obiezioni non lo infastidivano, anzi le sollecitava. Tutti dicevano che con lui si lavorava molto, ma si lavorava bene. E questa voce finalmente raggiunse anche Vienna, dove si rassegnarono a lasciarlo fare.

«La Toscana» scriveva in quegli anni Giorgio Santi «ha vulcani estinti; ha frequenti monti; ha colline, pianure e valli diversificate in mille amenissime guise; fonti limpidissime, torrenti precipitosi, fiumi reali e laghi; e tutto questo così vario suolo è abbondante in animali d'ogni genere, in piante, in miniere metalliche, in zolfo, in bitume, in pietre rare, in sali...».

Come scampolo di pubblicità turistica, va bene. Come ritratto, un po' meno. La Toscana era già allora, effettivamente, la più bella regione d'Italia, e forse del mondo, la più varia, completa e armoniosa; ma per volontà degli uomini, non per grazia di Dio. «Un immenso deposito di fatiche» avrebbe detto Cattaneo. E infatti c'era voluto il sudore di generazioni e generazioni per pettinare quella terra in buona parte irsuta e avara, e spremerne dei frutti. L'acqua scarseggiava, di fiumi reali neanche l'ombra, e i torrenti precipitosi erano più una minaccia che una benedizione. Materie prime ce n'erano effettivamente molte, ma in scarsa quantità e di difficile estrazione. L'unica sua vera ricchezza erano il puntiglio, la frugalità e la parsimonia degli abitanti.

Dagli sconquassi monetari del secolo precedente e dalla concorrenza del neocapitalismo protestante che, padrone dei mari, si era accaparrato tutti i mercati dell'Occidente, la Toscana era riuscita a salvare solo qualche brandello delle sue due industrie un tempo più floride: la lana e la seta. Il marmo di Carrara, il mercurio dell'Amiata, l'alabastro di Volterra, il ferro dell'Elba alimentavano un artigianato ancora abbastanza vivo e ricco d'inventiva. Ma nemmeno la Toscana era sfuggita al processo di ruralizzazione provocato dalla Controriforma e dal dominio spagnolo sulla Penisola. La restaurazione di un tipo di società che poneva al vertice dei valori il titolo ereditario e la qualifica di redditiero, che non conosceva altra ricchezza che quella misurabile in ettari, e che teneva a vile «le arti meccaniche», cioè il lavoro, aveva provocato irreparabili guasti anche in questo paese d'imprenditori, di banchieri e di mercanti.

Come dappertutto altrove, la base della sua economia era l'agricoltura. I contadini toscani facevano tesoro di tutto, anche della povertà delle loro terre spremendone l'olio e il vino migliori. E la dieta vi si era adeguata. Nessuna cucina, come quella toscana, sa sfruttare in maniera così raffinata i prodotti più rustici: l'erbe selvatiche, i fagioli, le patate, le castagne. Pochi condimenti, niente salse, tutto ridotto all'essenziale. Alla base, per tutti, dal più grande signore al più umile bracciante, e oggetto quasi di religiosa adorazione, il pane.

Fu al pane che Leopoldo dedicò le sue prime misure. Esso non era sicuro perché il raccolto del grano bastava al fabbisogno solo nelle annate buone. In quelle cattive, occorreva importarlo: un'operazione impacciata da tariffe doganali, anche fra Comune e Comune, che ne maggioravano il prezzo al punto da renderlo proibitivo alla popolazione più povera e bisognosa. Leopoldo le abolì anticipando la riforma liberalizzatrice di Turgot in Francia e fornendogliene il modello. Egli si era accorto che nel porto di Livorno transitavano molti carichi di grano da e per l'Oriente. Abolendo il dazio, egli pensava che, in caso di carestia e quindi di prezzi alti, ai mercanti sarebbe convenuto scaricare e vendere sul posto, il che avrebbe automaticamente fatto ribassare i prezzi con gran sollievo dei consumatori; in caso di abbondanza e di prezzi bassi, ai mercanti sarebbe convenuto comprare sul posto, con gran sollievo dei produttori.

I fatti gli dettero ragione, ma non del tutto. Come poi doveva accadere in Francia, gli speculatori, vedendo minacciato il giuoco dei rialzi ch'essi stessi determinavano incettando e nascondendo la merce, moltiplicarono i loro sotterfugi e malizie per provocare con accaparramenti carestie artificiali a danno del popolino che se la riprese col governo. Ma questo rimase fedele alla sua riforma, smantellando tutte le bardature doganali, avanzo di privilegi medievali, sia sui confini che all'interno. E la bontà dei risultati è dimostrata dal fatto che l'Inghilterra, dopo averne attentamente seguito gli sviluppi, copiò la riforma tal quale.

Ma Leopoldo non si fermò a questo. Avendo capito che cosa il pane rappresentava per i Toscani, volle almeno in questo renderli indipendenti, cioè autarchici. Perciò bisognava incrementare la produzione. Il paese non era tutto a cultura: l'aratro si era fermato sul limitare della Maremma, della Val di Chiana e della Valdinievole, respinto dagli acquitrini e dalla malaria. Leopoldo e i suoi collaboratori predisposero un vasto piano di redenzione, una specie di Cassa del Mezzogiorno, chiamando però a collaborarvi i privati. Fu così che la vecchia classe terriera, da un pezzo addormentatasi nel regime di mezzadria che garantiva al proprietario rendite modeste, ma sicure, senza chiedergli molto impegno, dovette, per affrontare questa impresa pionieristica, richiamare in servizio l'antico spirito imprenditoriale, che fu alla base delle grandi bonifiche. Naturalmente Leopoldo non fece in tempo a vederne e goderne i frutti. Ma fu lui a darle avvìo, realizzando le premesse di un rinnovamento, che nel secolo successivo avrebbe fatto della Toscana non la regione più ricca, ma la più equilibrata e civile d'Italia.

Di pari passo andò la liquidazione delle bardature corporative. Firenze era stata la patria delle corporazioni o, come allora si chiamavano, delle «Arti», che ai loro tempi avevano assolto un compito utilissimo. Esse erano state degli Stati nello Stato con istituti propri, proprie leggi, perfino propri tribunali e propri agenti diplomatici, i «Consoli». Ora erano diventate le cittadelle del privilegio ereditario e dei monopoli più esosi. Impedivano la nascita d'imprese concorrenti per garantirsi il mercato, e l'assunzione di nuova manodopera per difendere gli alti salari. Questo provocava un alto costo di produzione e quindi gli alti prezzi del prodotto, a tutto scapito dei consumatori. Era naturalmente un sistema che si reggeva solo sul protezionismo, cioè su una barriera doganale che, caricandoli di dazi, sbarrava il passo ai prodotti stranieri.

Tutto ciò s'intonava perfettamente alle teorie mercantiliste che fin allora avevano dominato e che, identificando la ricchezza nel denaro (il quale invece ne è solo lo strumento e la misura), spingevano gli Stati a esportare il più possibile per accaparrare valuta e a importare il meno possibile per non sborsarne: col solo risultato di un congelamento del commercio internazionale che si basa invece sull'interscambio. Ma era in stridente contrasto coi princìpi liberalizzatori di Leopoldo. Il quale tuttavia, a differenza di suo fratello Giuseppe, si rese conto che una smobilitazione drastica e radicale dell'apparato protezionistico avrebbe messo in crisi la produzione toscana lasciandola alla mercé dei concorrenti più agguerriti. Perciò procedette per gradi, prima unificando le corporazioni in una Camera di Commercio, poi trasferendone le competenze a un «provveditore», e solo in seguito abolendo anche questo.

I balzelli e i pedaggi interni caddero con la riforma amministrativa, di cui Neri fu il grande artefice. Da buon sovrano dell'assolutismo illuminato, Leopoldo non poteva sopportare i particolarismi. E in Toscana ce n'erano a josa. Per non stuzzicare le suscettibilità democratiche di Firenze, i Medici ne avevano lasciato sopravvivere tutte le magistrature, comprese le più anacronistiche, come i «Capitani di Parte guelfa» istituiti nel 1250 per sventare ogni rivalsa ghibellina. Di guelfi e ghibellini ormai non restava neanche il ricordo. Ma restavano i Capitani, come restavano i nove «Conservatori del dominio fiorentino» e i tre «Uffiziali dei fiumi» e infinite altre cariche, svuotate dalla Signoria medicea di ogni contenuto politico, e ridotte a malcerte competenze fra l'amministrativo e il giudiziario.

Ma la confusione più grossa regnava nei rapporti fra la capitale, Firenze, e le altre città e Comuni. Firenze era cresciuta per annessioni più o meno violente, e aveva sempre cercato di farsele perdonare dalle vittime rispettando la facciata delle loro autonomie, cioè gl'istituti che le incarnavano. Ogni città aveva i suoi, ma completamente esautorati dal governo centralizzatore dei Medici. Inabilitati a svolgere le funzioni amministrative che oggi vengono assolte – quando vengono assolte – dai cosiddetti «enti locali», Comuni e Province, essi cercavano di giustificare la propria sopravvivenza con una sorda guerriglia di «competenze» contro le autorità fiorentine, sottoponendo così a due taglieggiamenti burocratici il povero cittadino.

Qui, la riforma del Neri operò a forbice, con tagli netti. Intanto, da buon giurista, egli separò in maniera definitiva i compiti giurisdizionali da quelli amministrativi. Neri aveva un'idea chiara dello Stato di diritto, cioè della divisione dei poteri, e non ammetteva contaminazioni fra l'uno e l'altro. In secondo luogo creò una Camera delle Comunità per esercitare sui Comuni pressappoco quel controllo che oggi esercita il Prefetto. Questo istituto fu limitato per il momento ai Comuni del contado fiorentino, perché il cauto Leopoldo volle prima vedere come funzionava. Ma funzionò in modo tale che i Comuni rimasti fuori chiesero di entrare a farne parte. Per la ragione semplicissima che la Camera, pur avendo abolito i ruderi delle vecchie autonomie, aveva restituito ai Comuni certi compiti amministrativi come la redazione del bilancio, la nomina degl'impiegati municipali, la costruzione di strade, la manutenzione degli ospedali eccetera. La riforma insomma, nel momento stesso in cui accentrava le direttive programmatiche, ne decentrava l'esecuzione come oggi si cerca di fare con le Regioni. Perché il sogno che Leopoldo e Neri perseguivano era questo: risvegliare nei cittadini l'interesse alla cosa pubblica avvicinandogliela in centri di potere locali, abilitati a esercitarla sia pure in un campo puramente amministrativo, e non politico.

Il successo di questa riforma è dimostrato dall'incalzare delle sue tappe. Senza punte forzature, nel '74 essa fu estesa a tutto il distretto di Firenze, due anni dopo a quello di Pisa, nel '78 a Siena. Ma in questo caso sulla parola «successo» bisogna intendersi. Nei piccoli comuni di campagna esso fu notevole: non solo perché il municipio e i suoi problemi erano a portata di tutti, ma anche perché il signore e il contadino, il parroco e il fedele erano già abituati a una stretta convivenza e collaborazione. In città le differenze di ceto e di condizione creavano ostacoli e allergie, che il Granduca cercò di combattere anche con l'esempio dei propri atteggiamenti democratici, ma senza riuscire a debellarli. Un secolo e mezzo di Controriforma, con le sue concezioni autoritarie e le sue ipersensibilità di casta, non era passato invano neanche a Firenze. Ma un risultato fu comunque ottenuto: con la liquidazione del Consiglio dei Duecento e del Senato, i due supremi organi del vecchio Stato composti quasi esclusivamente di Fiorentini, la Toscana non si sentì più, o si sentì molto meno, «oppressa» da Firenze.

La riforma leopoldina che fece più effetto nel mondo per i grandi princìpi morali che vi erano coinvolti fu quella del codice penale. Leopoldo la ruminò coi suoi consiglieri per oltre vent'anni e la varò solo nell'86. Fin lì si era limitato a qualche ritocco della vecchia legislazione mitigando la severità dei castighi. Ma il codice consacrò definitivamente le più grandi conquiste del pensiero giuridico moderno, abolendo d'un sol colpo i quattro più infami residuati del Medio Evo: i cosiddetti delitti di lesa maestà, la confisca dei beni, la tortura, e la pena di morte.

Cesare Beccaria e tutti i progressisti d'Europa esultarono, e Mirabeau chiamò Leopoldo «il nuovo Solone». I timorati benpensanti gridarono allo scandalo e pronosticarono una Toscana alla mercé dei criminali e dei terroristi. I fatti li smentirono clamorosamente. Quando Leopoldo venne a Firenze, nel '65, la media dei delitti era di circa duemila all'anno. Quando ne ripartì, essa era calata a trecento.

Leopoldo era così sicuro del risultato, che ancora prima di varare il codice aveva ordinato al Gianni, da poco succeduto al Neri, di sciogliere l'esercito sostituendolo con una «milizia civica». Aveva sempre avuto in uggia le divise militari, e non capiva perché doveva compromettere il bilancio di uno Stato, che non aveva di che scialare, per mantenere delle forze armate che non gli sarebbero servite mai a nulla. Egli odiava la guerra, e la Toscana non aveva né mire espansionistiche, né vicini che ne avessero. Composto in buona parte di mercenari, che molto spesso disertavano, l'esercito serviva soltanto per la sicurezza interna cui, col nuovo codice, sarebbe bastata a provvedere la polizia.

Anche questa smobilitazione fu operata per gradi. Prima vennero sciolti la guarnigione e il corpo d'artiglieria di Firenze, e la Fortezza da Basso fu trasformata in un istituto di correzione per minorenni. Poi, col Commissariato alla guerra, fu liquidato tutto il resto e sostituito con reparti di milizia civica. Quest'ultima fu un fiasco, tanto che, alla fine del suo regno, Leopoldo l'abolì. Ma la fine dell'esercito non fu rimpianta che da coloro che ci campavano sopra. Neanche i Toscani amavano e amano la guerra, meno quella civile. Ma sotto Leopoldo non ne erano tentati.

In una delle sue *Istruzioni* impartitagli al momento della sua investitura a Granduca, Maria Teresa aveva raccomandato a Leopoldo fermezza e intransigenza contro le intromissioni della Chiesa negli affari di Stato, ma obbedienza filiale al Pontefice in fatto di dogma. A questa regola si era attenuta essa stessa, scrupolosa osservante, ma pronta a mettere alla porta anche il proprio confessore se avesse cercato d'interferire nei suoi compiti di sovrana. E Leopoldo ne aveva seguito l'esempio. Pur senza le bigotterie di Cosimo, era un praticante scrupoloso, e per il prete in chiesa aveva il massimo rispetto. Ma a quello fuori chiesa non riconosceva privilegi. Con le sue leggi aveva posto un rigido freno all'estendersi delle proprietà ecclesiastiche e aveva cercato di ripartirle più equamente a vantaggio del basso Clero. La resistenza che aveva incontrato da parte di quello alto fortemente sostenuto dalla Curia romana lo aveva persuaso ad affrontare con maggiore risolutezza i rapporti fra Stato e Chiesa.

Su questa strada lo aveva sempre spinto il Rucellai, fermissimo nelle sue convinzioni laiche. Ma l'agnosticismo di Rucellai non esercitava nessun fascino sul Granduca che, pur combattendo la Chiesa sul piano temporale, lo faceva da credente e non senza profondi turbamenti di coscienza. Da ragazzo, Leopoldo aveva avuto una buona istruzione religiosa perché sua madre teneva di riserva per lui la carriera ecclesiastica, e il giovane aveva portato in questi studi un certo entusiasmo. Come molti uomini del suo tempo, egli cercava di conciliare le idee illuministe con le esigenze della fede, come tentavano di fare i giansenisti. Leopoldo non si considerava dei loro. Ma lo era: se non per le convinzioni, certo per il temperamento. Questo libertino era afflitto da un rigore morale che lo metteva in serio contrasto con se stesso, e dopo ogni avventura si tuffava nella *Imitazione di Cristo* del Kempis, che non figurava fra gli autori giansenisti solo perché era vissuto due secoli prima di loro, ma solo per questo.

Non c'è quindi da stupirsi ch'egli si sentisse profondamente attirato da un uomo come Scipione de' Ricci e ne facesse il proprio direttore di coscienza. Il Ricci discendeva da una famiglia di vecchio blasone, e sua madre era una Ricasoli. A differenza di molti giovani del suo rango che in sacerdozio entravano solo per far carriera, egli lo aveva abbracciato per autentica vocazione. Aveva studiato a Roma nel collegio dei gesuiti, il cui Generale era un suo lontano parente, e nei cui ranghi aveva intenzione di arruolarsi. Ma per strada aveva incontrato ed era caduto sotto il fascino di due prelati toscani, il Bottari e il Foggini, entrambi giansenisti.

Il giansenismo italiano aveva una sua particolare coloratura. A differenza di quello francese impegnato soprattutto sui problemi teologici della grazia e della predestinazione, esso perseguiva interessi più pratici: la riforma del costume e della disciplina ecclesiastica, e una lotta a oltranza contro l'assolutismo e il centralismo di Roma.

Il Ricci si convertì a queste idee con tutto l'ardore del suo spirito inquieto e intrepido, e per poterle propagandare e praticare respinse l'offerta di entrare in Curia con tutte le allettanti prospettive che questa gli avrebbe schiuso. Preferì tornare a Firenze come Vicario dell'arcivescovo Incontri che, pur non essendo un giansenista dichiarato, non nascondeva le sue simpatie per certe tesi giansenistе, e soprattutto era un uomo libero e coraggioso che non aveva esitato a mettersi in contrasto col Sant'Uffizio. Sotto la sua protezione, il Ricci aveva preparato l'edizione completa delle opere del Machiavelli, che i giansenisti consideravano (piuttosto arbitrariamente) un loro precursore per il suo deciso anticurialismo, cioè per la sua ferma opposizione all'intromissione della Chiesa negli affari di Stato, e piano piano stava sostituendo in tutta la diocesi il catechismo del Bellarmino con quello di Colbert de Croissy, uno dei grandi padri del giansenismo.

Leopoldo, dopo averlo fatto nominare Vescovo di Pistoia e Prato, se lo prese come consigliere. Il Rucellai era morto. Ed era morta anche Maria Teresa che, da viva, non si era mai stancata di metterlo in guardia dai pericoli di una lotta aperta con la Chiesa. Ora al suo posto c'era Giuseppe che in questa lotta s'era impegnato fino al collo. E Leopoldo poteva contare sul suo valido appoggio. In parole povere, egli voleva fare dell'Episcopato toscano uno strumento dello Stato sottraendolo, tranne che nel campo spirituale, a ogni dipendenza da Roma, come avevano fatto i Re di Francia. E su questa strada il Ricci lo spingeva con tutto l'impeto delle sue convinzioni. Entrambi volevano un Clero più colto e moralmente rigoroso, dalla cui selezione Roma fosse esclusa.

Nel 1781 l'Incontri morì. Forse Leopoldo avrebbe voluto proporre come successore il Ricci, ma questi era troppo giovane e Vescovo solo da pochi mesi. Per caso in quei giorni passò da Firenze e venne in visita a Pitti un prelato pratese emigrato in Piemonte, Antonio Martini, considerato uno dei più grandi conoscitori di testi biblici e molto vicino agli ambienti giansenisti. Leopoldo ne rimase talmente colpito che, contravvenendo alla sua abituale cautela, gli offrì su due piedi l'Arcivescovado.

La nomina fu considerata dal Ricci e dai suoi simpatizzanti come il definitivo trionfo del partito riformatore. E i fatti parvero confermarlo. Subito dopo venne abolito il tribunale dell'Inquisizione che in realtà negli ultimi tempi aveva perso gran parte delle sue attribuzioni, ma che esisteva da oltre cinque secoli. Poi venne posto un rigido freno al drenaggio di fondi che la Curia romana operava sul patrimonio ecclesiastico toscano, le cui rendite furono riservate al Clero locale. In seguito ebbe inizio la pubblicazione degli *Annali ecclesiastici* d'ispirazione nettamente giansenista, nonché la traduzione in opuscoli a carattere popolare dei più accreditati testi del pensiero giansenista francese e olandese. Su iniziativa del Ricci, fu decisa una drastica riduzione di congregazioni e confraternite e il trasferimento dei beni ecclesiastici dalla supervisione amministrativa dei vescovi a quella del governo. Infine, la competenza dei tribunali episcopali venne ridotta alle sole materie religiose e i loro poteri punitivi limitati a semplici contravvenzioni. Per i delitti comuni, anche il sacerdote era sottoposto al tribunale civile.

Le proteste di Roma sorpresero e allarmarono Leopoldo, che forse si era lasciato prendere un po' la mano. Solo ora probabilmente s'accorgeva ch'era difficile separare il politico dallo spirituale e che ogni colpo assestato alla Chiesa come istituzione temporale colpiva anche il suo magistero. Il suo maggior biografo, Wandruszka, dice che quando il Granduca si appressava all'altare per ricevere il sacramento della comunione, i suoi occhi erano pieni di lacrime.

Nel 1786 Ricci decise di scendere in campo aperto, convocando a Pistoia un sinodo diocesano, cioè una specie di piccolo Concilio, che sancisse una vera e propria «Riforma» giansenista. I Padri Conciliari non erano che i duecentosessanta parroci della diocesi. Ma Ricci, ch'era anche un infaticabile agente di pubbliche relazioni, aveva già fatto un tale scampanìo intorno all'avvenimento, che dall'Italia e dall'estero piombarono a Pistoia i più agguerriti teologi. Soprattutto i giansenisti, si capisce, erano accorsi in massa, convinti che lì si giuocasse una partita decisiva e che la Toscana avrebbe offerto il primo modello di una Chiesa nazional-cattolica svincolata da ogni dipendenza disciplinare da Roma, anche sul piano della dottrina.

Pur senza parteciparvi di persona, Leopoldo, avvertendone la gravità, seguì con grande ansia quella battaglia che, come tutte le cose italiane, ebbe risvolti di dramma e di farsa. Dei quindici Vescovi toscani, due soli si schierarono col Ricci. Gli altri furono contro di lui, chiamato per dileggio «il Papa di Pistoia», e alla loro testa era l'Arcivescovo, salutato il giorno della nomina come «l'uomo dei riformatori». Qualcuno dice che a spingerlo all'opposizione era stata la gelosia per il Ricci, troppo spavaldamente presentatosi come il protagonista dell'avvenimento. Forse c'entrava anche quella: il Martini aveva una personalità troppo forte per rassegnarsi a una parte di comprimario, e il Ricci troppo poca diplomazia per non fargli pesare la sua. Ma ancora di più dovette giuocare in lui e in altri il senso della responsabilità. Il Martini si era mostrato spregiudicato finché non impegnava che la propria coscienza. Ma da quando era Arcivescovo, in lui avevano prevalso i doveri verso la Chiesa.

Quanto ai duecentosessanta parroci, essi erano tutti per Ricci. Ma si trattava di bravi preti di campagna e di montagna, unicamente interessati ai piccoli problemi pratici delle loro parrocchie. Nel dibattito, che i teologi dell'una e dell'altra parte avevano subito spostato sul piano della grazia e della predestinazione, si trovarono spaesati, v'interloquirono a sproposito e spesso con battute involontariamente umoristiche. Questo non impedì ai giansenisti di tutta Europa di esaltare il sinodo di Pistoia come un loro trionfo. Ma consentì anche ai loro avversari di ridurlo a una burletta. Comunque, le sue ottantasei «proposizioni» furono rifiutate dall'Episcopato toscano. E questa bocciatura consentì al Papa di non intervenire con condanne che potevano esporlo ad accuse di prevaricazione ideologica. Egli infatti lasciò che il gran baccano suscitato da quella polemica si placasse da sé. Solo otto anni dopo, con la bolla *Auctorem Fidei* condannò sette di quelle proposizioni come eretiche e definì tutte le altre «prossime all'eresia, false e scandalose».

Per Leopoldo, la delusione fu grossa. Dapprincipio pensò di raddoppiare la posta, lanciando la proposta di un Concilio nazionale. Ma capì che, se non era riuscito quello toscano, dove il giansenismo aveva le sue più forti cittadelle, sul piano nazionale lo smacco sarebbe stato ancora più grave. Convocò i suoi quindici Vescovi a palazzo Pitti, nella speranza di riunirli in un fronte comune contro le interferenze di Roma. La folla riunita davanti al portone accolse i riformatori con insulti e minacce. Le avevano dato ad intendere ch'essi volevano rimuovere dal Duomo una reliquia della Vergine, ch'era sempre stata oggetto della venerazione popolare. Questa «insurrezione per la Madonna» scatenò una caccia alle streghe. Tutti i sacerdoti sospetti di giansenismo furono costretti a portare in processione le immagini dei Santi.

Resi più forti da questa reazione della piazza, ch'essi stessi avevano provocato, gli oppositori inflissero al Ricci una sconfitta che in realtà era la sconfitta del Granduca.

Tutte le riforme vennero revocate. Nella messa il latino riprese il posto dell'italiano, che il Ricci aveva introdotto. La recitazione a voce alta delle preghiere venne abolita come profanazione del mistero. I messali giansenisti furono dati alle fiamme.

Leopoldo aspettò che i tumulti si placassero. Poi ne castigò gli aizzatori francescani e cappuccini chiudendone i conventi. Il Ricci venne a chiedere clemenza per loro, offrendo le proprie dimissioni. Il Granduca le rifiutò e seguitò a testimoniargli la sua amicizia e considerazione. Solo quando ebbe rimpiazzato suo fratello sul trono imperiale di Vienna, avendo saputo che a Pistoia erano scoppiati nuovi torbidi, consigliò a Ferdinando, suo figlio e successore a Firenze, di allontanare il Ricci, ma assegnandogli un buon canonicato e una decorosa pensione. La sua azione nei confronti della Chiesa era diventata più cauta. Ma le sue idee non erano mutate. Seguitava a pensare che solo una riforma in senso giansenista avrebbe risolto in maniera chiara e definitiva il problema dei rapporti fra Stato e Chiesa e restituito a quest'ultima un compito di promozione spirituale. Questo devoto ribelle seguitava a sognare un Clero capace di guidare la società moderna facendole da battistrada, e in Ricci vedeva un pioniere sconfitto dalla superstizione e dal conformismo autoritario.

Il 6 febbraio 1790 l'imperatore Giuseppe scriveva a Leopoldo di tenersi pronto. I medici gli avevano detto che per lui ormai non c'era più speranza. Era la lettera di un uomo coraggioso, disperato non per la propria fine, ma per il fallimento della propria opera. La situazione era infatti rovinosa. Le province belghe in rivolta potevano considerarsi perdute, dacché Inghilterra, Prussia e Olanda si erano coalizzate per sostenerne la ribellione. L'esercito era impegnato nella interminabile guerra balcanica contro i Turchi. E l'Ungheria stava anch'essa per esplodere sotto la guida dei suoi nobili minacciati nei loro privilegi dalle riforme democratiche del sovrano illuminista.

Due giorni dopo, con una lettera ancora più pressante, Giuseppe scongiurava Leopoldo di accorrere subito e di assumere per intanto la carica di «coreggente» ch'egli stesso aveva per un pezzo esercitato al fianco di sua madre: la situazione non consentiva neanche un interregno di pochi giorni, ci voleva qualcuno che vigilasse e decidesse, e lui non era più in grado di farlo.

Leopoldo, che si trovava a Pisa, rientrò precipitosamente a Firenze, nominò un Consiglio di reggenza che esercitasse il potere fino alla maggiore età del figlio Ferdinando, ma non partì. Il motivo di questa renitenza, che poi gli fu aspramente rimproverata, non si è mai saputo. Egli addusse quello di un'indisposizione. Wandruszka sospetta che non volesse arrivare prima della morte di Giuseppe per non farsene condizionare nelle sue decisioni. È l'ipotesi più probabile poiché egli trascorse quei giorni d'attesa a scrivere lettere a fratelli e sorelle in cui è chiaro il suo proposito di rettificare, e in certi casi di capovolgere, la politica di Giuseppe. Voleva far la pace coi Turchi, prevenire ogni complicazione con la Prussia, revocare le riforme in Ungheria. Comunque, è un fatto che solo dopo aver ricevuto la notizia che il fratello era spirato, si decise a dire addio a Firenze.

«Io accetto la volontà della Provvidenza: ho già preso tutte le disposizioni in vista di abbandonare definitivamente un Paese al quale mi sono affezionato. Vi lascerò infatti tutti i miei amici e buona parte, almeno per ora, della mia gente. Alla mia età, con gli acciacchi che cominciano, coi capelli che stanno diventando bianchi, sono costretto in mezzo a una spaventosa confusione a cominciare ancora una volta daccapo», aveva scritto pochi giorni prima alla sorella Maria Carolina, Regina di Napoli.

Fra le disposizioni che aveva preso c'era anche un lungo rapporto a suo figlio che rappresenta un vero e proprio bilancio dei suoi venticinque anni di regno in Toscana. Esso comincia con questo ritratto dei suoi sudditi, che ci sembra conservare una certa attualità: «Il carattere degli abitanti in genere è dolce, docile, di poco coraggio, ma accorto, poco sincero, di molta finezza, portato all'interesse e a cercare con raggiro di pervenire ai suoi fini. Sono estremamente portati alla curiosità e a indagare i fatti altrui. Sempre disuniti fra loro, diffidenti e invidiosi l'uno dell'altro, eccessivamente minuti, sfogano il loro cattivo umore in maldicenze, in ciarle, in calunnie e intrighi di piccolissimo momento...».

Ed ecco quello del suo maggior collaboratore: «Il senatore Gianni è uomo di molto talento e capacità, che conosce superiormente a qualunque altra persona in Toscana lo stato del Paese, le sue forze e circostanze; ma è pericoloso per il suo carattere, pieno di personalità a favore o contro le persone, e di secondi fini, a tenor dei quali regola le sue proposizioni, vuole in tutti gli affari sostenere le sue opinioni e aver sempre ragione, disprezzando tutto... È molto ambizioso e accorto, e le sue mire tendono fino da lunga mano a rendersi padrone di tutti gli affari...».

Come si vede, l'amore per Firenze e i Fiorentini non gli faceva velo. Non gli faceva velo nessun sentimento, ammesso che ne avesse. L'uomo era caldo solo di sensi, che aveva sempre in subbuglio. Ma di cuore e di cervello era freddo, e questo fu il primo segreto del suo successo. Guardava uomini e cose con distacco senza mai lasciarsi travolgere da simpatie o antipatie. Passioni non ne aveva, meno quella del lavoro. Il lavoro era la sua medicina contro l'ipocondria che lo affliggeva. Nonostante le frequenti avventure di alcova, non era affatto un gaudente. Riempiva la sua giornata d'impegni perché aveva paura di restare a tuppertù con la propria inquieta coscienza. Non aveva né distrazioni né hobby, neanche la caccia. Aveva bisogno di fare. E, dopo aver fatto, aveva bisogno di scrivere ciò che aveva fatto. Scriveva tutto, in uno stile disadorno e stilisticamente scalcinato, ma efficace, annotando minuziosamente anche i più piccoli particolari.

Non lo faceva per aiutare soltanto la propria memoria, ma anche quella dei posteri. Il democratico Leopoldo, nemico della pompa, dei titoli, dei galloni, delle uniformi, era in realtà un uomo ambizioso. Sapeva di essere un protagonista, e voleva che anche gli altri lo sapessero. «Durante tutto il suo regno» dice Wandruszka «aveva curato con consumata perizia il suo "ufficio stampa" ricevendo personalmente qualsiasi straniero di riguardo che capitasse a Firenze, facendone un suo ammiratore e propagandista, e sollecitando libri e articoli che illustrassero le sue riforme.»

C'era splendidamente riuscito. Grazie a lui, negli ultimi quindici anni, gli sguardi di tutta Europa erano rimasti appuntati sulla Toscana, considerata il banco di prova e il gabinetto sperimentale dell'assolutismo illuminato. Le riforme leopoldine erano seguite, discusse, contestate e ammirate in tutte le capitali. A diffonderne l'eco era soprattutto la grande «Internazionale» fisiocratica con cui Leopoldo aveva avuto l'accortezza di restare in stretto contatto. Egli aveva capito quanto ormai contasse la pubblica opinione e quanto, sulla pubblica opinione, contasse quella delle minoranze intellettuali. Perciò non tralasciò nulla per conquistarle e per mettere a loro disposizione tutti i documenti di cui potessero aver bisogno.

Alcuni storici dicono che, nonostante lo scatto di grado dal trono granducale a quello imperiale, partì da Firenze «con la morte nel cuore». In realtà, più che addolorato per quello che lasciava, era preoccupato di ciò che stava per trovare a Vienna. Il suo attaccamento alla Toscana era l'attaccamento ai venticinque anni di vita che vi aveva trascorso, naturalmente i più belli perché erano stati quelli della gioventù e della maturità. Firenze aveva rappresentato per lui la liberazione dalla tirannia materna, il potere, le soddisfazioni, il successo. Anche se non era riuscito a farne lo Stato modello che voleva, ci s'era avvicinato. A quel Paese dissestato e diviso, arretrato e mal governato, aveva dato le migliori leggi d'Italia, la migliore amministrazione, un bilancio in pareggio, una moneta sicura, una notevole omogeneità e anche un certo slancio imprenditoriale. Ecco cosa Leopoldo amava nella Toscana: la sua creatura, il frutto del proprio lavoro, e niente altro. Tant'è vero che, tornatoci in visita l'anno dopo, ci si sentì talmente a disagio e deluso che abbreviò il soggiorno. Non era già più la sua creatura.

Forse il solo rimpianto che provò il giorno dell'addio fu per la Livia Raimondi, l'ultima e la più duratura delle sue «relazioni». Era una ragazza del popolo, figlia d'un cameriere d'Albano, un certo Geppetto che cercava d'industrializzare la sua avvenenza facendole far la ballerina. Gli studenti di Pisa, di fronte a cui si esibiva, trovarono che le sue gambe erano, sì, da esposizione, ma non da danza, e la fischiarono sonoramente. Geppetto chiese udienza al Granduca e, mostrandogli quel po' po' di figliola, gli chiese se trovava giusti quei fischi. Il Granduca li trovò del tutto ingiusti, e propose alla ragazza un altro genere di «scrittura»: proprio quella su cui Geppetto probabilmente aveva fatto assegnamento.

Il capriccio diventò una cotta, che provocò un mezzo dramma: non da parte della granduchessa Maria Luisa, ormai allenatissima a quegl'incidenti, ma della favorita in carica, Anna Cowper, moglie di un Lord inglese, che i Fiorentini chiamavano «Miledi». Leopoldo fece sistemare per Livia un *buen retiro*, dove oggi è insediato il «Circolo degli Ufficiali» in piazza San Marco, e dove tuttora si conserva una «Sala della Livia» col soffitto decorato da un affresco che rappresenta una cicogna circondata di puttini. L'allusione è chiara, e del resto confermata dai documenti: Livia era incinta, e poco dopo mise al mondo un figlio, cui fu dato il nome di Luigi.

L'arredo di questo «nido del peccato» rivela tutto il carattere di Leopoldo. Nella camera da letto c'era una bella stampa in cornice dorata che rappresentava la famiglia reale al completo: Granduca, Granduchessa e i sedici principini. Leopoldo li voleva sotto gli occhi anche quando faceva l'amore con Livia, e voleva che Livia s'ispirasse a quella bella armonia domestica. Come libri di comodino, Leopoldo le aveva regalato le *Riflessioni morali della Bibbia* di Royaumont e la *Imitazione di Cristo*: due testi di rigorosa ispirazione giansenista. Insomma, voleva in qualche modo moralizzare anche la *garçonnière*, l'amante e il bastardo.

A questa seconda famiglia era ancora molto attaccato, quando dovette partire per Vienna: lo dimostrano le lettere che di là scrisse a Livia. Tanto che, poco dopo, essa ve lo raggiunse insieme al bambino, ai genitori e ai fratelli, che Leopoldo aveva assunto al proprio servizio. Ma era già passato quasi un anno dalla separazione, e Leopoldo non era uomo da potersi lasciare sentimentalmente disoccupato per tanto tempo. Quando essa giunse, lo trovò già riaccasato con una Contessa boema. Riprese col figlioletto la via di Firenze, dove l'aspettava la notizia dell'improvvisa morte di Leopoldo.

Questi aveva tuttavia provveduto anche a lei facendole una buona dote e assicurandole una pensione che il figlio e successore seguitò puntualmente a pagarle anche dopo ch'essa si fu sposata. Quanto a Luigi, gli fu dato il cognome vagamente araldico di von Grün, fece i suoi studi all'Università di Vienna, entrò nell'amministrazione, e morì ancora giovane di una malattia polmonare.

Al momento della scomparsa di Leopoldo, la sorella Maria Carolina aveva scritto alla figlia: «Aveva delle debolezze, ma era un buon padre di famiglia!». Giudizio esatto. Ma lo sarebbe ancora di più se, invece che «famiglia», avesse detto «famiglie».

CAPITOLO DICIOTTESIMO

GLI STATI PONTIFICI

«La forma di governo» scriveva De Brosses da Roma nel 1740 «è quanto di peggio si possa immaginare: giusto il contrario di quello che Niccolò Machiavelli e Tommaso Moro avevano immaginato nelle loro utopie. Figuratevi cosa può essere una popolazione composta per un terzo di sacerdoti, per un terzo di persone che lavorano poco e per un terzo di persone che non lavorano affatto. Un Paese privo d'agricoltura, commercio e industria, posto in mezzo a una campagna fertile e lungo un fiume navigabile; ma il cui sovrano, sempre vecchio, di scarsa durata, spesso incapacitato ad agire e circondato di parenti unicamente tesi a far ciccia finché dura, e dove ogni cambiamento significa l'arrivo di una nuova banda di ladri affamati al posto di quelli già sazi; un Paese che assicura l'immunità a chiunque delinqua purché sia amico d'un potente o si trovi sul limite d'un luogo sacro; e dove il reddito nazionale consiste nei contributi dei paesi stranieri in progressiva diminuzione...»

Come al solito, De Brosses esagerava. Ma non mentiva. Di consistente, gli Stati pontifici avevano solo le dimensioni territoriali e la posizione. Estesi dal Tirreno all'Adriatico, inglobavano il Lazio, l'Umbria, le Marche, la Romagna e la più grossa fetta dell'Emilia compresa la capitale Bologna, cioè il cuore della Penisola, oltre al feudo di

Avignone in Francia e a quello di Benevento e Pontecorvo. Ma quanto a peso politico ed economico, non n'esercitavano punto per mancanza di ossatura. Si chiamavano «Stati» appunto perché uno Stato non c'era. Come gli altri Principati laici, anche quello della Chiesa era cresciuto per successive usurpazioni su quelli circonvicini, di cui in compenso aveva dovuto riconoscere gli usi e i privilegi particolari. Delle tredici province in cui si dividevano, quattro (Bologna, Ferrara, Ravenna, Urbino) si chiamavano Legazioni ed erano governate da un Cardinale Legato; le altre da prelati a titolo diverso. Ma ognuna conservava le proprie leggi e istituti. Nei documenti ufficiali, anche dei paesetti come Castro e Ronciglione venivano qualificati come Stati e se ne davano le arie. Il caso limite era quello di Bologna che, oltre ad aver conservato tutte le sue magistrature e franchigie, rivendicava perfino il diritto di tenere un proprio ambasciatore presso il Pontefice come una potenza straniera.

Trascinato dall'esempio delle monarchie assolutiste, anche il Papato nel Settecento tentò di affermare il potere centrale, e specialmente l'Alberoni – l'ex onnipotente Ministro di Filippo V e di Elisabetta Farnese, ora Cardinale Legato a Ravenna – abbozzò alcune energiche riforme. Ma, più che nelle resistenze locali, urtò in quelle del suo stesso governo, assolutamente allergico a ogni concezione di Stato, nel quale il Papato aveva sempre visto il proprio nemico, e infatti in tutta Europa non ce n'era uno che, per affermarsi, non avesse dovuto duramente lottare contro di esso e le sue interferenze.

Millesettecento anni di storia creano una mentalità. E lo si vedeva dal guazzabuglio di poteri, dall'inefficienza, dall'incompetenza che caratterizzavano il regime papalino. Tutto era in mano a una burocrazia composta – stando a certe valutazioni del tempo – di cinquantatremila sacerdoti fra centrali e periferici: l'elemento laico non deteneva che poche posizioni subalterne, e solo quando rientrava nella clientela di qualche alto prelato. La cosiddetta «stanza dei bottoni» era rappresentata dalle «Congregazioni», specie di Ministeri presieduti da Cardinali, cioè da uomini che di solito non venivano dalla pratica amministrativa, e che anzi spesso confondevano (quando andava bene) l'amministrazione con la carità. Ma la cosa più grave è che questi organi cumulavano insieme compiti civili e religiosi senza linea di demarcazione fra loro: il che li autorizzava a qualsiasi ingerenza. Per esempio, la Congregazione della Consulta, investita insieme della giurisdizione criminale e civile, oltre che dei ricorsi contro i funzionari – il che rappresentava già una bella confusione – doveva «invigilare alla salute delle province e dispensarvi li necessari ordini per tener lontani li contagiosi mali che minacciassero di assalire», cioè agire anche da ministero della pubblica sanità. Così la *Propaganda Fide* che, stando al nome, avrebbe dovuto occuparsi solo di apostolato, svolgeva anche mansioni amministrative, o per meglio dire se le accaparrava profittando di una totale carenza istituzionale.

A provvedere alla distribuzione delle competenze avrebbe dovuto essere il segretario di Stato, sorta di Primo Ministro nelle cui mani si accentravano tutti gli affari ecclesiastici, politici ed economici. Ma naturalmente, non essendo ancorata a un preciso organigramma, la loro distribuzione dipendeva dalle sue preferenze, se non addirittura dal suo arbitrio. E tutto andava avanti alla carlona, secondo giuochi di corridoio, d'influenze, di parentele e di ghenghe. Altra carica di grande rilievo era quella del Cardinale camerlengo, capo della reverenda Camera Apostolica, che approssimativamente assolveva ai compiti di Ministro delle Finanze.

Ma è assolutamente impossibile ricostruire il filo di un labirinto di uffici cui ogni poco se ne aggiungevano di nuovi per sistemare qualche protetto. D'invariato e invariabile, c'era soltanto il potere assoluto del Papa. Ma il suo assolutismo era diverso da quello dei Re del Settecento. Da una parte era più completo in quanto, cumulando le qualifiche di capo dello Stato e di capo della Chiesa, assommava nella sua persona i due poteri: quello temporale e quello spirituale. Dall'altra lo era meno in quanto questo potere non era ereditario, ma elettivo. Un tempo questo era stato, per il Papa, un motivo di grande debolezza perché lo metteva, almeno inizialmente, in condizioni di dipendenza dal collegio di Cardinali che lo aveva eletto. Ma a questo aveva posto rimedio il Concilio di Trento ratificando in maniera definitiva la sua infallibilità, cioè la sua insindacabilità, di cui i gesuiti rappresentavano la «guardia bianca». Quali che fossero gl'impegni presi con gli elettori per ottenerne il voto, una volta eletto il Papa poteva anche scordarsene. E questo ribadiva il suo assolutismo: un assolutismo basato su una infallibilità che in teoria valeva soltanto per le cose spirituali; ma che in pratica, data la commistione fra i due poteri, si estendeva automaticamente anche al campo temporale provocandovi una completa discrezionalità. Insomma, era il totalitarismo assoluto come sempre lo sono le teocrazie. E come sempre lo sono i totalitarismi, anche questo era refrattario a leggi istituzionali che finiscono sempre per porre dei limiti al suo esercizio. Non solo il decentramento, ma anche l'accentramento, quando viene portato all'estremo, provoca il caos. E questo era il caso del governo pontificio: una tirannia corretta dal disordine.

A esso strettamente legato era l'unico ceto laico che contava qualcosa, ma che contava appunto perché era legato al Clero: l'aristocrazia. Qualcuno ha detto che i Romani antichi pretendevano di discendere dagli Dei, e quelli moderni dai Romani antichi. Naturalmente di questi ultimi si era persa ogni traccia con le invasioni. Il primo patriziato romano che si ricreò dopo di esse era formato dai soliti caperonzoli tedeschi, scesi al seguito dei loro Re e Imperatori. Erano i Frangipane, i Gottifredi, i Cenci che dai loro castelli tenevano nel terrore la città mettendola a sacco, prendendo prigionieri anche i Papi e magari istallando al loro posto qualcuno dei loro.

Ma queste famiglie ormai si erano o erano state quasi tutte estinte e avevano ceduto il posto a un'altra aristocrazia, l'aristocrazia «nera». L'avevano formata i Papi Farnese, Aldobrandini, Borghese, Barberini, Chigi, Sforza, Odescalchi eccetera concedendo ai loro familiari titoli e blasoni. Ecco perché fra Clero e nobiltà non c'era, né poteva esserci, contrapposizione, e nemmeno competizione. Erano legati da vincoli di sangue. Il Cardinale diventava Principe, e il Principe diventava Cardinale. Via via che un Papa veniva eletto, i suoi familiari erano automaticamente iscritti nel *Libro d'oro* del patriziato romano, nel quale venivano reclutati gli Assistenti al Soglio, i Marescialli del Conclave, i Gonfalonieri di Santa Chiesa, i Conti Palatini del Laterano, i Senatori, e insomma tutti quei dignitari laici che facevano corona al potere ecclesiastico, e che avevano tutti uno zio o un fratello o un cognato in Curia.

Borghesia vera e propria a Roma c'era. O meglio c'era un suo caricaturale surrogato che si chiamava, e tuttora si chiama, «generone», composto da famiglie che di padre in figlio si tramandavano alcune professioni come quelle di notai, avvocati, Cancellieri, medici, anch'essi naturalmente al servizio della Chiesa in cui era d'obbligo, per ogni generazione, arruolare un figlio. Era un ambiente plumbeo e sussiegoso, assolutamente privo di quei fremiti intellettuali che scuotevano tutte le altre borghesie settecentesche. Il generone romano viveva in case cupe, fredde e compassate, piene d'inginocchiatoi e crocifissi, e prive di libri che non fossero codici polverosi o agiografie di Santi. La famiglia era imperniata sull'autorità assoluta e insindacabile del padre, cui anche la moglie dava del voi chiamandolo «signor Pietro» o «signor Paolo», e cui tutti dovevano baciare la mano. La giornata si riduceva a un rito punteggiato da paternostri e avemarie. L'educazione dei maschi, sia in casa che a scuola, era affidata soprattutto alla frusta. Quella delle femmine si fermava all'alfabeto: poi, se non trovavano marito, venivano messe in convento. Anche la foggia degli abiti s'intonava al costume clericale: le frivolezze settecentesche non erano state accolte o avevano dovuto adattarsi all'austerità prelatizia. Il colore di moda era rimasto il nero, e la foggia era giudicata tanto più di buon gusto quanto più si avvicinava a quella talare. Anche chi non lo era, cercava di passare almeno per un abate. I panni civili erano giudicati segno di basso rango.

L'unico ceto vivo e vero era il popolino: ignorante, irrequieto, superstizioso, protervo e scansafatiche, talvolta violento e sanguinario, ma festaiòlo e ricco di un suo humour mescolato di scetticismo e di sarcasmo. Bisognava fare i conti con le sue «battute» e coi suoi coltelli, ugualmente taglienti. Accettava la propria miseria, ma non era servile verso chi gliel'imponeva. Il vetturino dava del tu al Principe e, pur essendo devoto al Papa, si riservava il diritto di fischiarlo. A Dio non ci credeva, ma credeva ai Santi e più ancora al Monsignore di cui era cliente.

Bisogna infatti prendere con beneficio d'inventario una certa libellistica anticlericale che dipinge la Roma papalina come il regno del sopruso e del terrore poliziesco. In questa città sgangherata, inefficiente, priva di servizi, tanto ricca di chiese e conventi quanto povera di scuole, i contrasti sociali erano stridenti e visibili anche nell'urbanistica coi suoi palazzi fra i più fastosi del mondo al centro di una ragnatela di miserabili tuguri. Ma i rapporti sociali erano ammorbiditi da un costume bonario, da un «perenne scambio di buoni uffici e di concessioni reciproche»: raccomandazioni, bustarelle, indulgenze. Non era soltanto per spacconeria che i nobili e gli alti prelati che formavano il vertice di questa società non si mostravano mai in pubblico senza un folto seguito di cappellani, maestri di cerimonie, camerieri di cappa e spada, paggi, valletti e palafrenieri; era anche perché si sentivano tenuti ad assumere al loro servizio chiunque glielo chiedesse. Specialmente i Cardinali, ognuno dei quali si considerava «un Papa in piccolo» e come lui teneva Corte, erano di manica larga e di bocca buona: spesso tra i loro famigli allignavano patentate canaglie cui la protezione e la livrea di Sua Eminenza servivano per sfuggire all'arresto. Perché anche la polizia era bonaria: un po' per lo spirito di accomodamento e di compromesso cui s'intonava tutto il regime, un po' per mancanza di mezzi. Reclutati fra i teppisti di Trastevere, mal pagati, mal comandati, sottoposti a una disciplina fatta di negligenza e di tolleranza, essi non erano, dice Dupaty, che «dei briganti privilegiati che fanno la guerra a dei briganti non privilegiati», con cui restavano fondamentalmente solidali. Il Lambertini, quando ascese al Soglio col nome di Benedetto XIV, definì quello pontificio un regime «dove il Papa comanda, i Cardinali disobbediscono, e il popolo fa quel che gli pare». E un diplomatico straniero, in un rapporto sulla situazione, scriveva: «Al mondo non v'è sovrano più venerato dai sudditi del Pontefice, e meno temuto e obbedito». Come i Romani antichi usavano accogliere anche Cesare, di ritorno dalle sue conquiste, sbeffeggiandolo e corbellandolo perché non si montasse la testa, quelli del Settecento bersagliavano il Papa in carica con satire e libelli appesi alla statua di Pasquino. Durante il Conclave del '75, ce ne fu uno particolarmente feroce. L'autore, scoperto, fu condannato a morte. Ma intervenne subito la grazia; e il destinatario dell'epigramma, un Cardinale, gli mandò anche cento scudi in regalo.

Di cosa Roma vivesse, è un mistero che nessuno è mai riuscito a spiegare. Secondo i calcoli del Madelin, un buon quarto della sua popolazione erano impiegati, cioè personale improduttivo. Altrettanto lo era l'immensa coorte dei servitori. Il resto erano artigiani e bottegai. Tutto il patrimonio immobiliare cittadino era per metà della Chiesa, per metà dei nobili, alcuni dei quali possedevano intere strade e quartieri. Identica era la distribuzione terriera nel contado: i duecento e più mila ettari dell'«agro» erano feudi per metà ecclesiastici, per metà patrizi. La sola famiglia Borghese ne possedeva settantadue.

Per il governo pontificio, l'economia politica era il sanscrito. Il suo unico problema erano i rifornimenti della città a cominciare dal pane, perché il pane era l'unica cosa per cui la plebe romana era pronta a salire sulle barricate. Ma bisognò aspettare Benedetto XIV perché venissero abolite le gabelle che ostacolavano il commercio del grano. Pio VI fu considerato poco meno che matto perché avanzò il progetto di migliorare le culture e di dare avvìo a un po' d'industria. Ma mancavano le cose più importanti: l'energie imprenditoriali, i tecnici e i capitali. I capitali, i camerlenghi pensarono che il mezzo più rapido di reperirli era di stampare carta-moneta. E gli effetti ve li lasciamo immaginare. I contributi dei Paesi stranieri, su cui Roma aveva sempre vissuto, si erano assottigliati, e con essi si erano assottigliate le riserve di valuta pregiata. L'unico serbatoio a cui attingere erano le province. Ma per questo sarebbe occorso un fisco efficiente, quale certamente non era quello papalino gestito dai preti, i quali non hanno mai capito la differenza che passa fra la tassa e l'elemosina. Per loro, le imposte facevano parte di un sistema caritativo, regolabile caso per caso a furia di compromessi.

Di risorse effettive, c'era solo il turismo, tuttora molto florido. E non soltanto per le bellezze monumentali dell'Urbe, ma anche per l'aria che vi si respirava. «Da questa città in sfacelo» scrive un contemporaneo, il Fantuzzi, «emana il pigro fascino di un colorito e malinconico tramonto.» Doveva esser così perché i visitatori ci piovevano da ogni parte. E non si trattava solo di artisti squattrinati come Winckelmann e Mengs, ma anche di Re, Principi e grandi borghesi del Settentrione. Un soggiorno a Roma era considerato tappa d'obbligo per la formazione d'una persona colta e civile. Lo stesso maligno De Brosses riconosce che «per l'estrema libertà che vi regna, per l'amabilità della gente, piacevole e cordiale più che in ogni altra parte d'Italia», Roma esercitava ancora una grossa attrazione. Ma agl'influssi culturali di questo ambiente cosmopolita essa restava ermeticamente chiusa. Non si trattava, come qualcuno dice, di un ostracismo imposto dall'alto a furia di polizia e di censura, entrambe inefficienti, ma di una congenita sordità dovuta alla sua struttura sociale. In altri Stati italiani come la Lombardia e la Toscana il seme illuminista diede i suoi frutti non solo perché a seminarlo c'erano i governi austriaci, ma anche perché a concimarlo c'era una borghesia. Il generone romano vi era assolutamente refrattario. E infatti gli unici luoghi in cui gli ospiti stranieri trovavano accoglienza e le loro idee qualche ascolto erano i salotti dei nobili e dei Cardinali. I quali, essendo i puntelli del «sistema», potevano consentirsi qualsiasi libertà; ma qualsiasi libertà si consentissero, restavano solidali col sistema. Si trattava insomma di pura accademia, discussioni fra iniziati, che non sortivano alcun effetto sulla vita della città e del regime. La cultura romana restava un fatto di clan, e di un clan strettissimamente legato al potere, unico datore di lavoro e fonte di qualsiasi carriera.

E ora cerchiamo di riassumere, nella vicenda dei suoi Papi, la politica di questa teocrazia.

CAPITOLO DICIANNOVESIMO

IL DECLINO DEL PAPATO

Nell'arco del secolo la cattedra di San Pietro conobbe nove titolari, la cui durata media fu dunque di circa un decennio per ognuno. E questo è il motivo più appariscente della debolezza del regime. Ogni Conclave, cioè ogni elezione, era una crisi, e molto spesso rappresentava un'inversione di tendenze. I Re, per quanto assoluti, dovevano rispettare le direttrici dell'interesse dinastico, e questo creava una certa continuità. Il Papa non aveva dinastia: le sue direttrici erano soltanto le sue convinzioni rese insindacabili dall'infallibilità.

Proprio l'anno del Giubileo vide l'ascesa al Soglio, col nome di Clemente XI, di Francesco Albani. Era di Urbino, e aveva appena cinquant'anni: un'età inconsueta per la tiara, che di solito viene data a gente che offra garanzie di lasciarla vacante a breve termine. Era un prelato in tutt'i sensi inappuntabile come preparazione intellettuale, rigore morale e zelo. Ne diede subito la prova vietando ai parenti di metter piede a Roma e facendo così eccezione al «nepotismo», regolarmente praticato dai suoi predecessori e fonte di tutto il malcostume. Forse voleva essere l'inizio di una più profonda bonifica. Ma Clemente ne fu distratto dalla situazione politica internazionale, in cui dovette impegnare tutte le sue energie.

Era il momento in cui a Madrid moriva senza eredi maschi l'ultimo Asburgo, Carlo II, e si apriva il problema della sua successione. Come abbiamo già raccontato, Carlo, esitante se testare in favore dei parenti Asburgo austriaci, o di un Borbone francese, nipote di sua sorella, aveva chiesto consiglio al papa Innocenzo XII. E il Papa a sua volta aveva chiesto consiglio al cardinale Albani, il quale si era pronunciato in favore del Borbone. La scelta aveva i suoi perché. L'eredità comportava anche i possedimenti spagnoli in Italia, Lombardia e Reame di Napoli. E la Chiesa non voleva istallato in questi punti chiave un ospite troppo ingombrante quale sarebbe stato un Imperatore Asburgo, padrone nello stesso tempo d'Austria e di Spagna. Non era una questione religiosa perché quelle in lizza erano tutte dinastie e potenze cattoliche. Si trattava di «ragione di Stato». Quello pontificio, che non aveva mai rinunziato a essere lo Stato-guida della Penisola, preferiva vederci accasata la Francia.

Salito al Soglio proprio in quei frangenti, Albani non era stato avaro d'incoraggiamenti alle truppe francesi che difendevano il trono spagnolo del loro Principe. Ma poi la fortuna aveva cambiato cavallo. Gli eserciti asburgici dilagarono in Italia e minacciarono d'invadere il territorio pontificio se il Papa non riconosceva i diritti del loro candidato. E Clemente dovette piegarsi inimicandosi la Francia proprio nel momento in cui questa riprendeva invece il sopravvento e rendeva irrevocabile la successione borbonica sul trono di Madrid.

Così il Papato si presentò in veste di sconfitto alle trattative di Utrecht e di Rastadt che ponevano fine a quella guerra, o per meglio dire ne fu tagliato fuori. E lo si toccò con mano. Fin allora, mai le potenze avevano proceduto a regolamenti di conti in Italia senza interpellare il Papa e attribuirgli almeno una platonica funzione di arbitro. Stavolta non lo consultarono nemmeno sulle sorti del Ducato di Parma e Piacenza, su cui da sempre si era riconosciuto al Papa il diritto d'investitura. Esso fu disinvoltamente assegnato al primogenito della Regina di Spagna Elisabetta Farnese, Carlo, che in seguito lo avrebbe lasciato a suo fratello Filippo. Clemente protestò. Ma nessuno gli diede retta.

Fu il primo segno di una perdita di peso in campo internazionale, che in realtà era in atto da un pezzo, ma che d'ora in poi precipitò. Gli austriaci di Napoli espulsero il nunzio pontificio col foglio di via come un qualsiasi «indesiderabile», solo dopo molte insistenze lo riammisero, poi tornarono a espellerlo. In Sicilia alcuni ecclesiastici che si mostravano troppo ligi agli ordini di Roma furono impacchettati e riportati di forza negli Stati pontifici. Perfino nella cattolicissima Spagna, che per di più era governata da un Cardinale italiano, l'Alberoni, la nunziatura venne chiusa. Mentre in tutti gli Stati della Penisola, e soprattutto in Toscana, si affermava sempre più vigorosa la tendenza ad attribuire le cariche ecclesiastiche ai sacerdoti locali in modo da sottrarli alle influenze della Curia.

Per Clemente, coscienziosissimo servitore della Chiesa, fu un dramma. Egli forse attribuì questi smacchi ai propri errori. Ma sbagliava. Gli errori avevano solo affrettato un processo che niente e nessuno avrebbe in ogni caso arrestato, e che infatti continuò anche sotto i suoi successori.

Fra costoro, quello di maggior rilievo, anche perché ebbe la ventura di restare sul Soglio ben diciotto anni, fu Benedetto XIV, al secolo Prospero Lambertini: un personaggio ricco di umanità, di calore e di colore, che un po' ricorda, anche fisicamente, Giovanni XXIII.

Era bolognese, e apparteneva a una famiglia dove le vocazioni non erano mancate. Nel suo albero genealogico c'erano ben due beate. Prospero non aveva avuto dubbi sulle sue scelte. Fin da ragazzo, s'era dedicato al diritto canonico e alla teologia. Poi, diventato avvocato concistoriale, aveva fatto tutta la sua carriera in Curia: canonico di San Pietro, consultore dell'Inquisizione, membro della Congregazione dei riti, Arcivescovo di Ancona, e finalmente Cardinale nella sua Bologna dove, dice un contemporaneo, arrivò senz'altro seguito che le sue virtù.

Ne aveva molte. Ma quella più preziosa, anche perché la più rara, era di non farle pesare agli altri. Anzi, di primo acchito poteva anche sembrare uno di quegli scettici prelati che della Chiesa facevano soltanto un mestiere, così frequenti in un secolo in cui l'unico mestiere che aprisse delle prospettive era la Chiesa. Aveva infatti la battuta frizzante e talvolta perfino sconveniente. Non sappiamo se sia vero che una volta, avendogli qualcuno riferito con drammatici accenti che una suora era rimasta incinta, rispose: «Lo dite come se si trattasse di un frate!». Ma era comunque una risposta degna di lui. Il fatto è che, come osservava Montfaucon, Lambertini aveva due anime: una per la religione, l'altra per la società. In società era arguto, scanzonato, paradossale. In religione, rigorosissimo, ma senza bigotterie.

I suoi gusti erano semplici, e non li cambiò nemmeno dopo aver assunto la tiara. Il suo primo gesto fu una lettera al fratello con cui gli proibiva di venire a Roma se non dietro suo invito: un invito che non gli fece mai. Un poeta gli mandò una satira composta in cattivi versi contro di lui. Lambertini gliela restituì corretta di suo pugno. Rifiutò di sottomettersi ai rituali che impacciavano la vita di Curia. Sebbene andasse a letto molto tardi perché la sera amava fare conversazione con gli uomini di cultura che aveva subito sbrancato e raccolto intorno a sé, la mattina si alzava all'alba, celebrava la messa, sbrigava le faccende di Stato, eppoi usciva a passeggiare. Nei primi tempi i guardiani del cerimoniale riuscirono a limitare queste sue sortite ai giardini vaticani. Ma in seguito egli si ribellò a questa clausura, e da allora diventò facile incontrarlo per le vie della città, vestito da semplice monsignore e con una canna spagnola in mano.

Col suo solido buon senso, non s'illuse di poter restituire al Papato, in campo internazionale, la posizione di privilegio di cui esso aveva goduto fino al Seicento. Cercò soltanto di adattarne le strutture alle nuove esigenze per conservargli l'unico potere cui ancora poteva aspirare: quello spirituale. Nelle trattative con gli Stati ch'erano entrati in conflitto con la Chiesa per via delle sue interferenze nella loro vita interna, la sua diplomazia fu elastica e arrendevole. Cominciò col riconoscere alla Spagna il diritto di disporre dei benefici ecclesiastici, ma facendosene rimborsare il capitale, sia pure a un prezzo di liquidazione, togliendo così di mezzo una causa di attrito e nello stesso tempo rimpolpando l'esauste finanze pontificie. Identica comprensione mostrò verso il Regno di Napoli accettando la riforma del Tanucci che sottoponeva alla tassazione anche i beni ecclesiastici. E infine, con grande scandalo di molti suoi collaboratori, porse compiacente orecchio al ministro portoghese Pombal che gli chiedeva un energico intervento contro la Compagnia di Gesù, trasformatasi a Lisbona in una cricca commerciale e finanziaria decisamente ostile alla politica economica del governo. Papa Benedetto nominò una commissione d'inchiesta affidandone la presidenza al cardinale Saldanha, grande amico di Pombal e grande nemico dell'Ordine. L'indagine si concluse col permesso accordato ai funzionari governativi d'incamerare tutte le ditte e società dei gesuiti coi loro capitali e mercanzie.

Aspramente criticato dai suoi, il Papa rispose che queste severe misure miravano non a distruggere la Compagnia, ma a salvarla. E i fatti dovevano dimostrare quanto avesse ragione. Molto probabilmente egli si proponeva una seria e sostanziale riforma dell'Ordine, che non gli sembrava più conforme ai tempi, e non lo era. Ma la morte non gliene dette il tempo.

Colui che col nome di Clemente XIII salì al suo posto, il veneziano Carlo Rezzonico, era uomo di tutt'altra pasta e di tutt'altre idee, e forse proprio per questo salì al suo posto. È molto probabile che i maneggioni del Conclave cercassero qualcuno che rimediasse all'arrendevolezza di Lambertini. E altrettanto probabile è che trovassero un valido aiuto nei gesuiti, ben decisi a ottenere una rivincita. Il movimento contro di loro dal Portogallo si era propagato alla Spagna, alla Francia, all'Austria, e quindi agli Stati italiani che dell'Austria e della Spagna erano satelliti. Ci voleva un Papa risoluto a difenderli. E Rezzonico lo era. Da quando aveva acquistato voce in capitolo, l'aveva usata solo per deplorare e stigmatizzare le continue abdicazioni della Chiesa ai suoi privilegi che secondo lui erano solo l'espressione terrena dei suoi divini diritti e attributi. Il Papato, diceva, non poteva rinunciare al suo primato, visto ch'era Dio ad avergliela affidato. E fu con queste convinzioni ch'egli affrontò la battaglia.

Fra i nemici dei gesuiti, egli scelse, per attaccare, quello più debole: il Duca di Parma, e ne ricevette una risposta addirittura brutale. Spagna e Francia si schierarono immediatamente col ribelle, passando a vie di fatto. La Francia occupò il feudo pontificio di Avignone, e la Spagna fece occupare dai suoi satelliti napoletani Benevento e Pontecorvo. Sgomento e atterrito, il Papa brandì minacciosamente la solita arma della scomunica, s'avvide ch'essa non impauriva più nessuno, piombò in una crisi di disperazione e morì lasciando quel Papato, ch'egli si era proposto di restituire agli antichi fastigi, in condizioni molto più miserevoli di come lo aveva ereditato dal suo rinunciatario predecessore.

Egli aveva creduto che la crisi dei gesuiti fosse dovuta a un capriccio di uomini, o comunque a semplici contingenze politiche. In realtà si trattava di ben altro. Alla sua base c'era un fatto, come oggi si direbbe, «strutturale». L'Ordine era tuttora un'ammirevole organizzazione, basata su una severissima selezione di uomini e retta dalla ferrea disciplina che le aveva imposto il fondatore Ignazio di Loyola. Come preparazione, come dedizione, come efficienza, i suoi quadri erano i migliori di cui la Chiesa disponesse. Vi mancava una cosa sola: il minimo di libertà necessario a denunciare l'inconciliabilità delle sue strutture autoritarie col mondo moderno e a operare le necessarie revisioni.

Tanta rigidità era logica, al tempo in cui l'Ordine era stato creato. Ignazio lo aveva concepito come una milizia scelta, un corpo d'assalto contro l'eresia di Lutero e di Calvino. Quando si combatte, non si ha il tempo di discutere. Bisogna obbedire, e basta. Questo i gesuiti avevano fatto con eroico impegno, sino a contrarvi una deformazione mentale, diventata una loro seconda natura. Il Generale non discuteva gli ordini del Papa, e i subalterni non discutevano gli ordini del Generale. Alla loro iniziativa era rimesso soltanto il modo di eseguirli. E d'altro non essendosi mai preoccupata, questa milizia non aveva mai proceduto a verifiche sull'attualità di questa impostazione. Essa non si era accorta che, dalle grandi guerre di religione che avevano insanguinato il Cinque e il Seicento, e proprio grazie alla reazione ch'esse avevano suscitato, il mondo era cambiato e lo scontro fra ortodossia ed eresia non era più frontale. Oramai i due schieramenti si erano solidificati, e ognuno di essi aveva rinunziato a convertire o riconvertire l'altro. In quello cattolico erano nati altri nemici, ma molto più insidiosi e inafferrabili: si chiamavano revisionismo giansenista, razionalismo, Illuminismo. Non si potevano combattere con l'Inquisizione, i roghi e le forche, ma solo con una strategia elastica che consentisse di riassorbirli. E a questo i gesuiti erano impreparati proprio per la loro conformazione organizzativa e mentale.

Lo si vide dal loro comportamento sul piano della polemica ideologica. È incredibile la povertà di argomenti e l'inefficacia dei testi che i gesuiti contrapposero ai loro assalitori. È vero che costoro si chiamavano Voltaire, Diderot, D'Alembert eccetera eccetera. Ma i loro attacchi risultarono tanto più micidiali in quanto la difesa dei gesuiti fu inesistente. Essi risposero attaccandosi alle solite miserie e pignolerie del particolare inesatto: un'arte in cui sono tuttora maestri, ma che non conduce a nulla. Ed era strano da parte di uomini che con tanta cura venivano selezionati anche sul piano intellettuale e che da due secoli tenevano banco come controversisti.

Ma il fatto è ch'essi avevano fatto la mano a tutt'altro genere di controversie: quelle che si dibattevano soltanto in chiusi circuiti d'iniziati. Il loro campo di battaglia erano i Concili, le Congregazioni, i confessionali dei Re – di cui avevano l'appalto –, le anticamere, le quinte, i corridoi delle Corti e dei governi. Alla lotta in campo aperto non erano abituati e non ne possedevano le armi. La loro strategia presupponeva quel certo tipo di società feudale in cui tutto si riduceva, come oggi si direbbe, a operazioni di «vertice» perché solo il vertice contava. Seguitavano a credere che, una volta accaparratasi col confessionale l'anima del Re e con la scuola quelle dei giovani avviati alle posizioni di potere, la loro posizione fosse intoccabile. Non si erano accorti dell'entrata in scena di un nuovo protagonista: quella pubblica opinione ch'essi si ostinavano a considerare e a chiamare «il gregge».

Nel Settecento essa non aveva i decisivi poteri che ha oggi. Ma i riformatori illuminati di questo periodo già parlavano in suo nome e ne riecheggiavano gli umori. Leopoldo e Rucellai a Firenze, Tanucci a Napoli, Pombal in Portogallo, Squillace in Spagna non volevano, almeno all'inizio della loro azione, sopprimere i gesuiti. Volevano soltanto ch'essi rinunziassero alle loro ostinate e subdole interferenze nella vita dello Stato. I pretesti di cui si valsero non erano che pretesti. In Portogallo essi prima accusarono i gesuiti di un complotto contro il Re, e probabilmente non era vero. In Francia li coinvolsero nella bancarotta di una compagnia commerciale, di cui forse non erano responsabili. Ma l'indignazione popolare suscitata da questi scandali probabilmente montati ad arte fu strumentalizzata dal parlamento di Parigi per formulare due richieste al Papa: primo, che l'Ordine cessasse di avversare certe proposizioni della Chiesa francese che ne accentuavano la «gallicizzazione», cioè la dipendenza dallo Stato. Secondo, che il Generale dell'Ordine rinunziasse a esigere dai gesuiti francesi quell'obbedienza assoluta e illimitata che poteva metterli in contrasto coi loro doveri di cittadini.

Il Generale in quel momento era Lorenzo Ricci (parente dell'omonimo Vescovo giansenista di Pistoia). Sebbene di stoffa loyolana quanto a inflessibilità, egli si disse disposto ad accettare le proposizioni gallicane. Ma sul punto dell'obbedienza fu irriducibile. I gesuiti, disse, *sint ut sunt, aut non sint*, devono essere come sono, o altrimenti è meglio che non siano. La diatriba era a questo punto, quando il papa Clemente, che si era schierato con lui, morì. Le sue suppliche, le sue minacce, le sue lacrime non erano valse a nulla. Il Portogallo aveva già soppresso l'Ordine impacchettandone i membri e sbarcandoli a Civitavecchia. La Francia lo aveva bandito, dichiarandone la sopravvivenza incompatibile con le sue leggi. La Spagna di Carlo III, dopo averlo incriminato anche lui di complotto ai suoi danni, aveva fatto chiudere tutte le sue rappresentanze e ordinato di fare altrettanto ai suoi satelliti di Napoli e di Parma.

Fu in questo marasma che, col nome di Clemente XIV, salì al Soglio Lorenzo Ganganelli. Più tardi i gesuiti dissero ch'egli si era guadagnata la tiara con un baratto, cioè con la promessa di sciogliere l'Ordine, e che quindi la sua elezione era viziata di simonia. Di questa colpa però non riuscirono mai ad addurre alcuna prova, e a noi sembra poco credibile per vari motivi. Primo, perché non somiglia al personaggio, che non brigò mai nessun posto e che, quando fu fatto Cardinale, si rifiutò di abbandonare il suo saio di frate per la porpora, cui concesse solo il berretto e le calze. Secondo, perché di promesse non aveva nessun bisogno di farne. Da buon francescano, non aveva mai nascosto le sue antipatie per i gesuiti e, da quando era scoppiata la crisi, aveva ripetutamente detto che all'Ordine non restava altra scelta che riformarsi o morire. Se lo elessero, non fu quindi per un baratto, ma perché sapevano ciò ch'egli avrebbe fatto e volevano che lo facesse: anche in Curia c'era una forte corrente antigesuitica.

L'Ordine non badò ai mezzi per vincere la sua battaglia, cioè per non perderla. Esso sottopose a un accurato lavaggio del cervello anche la popolazione romana presentandole il nuovo Papa come un frate sordido e bacchettone da cui non c'erano da attendersi che penitenze e quaresime. A queste dicerie Clemente fornì materia con la sua frugalità. Tutto il suo personale di servizio consisteva in un suo compagno di convento che gli faceva da cuoco, cameriere e consigliere. Avvertendo il fermento che regnava in città, ne affidò il governo a monsignor Potenziani; restrinse sia nei suoi che negli altri Stati cattolici il diritto d'asilo delle chiese, di cui tutti i delinquenti si servivano per sfuggire alla polizia; e abolì la lettura, fin allora d'obbligo il giovedì santo in Vaticano, della bolla detta *In Coena Domini* che ribadiva tutti i privilegi della Chiesa, anche i più sorpassati, minacciando la scomunica a chiunque vi attentasse.

Voleva assolutamente ristabilire la pace con gli Stati cattolici, di cui aveva capito che la Chiesa non poteva più insidiare i sovrani diritti. Eppure, quando l'ambasciatore francese insistette per la soppressione dell'Ordine promettendogli in cambio la restituzione di Avignone, Benevento e Pontecorvo, rispose con dignitosa fermezza che «il Vicario di Cristo è pastore di anime, non mercante di beni». Voleva dire che su imposizione o per baratto non era disposto a far nulla: neanche le cose che voleva fare. Si rendeva conto che quella misura comportava problemi gravissimi. I gesuiti rappresentavano qualcosa di più di un semplice Ordine. Rappresentavano una certa concezione della Chiesa: quella consacrata dal Concilio di Trento, accentrata, monolitica, basata sul principio d'autorità portato alle sue estreme conseguenze totalitarie. Smantellarla era un'impresa da mettere i brividi nella schiena di chiunque.

Dapprima sembrò infatti che Clemente volesse limitarsi a una riforma che trasferisse i gesuiti, nelle varie nazioni, sotto la giurisdizione delle autorità ecclesiastiche locali togliendo loro quel carattere di corpo franco extraterritoriale che li rendeva così temibili e invisi. E Carlo di Spagna si affrettò a fargli sapere che non chiedeva di più. In realtà il Papa voleva solo guadagnar tempo per dare a una commissione pontificia appositamente istituita quello di risolvere il problema canonico se il Concilio di Trento avesse realmente approvato l'Ordine: il che lo avrebbe reso intoccabile. Ma quando la commissione rispose che quella del Concilio era stata soltanto una citazione, non una consacrazione, Clemente accantonò i dubbi e con la bolla *Dominus ac Redemptor noster*, Nostro Signore e Redentore, del 21 luglio 1773, soppresse la Compagnia di Gesù, affidandone ai suoi gendarmi corsi lo sfratto dalle sedi romane.

Istigati dagli sconfitti, i popolani si ammassarono in Trastevere. Il Papa vi si presentò di persona, e il suo tranquillo coraggio disarmò anche le teste più calde. La sua sentenza di condanna fu prontamente eseguita in tutto il mondo. Gli unici a non prenderla in considerazione furono un'Imperatrice di religione greco-ortodossa, Caterina di Russia, e un Re agnostico, Federico di Prussia, che assicurarono protezione e ospitalità ai loro gesuiti. E costoro, che da sempre sostenevano l'infallibilità del Papa, anzi ne erano i più rigidi garanti, e tacciavano di eresia chiunque la revocasse in dubbio, ripararono sotto il mantello di questi due sovrani eretici, per sottrarsi agli ordini del Papa.

La soppressione della Compagnia – che fu ricostituita, ma con una struttura assai diversa, nel 1814 – fu un avvenimento di portata storica. I suoi principali significati erano tre. Anzitutto, la rinunzia della Chiesa a quelle sotterranee interferenze nella vita degli Stati, di cui i gesuiti erano stati il più agguerrito strumento: di questi Stati ora la Chiesa accettava il carattere laico e l'assoluta sovranità, nei rapporti civili, anche sui propri membri. Secondo, era la fine della «guerra calda» contro le Chiese riformate, di cui i gesuiti erano stati appunto la truppa d'urto. Ormai quella cattolica accettava il fatto compiuto della divisione della famiglia cristiana abbandonando l'illusione di ricostituirne con metodi autoritari l'unità sotto il proprio magistero. Questo non significava rinunzia al recupero del gregge smarrito. Significava l'adozione di un altro metodo, quello dell'apostolato, che implicava una nuova e diversa concezione, in quanto presupponeva una disponibilità e quindi una libertà di coscienza che la Chiesa della Controriforma, e specialmente i gesuiti, avevano sempre negato. I roghi e le forche dell'Inquisizione abdicavano in favore della persuasione. Terzo, era la smobilitazione della struttura monolitica della Chiesa, o almeno un principio di «disgelo», con tutto ciò ch'esso comportava, a cominciare dall'infallibilità del Papa, suo architrave.

Papa Ganganelli fece in tempo a godere i primi frutti della sua coraggiosa decisione, che non furono tanto il recupero di Avignone, Benevento e Pontecorvo immediatamente restituiti da Francia e Napoli, quanto il clima di distensione che subito si ristabilì nei rapporti del Papato con tutti gli Stati, e non soltanto cattolici. Ma la sua gioia fu di breve durata. Come ci sono stati tramandati dai cronisti del tempo, i sintomi della terribile malattia da cui fu colto destano, a dir poco, grosse perplessità. Furono prima vomiti e capogiri violenti, poi terribili convulsioni, e infine un cupo e ossessivo terrore della morte spinto fino a manifestazioni demenziali. Di notte lo udivano urlare chiedendo pietà. Sul volto repentinamente increspatosi di profonde rughe, erano comparse macchie giallastre. L'agonia fu spaventosa, e durò più d'un mese. I medici chiamati a imbalsamare il cadavere lo trovarono con le labbra nere, la pelle completamente squamata su tutto il corpo, le ossa decomposte, senza più unghie né capelli.

Le indecenti manifestazioni di gioia a cui i gesuiti si abbandonarono diedero corpo alla voce che fossero stati loro ad avvelenarlo. Naturalmente essi smentirono, o per meglio dire trasferirono le responsabilità al buon Dio, dicendo ch'era stato Lui a castigarlo dell'empietà commessa con la soppressione della Compagnia. Speravano che il successore ne traesse qualche monito.

Il successore era Giovannangelo Braschi, che aveva preso il nome di Pio VI. Non era la prima volta che il Conclave elevava al Soglio l'antitesi umana di chi l'aveva in precedenza occupato. Anzi, questo era il criterio di regola seguito. Braschi era un prelato di repertorio rinascimentale: bello, elegante, colto, mondano, mecenate e nepotista. Ma se i gesuiti confidavano in una inversione di corrente, furono presto disingannati. Il nuovo Papa aveva altro da pensare che a loro. Sua prima cura fu di nominare Cardinali uno zio e un nipote, eppoi di arruolare una folta schiera di pittori e di poeti – fra cui il giovanissimo Vincenzo Monti – perché con la penna e col pennello esaltassero i meriti della famiglia Braschi e ne eternassero la gloria.

I Romani ne furono felici, vedendo in queste grandezzate il segno di un ritorno ai bei tempi dei Papi munifici e spendaccioni. E non si sbagliavano perché della stessa generosità Pio VI fece sfoggio anche con loro. Architetti e impresari edili ricevettero allettanti commesse per lavori pubblici di vasto respiro. Afflitto dal mal della pietra, il

Pontefice passava più tempo nei cantieri che in chiesa. Quando enunciò il proposito di redimere le paludi pontine da Ostia a Terracina, qualcuno gli fece osservare che nemmeno Giulio Cesare c'era riuscito. Ma questo, lungi dallo scoraggiarlo, lo stimolò: era il modo migliore per iscrivere nella storia il proprio nome (il nome di Braschi, più che quello di Pio). La faraonica impresa fu condotta con notevole efficienza e discreti risultati. Ma a un tratto il Papa si accorse di essere sprofondato in una voragine di debiti: ne aveva per più di cento milioni di scudi: un deficit, per quei tempi, spaventoso. Non se ne curò. Disinvoltamente razziò e rivendette a privati i tesori pubblici, compresi quelli delle chiese e delle opere pie, e a un certo punto saccheggiò perfino la Santa Casa di Loreto asportandone tutto l'argento.

Tutto preso da questa attività di costruttore urbanista, non si preoccupò nemmeno dei suoi Stati che in questi anni toccavano il fondo della disorganizzazione. Ogni provincia, ogni città, ogni comune andavano per conto proprio, rifiutando le direttive del centro e chiudendosi in proterve autarchie, mentre nelle campagne sempre più infieriva il banditismo. Il Papa non vedeva e non si curava che di Roma. Da padrone di casa cinquecentesco vi riceveva splendidamente i grandi personaggi che venivano a trovarlo, e ne venivano moltissimi perché nei rapporti internazionali egli aveva proseguito la politica distensiva di Clemente.

Con un solo sovrano non riuscì a evitare il contrasto: l'imperatore Giuseppe II d'Austria, alle cui drastiche riforme abbiamo già accennato. Giuseppe stava recidendo tutti i vincoli che legavano il Clero austriaco a Roma, e ora pretendeva di esser lui ad amministrare i beni della Chiesa nei suoi Stati. Ma, contrariamente al parere dei suoi consiglieri che lo esortavano a usare la maniera forte, il Braschi preferì usare quella morbida, e decise di andare a Vienna, convinto che il suo fascino sarebbe bastato a ridurre alla ragione il prepotente monarca. Il viaggio fece epoca: erano secoli che il Papa non si scomodava per render visita a un sovrano straniero. In Austria folle osannanti si accalcarono al suo passaggio, lo stesso Imperatore gli venne incontro per fargli scorta, e Vienna gli riservò un'accoglienza entusiastica. Col suo consumato uso di mondo, con la sua maestà e regalità, il Papa fece grande impressione su tutti, ma commise una grossa malaccortezza quando, nel ricevere l'omaggio del principe Kaunitz, gli disse in un tono offensivamente paterno: «Vecchio come siete, avete poco tempo per ravvedervi». Orgoglioso e imperioso, l'onnipotente Primo Ministro era un uomo che non se l'era mai lasciate dire da nessuno, nemmeno dalla grande Maria Teresa. Al rabbuffo del Papa rispose facendo immediatamente pubblicare un libello di Eybel, *Quid est Papa*, cos'è un Papa, feroce requisitoria contro le prevaricazioni della Chiesa.

La visita non fruttò a Pio VI che un abbondante raccolto di feste, ricevimenti e battimani. Rientrando a Roma, vi trovò la notizia che i Vescovi austriaci e lombardi avevano già ricevuto dall'imperial governo la notificazione delle leggi, ch'egli era andato a Vienna appunto per scongiurare. Il Papa tenne un concistoro in cui diede un completo resoconto del suo viaggio e fece con molto realismo il punto sulla situazione politica: una situazione su cui lo Stato pontificio, disse, non esercitava più alcun peso.

Alla fine del 1783 Giuseppe venne a Roma a restituire la visita. Ma fra i doni che portava al Papa non c'era la più piccola concessione. Poco dopo Ferdinando di Napoli annunziò a Pio che d'ora in avanti, per la festa di San Pietro e Paolo, non avrebbe più mandato il solito tributo, detto «chinea». Non era che un cavallo bianco, ma simboleggiava il vassallaggio del Reame alla Chiesa. Ferdinando proponeva di sostituirlo con un'offerta in denaro. Il Papa naturalmente rifiutò con sdegno. E Ferdinando non mandò né il denaro né il cavallo.

In campo temporale, il vassallaggio alla Chiesa era agli sgoccioli perfino in Italia.

CAPITOLO VENTESIMO

I BORBONE DI NAPOLI: CARLO

Alla fine del Seicento, quello che poi si chiamò il «Regno delle Due Sicilie» non era ancora tale. Al suo posto c'erano due Vicereami, quello di Napoli e quello di Palermo che, sebbene fossero entrambi sotto sovranità spagnola, restavano amministrativamente separati. Gli Asburgo di Madrid non avevano mai voluto ricostituire nella sua unità il vecchio *Reame* dei Normanni e del grande Federico II. E questo irritava Napoli, abituata a essere la capitale di uno Stato che comprendeva tutto il Sud dall'Abruzzo ad Agrigento.

Ecco perché, alla morte dell'ultimo Asburgo spagnolo, Carlo II, alcuni nobili fecero appello all'Imperatore d'Austria Leopoldo perché ricostituisse il Reame affidandone la sovranità al suo secondogenito Carlo. Come il lettore ricorderà, costui avrebbe dovuto succedere al suo omonimo spagnolo sul trono di Madrid. Ma questo trono gli fu strappato dal francese Filippo di Borbone, nipote di Luigi XIV, in quella che venne appunto chiamata la guerra di successione spagnola. I nobili napoletani cercarono d'inserirvisi provocando una rivolta. Ma la rivolta fallì perché il popolo non vi partecipò. Il Viceré spagnolo procedette a un esemplare castigo tagliando alcune teste, e nel 1702 Filippo, come nuovo titolare del trono di Madrid, venne a prendere possesso anche di Napoli, accolto da grandi feste.

Non poté trattenercisi a lungo perché gli eserciti austriaci, al comando dell'invincibile Eugenio di Savoia, già discendevano la Penisola. Emissari napoletani portarono al grande Generale un messaggio in cui si diceva che «Napoli non apriva le porte a un nemico vittorioso, ma accettava con gioia un nuovo padrone». Questo padrone era rappresentato dal maresciallo Daun che si sbarazzò facilmente delle scarse guarnigioni spagnole e prese possesso del Reame in nome dell'arciduca Carlo, ormai rimasto senza trono dopo la forzata rinunzia a quello di Madrid. Così Napoli ebbe per un attimo l'illusione di essere ridiventata la capitale di un Regno autonomo, anche se legato da vincoli dinastici agli Asburgo di Vienna.

Ma il sogno durò poco perché nel 1711 l'imperatore Giuseppe I, succeduto al padre Leopoldo, morì senza eredi maschi. E siccome la legge dinastica – prima che venisse riformata con la Prammatica Sanzione – proibiva la successione in linea femminile, a prendere il suo posto fu il fratello Carlo, che tuttavia volle conservare anche la corona di Napoli. Così il Reame dovette rassegnarsi a restare ancora un Vicereame alle dirette dipendenze di Vienna.

Questa situazione rimase pressappoco immutata per un buon quarto di secolo perché, come il lettore ricorderà, i trattati di Utrecht e di Rastadt che posero fine alla guerra di successione spagnola, smembrarono il Reame assegnando la Sicilia ai Savoia, ma confermarono la sovranità austriaca su Napoli. Fu un periodo tribolato per le vicende che abbiamo già succintamente ricapitolato nella prima parte. Sospinto dalla sua regina Elisabetta, il cardinale Alberoni, dopo la riconquista della Sardegna, tentò anche quella della Sicilia. I Napoletani dovettero andare a combattervi, e l'isola finì per tornare in mani austriache (i Savoia ne vennero compensati con la Sardegna), ma fu ricostituita nel solito Vicereame separato da Napoli.

Sovrano umano e illuminato, Carlo dette a Napoli una discreta amministrazione. Ma era sempre in guerra, le guerre costano denaro, e anche Napoli dovette contribuirvi con le sue magre risorse. Poi successe quel che abbiamo già detto. Dopo il congresso di Cambrai del 1722, la Francia, che prima si era schierata con l'Austria contro la Spagna, tornò a schierarsi con la Spagna contro l'Austria per la faccenda della successione polacca. Il conflitto si estese anche all'Italia, rimescolandovi tutte le carte. L'Imperatore era ossessionato dal problema della successione. Per farne riconoscere i titoli alla figlia Maria Teresa, dovette scendere coi suoi avversari a un compromesso, che si risolse in un baratto. Al marito di sua figlia, Francesco di Lorena, sarebbe toccato il Granducato di Toscana, in precedenza destinato a Carlo di Borbone. Il quale, in compenso, avrebbe avuto Napoli e la Sicilia. Questo fu il regolamento concordato a Vienna nel 1738. E rimase definitivo, nonostante le successive complicazioni e i conflitti che provocarono.

Carlo era nato nel 1716, ed era cresciuto da Principe spagnolo, di austeri costumi, ligio alla Chiesa e più ancora alla sua terribile madre, Elisabetta Farnese. Il suo precettore, il Conte di Santesteban, preoccupato più della sua anima che della sua mente, gli aveva dato poca istruzione. Ma il ragazzo vi suppliva con un precoce buon senso e col dono innato della simpatia. Piccolo di statura, con un naso sproporzionato al volto rinseccolito e cavallino, con una dentatura in disordine che lo fece soffrire per tutta la vita, non era bello. Ma conquistava tutti con la sua naturale regalità e semplicità di modi. Detestava la pompa, amava la solitudine e la caccia, sapeva parlare alla gente.

Nel 1731, aveva appena quindici anni quando l'ultimo Farnese, Duca di Parma, morì, ed Elisabetta, unica erede della dinastia, ne passò il titolo a lui. Carlo, inginocchiato, ricevette da lei l'investitura, la spada di Luigi XIV, un anello di diamanti, e una scorta di duecentocinquanta uomini per raggiungere Parma. Questa doveva essere solo una tappa del suo viaggio. Nei calcoli di sua madre per lui c'era anche la successione al Granducato di Toscana per il giorno in cui l'ultimo Medici, Gian Gastone, si fosse deciso a renderlo vacante.

Visto ch'era lì a due passi, Carlo andò a darvi un'occhiata con la scusa di una visita di omaggio a Gian Gastone. Quali sentimenti costui potesse nutrire verso un erede impostogli di forza dalle altre potenze, è facile immaginare. Eppure anche lui, come già abbiamo detto, rimase conquistato da quel giovanotto che, invece di scandalizzarsene, mostrò di divertirsi alle sue stramberie.

Ma poco dopo scoppiò la guerra di successione al trono polacco, tutta la situazione italiana fu rimessa in giuoco, e Elisabetta ne approfittò per far affidare a Carlo il comando delle truppe franco-spagnole in Italia con l'ordine di marciare su Napoli strappandola agli Austriaci. Costoro non erano in grado di opporre gran resistenza. Dopo la facile vittoria di Bitonto, nel 1734 Carlo raggiunse Napoli. Gli unici colpi di fucile che i Napoletani udirono li sparò lui, ma ai piccioni che incrociavano intorno alla torre del castello di Maddaloni, mentre i delegati della città, inginocchiati, gli porgevano il benvenuto.

Le accoglienze furono grandiose, come Napoli sempre ne riserva al padrone nuovo che scaccia quello vecchio. Lo diventarono ancora di più quando i Napoletani videro che la sua prima visita Carlo la faceva a San Gennaro (il quale reciprocò l'alto onore compiendo il suo solito miracolo della liquefazione del sangue). E si trasformarono addirittura in tripudio quando il giovane Principe lesse la lettera autografata da Filippo V, ma dettata da Elisabetta, con cui il sovrano spagnolo faceva solenne rinunzia, in favore del figlio, ai suoi diritti su Napoli, in tal modo restituita al suo rango di capitale di un Regno autonomo che inglobava anche la Sicilia.

Per altri quattro anni, e cioè fin quando il trattato di Vienna del 1738 non ebbe definitivamente sancito la nuova situazione, Carlo dovette continuare a fare un po' di guerra agli Austriaci. Ma non ci s'impegnò molto anche perché costoro non furono mai in grado d'insidiargli la conquista. Gli affari di Stato restavano affidati al suo vecchio precettore Santesteban e al marchese Montalegre, designati da Elisabetta. Di suo, Carlo si era portato dalla Toscana solo un certo Tanucci, professore di diritto all'Università di Pisa.

La corona non gli aveva per nulla dato alla testa. Era rimasto il semplice ragazzo di prima – non aveva ancora vent'anni –, un po' timido e dal tratto affabile. I suoi ministri non facevano che inseguire quel loro sovrano che non faceva che inseguire la selvaggina, ora a Procida per le quaglie, ora a Portici per i fagiani, ora a Caserta per le pernici e le lepri. Anche quando era a Napoli, stava sempre vestito di frusti panni da cacciatore, che spesso trasparivano di sotto l'uniforme di cerimonia.

Nel '37 la madre gli ordinò d'impalmare la principessa Maria Amelia di Sassonia, figlia del Re di Polonia, e lui non mosse obiezioni sebbene non conoscesse la ragazza che aveva solo quattordici anni. Sposata come al solito per procura, essa lo raggiunse a Portella. Stando a De

Brosses, aveva «un naso nodoso, una fisionomia di gambero e una voce di gazza», ma lui la trovò attraente, e lo dimostrò con la sua assiduità. In questo era proprio figlio di suo padre, che non ebbe mai altre donne all'infuori delle sue due mogli, ma in compenso ne fece l'uso più smodato. Il poeta inglese Gray dice che formavano «una delle più brutte coppie del mondo». E forse anche questo contribuì alla loro armonia, che non si deteriorò nemmeno quando il carattere di lei si fece aggressivo e bizzoso. Forse vaccinato da quelle di sua madre, Carlo subiva le scenate della moglie con stoica pazienza. I due avevano in comune molti gusti, e soprattutto quello della solitudine. Per sottrarsi ai rituali di Corte, a Napoli ci stavano poco. Preferivano una vita quieta e senza cerimoniale nelle residenze di campagna, dove si facevano seguire solo da pochissime persone.

È probabile tuttavia che a questa vita appartata Carlo fosse anche spinto, anzi costretto dalle circostanze. Egli sapeva benissimo di essere Re non tanto per grazia di Dio, quanto per volontà di Elisabetta, che pretendeva governare di persona attraverso i suoi fidi Santesteban e Montalegre. Le parole d'ordine venivano da Madrid, e Carlo non voleva intralciarle neanche con la sua presenza fisica. Tant'è vero che quando questo rapporto finì, egli mutò subito condotta e dimostrò di non essere affatto lo scansafatiche che tutti avevano creduto.

Per il momento, si limitò ad iniziative da cui Elisabetta non poteva sentirsi disturbata. Fece riprendere gli scavi di Ercolano, che deve a lui la sua resurrezione, e più tardi diede avvìo a quelli di Pompei. Questa passione archeologica stupisce alquanto in un uomo piuttosto sprovveduto d'interessi artistici e culturali, come dimostrano le sue lettere conservate negli archivi, aride e sgrammaticate. Evidentemente rappresentava uno sfogo alla sua voglia di fare, che non si limitò a queste ricerche. Carlo chiamò da Roma il Vanvitelli e gli affidò la sistemazione della Reggia – che ne aveva urgente bisogno –, la costruzione del più imponente teatro dell'epoca, il San Carlo, e quella del palazzo reale di Caserta.

Un'altra sua passione furono le porcellane. Suo cognato gliene aveva regalata una della Sassonia, una finissima tazza chiamata «chicchera del Re». Carlo non voleva servirsi che di quella, e non ebbe pace finché non ebbe attirato a Napoli il chimico tedesco Scheper, l'unico che conoscesse i segreti di quella fabbricazione. I laboratori furono istallati là dove oggi sorge il museo di Capodimonte, e fu lo stesso Re che sovrintese alla scelta dei miniaturisti e modellatori. Questo curioso monarca che nessuno mai vide con un libro in mano creò la Biblioteca Reale per allogarvi quella dei Farnese che si era portata al seguito da Parma, e rilevò la tipografia di San Severo. Ma la tenne inoperosa.

La sua marcia di avvicinamento al potere effettivo fu lenta ed estremamente cauta per non urtare le suscettibilità di sua madre. Il primo segno fu l'estromissione di Santesteban, il più autorevole dei suoi guardiani. Pare che in questo siluramento avesse avuto gran parte Maria Amelia, smaniosa di esercitare quell'influenza che poteva consentirle solo un marito che ne avesse avuta. Sebbene, stando a certi pettegolezzi di Corte, essa stessa fosse sotto quella della Duchessa di Castropignano, sua dama di compagnia.

La caduta di Santesteban portò in primo piano Montalegre, ma in realtà fu una vittoria del Tanucci, che già in quei primi anni aveva raccolto nelle sue mani le fila del comando. Questo Toscano ruvido e sgraziato aveva dalla sua una mostruosa resistenza al lavoro, una cristallina onestà e la totale indifferenza alle manifestazioni esteriori del potere, titoli e galloni, che gli permetteva di dissimulare perfettamente la sua immensa ambizione. Secondo Croce, egli cercava nel lavoro, un po' come Leopoldo di Toscana, uno scampo alla sua naturale ipocondria. Era ossessionato dal terrore delle malattie. «La più leggera alterazione della sua salute» scriveva l'ambasciatore francese «cambia completamente il suo umore: la vita del Regno è alla mercé d'un suo raffreddore.» Era un *hombre de cabinete*, come dicono gli Spagnoli, un animale da tavolino, un culdipietra, sempre tappato nel suo studio, di cui i Napoletani sentirono il pugno, ma non videro quasi mai il volto. Malgrado la sua allergia ai modi cortigianeschi, o forse proprio per questo, aveva saputo conquistarsi la piena fiducia sia del Re che della Regina. Sicché quando, nel 1746, Filippo V morì ed Elisabetta, estromessa dal figliastro Ferdinando, dovette rinunciare alle proprie interferenze su Napoli, anche Montalegre cadde, e Tanucci rimase assoluto padrone, sebbene seguitasse a fingersi un semplice esecutore degli ordini del Re.

Non era precisamente un «illuminista» perché, come dice Croce, da buon Toscano era troppo attaccato al concreto per lasciarsi condizionare da una dottrina, quale che fosse. Ma la sua pratica di governo fu ugualmente quella di un grande riformatore ben deciso ad adattare l'assolutismo all'esigenze di una società moderna. La sua cultura era quasi esclusivamente giuridica, e questo fu il suo limite. «Quando si va a trattare con lui» scrive il solito ambasciatore francese «bisogna prepararsi a sostenere delle tesi generali. Di solito, parte dalle leggi greche o romane, e quando si arriva al problema in discussione, bisogna sottostare al suo cavillo.» Dagli scritti che di lui ci rimangono, contorti, costruiti con un periodare arcaico e latineggiante, irti di barbose e barboge formule accademiche, è chiaro che la lezione di Voltaire non era arrivata fino a lui. Ma, scolaro di Giannone, il senso dello Stato l'aveva, e in pratica fu lui a costruirlo.

Non era un'impresa da poco perché di uno Stato, a Napoli, si era perso perfino il ricordo. La città stessa era un caos. La sua popolazione si avvicinava al mezzo milione, superando di parecchio quella di Vienna, ma ci viveva come in una *casbah* orientale, senza «servizi», senza nulla che somigliasse a delle strutture urbane. «Le piazze, le vie, le case, i negozi non sono abitati, ma inondati di abitanti» scrive il Du Paty. Era la capitale della calca, della confusione, del chiasso e della disoccupazione.

A dare il tono a questo composito e ronzante alveare umano erano i venticinquemila nobili, che vi erano confluiti da tutte le province dell'interno. Non formavano una casta unica, anzi erano divisi in specie e sottospecie. C'era la «Nobiltà generosa», cioè di vecchia stirpe normanna o angioina, e c'era quella «di privilegio», diventata tale per i servigi resi ai governi vicereali spagnoli. Ma avevano in comune i difetti: la cupidigia dei titoli, l'adorazione dell'ozio come segno del rango sociale, e la protervia feudale. Si erano modellati sull'*hidalgo* spagnolo, ma solo esteriormente. Non ne possedevano il senso tragico della vita, né la concezione sacerdotale del «servizio». Infatti da secoli non ne assolvevano più nessuno, neanche militare. Sebbene lo avessero abbandonato per venire in città, ognuno di essi si comportava nel proprio feudo da sovrano assoluto: vi esercitava la propria giustizia, vi teneva la propria forza armata, e qualcuno perfino il proprio carnefice. Naturalmente si mantenevano esenti da tasse e da qualsiasi contributo. Quanto ai loro criteri imprenditoriali e amministrativi, la loro bontà è dimostrata dalla massiccia fuga dei contadini. Molti, per sottrarsi alla fame, e alle angherie, si rifugiarono negli Stati della Chiesa. Ma i più vennero a Napoli, contribuendo alla sua apoplessia e straccioneria.

Un'altra cittadella dell'ozio e del parassitismo era il Clero, fra i più grassi e opulenti d'Italia. Rappresentava il due e mezzo per cento dell'intera popolazione meridionale, ma inghiottiva un terzo del reddito generale. Il suo patrimonio non smetteva di crescere grazie alle pie donazioni strappate ai peccatori in punto di morte, e naturalmente era anch'esso esente da tasse. Ciò rendeva la carriera ecclesiastica fra le più ambite. Napoli da sola contava più di quindicimila fra preti e monaci, e per sorvegliarne la scandalosa condotta si era dovuto istituire un corpo di *Scoppettilli*, cioè di guardie che sotto il mantello nascondevano uno schioppo e che naturalmente per una «bustarella» rinunziavano a estrarlo.

Il ceto medio era composto quasi esclusivamente di personale impiegatizio, medici, notai e avvocati. Mancava una borghesia imprenditoriale perché mancavano le industrie per mancanza di tutto: materie prime, capitali e soprattutto iniziativa, svogliata e degradata dal tipo di società feudale restaurata dalla Spagna e dalla Controriforma, che non concepivano altra ricchezza che la terra né altro titolo di distinzione che quello di redditiero. L'unico contributo che il mondo degli affari desse alla categoria era rappresentato dagli appaltatori d'imposte e di lavori pubblici, dai beneficiari di licenze per l'esportazione, insomma da quel mondo di parassiti e di profittatori del sottogoverno che, senza nulla produrre, intrallazzavano nella giungla dei monopoli, dei contingentamenti e di tutti gli altri intralci che i regimi vicereali avevano creato nel loro dissennato protezionismo.

Di cosa vivesse il popolino di Napoli, nessuno storico è mai stato in grado di spiegarlo. Una grossa aliquota erano domestici reclutati in massa dai nobili, il cui rango si misurava anche dal numero della servitù. La maggior parte non riscuotevano salario, ma ricevevano una livrea che gli bastava per affermare una superiorità su coloro che non avevano nemmeno quella. La passione dei Napoletani per questi segni esteriori di rango era – e in parte è rimasta – patologica. Bergeret de Grandcourt racconta che il suo calzolaio gli si presentava «in abito di velluto con bottoni d'oro, calze bianche di seta e giustacuore d'oro, spada al fianco e pennacchio bianco». Nessuno che avesse qualche qualifica, anche la più modesta, circolava per strada senza un po' di seguito. Una levatrice non andava a un parto senza farsi precedere «almeno da un piccolo sguattero vestito alla bell'e meglio» e seguire da un codazzo di fantesche. Alcune famiglie aristocratiche andarono in rovina per le carrozze, dai cui «tiri» di cavalli si misurava il prestigio della casata. Chi proprio non poteva concedersi neanche una volgare pariglia, si faceva portare in sedia, perché a piedi potevano andare solo gli straccioni.

Questi ultimi formavano la grande massa, e si chiamavano «lazzarelli» o «lazzaroni». «È la più formidabile canaglia, la più nauseabonda genìa che sia mai strisciata sulla faccia della Terra» scriveva De Brosses col suo solito aristocratico orrore per la plebe. In realtà questa «canaglia» era soltanto la vittima di una società basata sulle più clamorose e vergognose sperequazioni. Da secoli governata con le famose «tre effe»: farina, forca, festini, reagiva alla propria sorte con più mitezza di quanto ci si potesse aspettare: «Non è né sanguinaria né vendicativa» scriveva Saint-Non «anzi con un nulla la si conquista». Infatti, in secoli di oppressione, di veramente rivoluzionario non aveva espresso che Masaniello. E i governi, per impedire che ne nascesse un altro, se lo creavano con le proprie mani nominando un Capo lazzarone e riconoscendogli le prerogative di una specie di tribuno della plebe, fra cui quella del libero accesso al Re e ai suoi Ministri, di cui naturalmente egli finiva per diventare un complice.

Questa era molto all'ingrosso la capitale dello Stato cui Tanucci si apprestava a dare un'ossatura. Cosa succedesse nei suoi retroterra abruzzesi, lucani, calabresi, pugliesi, siciliani, insomma in quello che oggi si chiama il «profondo Sud», si può indurlo soltanto dalla povertà delle informazioni che ce ne restano: campagne spopolate dalla malaria e dal brigantaggio, un contadiname alla mercé dei suoi rapaci baroni e parroci, comuni rurali senza quelle vibrazioni municipali che solo i ceti artigiani e mercantili sanno imprimere, vita intellettuale del tutto stagnante, mancanza di strade e quindi di collegamenti e di scambi, sfiducia, frustrazione, analfabetismo, pessimismo e rinunzia: un quadro tanto più facile da ricostruire in quanto ancor oggi ne sopravvivono le tracce.

La prima preoccupazione del Tanucci fu l'ordine pubblico. A Napoli, si capisce, perché il resto del Paese non contava. Il brigantaggio vi era dato per scontato. Impresa privata, esso metteva in pericolo i privati, non il regime. Il regime poteva essere minacciato solo nella capitale, dove tuttora fermentava una certa fronda di nobili austriacanti. Già Santesteban aveva creato una Giunta d'inconfidenza, cioè di diffidenza, ch'era una vera e propria polizia segreta. Essa liquidò con mano dura i focolai di opposizione. Ma dal modo in cui li colpì, c'è da sospettare che non si lasciasse guidare soltanto da motivi politici. Il castigo consisteva soprattutto nell'esilio e nella confisca dei beni, e a subirlo fu di regola la nobiltà più potente, prepotente e ricca. Così in un solo colpo lo Stato eliminò una minoranza riottosa alle sue leggi e ne incamerò patrimoni e rendite.

Il secondo colpo fu la creazione di un catasto generale per il censimento e la tassazione di tutte le proprietà, comprese quelle dell'aristocrazia e del Clero, da secoli intoccabili. Qui la lotta fu a coltello perché nella difesa del privilegio le categorie minacciate sfoderarono tale energia e ricorsero a tali malizie che in molti casi si dovette scendere al compromesso. I preti strumentalizzarono anche l'eruzione del Vesuvio del 1737 presentandola come «un evidente castigo di Dio per l'estorsioni che il Re si permetteva contro di loro». La loro voce trovò eco non soltanto nel popolino superstizioso e ignorante, ma anche nell'animo di Carlo. Tanucci, costretto a fare i conti con la sincera devozione del sovrano, dovette annacquare il suo programma laico. Un'altra voce che i preti misero in giro era che la Regina, la quale aveva sfornato una sull'altra ben cinque figlie, non riusciva a dare un erede maschio perché il governo aveva riammesso nel Regno gli Ebrei. Era stato Tanucci a richiamarveli sperando ch'essi vi riportassero il soffio di qualche iniziativa industriale e commerciale, come in realtà era avvenuto. Ma dovette rassegnarsi a ricacciarli su richiesta del Re, ossessionato dalla paura di restare senza erede, e quel po' di rilancio economico che grazie a loro si era abbozzato, abortì.

Da buon giurista, Tanucci ebbe di mira soprattutto la riforma del Codice. La legislazione napoletana era l'arruffata, caotica, contraddittoria somma di quelle greca, romana, bizantina, sveva, angioina, aragonese e spagnola che si erano succedute, senza che nessuno avesse mai provveduto a coordinarle. Coloro che più accanitamente vi si opponevano erano proprio gli uomini di legge, gli avvocati o «paglTETTE» come venivano chiamati, per i quali questa giungla di norme e regolamenti era una vera manna. Gli avvocati erano a Napoli una categoria potentissima, anche per il loro numero: ce n'era in media uno ogni centocinquanta abitanti, sempre alla ricerca di pretesti per fomentare liti e per farle durare all'infinito con ogni sorta d'inghippi e di cavilli. Il Tanucci dovette faticare le sette camicie per ridurli alla ragione di una legge più coerente e soprattutto più chiara, e ci riuscì solo a mezzo. Il Codice carolino rappresentava certamente un progresso notevole rispetto al passato. Ma non eliminò le malformazioni, soprattutto morali e di costume, che riducevano la giustizia a una specie di mistero eleusino sottratto alla comprensione e quindi al controllo della pubblica opinione, in modo da lasciar socchiusa la porta a qualsiasi abuso, come del resto è ancora in gran parte.

Ugualmente avversate e risicate furono le riforme di ordine economico. La sua promozione a Regno autonomo aveva affrancato Napoli dai pesanti contributi che, come Vicereame, essa aveva dovuto pagare prima alla Spagna e poi all'Austria. Ora i soldi del Reame restavano nel Reame, ma ammontavano a poco. Con le loro abitudini di fasto, i nobili affluiti in città le davano un sembiante di opulenza. Ma di questa opulenza facevano le spese la provincia e la campagna, drenate all'osso dai latifondisti parassiti. La produzione, quasi esclusivamente agricola, invece di aumentare, decresceva, e con essa decrescevano gl'introiti dello Stato.

Il Tanucci, che di economia s'intendeva poco, dapprima si limitò alla misura più facile, ma anche più inefficace e pericolosa: l'inasprimento delle tasse di consumo, che colpivano soprattutto la povera gente, compreso il dazio sulla frutta: quello che aveva fatto scattare la rivolta di

Masaniello. Ma subito capì di aver sbagliato, fece macchina indietro e mise allo studio dei provvedimenti non per inaridire, ma per creare delle fonti di ricchezza. Nacque così il Supremo magistrato del commercio con ampi poteri di regolamentazione e di promozione. Esso cercò di dare avvio a industrie di trasformazione, vetrerie, cristallerie, saponifici, distillerie, manifatture di tabacco, filande, e urtò contro la mancanza di capitali e di spirito imprenditoriale. Ma peggio ancora fu quando volle attaccare l'intricata selva dei monopoli e degli appalti, cominciando da quello delle dogane. Per quanto energico e duro, il Tanucci non riuscì a sgominare le camorre che mangiavano a queste greppie e che avevano i loro protettori e i tributari fin nei più alti uffici governativi e nell'anticamera del Re (qualcuno dice perfino nel suo confessionale). L'idea che chiunque fosse investito di un minimo di poteri avesse il diritto di abusarne servendosene come di una licenza di sfruttamento del pubblico denaro era ormai parte del patrimonio morale degl'Italiani, specialmente meridionali (e seguita a esserlo).

Tuttavia qualche risultato fu raggiunto, nonostante i gravi problemi di alloggio e di alimentazione che creava il continuo afflusso di nuovi immigrati senza occasioni di lavoro. Nella sua economia di lesina, il Tanucci era riuscito a eliminare molte spese, come quelle per le forze armate che ormai si riducevano a una flottiglia con pochi equipaggi e a qualche reparto mercenario. Egli non cambiò idea nemmeno quando, nel '44, il Re dovette mobilitare per far fronte a un ritorno offensivo degli Austriaci nuovamente in guerra coi Franco-spagnoli sobillati da Elisabetta. Carlo fece il suo dovere bloccando il nemico a Velletri e respingendolo. Ma dall'inseguirlo si guardò. Neanche lui amava la guerra e le spese per la guerra.

Le cose cambiarono nel '46 con la morte di Filippo V e l'allontanamento di Elisabetta da Madrid. Ma cambiarono solo per Carlo che, finalmente liberato dalla tutela materna, poté fare davvero il Re. Lo si vide dalle sue abitudini di vita, che mutarono radicalmente. Egli continuò ad alzarsi alle cinque del mattino, ma invece d'andare a caccia, prendeva il suo posto a tavolino e s'immergeva negli affari di Stato. Il Tanucci non fu più solo a rivedere le bucce dell'amministrazione, ma la sua posizione non ne risentì perché il Re aveva in lui la più assoluta fiducia.

Era tuttavia scritto nel destino di Carlo ch'egli dovesse soggiacere a qualche influenza femminile. Scomparsa quella della madre, si profilava quella della moglie. L'autorità di Maria Amelia era cresciuta da quando, dopo le cinque femmine, essa aveva messo al mondo il sospirato maschio. Carlo n'era mezzo impazzito di gioia, e ne aveva qualche motivo. A Madrid, il fratellastro Ferdinando, succeduto a Filippo, era rimasto anche lui senza eredi e quindi, nel caso di una sua scomparsa, toccava a Carlo prenderne la successione. Perciò un erede era doppiamente necessario per la continuazione della dinastia sia in Spagna che a Napoli.

Purtroppo il bambino si rivelò ben presto mentalmente tarato. Ma quando Carlo se ne accorse, Maria Amelia gliene aveva già dato un altro, Carlo Antonio, e subito dopo un terzo, Ferdinando. Così entrambi i troni avevano il loro titolare. E di questo servigio Maria Amelia si fece ripagare pretendendo una partecipazione diretta al governo. Alle prime sedute del gabinetto assisté nascosta dietro un arazzo. Ma poi volle il suo posto accanto a quello del Re, di cui sempre più prese a contestare le decisioni. Ne derivarono scene, scenate e scenette che tuttavia, con la sua solita urbanità e pazienza, Carlo riuscì a non far degenerare in malumori permanenti. Malgrado la sua ruvidezza, il Tanucci dovette esercitare in questi frangenti un'accorta azione distensiva perché rimase nelle grazie sia dell'uno che dell'altra. E le cose seguitarono ad andare per la loro strada, cioè per la strada tracciata da lui.

Miracoli non ce ne furono né potevano essercene. Mettere ordine in quel Reame e avviarlo a un equilibrato sviluppo era un'impresa superiore a qualsiasi forza umana. Eppure fu quella, per Napoli, una specie di *belle époque*, di età dell'oro. Avrebbe potuto esserlo anche di più, se il sovrano e il suo Ministro fossero stati sensibili all'esigenza fondamentale: l'istruzione. Invece vi furono entrambi assolutamente sordi: Carlo perché d'istruzione ne aveva avuta poca egli stesso, e quella poca l'aveva ricevuta dai preti, i quali la consideravano un veicolo d'infezione; il Tanucci per la sua concezione paternalistica. Egli non aveva nessuna simpatia per i regimi democratici e parlamentari, e nessuna fiducia nel popolo. Lo considerava un pargolo eternamente bisognoso di una balia: lo Stato. Per compiacere alla passione archeologica del Re, egli promosse un'Accademia reale ercolanense, intesa a catalogare gli oggetti rinvenuti negli scavi. Ma nessun contributo fu dato alle scuole e all'università, che anzi decaddero sempre più. Il Re si era preso come storiografo Gian Battista Vico, ma non capì mai chi fosse, e il suo mecenatismo si era limitato ai musei, alle porcellane e ai teatri. Sotto il suo regno, la sola vita culturale di Napoli fu il San Carlo, uno dei grandi templi italiani dell'opera seria. Carlo lo frequentava con assiduità, ma regolarmente ci si addormentava. Di suo, avrebbe preferito l'opera buffa. Ma, considerandola pericolosa per la moralità del popolo, vi rinunziava.

Nel 1759 Ferdinando di Spagna morì, e Carlo fu chiamato a succedergli. Dicono che fu per lui un giorno di lutto. Certo, lo fu per Napoli che si era sinceramente affezionata a questo Re rustico e di modi semplici, che le aveva restituito il suo rango di capitale. Egli riunì un'assise di nobili, alti funzionari, medici e ambasciatori stranieri perché constatassero «lo stato di demenza in cui si trovava il suo reale figlio primogenito», che l'obbligava a riconoscere Principe ereditario di Spagna il secondogenito Carlo Antonio e Principe ereditario di Napoli e della Sicilia il terzogenito Ferdinando.

Sebbene quest'ultimo non avesse che otto anni, Carlo lo liberò con cerimonia solenne dalla propria tutela in modo da rendere chiaro sin da quel momento «che non desidero esercitare alcuna autorità su un figlio che diventa sovrano indipendente in Italia come io lo sono in Spagna»; e nominò un Consiglio di reggenza che esercitasse il potere fin quando il ragazzo avesse raggiunto la maggiore eta, sedici anni.

Il 6 ottobre, il Re discese sul porto, accompagnato dalla moglie e dai figli, meno il demente e Ferdinando, e s'imbarcò sulla fregata *Fenice*, venuta a prenderlo con una scorta di quindici vascelli di linea. Non aveva altro bagaglio che gli effetti strettamente personali. Tutti i beni della Corona – gioielli, opere d'arte eccetera – di cui aveva fatto compilare un minuzioso inventario, erano rimasti a palazzo reale. All'ultimo momento s'era accorto di tenere infilato al dito un anello d'oro trovato negli scavi di Pompei, e restituì anche quello.

L'addio della città fu commosso e commovente. Tutti piangevano, quando la *Fenice* sciolse le vele al vento. In tanta tristezza, l'unico volto allegro era quello di Ferdinando che – scrisse l'ambasciatore francese – «non ha versato una lacrima e anzi non nascondeva la sua contentezza di restarsene a Napoli».

CAPITOLO VENTUNESIMO

I BORBONE DI NAPOLI: FERDINANDO

Il presidente del Consiglio di reggenza, destinato a restare in carica fino alla maggiore età del nuovo Re, cioè otto anni, era il Principe di San Nicandro. Ma si trattava soltanto di una controfigura. L'anima e il cervello di quel supremo consesso era naturalmente il Tanucci, che non si lasciò scappare l'occasione di quell'interregno per condurre a termine le riforme a cui più teneva.

Nei rapporti con la Chiesa, la timoratezza di Carlo l'aveva obbligato ad accettare alcuni compromessi; e il Concordato del 1741 era appunto uno di questi. Ora che aveva le mani libere, il Tanucci decise di usarle. Con bella disinvoltura, stabilì che, alla morte di Vescovi e abati, lo Stato avrebbe disposto dei loro beni e benefici ecclesiastici, per destinarne le rendite a lavori di pubblica utilità. Ridusse e poi abolì le «decime» ecclesiastiche, cioè l'imposta che la Chiesa imponeva sui raccolti, e mise un fermo definitivo alla manomorta, cioè ai beni immobiliari della Chiesa, vietando ogni loro ulteriore espansione.

La Chiesa naturalmente protestò. E Tanucci ne colse il destro per dichiarare nulla e inefficace nel Regno qualsiasi bolla e lettera papale che non fosse prima approvata dal Re. Non solo. Ma di sua testa procedette anche allo sfoltimento del Clero stabilendo che gli ecclesiastici non potessero superare il cinque per mille della intera popolazione, che alla Chiesa non dovessero essere avviati i figli unici, che nessuna famiglia potesse contribuirvi con più di un figlio, e che nessuno potesse prendere i voti se non disponeva di un adeguato patrimonio personale.

È facile immaginare il risentimento non soltanto di Roma, ma anche del Regno, dove quella ecclesiastica era considerata la carriera più remunerativa e l'unica aperta anche ai diseredati. Ma Tanucci, lungi dal lasciarsene scoraggiare, approfittò della cacciata dei gesuiti dalla Francia, Spagna e Portogallo per prendere la stessa misura. E come la Francia rispondeva alla reazione del Papa annettendosi Avignone, così lui vi rispose annettendosi Benevento e Pontecorvo che appartenevano agli Stati pontifici.

In quel momento (1767) Ferdinando, avendo compiuto i sedici anni, era già entrato in carica. Ma aveva accettato le decisioni del suo Ministro senza neanche discuterle, perché di discutere non aveva nessuna voglia. Da ragazzo, con la sua vivacità, prometteva bene; anzi era talmente vispo e di scilinguagnolo pronto che suo padre lo chiamava «paglietta». Ma dall'adolescenza in poi era cresciuto soltanto di scheletro fino a raggiungere l'altezza d'un granatiere. Di cervello, era rimasto bambino.

Anni dopo, in una lettera da Napoli a sua madre, Giuseppe d'Austria ne dava colpa a Tanucci che, secondo lui, aveva fatto impartire una cattiva educazione a Ferdinando per inabilitarlo al potere e restarne il padrone. Che il ministro si fosse poco preoccupato del Principe e della sua educazione, è vero. E forse è anche vero che la sua immaturità non gli dispiaceva. Ma dubitiamo che una pedagogia più accurata avrebbe potuto cavare di più da un essere, cui madre natura aveva negato qualsiasi senso di responsabilità.

Non era stupido. Era solo totalmente refrattario a qualsiasi serio impegno, a cominciare da quello dello studio. Non riuscì mai ad andare oltre le quattro operazioni aritmetiche, né a imparare una lingua, neanche quella italiana. Parlava solo napoletano anche perché non frequentava che gli scugnizzi di strada di cui condivideva le abitudini bighellone. Passava la giornata con loro a cacciare, a pescare e a rivendere pesce e selvaggina al mercato come un qualsiasi «bancarellaro». Furono queste abitudini che gli valsero l'affettuoso nome di «Re lazzarone». Non lo rispettavano, ma gli volevano bene perché lo sentivano dei loro in tutto e per tutto: nella spensieratezza, nella bonomia, nell'infingardaggine. Anche dopo che fu salito sul trono, mantenne queste sue abitudini di strada, si rifiutò di occuparsi degli affari di Stato; e anzi, per risparmiarsi anche la fatica di sottoscrivere i documenti, fece fare un timbro con la sua firma e lo dette al Tanucci perché l'apponesse dove voleva. Per sottrarsi alla vita di Corte, i cui rituali lo annoiavano profondamente, era sempre a caccia fra Caserta e Portici, e invano i gentiluomini di servizio la sera lo aspettavano per il pranzo. Lo ritrovavano solo la mattina dopo in qualche capanna abbracciato a una servotta o a una contadina, ch'egli preferiva di gran lunga alle dame di palazzo.

In realtà il vero Re di Napoli era ancora Carlo che, nonostante il solenne atto di rinuncia pronunciato al momento della partenza, seguitava da Madrid a governare attraverso il fidatissimo Tanucci, che di tutto lo teneva minutamente al corrente. Nel '68 egli decise che Ferdinando doveva sposarsi per assicurare la successione al trono, e la sposa gliela scelse là dove c'era da sceglierne, cioè nella nidiata di Maria Teresa d'Austria. Dopo Maria Antonietta, andata in moglie a Luigi XVI di Francia, il turno toccava a Maria Giuseppina, che però proprio in quel momento cadde malata e poco dopo morì. Il suo posto fu preso da Maria Carolina, la prediletta dell'Imperatrice per il suo attaccamento alla famiglia. Aveva sedici anni quando, sposata come al solito per procura, intraprese il suo viaggio verso Napoli.

Ferdinando l'aspettava alla Portella, dove suo padre aveva aspettato Maria Amelia. Ma l'incontro non fu ugualmente felice. Ferdinando rimase senza fiato nel vedere la sposa, tanto era bella, maestosa e regale. E anche lei rimase senza fiato, ma solo per la rozzezza di lui. Non avevano nulla in comune, neanche la lingua, perché lei parlava un italiano perfetto, ma scolastico e tirato a lustro, e lui soltanto il napoletano.

Nell'interno del palazzo un cortigiano maligno aveva affisso la scritta: «Essa lo cambierà o lui la guasterà». E nei primi tempi l'alternativa fu incerta. Maria Carolina, che aveva ricevuto un'eccellente educazione moderna e a Vienna aveva respirato l'aria dell'Illuminismo, cercò di convertire quel suo zotico marito ai propri interessi intellettuali, lo costrinse a subire la compagnia della poca gente colta che c'era a Napoli e gl'impose anche di frequentare l'opera seria al San Carlo. Ferdinando ce la seguiva come un cane al guinzaglio, ma per ingannare la noia durante la rappresentazione si faceva servire gli spaghetti, e si metteva a mangiarli alla napoletana, cioè senza forchetta, fra i divertiti applausi della platea. Una volta Maria Carolina, indignata, si alzò di scatto e uscì. Ferdinando seguitò a mangiare i suoi spaghetti come se nulla fosse: ormai aveva superato il senso di soggezione che dapprincipio gli aveva incusso quella moglie regale e colta, ed era tornato alle amicizie di strada e agli amori ancillari.

La migliore descrizione di questo stravagante personaggio e dei suoi bizzarri costumi ce l'ha lasciata, in una lettera alla madre, suo cognato Giuseppe, il futuro Imperatore, quando venne a Napoli a trovare la sorella: «Alto un metro e ottantacinque, scarno e ossuto, con la schiena curva, dondola sulle gambe troppo deboli per il peso del corpo massiccio. Ha grosse braccia, grossi polsi e grosse mani sempre sudice. La testa è piccola con una selva di capelli color caffè, che non incipria mai. Il naso, via via che si distacca dalla fronte, si gonfia in una palla, fino alla bocca larghissima e col labbro inferiore molto sporgente. Per quanto brutto, non è del tutto repulsivo. Sta quasi sempre vestito nel suo costume di caccia con un gran cappello tirato giù da ogni parte, un giaccone di pelo grigio con le tasche che scendono fino a mezza gamba, calzoni e panciotto di cuoio e un coltello lungo come una baionetta». Giuseppe dice d'aver invano tentato d'intavolare con lui un discorso serio: Ferdinando s'interessava solo alle barzellette basate sulle burle e le bastonature. La sua attività più impegnativa erano le manovre che ogni mattina faceva eseguire a un battaglione nel cortile del palazzo. «Non riuscii a capire a cosa servono questi esercizi. I tamburi e i pifferi fanno un baccano infernale, maggiorato dalle urla del Re che impartisce ordini ridendo, dimenandosi, e assestando piattonate con la sciabola sulla schiena di chi sbaglia. Poi arriva il vivandiere su cui tutti, buttate via le armi, si avventano, strappandosi di mano cibo e vino.» Ferdinando, dice Giuseppe, non conosceva i dieci comandamenti, però in San Gennaro credeva ciecamente ed era sicuro che gli angeli fossero bianchi e i diavoli neri. Andava a letto con la spada perché il buio lo spaventava, e non voleva mai restar solo. Una sera che la Regina cantava al clavicembalo, «egli ci pregò di fargli compagnia mentre stava seduto sul vaso. Facemmo conversazione per più di mezz'ora, e io pensavo ch'egli sarebbe rimasto seduto lì, coi pantaloni calati, Dio sa per quanto, quando una terribile puzza ci avvertì che tutto era finito. Non mancò di darci tutti i dettagli dell'operazione, anzi voleva perfino mostrarcene i frutti, poi sempre coi pantaloni calati e col vaso in mano si mise a rincorrere due dei suoi ospiti che scappavano». E Swinburne racconta che il giorno dopo Ferdinando, essendogli scappato un rumore poco in tono con l'etichetta, si rivolse a Giuseppe dicendogli: «È necessario per la salute, fratello mio!». Lampi di luce sui costumi di un secolo che, grazie alle sue parrucche e ciprie e merletti e nèi e cicisbei, passa per raffinato e sofisticato. Giuseppe racconta alla madre, come la cosa più naturale di questo mondo, che uno degli spassi preferiti del Re è quello di assestare tremendi pizzichi nel sedere delle dame di Corte, d'introdurre topi vivi nei loro scolli e di riempire di gelati e marmellate le tasche dei loro mariti.

I tentativi di Maria Carolina per incivilire quello zoticone erano falliti. Alcuni storici dicono che a questo fiasco aveva contribuito anche il Tanucci, ben contento ch'essa non acquistasse su Ferdinando un ascendente che potesse far concorrenza al suo. Fin dal primo giorno la Regina aveva detestato quel Primo Ministro autoritario, burbero e tabaccoso, che dal canto suo non aveva fatto nulla per piacerle. Ma l'antipatia non era soltanto di pelle, sebbene anche questa per Maria Carolina contasse molto. Il fatto è che ai suoi occhi Tanucci rappresentava Carlo III, cioè il vincolo dinastico che subordinava il Reame alla corona di Spagna; mentre agli occhi di Tanucci, Maria Carolina rappresentava la lunga mano degli Asburgo per attrarre il Reame nell'orbita austriaca. E avevano ragione entrambi.

La lotta fra i due fu a coltello. Maria Carolina strumentalizzò tutte le scontentezze che il Tanucci aveva provocato con le sue riforme, specie fra i nobili colpiti nei loro privilegi. Ma la sua arma migliore fu una piccola clausola che la previdentissima Maria Teresa aveva fatto inserire nel suo contratto di nozze. Questa diceva che, dal momento in cui fosse nato un erede maschio, la Regina sarebbe stata ammessa con voce deliberativa alle riunioni del governo in modo da familiarizzarsi col potere nel caso di una sua reggenza. Ora l'erede c'era, e a esso ne seguirono anche degli altri, sebbene le malelingue dicessero che il vero padre non era Ferdinando. Il giurista Tanucci non poté impedire la scalata di Maria Carolina alla «stanza dei bottoni». E da quel momento la sua sorte fu segnata. Dopo quarantadue anni di fedeltà alla dinastia, l'ottuagenario Ministro fu licenziato, e anche con mala grazia. Si ritirò disgustato in campagna e poco dopo morì, come succede ai grandi lavoratori quando sono condannati all'ozio. Lo stupore fu grande quando si seppe che aveva lasciato un patrimonio irrisorio. Anche allora l'onestà, in Italia, faceva grande impressione.

Colto di sorpresa dal siluramento del suo fiduciario, Carlo III ne fu indignato, si mantenne con lui in stretti rapporti epistolari, e ingiunse al figlio di sostituirlo con persona che desse garanzia di lealtà alla Spagna: La Sambuca. Ma appunto perché dava tali garanzie, anche costui fu subito inviso alla prepotente Regina, pungolata dall'ambizione di fare di Napoli una forte potenza asburgica. Autoritaria, capricciosa e dissoluta, da vera femmina essa ormai confondeva la politica con l'alcova e pretendeva scegliere i collaboratori tra i favoriti.

Fra costoro n'era comparso uno che possedeva tutti i requisiti per irretirla. Era un Irlandese di nome John

Acton che, dopo aver servito nella marina francese, aveva raggiunto lo zio che comandava quella toscana e ne aveva ereditato il posto. Maria Carolina, a cui il fratello Leopoldo aveva magnificato le doti dell'ammiraglio, gli chiese di mandarglielo per consigli, eppoi lo ingaggiò a titolo permanente: cosa di cui Leopoldo si dolse moltissimo.

Fra i motivi che indussero la Regina a giuocare quel brutto tiro al fratello c'era anche l'idea di fare di Napoli il caposaldo marinaro dell'Impero austriaco per disputare il dominio sul Mediterraneo alla Spagna e alla Francia. Ma a questo si aggiungeva il fascino dell'uomo, non bello, ma carico di sex appeal. Maria Carolina se ne innamorò a prima vista e lo fece nominare Ministro della Marina: un dicastero fin allora talmente trascurato ch'era stato affidato al medico di Corte. Acton non si affrettò a ricambiare i favori della Regina, anzi pare che glieli facesse sospirare parecchio e che sempre gliene concedesse col contagocce. Come tutti i grandi ambiziosi, non era molto portato all'alcova, in cui vedeva soltanto un mezzo per salire, e aveva ben capito che quella creatura, con le sue arie di voler dominare tutti, non era che una povera donna in cerca di qualcuno che dominasse lei. Quanto al Re, non chiedeva di meglio che di essere liberato dagl'impegni del potere e dalla incombente presenza di quella moglie esigente e ciacciona.

Col suo stile compassato, Acton li servì entrambi a dovere, ma più ancora servì se stesso e il suo Paese, cui molto conveniva una potenza marittima antispagnola e antifrancese nel Mediterraneo. La Sambuca sentì il pericolo e ne avvertì immediatamente il re Carlo che corse ai ripari con lettere di fuoco al figlio. Ma queste lettere non arrivavano al destinatario, intercettate dallo spionaggio della Regina e di Acton. A sconvolgere Ferdinando fu soltanto un violento terremoto in Calabria dove perirono oltre trentamila persone. Ferdinando, che in fondo era un buon diavolo, saccheggiò il proprio patrimonio per soccorrere i sinistrati. Sua moglie non mosse un dito. Era troppo occupata a preparare la visita a Napoli di suo fratello Giuseppe, che veniva a intendersi con lei e Acton per agganciare definitivamente il Reame al carro austriaco. Maria Carolina era pronta a sacrificare a questa operazione anche l'interesse dei suoi figli. Stando a Denon, aveva detto: «Non sono fortunata, coi miei maschi. Sono tutt'e due talmente cretini che, se li perdessi, non perderei molto. Anzi, sposerei la mia primogenita al figlio di mio fratello, e così farei tornare il Reame al mio casato».

La Sambuca tentò di aprire gli occhi a Ferdinando, ma non riuscì a cavarne che qualche velleitaria reazione di stizza. Ogni tanto il Re faceva una scenata alla moglie minacciando di farla sorprendere, pugnalare e gettare dalla finestra insieme al suo amante: perché che fossero amanti lo sapeva benissimo, ma non gliene importava nulla. Voleva solo essere esentato dai grattacapi, e per questo non tentò nemmeno di discolpare il suo Ministro quando la regina e il favorito decisero di sbarazzarsene. A cercar di salvarlo fu ancora Carlo III, ma inutilmente. Maria Carolina e Acton non volevano soltanto liquidare La Sambuca, ma anche discreditare in lui tutto l'ambiente filoborbonico che specie a Corte era ancora potente. E perciò cercarono d'incriminarlo di alto tradimento sottraendogli perfino la corrispondenza privata. Ma non ci trovarono nulla, e dovettero contentarsi di un licenziamento in tronco come avevano fatto con Tanucci.

Per evitare rappresaglie da parte di Carlo, il suo posto fu preso non da Acton, ma dal marchese Caracciolo che passava per un buon economista: cosa di cui c'era urgente bisogno, dato il dissesto in cui versavano le finanze del Reame, drenate dalle spese di riarmo. Caracciolo fece quel che poté, cioè il pochissimo che gli consentirono la Regina e Acton, fermamente decisi a fare delle Due Sicilie, come ormai il Reame si chiamava, una grande potenza marittima e militare. Per levarselo dai piedi, essi mandarono Ferdinando in visita al granduca Leopoldo che gl'impartisse qualche lezione di governo. Leopoldo gli chiese quante riforme aveva fatto a Napoli. «Nessuna» rispose il *lazzarone*, che poi a sua volta chiese: «Ma quanti Napoletani hai al tuo servizio?». «Nessuno» rispose l'altro. «Io invece» ribatté Ferdinando «al mio servizio ho trentamila Toscani, i quali si vede che, con tutte le tue riforme, nel Granducato non hanno da mangiare.»

Poco dopo Caracciolo morì, e il governo venne ristrutturato – come oggi si direbbe – secondo un organigramma che concentrava tutto il potere nelle mani di Acton, il quale tuttavia formalmente si contentò del titolo di Generale. Sempre più la politica estera del Reame si distaccò da Madrid per orientarsi su Vienna, e la politica estera fu la sola politica che ebbe questo regime totalmente sordo ai problemi interni. Neanche il Tanucci era riuscito a risolverli. Ma qualcuno ne aveva avviato, liberando lo Stato da ogni ipoteca clericale, riducendo l'opulenza e la tracotanza del Clero, laicizzando e rendendo obbligatoria e gratuita – almeno sulla carta – l'istruzione elementare. In questo campo anche La Sambuca fece qualcosa, concedendo maggiori finanziamenti all'università e istituendovi nuove cattedre. Ma tutto si fermò qui, e in pratica riguardò soltanto Napoli perché l'interno rimase abbandonato a se stesso, conteso fra baroni e briganti. Della vita di questo «profondo Sud» senza scambi né ricambi, ribadito nelle sue servitù feudali e mummificato in una struttura sociale articolata in due sole classi – i servi e i padroni –, l'una più ignorante dell'altra, non si sa quasi nulla perché non c'era nessuno in grado di lasciarne qualche testimonianza. I pochi in grado di farlo scappavano a Napoli perché sul posto non potevano vivere.

Sotto il regno di Ferdinando furono solo portate a termine le opere iniziate da Carlo: gli scavi archeologici di Ercolano e di Pompei, la fabbricazione delle porcellane, Capodimonte e il palazzo di Caserta, capolavoro del Vanvitelli. Di suo Ferdinando fece una cosa sola: il teatro dell'opera buffa che prese il suo nome come quello dell'opera seria aveva preso il nome di suo padre. Essi esemplificano come meglio non si potrebbe la differenza tra i due personaggi.

CAPITOLO VENTIDUESIMO

IL TRAMONTO DEI PRINCIPATI MINORI

Abbiamo passato in rassegna i grandi Stati dello Stivale. Diamo ora uno sguardo ai piccoli.

Anche questi naturalmente erano in balìa delle diplomazie e degli eserciti stranieri. Asburgo e Borbone se li disputavano e se li barattavano ai tavoli delle grandi conferenze internazionali e nei corridoi delle cancellerie. Decidevano alle loro spalle e sulla loro testa, secondo la logica machiavellica della *Realpolitik*, infischiandosi di sovranità e diritti dinastici. Gli staterelli italiani non erano che pedine d'un giuoco europeo e per sopravvivere si barcamenavano fra Parigi e Vienna, fra Vienna e Madrid, passando continuamente da un campo all'altro in nome non di una causa, che non avevano, ma delle necessità del momento, del proprio tornaconto, del proprio «particulare». Le loro dinastie si erano disfatte anche sul piano biologico per via dei troppo frequenti matrimoni fra consanguinei ed erano rappresentate da squallidi personaggi che ne incarnavano la decadenza.

I Farnese erano da duecent'anni Duchi di Parma e Piacenza, il più piccolo Stato italiano, dopo Lucca. La sua struttura era quella tipica dell'*ancien régime*, di stampo paternalistico. Al vertice una nobiltà inetta, oziosa, retrograda, che campava di rendite e di privilegi, che non forniva né ufficiali all'esercito (come quella piemontese), né politici e diplomatici allo Stato (come quella veneziana), né funzionari alla burocrazia, né imprenditori all'economia (come quelle milanese e genovese). Accanto all'aristocrazia, il Clero godeva d'innumerevoli benefici, d'ogni sorta d'esenzioni, esigeva le decime e non pagava le tasse. Le sue ricchezze erano enormi. Nel solo Piacentino possedeva, nella seconda metà del secolo, 1.256.553 pertiche. La borghesia era pressoché inesistente e non aveva alcuna voce in capitolo. Il popolino era costituito da una massa amorfa e informe di sudditi ignoranti e diseredati.

Padroni bonari ma di scarsa fantasia, i Farnese avevano fatto poco o niente per migliorare le sorti del Paese, elevare il tenore di vita, redistribuirne più equamente le ricchezze. Il vento di riforme che soffiava in Europa e negli Stati italiani più evoluti non varcò, sotto questa dinastia ormai in sfacelo, le soglie del Ducato. Francesco Maria, salito al trono di Parma alla morte del padre Rinuccio, non aveva stoffa né di statista, né di condottiero. Tollerante più per pigrizia che per bontà, lasciava che le cose andassero per il loro verso e per far fronte alle spese dello Stato non trovò di meglio che aumentare le tasse e inasprire i dazi. Morendo, lasciò molti debiti, pochi rimpianti e un fratello, Antonio, obeso come lui, come lui sordo alle «istanze» riformatrici e, come lui, senz'eredi. Ad assegnargliene uno nella persona di don Carlos di Spagna, figlio del re Filippo e d'Elisabetta Farnese, furono – come abbiamo già detto nella prima parte di questo libro – le grandi potenze, convenute nel 1720 all'Aja per por fine alla guerra della Quadruplice Alleanza. Carlo s'istallò a Parma dodici anni dopo, alla morte di Antonio, sebbene questi, spirando, avesse lasciato il Ducato al figlio che la moglie gli aveva detto di avere nel ventre (ma era una bugia).

Quando prese possesso del Ducato, Carlo aveva appena sedici anni. Non fece nemmeno in tempo ad ambientarsi perché due anni dopo, nel '34, le mene della madre e di Alberoni gli procurarono una corona molto più grossa: quella di Napoli. Prima di lasciare Parma, fece razzia delle più belle opere d'arte che ornavano i suoi palazzi – quadri, tappeti, arazzi, argenti, mobili – e se le portò a Napoli. Il Ducato rimase affidato a una reggente, Dorotea di Neoburgo, che lo governò per quattordici anni, finché, con la pace di Aquisgrana, esso venne assegnato al fratello minore di Carlo, Filippo.

Filippo non aveva l'intelligenza e l'energia del fratello, ma possedeva equilibrio, buon senso, cultura. A diciannove anni aveva sposato la figlia primogenita di Luigi XV, Luisa Elisabetta, meglio nota come Babette, che ne aveva sei di meno: un matrimonio d'amore, felice e duraturo. Quando la coppia giunse a Parma non trovò nemmeno i letti per dormire: Carlo aveva fatto man bassa anche di quelli e ci volle addirittura un intervento del Re di Francia per indurlo a rimandare indietro un po' di mobili.

Un codazzo di Spagnoli aveva seguito Filippo e una schiera di Francesi accompagnavano Babette, che naturalmente si spartirono i posti chiave dell'amministrazione. All'inizio furono i primi ad avere il sopravvento; poi, con la nomina di Guglielmo du Tillot a segretario di Stato, il potere passò quasi interamente nelle mani dei secondi.

Du Tillot, figlio d'un cameriere del Re di Spagna, nato a Baiona e vissuto fra Madrid e Parigi, era un uomo colto, un conversatore arguto e brillante, un abile cortigiano, un politico accorto, un diplomatico duttile, che incarnava il tipo del perfetto riformatore illuminista. Si mise subito all'opera per trasformare Parma e farne una piccola succursale di Parigi. «Tutto in questa città ha l'aria oltremontana» scrisse Casanova. Secondo i calcoli dell'abate Richard, su quarantacinquemila abitanti, cinquemila erano francesi, che avevano tutto in mano: amministrazione, banche, commercio, industria. Perfino l'ingrassatore delle galline di Corte veniva d'Oltralpe. Du Tillot non lesinò in sovvenzioni, agevolazioni, incentivi per ridare aìre alla stagnante economia. Spuntarono nuove attività, le botteghe si moltiplicarono, crebbe il volume d'affari, aumentò il benessere. Più timidi furono invece i tentativi del du Tillot in agricoltura. Niente riforme radicali, in grande stile, come quelle di Leopoldo in Toscana, ma solo occasionali e sporadici interventi, in questo o quel settore.

In campo tributario du Tillot sottopose la Ferma, cioè l'appalto delle imposte, al controllo parziale dello Stato, ordinò l'aggiornamento del catasto e il riesame degli estimi e abolì i privilegi più scandalosi e anacronistici. Preti e nobili, che facevano le spese di queste giuste misure, protestarono. Ma du Tillot non se ne lasciò impressionare e il 13 gennaio 1765 emanò l'editto di perequazione, che sottoponeva i beni ecclesiastici agli stessi tributi di quelli laici. Nello stesso mese dello stesso anno istituì una Real Giunta della giurisdizione incaricata di regolare i rapporti col Clero, attraverso il *placet* e l'*exequatur*: limitazione dei poteri del foro ecclesiastico, disciplina del Clero regolare, inchieste sul patrimonio degli ordini religiosi, abolizione di alcuni conventi. E finalmente, nel febbraio del 1768, decretò l'espulsione dei gesuiti e l'incameramento dei loro immensi beni.

L'intraprendente Ministro legò il proprio nome anche a importanti realizzazioni culturali. Chiamò a Parma l'architetto francese Ennemond Petitot, cui si deve l'inconfondibile impronta urbanistica della città, riempì la Corte d'intellettuali di grido come l'abate Condillac, precettore dell'erede Ferdinando, e il filosofo Keralio, tappezzò le pareti della reggia di opere di Nattier, La Tour, Vernet, fece venire d'Oltralpe compagnie di attori, musicisti, ballerini. Nel 1757 fondò l'Accademia di Belle Arti con insegnanti quasi tutti francesi, divulgò gli scritti degli enciclopedisti, specialmente di Voltaire, diede nuova linfa all'anemica Arcadia, allestì un museo archeologico, finanziò la Biblioteca Palatina e l'abbonò ai più importanti giornali italiani e stranieri, impiantò una stamperia reale e l'affidò al più geniale tipografo del tempo, il piemontese Giovanbattista Bodoni. Cercò insomma di fare di Parma una piccola Versailles, e in parte ci riuscì, amministrando con oculatezza gli scarsi fondi di cui disponeva. Dopo che Nattier ebbe ritratto il volto della Duchessa, du Tillot fece eseguire il resto della figura a un artista minore per pagarlo di meno.

In questa infaticabile opera di riforma fu incoraggiato e sostenuto da Filippo, che si limitava a una blanda e benevola supervisione dei suoi atti. I due uomini si erano capiti fin dal primo giorno, e fino all'ultimo filarono in perfetto accordo. Quando, nel 1765, il Duca morì, la posizione dell'onnipotente Ministro cominciò a vacillare. Con la protezione di Luisa, moglie di Filippo, rimase al potere ancora sei anni, ma lo perse con l'avvento sul trono del figlio di Filippo, Ferdinando, un giovanotto abulico, complessato, bigotto, succubo dei preti e della moglie, Maria Amalia. Era costei una delle innumerevoli figlie che Maria Teresa aveva avuto il torto di mettere al mondo e che si rivelarono altrettante disgrazie per i loro mariti. Brutta, goffa, ottusa, ignorante, stravagante, ambiziosa, vendicativa, appena messo piede a Corte, cominciò a seminarvi panico e zizzania e a maltrattare il marito, che per sottrarsi alle sue escandescenze si rifugiava in chiesa, l'unico luogo dove Maria Amalia riusciva (a fatica) a dominarsi.

Du Tillot, la Duchessa madre, la stessa Maria Teresa, tentarono invano di ricondurre la «matta», come la chiamavano a Parma, alla ragione. Fatica sprecata. L'Austriaca seguitava a fare le bizze, a tradire il marito con gli ussari che s'era portati al seguito da Vienna, a boicottare e calunniare il du Tillot, che non le nascondeva il proprio disprezzo. Quando il segretario di Stato chiese a Maria Teresa il richiamo degli ussari, la matta montò su tutte le furie e scatenò contro di lui un'infame campagna denigratoria, accusandolo di furto e d'illeciti guadagni. La manovra ebbe successo, perché i Parmensi, smaniosi d'accaparrarsi i poteri del Ministro, si schierarono dalla parte della Duchessa. E così colui che aveva fatto di Parma un'oasi di benessere e di cultura dovette fuggirsene di notte per evitare il linciaggio della folla.

La partenza del du Tillot segnò l'inizio d'un lungo periodo d'involuzione e di reazione. Sobillato da preti e monaci, Ferdinando richiamò i gesuiti, ristabilì il tribunale dell'Inquisizione, restituì alla Chiesa molti dei beni incamerati, licenziò i collaboratori del du Tillot e li rimpiazzò con uomini suoi, cioè di sua moglie, disonesti e incapaci. Il Ducato, sgovernato da un baciapile e da una matta, ripiombò nell'antico letargo da cui, dopo la bufera napoleonica, lo scuoterà la grande Maria Luigia.

A un tiro di schioppo da Parma, il feudo estense di Modena. Dal 1697 vi regnava il duca Rinaldo, ex Cardinale, che alla morte del nipote Francesco aveva rinunciato alla porpora per raccoglierne la successione: un uomo morigerato, di buona cultura, di tendenze ghibelline e austriacanti, in contrasto con quelle francofile degli avi. Dopo quattro anni di regno, mentre divampava la guerra di successione spagnola, gli eserciti francesi invasero il suo territorio e l'obbligarono a rifugiarsi a Bologna. Solo nel 1707 rientrò in possesso del suo staterello.

Il Ducato di Modena aveva una popolazione di quattrocentomila abitanti, buone risorse agricole, scarse industrie, un artigianato abbastanza attivo. La capitale contava diciottomila anime, pochi disoccupati e alcune centinaia di poveri. Rinaldo l'aveva trasformata in una specie di convento. Alle dieci di sera strade e piazze venivano abbuiate perché Rinaldo, che andava a letto presto, esigeva che i suoi sudditi facessero altrettanto. Più che da sovrano, si comportava da patriarca, si faceva chiamare «serenissima padronanza», vigilava su tutto e tutti, e specialmente sulle infedeltà coniugali dei sudditi, che puniva con la gogna e la prigione. Rimasto vedovo dopo quindici anni di matrimonio, non aveva voluto risposarsi e allevava con grande severità i figli, specie il primogenito Francesco, destinato a succedergli. Ma non era bigotto. Amava la cultura, incoraggiava gli studi, proteggeva gli scienziati dagli attacchi del Sant'Uffizio, e nel 1717 istallò l'Accademia delle Scienze in Palazzo Ducale, assegnandole una dote di seicento lire l'anno. Cure particolarmente assidue dedicò all'università, che onorava gli studi scientifici più di quelli umanistici. Le cattedre più prestigiose e le lezioni più affollate erano quelle di chimica, botanica, medicina, fisica sperimentale, storia naturale, meccanica. Gente pratica, i Modenesi erano appassionati soprattutto d'idraulica, data la configurazione del territorio, solcato da una fitta rete di fiumi e canali, fonte inesauribile di ricchezza ma anche minaccia perenne d'inondazioni. E Rinaldo secondò questi loro interessi.

Nonostante il sudario d'austerità in cui aveva avvolto il

Ducato, i sudditi gli volevano bene perché se ne sentivano «governati». L'unico errore che non riuscirono mai a perdonargli fu la scelta della nuora. Rinaldo andò a pescarsela in quella dinastia Orléans che già aveva fornito una moglie rovinosa a Cosimo Medici. La sua congiunta Carlotta non fu da meno. Non bella, ma carica di sex appeal, aveva già avuto da ragazza un passato burrascoso. Il suo folle amore per il Duca di Richelieu aveva messo a soqquadro la Corte di Versailles e deliziato tutta la Francia. Quando il Duca era stato rinchiuso alla Bastiglia sotto l'accusa di tradimento, Carlotta era andata ripetutamente a trovarlo, travestita da cameriera. E l'amante la ricambierà facendole visita a Modena camuffato da libraio.

Oltre un forte debole per gli uomini, aveva una sfrenata passione per il giuoco, e tutto il denaro che passava per le sue mani finiva nelle tasche dei *croupiers*. «La più bugiarda e la più corrotta delle dame di Francia» la definiva la nonna. Ma di tutto questo Rinaldo era all'oscuro. Le informazioni fornitegli dal Selvatico, mandato apposta a Parigi a combinare il matrimonio, presentavano Carlotta come tante altre ragazze della sua età: allegra, spensierata, vivace, capricciosetta. Forse il Duca s'illudeva che, una volta sposata, la giovane avrebbe messo la testa a partito. Non immaginava che invece l'avrebbe fatta perdere anche al marito.

Carlotta lasciò Parigi in gran pompa, con abbondante scorta di camerieri, maggiordomi, cuochi, dame di compagnia e un mucchio di bagagli: sessanta abiti completi di mantello, scarpe e sciarpe, quattrocentomila lire di gioielli, trecentomila di dote e una cassetta con seimila stuzzicadenti. Il viaggio durò la bellezza di sessantacinque giorni, perché la Principessa ogni poco faceva fermare la carovana delle sessanta carrozze per organizzare interminabili partite a carte. Invano il parco e parsimonioso Rinaldo, che s'era accollato le spese del trasferimento, sollecitava il Selvatico, accompagnatore ufficiale della futura nuora, a far presto.

Finalmente, ai confini del Ducato, avvenne il sospirato incontro. Francesco trovò Carlotta bellissima e di colpo se n'invaghì. Carlotta restò invece profondamente delusa da quel fidanzato troppo alto, magro, pallido, nasuto e di scarsa iniziativa. Ma Carlotta non si limitava a scialacquare, a fare le bizze, a litigare continuamente col suocero. Rifiutava anche d'adempiere agli obblighi coniugali e la notte si barricava nella propria camera da letto. Solo dopo ripetuti energici richiami del padre e del suocero ai doveri di moglie, si decise finalmente a concedersi a Francesco e a dargli un erede. Rinaldo, per la gioia, le aumentò l'appannaggio e le regalò un bel corredo per il neonato, ma la nuora lo trovò misero e glielo rimandò indietro. Ricominciarono le baruffe. Carlotta buttava i soldi dalla finestra, spendeva patrimoni in vestiti, che ordinava espressamente a Parigi, allacciava continue tresche, non versava una lacrima sulla tomba del primogenito, morto prematuramente, e scodellava figlioli, di cui nessuno – nemmeno lei – sapeva chi fosse il padre.

Nel 1737, a ottant'anni suonati, Rinaldo morì. Francesco ne ricalcò le grandi linee politiche. Ufficialmente, in virtù del suo matrimonio, era legato alla Francia; di fatto manteneva stretti rapporti con la Corte asburgica. Il suo sogno era uno sbocco al mare, e lo realizzò con un matrimonio, facendo sposare nel 1741 il figlio Ercole a Maria Teresa Cybo, erede al Ducato di Massa.

La morte di Carlo VI e lo scoppio della guerra di successione austriaca lo colsero di sorpresa. Con chi schierarsi? Come il padre, cercò di destreggiarsi fra i vari contendenti, ma il «doppio giuoco» non gli riuscì. Gli Austro-piemontesi invasero il Ducato e Francesco prese la via dell'esilio. Si rifugiò a Venezia coi figli e la moglie, diventata con l'età grassa come una foca (per farle salire le scale, dovevano issarla su una sedia), ma tuttora fedele ai suoi vizi.

Francesco rimise piede nel Ducato dopo la pace d'Aquisgrana e lo trovò completamente devastato: fuori uso il porto di Massa, distrutte le cave di marmo, decimato il bestiame. Poiché il figlio ed erede Ercole aveva avuto un solo rampollo maschio morto prematuramente, per salvare la dinastia offrì la nipote Beatrice in sposa prima a uno dei cinque figli di Giorgio II d'Inghilterra, che declinò, poi a Maria Teresa, che assegnò la ragazza al suo quartogenito Ferdinando. Francesco lo nominò erede del Ducato con l'obbligo d'assumere il cognome estense e l'impegno di tenere separato lo Stato modenese dai domini austriaci. E così anche questa dinastia si estinse, o per meglio dire si trapiantò per innesto nel frondoso albero asburgico.

Altrettanto scontata fu la fine della gloriosa dinastia dei Gonzaga, nei rami di Mantova, Novellara e Guastalla. L'ultima fronda di quello mantovano, Ferdinando Carlo, era una specie di bigoncio, flaccido, obeso, visionario e megalomane. La lue gli aveva tolto completamente il senno. Gli affari di Stato non lo interessavano. Passava il tempo a bighellonare per la reggia brandendo un'enorme spada dall'elsa tempestata di pietre preziose, avvolta in fazzoletti di trine e grondante di tabacchiere, bombon e boccette di profumo. Con le donne era di manica larga: nella sua alcova c'era posto per tutte. Nel 1702, rimasto vedovo, decise di risposarsi per perpetuare la dinastia. Incaricò il Re di Francia di trovargli moglie. Luigi XIV gli propose la brutta, attempata e ricchissima Principessa di Condé e la giovane, bella e spiantata Susanna di Lorena-Elbeuf. Ferdinando, sebbene non avesse il becco d'un quattrino, scelse Susanna. Nel 1707 i Francesi assediarono Mantova e l'obbligarono a fuggire a Vienna, dove frequentò bordelli e taverne. La moglie preferì tornarsene a Parigi. Lui la richiamò, ma lei fece orecchio da mercante. Nel 1708 morì, c'è chi dice per caduta da cavallo, chi per veleno, chi per abuso d'afrodisiaci. Dato il tipo, l'ultima versione è la più verosimile.

Il secondo ramo di questa famiglia, quello di Novellara, fu più longevo e degno di rispetto. I suoi ultimi rappresentanti rivelarono una certa tempra. Camillo governò con pochi mezzi e molta saggezza. Si divise imparzialmente fra la caccia e gli affari di Stato. Non sfruttò i sudditi e alle spese di Corte provvide di tasca propria. Sposò Matilde d'Este che, in un accesso di gelosia, tentò d'avvelenarlo con l'arsenico. Camillo, per punizione, la rispedì al padre, tenendo con sé i tre figli. Quando, nel 1727, calò nella tomba, il cordoglio fu generale e sincero. Suo erede fu Filippo Adolfo, che morì di tubercolosi l'anno dopo. Dopo un interregno imperiale di quasi due lustri, gli successe la sorella Ricciarda, che governò con grande misura e lungimiranza. Fece l'impossibile per restituire il Ducato al suo antico rango, ridargli benessere e prestigio. Avrebbe voluto designare eredi i propri sudditi, ma fu presa per matta. Con la sua scomparsa, nel 1768, si estinse la dinastia Gonzaga-Novellara.

Il terzo ramo dei Gonzaga regnava a Guastalla. All'inizio del secolo gli eserciti spagnoli e imperiali ne avevano fatto terra bruciata, l'avevano ridotta a una specie di colabrodo. Quando il duca Vincenzo vi rimise piede non trovò che macerie. Dei vecchi tesori, tanto gelosamente conservati, neppure l'ombra; gli archivi svaligiati, la reggia ridotta a un bivacco. Vincenzo non sapeva dove trovare i fondi per ricostruire il Ducato. Anche la famiglia gli diede un mucchio di grattacapi. Il cugino di Mantova, il folle Ferdinando Carlo, non avendo eredi, minacciò d'avvelenargli i figli, per paura che costoro lo spodestassero. Vincenzo, terrorizzato, li tenne rinchiusi giorno e notte in un castello, guardati a vista da «gorilla» armati fino ai denti. La morte lo liberò da questi incubi. Il figlio Antonio Ferdinando, che ne prese il posto, era un bifolco, rozzo, ignorante, sciancato. L'unica sua occupazione e preoccupazione era la caccia, che lo portò prematuramente alla tomba: rientrando una sera da una battuta, stanco e fradicio per la pioggia, temendo un'infreddatura, si spogliò, si fece frizionare il corpo con l'alcol, s'avvicinò nudo al camino e prese fuoco. Morì dopo tre giorni d'atroce agonia. Il fratello Giuseppe Maria, che gli successe, era un demente, mezzo paralitico, pieno di tic e manie, per un nonnulla scoppiava in lacrime, aveva una tale paura d'esser assassinato che non uscì mai dalla sua stanza, dove la morte lo ghermì nel 1746. Il Ducato passò all'Austria, che ad Aquisgrana lo cedette a Parma.

Si estinsero così i vetusti e gloriosi Principati minori della Penisola, paralizzati dalla propria impotenza, minati nei loro titolari dalla gotta, dalla tisi, dalla sifilide, vittime dell'ingordigia e del cinismo delle grandi potenze.

CAPITOLO VENTITREESIMO

IL CREPUSCOLO DI GENOVA E LUCCA

Le Repubbliche minori, immuni da crisi dinastiche e da beghe di successione, ebbero un'agonia più lenta e meno torbida dei Principati.

La Genova del Settecento era, dal punto di vista politico, una larva di Stato. Nell'inquieto e mobile scacchiere italiano era sempre stata una pedina minore, aveva sempre ricoperto un ruolo di comparsa, aveva sempre cercato di mantenersi neutrale, equidistante dai blocchi, gelosa del suo isolamento. Eterno suo spauracchio era il Piemonte, che da secoli anelava ad affacciarsi sul Tirreno e a fare di Genova il proprio porto naturale. Esso incombeva sulla Superba come una spada di Damocle. Infinite furono le guerre e guerricciole fra i due Stati, alleati ora della Francia, ora della Spagna, ora dell'Austria.

L'incendio che divampò in Europa alla morte dell'imperatore Carlo VI vide la Repubblica a fianco della Francia perché il Piemonte era schierato con l'Austria. Era l'estate 1746. Gli eserciti asburgici, sfondate le linee nemiche, dilagarono in Liguria. Il 4 settembre occuparono Sampierdarena. I capi della Repubblica, colti di sorpresa, comunicarono al generale austriaco Brown di dovere, loro malgrado, prendere le armi contro Vienna per «ragioni impellenti di difesa». Brown fece orecchio da mercante e così il suo successore, Botta-Adorno, figlio d'un pa-

1. *Entrata in Milano di Eugenio di Savoia a capo dell'esercito austro-piemontese*, XVIII secolo, Museo di Milano.

Nel quadro della guerra di successione spagnola il Ducato di Milano e il Piemonte furono direttamente coinvolti nelle vicende belliche, nelle quali operò il principe Eugenio di Savoia. Questi, vittorioso a Chiavari nel 1701 sui Francesi, fu bloccato a Cassano d'Adda dal generale Vendôme, ma l'anno seguente si congiunse con le forze piemontesi e contribuì a liberare Torino dall'assedio francese. Alla fine del settembre 1706 Eugenio fece infine il suo ingresso trionfale a Milano, che dopo più di un secolo assisteva al passaggio del controllo politico-militare sul Ducato dagli Spagnoli agli Austriaci, confermato nel 1713 dal trattato di Utrecht. Nella città lombarda il Principe fu il primo governatore austriaco, carica che tenne fino al 1716.

2. Scuola austriaca, *Il principe Eugenio di Savoia nell'assedio di Belgrado*, 1720, Heeresgeschichtliches Museum, Vienna.

Nel corso del 1716 i Turchi ripresero l'offensiva contro gli Asburgo nei Balcani ma furono sconfitti duramente da Eugenio di Savoia a Petervaradino. L'anno successivo il Principe concluse la guerra a Belgrado dove riuscì a espugnare la possente fortezza ottomana. Durante l'assedio tuttavia gli Austriaci furono a loro volta accerchiati da un corpo di spedizione turco guidato da Halil Pascià, forte di 200.000 uomini, davanti al quale vi erano solo 60.000 imperiali. Nella notte del 16 agosto 1717 Eugenio dispose l'esercito e al primo dissiparsi delle nebbie la battaglia entrò nel vivo; a metà mattinata il Generale austriaco era vittorioso e di conseguenza poté impossessarsi senza difficoltà della piazzaforte. La seguente pace di Passarowitz consentì all'Austria di ottenere Belgrado, il Banato, la Serbia settentrionale e la Valacchia occidentale: l'Impero conobbe in quel momento la massima espansione territoriale.

3. Scuola italiana, *Ritratto di Antonio Vivaldi*, XVIII secolo, Civico Museo Bibliografico Musicale, Bologna.

Nato a Venezia nel 1678, figlio di un violinista, Vivaldi fu avviato alla carriera ecclesiastica divenendo sacerdote nel 1703, fatto che non gli impedì di apprendere dal padre a suonare il violino. Dispensato per ragioni di salute dall'esercizio del sacerdozio ebbe tutto l'agio di concentrarsi sull'attività musicale, realizzando una cospicua quantità di composizioni di musica strumentale (si conoscono a oggi ben 453 concerti, di cui 220 circa per violino solo), mentre nel 1711 ad Amsterdam vide la luce l'*Estro armonico*, una raccolta di dodici concerti per violini solisti e orchestra. La vasta produzione vivaldiana non fu circoscritta unicamente alla musica strumentale ma interessò pure il teatro d'opera; tra le opere musicate dal Prete Rosso, soprannome che gli venne dal colore dei suoi capelli, ci fu tra l'altro la *Griselda* (1735), riadattata da Carlo Goldoni. Nel 1740, ormai sessantaduenne, Vivaldi lasciò Venezia per tentare la fortuna a Vienna, dove però morì l'anno seguente in totale solitudine.

4. Antoine Pesne, *Federico II il Grande Principe della Corona*, 1739, Gemäldegalerie, Berlino.

Salito al trono di Prussia nel 1740, Federico ampliò i suoi possedimenti verso la Slesia, ricca regione mineraria e industriale dell'Impero, non prima di essersi assicurato l'alleanza con la rivale secolare degli Asburgo, la Francia. «Federico apparteneva alla dinastia degli Hohenzollern che, come i Savoia, da poco erano diventati Re, e non perdevano occasione per ingrandirsi in Germania a spese degli Asburgo»: disconoscendo quindi la Prammatica Sanzione, con cui Carlo VI nel 1713 aveva designato la figlia Maria Teresa a succedergli al trono, Federico sferrò a sorpresa un attacco verso la Slesia, facendo valere dei diritti che gli Hohenzollern avrebbero avuto da una donazione risalente al 1537. Vinti facilmente gli Austriaci, la pace di Dresda del 1745 assegnò al Re prussiano il controllo dell'area, che ciònonostante fu riconosciuto da Maria Teresa solo nel 1748, nell'ambito della pace di Aquisgrana. Il successo conseguito nel 1748 e quello seguente, del 1763, collocarono definitivamente la Prussia tra le principali potenze europee del diciottesimo secolo.

5. Jean-Marc Nattier (1685-1776), *Ritratto di Caterina I*, Museo dell'Ermitage, San Pietroburgo.

Il Regno di Caterina, durato trentaquattro anni, coincise con quello che fu uno dei più grandi momenti della storia della Russia. Zarina «illuminata», tenne una fitta corrispondenza con i principali *philosophes* del secolo, da Voltaire a D'Alembert a Diderot, e non mancò di leggere e apprezzare le idee di Cesare Beccaria, di cui «seguì alla lettera i precetti» contro la pena di morte. I suoi interventi trovavano ispirazione nei principi dell'assolutismo illuminato (in merito al sistema educativo, alla politica in ambito economico, agli interventi contro i beni della Chiesa ortodossa), ma al centro delle sue preoccupazioni restavano la politica internazionale, dove doveva guardarsi dalla Prussia e dalla rivalità con Vienna nei Balcani, e il mantenimento dello stato sociale esistente, mediante l'alleanza tra nobiltà e sovrano. Nonostante l'impegno riformistico, durante il suo Regno lo sfruttamento delle masse popolari crebbe notevolmente, considerato che circa più della metà era costretta sotto il giogo dei nobili che ne disponevano a loro piacimento, e il cui potere era andato aumentando notevolmente.

6. Jean Huber (1721-1786), *Ritratto di Voltaire*, Musée Voltaire, Ferney-Voltaire (Francia).

Formatosi presso i gesuiti, Voltaire conobbe presto la Bastiglia dopo essersi urtato con il cavaliere di Rohan. Emigrato in Inghilterra, ebbe modo di constatare l'arretratezza dei costumi e della società francese, ma durante il suo esilio (dal 1726 al 1729) apprese soprattutto la tolleranza, la filosofia empirista di Locke e la fisica di Newton. Questa esperienza lo segnò a fondo e lo spinse a dichiarare guerra senza quartiere alla superstizione e al fanatismo imperante. Particolarmente attento a denunciare le ingiustizie, non esitò in più di un'occasione a prendere posizione quando il corso della giustizia veniva intralciato e alterato dai pregiudizi di carattere religioso o di casta; da qui gli scritti in difesa del cavaliere de la Barre (accusato di aver profanato la statua del Cristo, condannato a morte senza prove nel 1766 e bruciato mentre teneva tra le mani il *Dizionario filosofico* di Voltaire), o di Calas (al centro di un episodio di intolleranza religiosa) che gli ispirò il celebre *Trattato sulla tolleranza* (1763): «Le sue battaglie contro il fanatismo e l'intolleranza non hanno tempo perché ogni tempo ha i suoi fanatismi e le sue intolleranze [...]. Alla scuola di Voltaire non si può diventare che spiriti liberi, indipendenti e anticonformisti».

7. Alessandro Longhi (1733-1813), *Ritratto di Carlo Goldoni*, Casa Goldoni, Venezia.

Con le sue commedie Goldoni contribuì a svecchiare il teatro italiano, attingendo in questo da modelli esteri, in particolare Molière. La prima novità introdotta fu che «gli attori non portavano la maschera, come usava nella "commedia dell'arte"»; in secondo luogo, accanto a un intreccio molto semplice comparve la parte «principale [...] tutta scritta, come i lavori di Molière», una soluzione che però Goldoni stesso abbandonò momentaneamente per poi riprenderla negli anni successivi. Il mondo in cui ambientò le sue storie era la Venezia del diciottesimo secolo, in cui si muovevano popolani, nobili e mercanti, e di tutti l'autore poneva attenzione a rappresentare vizi e virtù. Se l'osservazione della realtà gli diede un materiale inesauribile sul quale lavorare, l'uso del dialetto veneziano fu una garanzia per dare corpo alla sua *vis comica*.

8. Louis-Michel van Loo (1707-1771), *Luigi XV*, Musée des Beaux-Arts, Rennes (Francia).

Sovrano di Francia alla tenera età di cinque anni, Luigi XV regnò per buona parte del diciottesimo secolo, con esiti da cui il suo Paese non trasse molti benefici. Nonostante il matrimonio con Maria Leczynska, ebbe diverse favorite: la più nota Madame de Pompadour, la quale esercitò un'influenza sul Re per circa un ventennio. Incostante e indeciso, oscillò sempre fra opposte fazioni ministeriali e di Corte. È durante il suo Regno che si assiste nel 1756 al rovesciamento delle alleanze per iniziativa del ministro Choiseul, in seguito al quale la Francia si alleò con l'eterna rivale, l'Austria asburgica, contro la Prussia e gli Inglesi. Un cambiamento che non diede i vantaggi sperati: la Guerra dei Sette anni si risolse in termini disastrosi per la Francia, che perse l'impero coloniale a tutto vantaggio dell'Inghilterra. Sul versante interno la situazione non si presentava migliore, con la crescente opposizione per l'imposta sui redditi, lo scontro con il parlamento di Parigi che Luigi fece esiliare, mentre l'azione degli illuministi contro la tradizione e la religione si faceva sentire sempre più. Le tensioni socio-economiche accresciute durante il suo governo finirono per esplodere con il suo successore, Luigi XVI.

9. Anton Raphael Mengs (1728-1779), *Ritratto di Carlo III di Borbone*, Museo del Prado, Madrid.

Un sovrano in cerca di un trono fisso. Nel 1732 fu Duca di Parma e Piacenza come Carlo II; in seguito alla conquista di Napoli e della Sicilia nel 1755, vi regnò con il nome di Carlo VII. Qui si mostrò «illuminato» chiamando a governare accanto a sé il ministro Bernardo Tanucci, che «il senso dello Stato l'aveva, e in pratica fu lui a costruirlo». Nel 1759, morto il padre Filippo V, Carlo fu nominato Re di Spagna e dovette lasciare con somma tristezza sua e del popolo Napoli: «Fu per lui un giorno di lutto. Certo, lo fu per Napoli che si era sinceramente affezionata a questo Re rustico e di modi semplici, che le aveva restituito il suo rango di capitale». Sedutosi sul nuovo trono come Carlo III, avviò una politica di unione dei Borbone di Spagna e di Francia, in forza della quale affiancò Luigi XV nella Guerra dei Sette anni, da cui tuttavia uscì sconfitto e privato della Florida.

10. *Maria Teresa d'Austria con la sua famiglia*, stampa da dipinto di Martin van Meytens, XVIII secolo.

Madre di sedici figli, Maria Teresa «dedicò [loro] cure fin troppo assidue. Il suo amore materno era soffocante come quello di una chioccia. Regolava minutamente la loro vita e trascorse la propria a procurar troni ai maschi e buoni partiti alle femmine [...]. Gran parte della sua politica estera fu condizionata da questo assillo del "posto" per i suoi pulcini», da cui derivò che il primogenito Giuseppe ebbe il titolo imperiale, il secondogenito il Granducato di Toscana, il terzogenito Milano, Maria Antonietta il Delfino di Francia, Maria Carolina Ferdinando di Napoli, nella migliore tradizione asburgica di alleanze matrimoniali inaugurata da Massimiliano I. L'attenzione al destino dei figli non le fece venir meno a ogni modo l'attenzione per il governo dei territori a lei soggetti, nel quale poté contare sull'azione del cancelliere Kaunitz, che seppe avviare un processo di consolidamento dell'unità imperiale nei domini asburgici.

11. A. Perego, *La redazione del «Caffè»*, XVIII secolo, collezione privata, Milano.

Rivista periodica milanese, di cui furono pubblicati settantaquattro fogli tra giugno 1764 e maggio 1766, «Il Caffè» diretto da Pietro Verri «mise in circolazione delle idee che rinfrescarono l'aria stantia del nostro Paese». Si avvalse di un linguaggio vivace e nello stesso tempo comprensibile, attraverso cui veicolare le idee illuministiche. Gli articoli, in cui gli autori si occupavano tra l'altro di economia, medicina, storia naturale e agronomia, «affronta[rono] problemi concreti di pubblico interesse [...] in termini di suggerimenti pratici [...]. Nessuno disse con più energia di loro che "il solo dispotismo stabilmente utile per la prosperità di una nazione è il dispotismo delle leggi" [...] e nessuno difese con altrettanto vigore e coerenza principi liberisti, di cui si nutriva il nascente capitalismo lombardo».

12. Scuola austriaca, *Ritratto di Maria Antonietta*, 1767 ca., Palazzo di Schönbrunn, Vienna.

Quarta figlia di Maria Teresa, venne designata da quest'ultima al trono di Francia, come avvenne puntualmente nel 1770 con il matrimonio con il futuro Luigi XVI, per consolidare i buoni rapporti di alleanza tra Parigi e Vienna. Divenuta Regina nel 1775, non riuscì a farsi ben volere dal popolo francese a causa del lusso e dello sfarzo del cerimoniale (che in seguito le valsero l'epiteto di Madame Déficit), dalle amicizie con aristocratici dai dubbi costumi, dal forte legame conservato con l'Austria, percepita tradizionalmente come nemica della Francia nonostante il rovesciamento delle alleanze del 1756. La sua posizione fu ulteriormente compromessa all'indomani del cosiddetto «affare della collana» (1785-1786), in cui la contessa de la Motte fece credere al cardinale di Rohan di dover acquistare una collana di diamanti per ingraziarsi i favori della Regina e tornare a Corte, da cui era stato allontanato. L'intricata vicenda a base di raggiri e di ingenuità una volta venuta alla luce contribuì a gettare ulteriore discredito sulla corona e su Maria Antonietta, accelerando la crisi dell'*ancien régime*.

13. Johann Nepomuk Geiger, *Leopold Mozart con i figli Wolfgang e Nannerl al piano*, 1780 ca., collezione privata.

Educato dal padre, vicemaestro di cappella presso la Corte arcivescovile di Salisburgo, diede fin dalla tenera età prova di possedere straordinarie doti esecutive e che l'avrebbero reso uno dei più grandi geni musicali. Questa bravura eccezionale valse a Mozart una giovinezza segnata dapprima dalle esibizioni alle Corti di Monaco e di Vienna, in seguito dal tour musicale attraverso l'Europa. Lo splendido esordio della sua vita contrasta terribilmente con gli anni successivi, caratterizzati dalle difficoltà economiche seguite al rifiuto di restare in un ambiente come quello salisburghese che si era rivelato in tutta la sua meschinità e dall'avvio del precario lavoro di compositore. L'unica eccezione sembra essere stato il 1784, anno in cui il compositore ebbe la fortuna di produrre con costanza numerose composizioni e concerti, che gli assicurarono introiti sicuri seppur non tali da arricchirlo. Il 1784 fu anche l'anno nel quale Mozart entrò nella loggia massonica «Alla benevolenza», non solo per stringere rapporti con personaggi influenti, ma anche per tenersi in contatto con un ambiente in cui gli era possibile rinsaldare i suoi ideali di amore e di solidarietà.

14. Francesco Guardi (1712-1793), *L'ascesa della mongolfiera*, Gemäldegalerie, Berlino.

Il sogno dell'uomo, librarsi nell'aria, si concretizzò per la prima volta il 4 giugno 1783 sulla piazza del mercato di Annonay, dove i fratelli Joseph-Michel e Jacques-Étienne Montgolfier diedero, davanti a un pubblico attonito e incuriosito, una prova della loro invenzione: un aerostato con una circonferenza di 30 metri coprì un chilometro in un quarto d'ora, tenendo un'altezza di 2000 metri. La dimostrazione fu ripetuta a settembre a Versailles, al cospetto della famiglia reale; in questa occasione fu fatta decollare una mongolfiera ad aria calda con a bordo un'anatra, una pecora e un gallo. La riuscita dell'esperimento spinse i due fratelli a tentare questa volta il volo umano; progettato un aerostato di 21 metri d'altezza e 14 di circonferenza dotato di braciere per produrre l'aria calda, il 15 ottobre 1783 si alzò a 30 metri da terra con a bordo un medico di Metz. Il mese seguente si ripeté con successo la prova di volo umano vicino a Parigi, seguita l'anno dopo da quella di Vincenzo Lunardi, che a Londra compì l'ascensione con un pallone a idrogeno, e nel 1785 con la prima traversata della Manica sempre con un pallone a idrogeno.

15. *Il giuramento della pallacorda*, litografia acquerellata su disegno di Charles Monnet, XIX secolo.

La riunione degli Stati Generali a Versailles il 5 maggio 1789 avvenne in un clima di tensione dovuto alla forte crisi economica che aveva colpito la Francia con un aumento dei prezzi dei cereali. La prima preoccupazione dei delegati era quella di decidere il voto da adottare nelle delibere, se per ordine o per testa, in quest'ultimo caso la vittoria del Terzo stato sarebbe stata assicurata data la nutrita presenza di deputati tra le sue fila rispetto ai nobili e al Clero (in effetti, in occasione della convocazione, Necker aveva fatto raddoppiare il numero dei suoi membri). Tuttavia il 20 giugno «la sala dove la riunione doveva svolgersi [...] doveva essere ingrandita e riadattata. Quando i deputati del Terzo stato vi si presentarono, trovarono le porte chiuse e l'interno occupato dagli operai. Sospettando che si trattasse di un pretesto per impedirgli di entrare si trasferirono in un attiguo campo di tennis», chiamato pallacorda, e qui ribadirono con un giuramento di non sciogliersi fino al momento in cui fosse stata stabilita la Costituzione.

16. Pierre-Antoine Demachy (1723-1807), *Demolizione della Bastiglia*, Musée Carnavalet, Parigi.

Costruita da Carlo V nel 1370, di forma rettangolare e dotata di otto torri, la Bastiglia assolveva alla funzione di fortezza. Durante l'*ancien régime* fu adibita dal cardinale Richelieu a prigione di Stato per detenuti d'alto rango, arrestati su ordine del Re mediante *lettre de cachet*. Le sue celle ospitarono tra l'altro il marchese de Sade (il quale durante la detenzione, dal 1784 al 1789, scrisse *Le 120 giornate di Sodoma*) e Voltaire (nel 1717 e nel 1726). «La sua sagomatura di fortezza medievale, le sue mura massicce, i ponti levatoi, ne fecero il simbolo dell'assolutismo» per cui il 14 luglio 1789 fu attaccata dalla folla rivoluzionaria del *faubourg* Saint-Antoine che la espugnò dopo un sanguinoso scontro con la guarnigione, dopo di che fu completamente distrutta. Al suo posto ora vi è Place de la Bastille con al centro la Colonne de Juillet sormontata dal Genio della Libertà, eretta in ricordo dei morti delle giornate del luglio 1830 che portarono al rovesciamento della monarchia.

trizio genovese espulso dalla Repubblica per motivi politici, che non vedeva l'ora di vendicare il padre. Chiese la resa senza condizioni della città, la consegna della guarnigione, una taglia di cinquantamila «genovine», sei senatori in ostaggio e un pellegrinaggio d'espiazione del Doge e degli altri senatori a Vienna. Non contento, rincarò la dose: pretese una indennità di guerra di tre milioni da pagare in tre rate, la prima entro due giorni, la seconda entro otto, la terza entro quindici. La Signoria trovò la somma esorbitante e chiese uno sconto. Botta-Adorno non solo glielo rifiutò, ma reclamò un altro milione. La popolazione era inviperita, ma il Generale non mollò, sguinzagliò le soldatesche al saccheggio e alla violenza, ordinò il sequestro di tutte le armi e munizioni custodite nei depositi cittadini. L'atmosfera si fece tesa. Il governo perse la testa e il controllo della situazione. Scoppiarono i primi incidenti. Il 5 dicembre, un mortaio austriaco sprofondò nella mota. Per smuoverlo, i soldati chiesero aiuto ai passanti, ma questi non si scomposero. Improvvisamente, nell'aria volò un sasso, lanciato da uno scugnizzo, il celebre Balilla. Fu il segnale della rivolta, che durò tre giorni. «Il Botta ha la testa dura» disse un patrizio «ma il popolo l'ha più dura di lui.» Il 9 si giunse a un armistizio. Gli Austriaci chiesero rinforzi, i Genovesi profittarono della tregua per armarsi meglio. Il governo rifornì sottobanco i ribelli d'armi e munizioni, ma non osò prendere posizione. Il Botta, non vedendo giungere i soccorsi, decise di levare le tende e ripiegare su Novi. Il giorno stesso, un garzone d'osteria, eletto capopopolo, riconsegnò con aria sprezzante al Doge le chiavi della città.

Fu un duro colpo per il regime, che non avrebbe potuto dar prova più convincente della propria debolezza e pusillanimità. Per un momento sembrò che il potere passasse nelle mani dei rivoltosi che costituirono un proprio quartiere generale e un proprio governo, che fece praticamente le veci di quello regolare. Ma il rimedio, come spesso succede in simili frangenti, si rivelò peggiore del male. I capi dell'insurrezione erano degli arruffoni fanatici e demagoghi, con poche idee, ma confuse. E infatti, passata la bufera, il patriziato riprese in pugno la situazione.

La rivolta, se non rovesciò il regime per la totale mancanza negli insorti d'un disegno politico, dimostrò in modo lampante l'inerzia, l'ignavia e la codardia della classe dirigente, cioè del patriziato che qui, come a Venezia, deteneva tutte le leve del potere. Nobili erano i quattrocento membri del Consiglio Maggiore, nobili i cento di quello Minore, nobili i centoventi «Padri», fra cui si sceglievano i dodici senatori, gli otto procuratori della Repubblica e il Doge.

Questo patriziato non solo monopolizzava la politica, ma anche la ricchezza. Quella degli Spinola, dei Durazzo, dei Grimaldi, dei Brignole, dei Pallavicino, dei Serra uguagliava quella di tutte le altre famiglie messe insieme. Le banche più potenti, le flotte più numerose, i cantieri più attivi, le rappresentanze più redditizie erano nelle loro mani. Nel Cinque e Seicento, i nobili genovesi avevano investito ingenti capitali in Spagna e nelle colonie iberiche d'America e d'Italia, partecipato allo sfruttamento dei grandi giacimenti minerari del Nuovo Mondo, acquistato fondi nel Milanese, nel Napoletano, in Sicilia, inserendosi così nel giro finanziario internazionale. Quando, sullo scorcio del diciassettesimo secolo e agli albori del diciottesimo, la potenza spagnola cominciò a declinare, il grande capitale genovese prese le vie della Francia, dell'Olanda, dell'Inghilterra, Paesi in piena ascesa economica e aperti alle speculazioni più ardite.

La riforma costituzionale del 1576 che aveva abolito, sulla carta, ogni distinzione fra vecchi e nuovi patrizi, era puramente platonica. Solo i nobili iscritti all'antico *Libro d'oro* formavano l'oligarchia finanziaria e facevano il buono e il cattivo tempo. Dalle loro file uscivano i Dogi.

Le elezioni alla suprema carica dello Stato si vincevano col denaro. Le probabilità di successo erano direttamente proporzionali ai capitali investiti. L'Ayoli, nipote d'un ricchissimo banchiere, comprò sessanta voti a quaranta rusponi l'uno. Il rango dogale comportava ingenti spese di rappresentanza, che solo i nobili più facoltosi, i cosiddetti «Magnifici», potevano permettersi. Raffaele De Ferrari festeggiò la propria elezione facendo imbandire uno storione lungo dieci palmi, che aveva pagato quindici rubbi. Giovambattista Cambiaso sborsò per un solo banchetto 483.112 lire. Non tutti i Dogi erano, naturalmente, così prodighi. Pier Francesco Grimaldi, da buon Genovese, ridusse gl'invitati da trecento a diciannove e invece dei tradizionali cinquanta colpi di cannone, che gli spettavano, ne fece sparare solo trenta. Allergico agli sprechi era anche Marcantonio Gentile, noto jettatore. Il giorno della sua elezione scoppiò un violento temporale, un fulmine entrò nel salone del trono, e un muro crollò travolgendo e uccidendo venti persone, fra cui tre monache. Durante l'inverno una terribile gelata fece strage di quasi tutti gli uliveti e agrumeti della Liguria, arrecando un danno di dieci milioni di lire. I sudditi, quando l'incontravano, toccavano ferro, ma lo rispettavano perché amava la cultura e proteggeva le arti. Fu il primo Doge che visitò l'università, arricchì la biblioteca cittadina, incrementò l'orto botanico.

Al prestigio morale e sociale di cui i Dogi godevano non corrispondeva un effettivo potere politico. Stavano in carica due anni soli ed erano sottoposti al rigidissimo controllo del Senato. Il capo della Repubblica era prigioniero dei suoi elettori, che ne spiavano ogni mossa. Senza la loro autorizzazione, non poteva nemmeno uscire dal Palazzo Ducale. Seguitava a essere un sorvegliato speciale anche quando, allo spirare del mandato, ritornava un privato cittadino. C'è da chiedersi perché i patrizi brigassero tanto per ottenere una carica che li privava completamente della libertà. Forse erano le insegne esteriori di questo potere senza fondamento, fittizio e di parata ad alimentare le loro aspirazioni. Il Doge simboleggiava la Repubblica, la sua persona era sacra, il fasto di cui si circondava era degno d'un *basileus* o d'un *mogol*, ogni suo gesto era ispirato a una precisa liturgia, ogni parola che usciva dalla sua bocca aveva un afflato soprannaturale, le cerimonie cui partecipava erano regolate da un'etichetta puntigliosa, retaggio della passata influenza spagnola.

Nessuno era quindi in grado di bilanciare o contrastare lo strapotere dei Magnifici, cioè di quelle dieci-quindici famiglie che detenevano le leve e le manovravano a proprio uso, abuso e consumo. Il Clero qui non contava gran che, o comunque contava meno di quel che avrebbe voluto. I rapporti fra Stato e Chiesa erano ambigui, contraddittori, piuttosto tesi. Quando, nel 1750, il vescovo Lercari, prendendo possesso della sua diocesi, osò chiamare i Genovesi «miei fedeli sudditi» scoppiò il finimondo e per poco l'incauto presule non ci rimise il posto e la pelle. Sudditi, i Genovesi, non li chiamava nemmeno il Senato che nei proclami li nominava con un pizzico, anzi un pizzicone di demagogia, «fedeli amati popoli». Quando, nel 1760, papa Clemente XIII, su richiesta del Clero corso, spedì nell'isola un nunzio per far valere le ragioni della Chiesa in una controversia scoppiata con la Repubblica, il Senato prese il gesto come un affronto personale e promise seicento scudi a chi catturava, vivo o morto, l'inviato pontificio. Clemente minacciò la scomunica e Genova si rimangiò la taglia. La Repubblica non ammetteva ingerenze spirituali in questioni temporali. Si limitava a tutelare la religione, a difenderne le prerogative soprannaturali e a garantirne l'ortodossia. Comminava venticinque lire genovine d'ammenda ai bestemmiatori, sottoponeva eretici e giudei a una vera e propria «caccia alle streghe», bandiva crociate per convertirli al cattolicesimo, tollerava che si rapissero bambini Ebrei e si battezzassero senza il consenso dei genitori. Imponeva agli Ebrei una tassa speciale di cinque scudi d'argento, li obbligava a portare un cappello giallo per farsi riconoscere e a sorbirsi almeno un sermone l'anno. Analogo trattamento riservava ai protestanti. Quando l'ambasciatore olandese, luterano, costretto a partire da Genova con la moglie, affidò la figlioletta di quattro anni ad alcuni amici cattolici, questi la fecero subito battezzare. Quando i genitori tornarono e chiesero la restituzione della figlia, gli amici rifiutarono di consegnargliela perché la loro fede luterana avrebbe potuto contaminarla e favorirne la dannazione.

Le processioni erano all'ordine del giorno, le chiese erano affollate, le candele si vendevano a quintali, *Te Deum*, novene, tridui si sprecavano. I predicatori facevano affari d'oro. Quelli stranieri andavano a ruba. I compensi che ricevevano facevano invidia ad artisti e sciantose di grido. Un quaresimale rendeva settecento lire in contanti, più cento lire di cioccolato e due rocchette. La morale del Clero, specialmente di quello regolare, lasciava molto a desiderare. I conventi erano luoghi di piacere e di perdizione più che di preghiera e di raccoglimento, celle e confessionali venivano spesso adibiti ad alcove.

Monaci e preti frequentavano osterie, case da giuoco, bordelli, sale da ballo.

I vari Ordini si detestavano e si facevano la guerra. I cappuccini odiavano i francescani, i carmelitani guardavano in cagnesco i gesuiti, che godevano di alte protezioni e disponevano di grandi ricchezze. Gesuiti erano gli educatori dei «figli di papà», gesuiti erano i consiglieri più ascoltati di mercanti e banchieri, quando non erano mercanti e banchieri essi stessi. A loro erano affidate le più delicate missioni economiche all'estero, il contrabbando di valuta, le speculazioni finanziarie più rischiose.

La Repubblica, pur non ammettendo ingerenze della Chiesa ufficiale negli affari di Stato, chiudeva un occhio su molti privilegi del Clero, di cui il più scandaloso era il diritto d'asilo. Le chiese erano ricetto quotidiano di ladri, scippatori, tagliaborse, omicidi, disertori, contrabbandieri, ruffiani. Per dieci anni un certo Serronetto derubò i cittadini che passavano davanti alla chiesa di San Lorenzo e, prima che gli sbirri l'acciuffassero, tornava a rifugiarsi nel tempio dove, fra un'avemaria e un padrenostro, le prostitute adescavano i fedeli.

La polizia era corrotta e impotente. Per catturare una banda di ventitré furfanti che ne combinavano di tutti i colori giungendo persino a rubare «la scuffia alle dame che vanno a messa e i fazzoletti in scarsella», il Senato accettò la proposta d'un frate che, per settecentocinquanta lire, s'offrì d'imbandire ai malfattori un banchetto a base d'arsenico. Il piano naufragò perché alcuni teologi trovarono – bontà loro – che la pena era sproporzionata al delitto.

La giustizia non funzionava meglio della polizia: lenta, arretrata, farraginosa. Adottava due pesi e due misure. Comminava pene severissime ai nullatenenti e chiudeva un occhio sulle marachelle dei ricchi, i quali potevano persino portarsi le amanti in cella. Il condannato fornito di mezzi aveva il diritto di farsi giustiziare in privato, ma non poteva evitare che le sue frattaglie fossero esposte in pubblico. La pena capitale veniva di solito inflitta col capestro e la mannaia. Una buona forca costava venti lire, un boia esperto guadagnava duemilaquattrocento lire l'anno. Fra i supplizi minori, quello più in voga era la gogna, le cui spese d'allestimento non superavano le cinque lire. Era riservata ai mercanti disonesti, ai sofisticatori, ai «pappagalli» troppo intraprendenti, agli adescatori e alle adescatrici di passanti.

La prostituzione era diffusa in ambo i sessi. Una baldracca d'alto bordo, al culmine della carriera, pretendeva due ghinee, la cena e la camera. Il meretricio era talmente redditizio che un nobile trasformò una galea, ancorata alla darsena, in un lupanare che faceva soldi a palate. Un senatore paragonò Genova a Babilonia, il che non gl'impediva d'essere uno dei clienti più assidui del natante.

Lo sport più in voga era quello del pallone, praticato da tutti, patrizi e popolani. Era un avvenimento cittadino, l'intera popolazione lo seguiva, faceva il tifo, scommetteva su questa o quella squadra, di questo o quel quartiere. Alle partite assisteva anche il Doge dall'alto della tribuna d'onore. Una sedia costava dieci soldi, un palco trenta lire. Altra passione, il ballo. Si danzava per le strade, nelle piazze, sul molo, sul sagrato delle chiese, nelle ville, nei palazzi, nelle taverne.

I teatri non richiamavano grandi folle. Ce n'erano solo due, il Falcone e il Sant'Agostino. Il Delle Vigne era una specie d'avanspettacolo d'infimo ordine, frequentato da gente della peggior risma. In due anni il Falcone diede solo tredici rappresentazioni di basso livello artistico. A teatri venivano adibiti anche gli ospedali. Per far posto al palcoscenico si spostavano senza tanti complimenti i letti dei malati. Fra un atto e l'altro, si faceva contrabbando di vino, sigari, cosmetici, parrucche, collane, orologi. I palchi servivano da bische: si giuocava all'oca, a biribis, una specie di *trente et quarante*, alla cavagnola, una specie di tombola. Le poste erano alte e inghiottivano interi patrimoni. Il Senato emanava severi editti contro il giuoco d'azzardo, che andavano regolarmente elusi.

La vita culturale era arida e svogliata. L'Accademia degli Annuvolati e quella Ligustica di belle arti, sovvenzionata da Paolo Gerolamo Grimaldi, erano stitiche e statiche. L'università, priva di fondi e di buoni insegnanti, vivacchiava. Aveva sei cattedre. La più affollata era quella di medicina. Un professore guadagnava seicento lire l'anno, uno studente ne pagava dodici per otto mesi di lezioni. I corsi di farmacia duravano sette anni, un esame otto giorni. Un laureato in farmacia, per ottenere la licenza, doveva fare l'apprendista per venticinque anni.

Abbastanza fiorente era invece l'arte, che s'ispirava ancora a quella barocca del secolo precedente. La sua impronta era spagnolesca, come spagnolesco era il gusto dei committenti. I Genovesi investivano in quadri, sculture, arazzi i capitali che non depositavano nelle banche. Le opere d'arte erano la loro unica ostentazione di ricchezza. Nel complesso, anche per la Repubblica di San Giorgio, come per quella di San Marco, il Settecento fu un secolo di decadenza sociale politica, economica, ma soprattutto morale.

Più patetico e dignitoso il declino di Lucca, la mini-Repubblica dell'Italia centrale. La classe dirigente non aveva più la grinta, l'energia, lo spirito d'intrapresa d'un tempo perché gli uomini migliori erano emigrati all'estero, specialmente nei Paesi protestanti. Il *Libro d'oro* era diventato un libriccino con pochi nomi: le famiglie che contavano erano una novantina su una popolazione di centoventimila abitanti. Il potere non era più interamente nelle loro mani. Per sopravvivere e rimpolparsi, la vecchia oligarchia dominante aveva dovuto infatti «aprire» alla borghesia capitalistica in ascesa. I nobili potevano sposare donne di rango inferiore purché queste portassero in dote almeno cinquantamila scudi. L'aristocrazia del denaro si giustapponeva e, in taluni casi, si sovrapponeva a quella del blasone.

Anche l'abolizione del «discolato» fu un segno dei tempi nuovi. Per secoli questo istituto era stato una specie di tribunale dell'Inquisizione del patriziato. Le grandi casate degli Arnolfini, dei Guinigi, dei Boccella, dei Lucchesini se n'erano servite per sventare colpi di Stato e tentativi d'eversione. La sua soppressione fu l'indizio e l'inizio d'una evoluzione sociale che non tollerava più il privilegio di casta. Anche se non era ancora democrazia, il suo regime non era più oligarchia.

Data la modesta estensione del suo territorio e la mancanza d'un apparato militare, Lucca non aveva mai avuto gran peso politico. Ma contava molto in campo economico, ed era proprio qui che la crisi l'investì. Il governo arrivava in ritardo, le sue provvidenze erano insufficienti, gl'incentivi non incentivavano, i commerci si rarefacevano. Anche l'agricoltura, grande risorsa del Paese, aveva vita grama e costava più di quel che rendesse. La seta lucchese non la voleva nessuno: quella inglese e francese era di qualità migliore e più a buon mercato. Nel 1713 c'erano trentadue fabbriche di seta; nel 1767 erano ridotte a quindici. Come se non bastasse, i tradizionali mercati di sbocco di questo prodotto – Prussia e Austria – ne vietavano l'importazione. Il governo si faceva in quattro per procurarsi nuovi clienti in Spagna, Turchia, America, ma le spese di trasporto scoraggiavano le esportazioni. Anche l'industria del cuoio e della lana era in sfacelo. I fallimenti erano all'ordine del giorno. Lo Stato cercava di salvare il salvabile, ma riusciva a stento a salvare se stesso. C'era poi la piaga della manomorta, delle immunità e dei benefici ecclesiastici. Il Clero possedeva venti milioni di beni immobili. La Repubblica metteva l'embargo su ulteriori acquisizioni. Di qui, conflitti a non finire con Roma e continue minacce di scomunica.

Lucca era una piccola metropoli, compassata, operosa, civile. All'avanguardia in campo sanitario, era un modello d'igiene pubblica. Fu tra le prime nel 1699, a introdurre la vaccinazione antivaiolosa, a curare la tubercolosi. Gl'indici di contagio e mortalità erano qui più bassi che altrove. Gli ospedali erano moderni e attrezzati. Non mancavano gli enti assistenziali. Bianca Maria Buonvisi, erede d'una delle maggiori fortune cittadine, ne fondò uno di grandi dimensioni e lo dotò di ventimila scudi di rendita.

Il fatto era che Lucca risentiva di quegli influssi protestanti che, fin dal Cinquecento, ne avevano fatto il centro riformatore più attivo e combattivo d'Italia. Purtroppo i suoi migliori esponenti se n'erano andati, avevano «scelto la libertà» in Svizzera, nei Paesi Bassi, nelle colonie puritane d'America. Ma una certa temperie spirituale, una certa etica, un certo impegno civile sopravvivevano. La nobiltà era integra e laboriosa e non faceva sfoggio di ricchezze. I diplomatici che uscivano dal suo seno ostentavano i propri titoli solo quando erano in missione all'estero. Anche il Clero più evoluto era meno ignorante e, soprattutto, meno prepotente che altrove. C'erano, naturalmente, anche qui preti galanti e monache compiacenti ma, nel complesso, si respirava un'aria sana.

La cultura era tenuta in gran conto. La città aveva tre teatri, ma non c'era famiglia d'un certo rango e d'un certo nome che non avesse il suo piccolo palcoscenico privato. Più che commedie e drammi vi si davano opere e concerti. La musica sinfonica aveva molti fan. Mancavano poeti, letterati, filosofi di grido, ma in compenso non s'assisteva a quelle sterili e ridicole tenzoni accademiche che affliggevano il resto d'Italia. C'erano valenti eruditi, dotti latinisti, scienziati di vaglia, pittori di talento.

Ma questo fervore non scongiurò la fine della Repubblica. Ne prolungò solo l'agonia. Un'agonia composta e sommessa.

PARTE TERZA

CULTURA E COSTUME

CAPITOLO VENTIQUATTRESIMO

I GIORNALISTI

Nella sonnacchiosa cultura italiana del Settecento, l'unico fatto veramente nuovo e rivoluzionario è il giornalismo. Non tanto per il contributo di pensiero che vi portò, e che non aveva nulla di originale, quanto per la rottura che provocò nelle sue strutture. In cosa queste consistessero, abbiamo già cercato di spiegarlo nell'*Italia del Seicento*. Ma non sarà superfluo ricapitolarlo perché nel loro impianto è la radice di tutte le malformazioni che tuttora affliggono il nostro Paese.

Tradotta sul piano culturale, la Controriforma aveva significato la restaurazione della verità rivelata. Rivelata dall'alto, cioè dalla Chiesa, la quale non ammetteva che il fedele nemmeno si avvicinasse ai Sacri Testi. Solo il prete era qualificato a leggerli: il fedele doveva stare alla sua interpretazione. È facile capire cosa ne derivò: un ferreo controllo sull'istruzione, tutta ed esclusivamente in mano al Clero, in modo che a essa venissero avviati solo il personale di Chiesa e quello strettamente necessario all'esercizio del potere politico, alla Chiesa intimamente legato.

Ecco come si formarono i circuiti chiusi della cultura. Essa non aveva contatti col pubblico perché il pubblico non c'era. C'era soltanto il «gregge» con cui non si poteva stabilire un colloquio per mancanza del suo fondamentale strumento: l'alfabeto. Lo scrittore, non trovando in questa massa amorfa dei lettori, la ignorava e ne era a sua volta ignorato. Così si era verificato il più catastrofico di tutti i fenomeni, di cui ancora oggi si pagano le conseguenze e si conservano i vizi: il divorzio della cultura dalla società.

Mancandogli una clientela in grado di consumarne i prodotti, era fatale che l'intellettuale cadesse nelle mani del potere, non importa se laico o ecclesiastico visto ch'erano legati a doppio filo. Chi, se non il potente, gli avrebbe dato il mezzo di scrivere libri e di pubblicarli? E a quale udienza poteva aspirare oltre quella dei suoi pari, esigua minoranza isolata nell'oceano dell'analfabetismo? Ecco perché erano nati i salotti e le accademie. Erano i punti d'incontro e di ritrovo di questi orfani che nella loro solitudine avevano smarrito o per meglio dire non avevano mai acquistato il senso dell'unica missione che un intellettuale può assegnarsi: quella di direttore della coscienza popolare. Non ne possedevano nemmeno il linguaggio perché quando la cultura si trasforma in una massoneria d'iniziati, perfino il vocabolario si corrompe. E basta scorrerne gli scampoli per rendersene conto. Mentre in Francia si scrive il francese di Voltaire e di Diderot e in Inghilterra l'inglese di Swift e di Hume, unicamente tesi a conquistare il cuore e il cervello del pubblico, e quindi schietti, immediati e senza fronzoli, in Italia si scrive l'italiano degli Arcadi, accademico, latineggiante, devitaminizzato, senza più quegli apporti popolareschi che rendono viva una lingua, rancido di piaggerie perché sempre rivolto al potente, e quindi convenzionale e retorico: un italiano bizantino fatto per dibattere problemi bizantini, che non hanno nulla a che fare con quelli che interessano la società.

In questa cultura di serra senza più alcun legame con

la realtà, il giornalismo rappresentò una ventata d'aria fresca che ne metteva in subbuglio le tarme. Il giornale vive di pubblico, e quindi deve accoglierne la voce, le curiosità, le ansie. Chi lo scrive deve mescolarsi con esso, adottare la sua lingua, scendere per le strade: operazione difficile, per un intellettuale come quello italiano cresciuto in serra e abituato all'«aula». Ma il giornalismo ve l'obbligava.

Di giornali, in Italia ce n'erano già. Datavano dal Cinquecento. Ma non erano giornali. Erano – e infatti anche si chiamavano – «avvisi». Il più antico e noto era quello di Venezia, e si capisce perché. Anzitutto, essa era stata la capitale dell'editoria col suo grande Manuzio, e ne conservava le attrezzature. Poi, era un grande porto mercantile dove si scambiavano derrate di ogni genere, di cui tutti erano interessati a conoscere disponibilità, prezzi eccetera. Infine, molti suoi uomini erano imbarcati, e le famiglie stavano in ansia per la loro sorte. L'avviso recava l'annuncio dei carichi in arrivo, il corso dei cambi, il listino dei prezzi, nonché le notizie raccolte nel porto sugli avvenimenti d'oltremare. Si chiamavano anche «gazzette» perché costavano una «gazeta», monetina di pochi centesimi, e la loro pubblicazione era saltuaria. Ma col giornale vero e proprio come noi lo concepiamo – organo non soltanto d'informazione, ma anche di opinione –, non avevano nulla a che fare.

Questo nacque nel Seicento, ma non in Italia dove mancavano le sue due fondamentali condizioni: la libertà di scrivere e un pubblico in grado di leggere. Nacque, com'era logico, in Olanda, in Francia, in Inghilterra, e per imporsi dovette faticare non poco. Non è compito nostro ricapitolarne le tribolate vicende. Ma quelle dei giornali inglesi meritano un piccolo cenno perché le resistenze che incontrarono da parte dell'ordine costituito danno l'esatta misura dello sconvolgimento che provocavano. Il governo inglese non poteva né sopprimere né censurare la «Review» di Defoe, né l'«Examiner» di Swift perché la Costituzione garantiva la libertà di pensiero e di espressione. Ma era atterrito dalle loro critiche. Per mettersene al riparo, dapprima cercò d'intimidire i redattori incriminandoli di calunnia e di vilipendio, ma i tribunali si rifiutarono di condannarli. Poi, accennarono a voler restaurare la censura ma si profilò il pericolo di una rivolta popolare. Allora ricorse al mezzo più subdolo: impose ai giornali tali tasse da obbligarli a chiedere sussidi che diventavano armi di ricatto. Ma nemmeno questo obliquo rimedio servì. I giornali che rifiutavano l'asservimento fallirono. Ma da ognuno di essi ne nascevano altri due, che duravano quanto bastava per denunciare questi metodi corruttori finché riuscirono a metterli fuori legge.

In questa battaglia si colsero sul vivo gli effetti della Riforma. Facendo obbligo ai suoi fedeli di leggere i Sacri Testi, essa li aveva costretti ad andare a scuola. E la scuola aveva formato un pubblico di lettori che ora dava all'intellettuale la forza di ribellarsi al potere. Egli era indipendente in quanto dipendeva solo dal pubblico. Il pubblico gl'imponeva di parlare la propria lingua e d'interessarsi ai propri problemi, cioè di restare in contatto con la realtà e di mettersi al servizio della società, ma in compenso era pronto a difenderlo dalle sopraffazioni del potere. Così lo scrittore, da strumento del potente, si era trasformato in interprete della pubblica opinione. Era uscito dall'Accademia per scendere in piazza e nelle strade. Qui trovò il suo vocabolario, i suoi temi, e soprattutto la sua libertà. Dopo due secoli, la letteratura inglese del Settecento è ancora viva e moderna perché a farla furono i giornalisti: Swift, Defoe, Addison, Steele, Johnson.

In Italia, è ovvio, tutto questo non poteva avvenire: i lettori erano un'esigua minoranza senza coscienza dei propri diritti e senza forza per rivendicarli, e la censura, anche là dov'era passata dalle mani ecclesiastiche a quelle laiche, puntigliosa e ottusa. Tuttavia, e sia pure con un secolo di ritardo, alcuni giornali nacquero, dei quali uno tuttora sopravvive: la «Gazzetta di Parma», il più antico quotidiano italiano, fondato nel 1735, quando Parma era una capitale. Ma per il momento era anch'esso soltanto un avviso.

Il primo giornale vero e proprio fu la «Gazzetta veneta», che debuttò ai primi del '60, e le cui vicende si confondono con quelle del suo fondatore e unico redattore, Gaspare Gozzi, che così enunciava il suo programma nell'editoriale di apertura: «Il pubblico deve spontaneamente somministrarmi di che impinguarla (la "Gazzetta"), come somministrava un tempo materia all'Addison, allo Swift, allo Steele e agli altri gazzettieri dietro alle cui tracce, benché da lontano per la mia poca sufficienza, intendo di andare col tempo». In realtà non si trattava di «poca sufficienza», ma di diverse condizioni. Gozzi sfruttò al meglio quelle sue. Ma Venezia non era l'Inghilterra, non godeva la libertà dell'Inghilterra, non disponeva di un vasto pubblico in grado di leggere e di capire come quello inglese.

Gozzi si avvicinava allora alla cinquantina, e quel giornale era la prima seria impresa a cui s'accingeva. Figlio di famiglia nobile e primo di una nidiata di undici fra maschi e femmine, aveva trascorso la vita a covare i suoi mali, alcuni veri, altri immaginari. Abulico e ipocondriaco, non c'era verso di stanarlo dal letto prima del pomeriggio inoltrato. Non aveva fiducia nei medici, ma ne voleva sempre qualcuno intorno. Diceva di amar la natura, ma non ne conobbe mai altra che quella filtrata e addomesticata dai poeti dell'Arcadia. Aveva passato il suo tempo a leggere non tanto per amore dei libri, quanto per paura della vita e degli uomini. Usciva solo di sera in parrucca, codino e *jabot* per osservare la gente senza mescolarcisi. Solo pochi conoscevano il suo acuto spirito d'osservazione e il suo sottile umorismo perché con pochi parlava. Di senso pratico, ne aveva quanto il padre Jacopo che per negligenza stava lasciando andare in malora le sue belle fattorie del Friuli. Quello artistico lo aveva ereditato dalla madre, una Tiepolo cugina del grande pittore che in quel momento teneva banco a Venezia. La malinconia, di cui l'umorismo non era che la difesa e la rivincita, era la sua unica vera compagna. Il fratello Carlo diceva di lui: «Tutte le voglie ebbe in cuore, si lusingò che fossero virtù, ma esaminandosi trovò che gli morivano in corpo e ne rise».

L'unica che non gli morì e di cui non rise fu quella per la bella Luisa Bergalli. Se ne innamorò a tal punto che, per vederla, prese ad alzarsi prima di mezzogiorno e, promossala «pastorella» col nome di Irminda Partenide, come usava fra i poeti dell'Arcadia fra i quali s'era imbrancato perché anche lei ne faceva parte, la sommerse sotto un diluvio di rime una più brutta dell'altra, e alla fine la sposò. «Per una geniale astrazione poetica» disse Carlo, ma crediamo che si sia sbagliato. Era una cotta bell'e buona. Ma il misogino Carlo non poteva capirla.

Gaspare aveva scelto, per metter su famiglia, il momento meno propizio. Il patrimonio paterno era sprofondato in una voragine di debiti. Per salvarne almeno le briciole, sarebbe toccato a lui, come primogenito, assumerne la gestione. Ma non ne volle sapere e preferì ritirarsi con Luisa in campagna. L'amante della natura trovò insopportabili il fango, le galline e la solitudine, e alla fine prese in uggia anche la moglie che, sebbene già oberata di due figli, per mandare avanti la barca s'era messa a far la traduttrice dal francese. Potendo farlo standosene a letto, Gaspare dapprima cercò di darle una mano, poi si stufò e volle tornare a Venezia presso la madre. Per una volta tanto suocera e nuora andarono d'accordo in tutto, anche nel considerar lui un buono a nulla e nell'affidare l'intera amministrazione a Carlo, quando Jacopo morì. Fra gli eredi, nacquero subito le beghe per la spartizione delle rendite, e i mobili e i quadri di famiglia andarono all'asta, compresa la collezione dei Tiepolo. Per lavarsene le mani, Gaspare rinunziò alla propria quota in cambio di un vitalizio di millecinquecento ducati all'anno. Cercò di arrotondarli scrivendo poesie su ordinazione per nozze, morti, lauree e monacazioni, come del resto facevano tutti i poeti del tempo, come sono obbligati a fare tutti gli scrittori privi di pubblico. Era naturalmente brutta roba, e lo sapeva anche lui. Ma bisognava vivere. «Consumo l'ingegno a spiccioli» diceva rassegnatamente.

Stufa di quel marito fannullone che seguitava a passare le sue giornate a letto disinteressandosi di tutto, Luisa lo persuase ad assumere la gestione del teatro Sant'Angelo. Gaspare si limitò a fare ciò che non contrastava con la sua pigrizia: cioè la traduzione delle commedie, e basta. Al resto dovettero provvedere la moglie facendosi impresaria, regista e capocomica, e la madre che impose la rimanipolazione dei testi per introdurvi battute contro i suoi nemici. Il figlio Francesco scrisse più tardi che gli attori venivano reclutati fra le lavandaie e i barbieri del quartiere, con quali risultati è facile immaginare. Quando, dopo tre anni di fiaschi, sopravvenne il fallimento, casa Gozzi fu assediata dai guitti che reclamavano le loro paghe.

In quel momento, Gaspare era immerso in una seconda luna di miele con la moglie di un professore di Padova, forse trovando nella sua gaiezza un antidoto alla propria malinconia; per stare con lei aveva preso un appartamentino da scapolo, e ci rimase fin quando non lo buttarono fuori perché non pagava l'affitto. Era entrato insieme al Baretti nell'Accademia dei Granelleschi, la solita palestra di discussioni e di «cicalate» pedantesche e oziose, prendendovi lo pseudonimo di Fecondo (proprio lui!). L'editore Pasquali, che andava pubblicando certe traduzioni dal francese e si era accorto che quelle di maggior successo erano le corrispondenze, chiese un libro di lettere sia a lui che al Baretti. Questi, che fecondo era davvero, ne buttò giù a briglia sciolta. Gozzi si fece restituire quelle che aveva scritto agli amici e le consegnò senza neanche aggiornarle e correggerle.

Il successo che riscossero lo stupì e lo fece riflettere. I suoi precedenti lavoretti, ricalcati sui modelli dell'Arcadia in un italiano artificioso e convenzionale, gli erano costati una fatica d'inferno e non avevano trovato lettori. Ne trovavano invece queste lettere buttate giù alla brava, senz'altro impegno che la sincerità e l'immediatezza. Che proprio di questo il pubblico fosse affamato? Per qualche altro anno tirò avanti come sempre aveva fatto, metà giornata a letto pretestando asma e svenimenti per sottrarsi ai rimbrotti della moglie, metà con l'amante, mai coi figli, e assumendo imprese a cottimo: la compilazione di un catalogo della biblioteca di San Marco e la gestione di un collegio, dove qualcuno dice ch'egli precorse i metodi della Montessori, permettendo agli allievi di fare ciò che gli pareva. Ma noi temiamo che questo criterio pedagogico derivasse soltanto dalla sua pigrizia e mancanza d'autorità. Gozzi era ben contento che gli allievi non gli chiedessero né il greco né il latino perché sapeva male sia l'uno che l'altro. Tant'è vero che l'Università di Padova gliene negò la cattedra: aveva scoperto che le sue traduzioni da queste due lingue erano ritradotte da quelle francesi.

Nel '60, la grande decisione. Lo stampatore Marcuzzi gli offre di compilare la «Gazzetta veneta», e Gaspare accetta. Non vuole far nulla di rivoluzionario. Malgrado il richiamo al modello di Swift e Addison, il giornale nasce come un avviso, cioè come semplice notiziario di «tutto quello ch'è da vendere, da comprare, da darsi a fitto, le cose ricercate e le perdute, il prezzo delle merci, il valore dei cambi, ed altre notizie parte dilettevoli e parte utili al pubblico». Ma, sparpagliata in mezzo a questa cianfrusaglia, s'intrufolava la cronaca (fatti e fatterelli cittadini, tipi, figure, scenette): tutto raccontato dalla penna del Gozzi nello stile bozzettistico delle lettere. Era un fascicolo di otto pagine, sia pure in piccolo formato, e usciva due volte alla settimana. Per riempirlo, anche se il grosso era accaparrato dalle materie di avviso, bisognava lavorare, cosa che al pigro Gozzi non era mai garbata. Ma per la prima volta il lavoro non gli costava fatica, perché aveva trovato la sua vena.

Non facciamo, per carità, di Gozzi un grande. Il Settecento italiano non ha, salvo Vico, che dei «minori», e anche Gozzi lo era. Oltre il bozzetto non è mai andato. Ma in questa dimensione ha il suo rango, e il giornale gli dava il destro di affermarlo. Senza il giornale, noi non conosceremmo il nome di Gozzi, cioè lo conosceremmo soltanto per suo fratello Carlo, di cui diremo a proposito del Goldoni. È il giornale che lo rivela anche a se stesso, offrendo al suo talento narrativo, per quanto modesto, le occasioni della cronaca. Il lettore, chiedendogli la sincerità, l'immediatezza, l'aderenza alla realtà, lo redime dal falsume letterario dell'Arcadia. E forse, dopo il lungo divorzio, è questo il primo incontro fra uno scrittore e il pubblico vero, non quello delle Accademie e dei salotti.

Naturalmente, Gozzi si guardò bene dallo scrivere di politica. A parte che non vi era per nulla interessato, la censura non gliel'avrebbe consentito. Dedicò qualche articolo alla letteratura mostrando la sua povertà di acume critico. Ma quello che resta è il Gozzi che il lettore, sempre buon giudice, predilesse: il Canaletto della penna, che descriveva la sua Venezia nei suoi aspetti più consueti e affettuosi, con una vena di umorismo che lo salvava dal patetico e dal lezioso.

Dopo un anno di successi, non sappiamo per quali motivi – probabilmente finanziari perché continuava a essere crivellato di debiti – divorziò dalla «Gazzetta», che fu affidata all'abate Chiari, per fondare un suo proprio settimanale, il «Mondo morale», che crediamo rappresenti il primo esempio, almeno in Italia, di romanzo a dispense. Fu un errore. Gozzi non era romanziere: gliene mancava il fiato. Il pubblico gli voltò le spalle, e lui tornò al giornalismo vero con l'«Osservatore veneto», cui chiamò a collaborare anche altri. Qualcuno gli rimproverò di aver copiato lo «Spectator» inglese. Ma l'accusa è sciocca. Egli si rifece a quel modello perché quello era il modello di tutto il giornalismo europeo, quanto a impaginazione e a varietà di argomenti. Ma il contenuto era veneziano, anzi gozziano, e rappresenta il meglio di lui. Nella sua elegante satira di costume si possono trovare, caso mai, tracce di Luciano, di La Bruyère, di La Fontaine; ma non c'è moralismo che a costoro non si rifaccia. «L'"Osservatore"» disse il Baretti che se n'intendeva «è composto di tanti ragionamenti fatti da uno che va intorno osservando il mondo e discorrendo di questa e di quell'altra cosa, secondo che gli dà l'umore. Questi ragionamenti sono frammischiati di lettere, di caratteri, di fole, d'allegorie, di sogni e d'altre cose, senza declamazioni pedantesche, senza rigidezza, senza superbia e senza santocchieria.» Era il tono che ci voleva per intavolare un dialogo col lettore.

Più tardi Gozzi preferì al giornalismo un impiego sicuro, quello di «censore alle stampe» dell'Università di Padova, e fu la sua fine. In questo sporco mestiere portò l'intolleranza che, come scrittore, aveva – sia pure sommessamente – combattuto, proibendo perfino certe pubblicazioni accettate dal Sant'Uffizio come quelle di Rousseau. Scrisse dei noiosissimi *Sermoni*. E la scontentezza lo risprofondò nella vecchia ipocondria. Ormai separato dalla famiglia, viveva a carico di una buona signora, Caterina Tron Dolfin, e scriveva: «Sono stanco e non ho più gaiezza». Una sera si buttò dalla finestra, ma non riuscì a morire perché le fronde di un albero attutirono la caduta, e quando la moglie lo lasciò vedovo, sposò la governante della sua protettrice e trascorse gli ultimi anni facendosi mantenere da lei che allevava polli in una casetta della periferia.

Al momento del ritiro di Gozzi, il giornalismo veneto aveva trovato già un altro protagonista, destinato a lasciarvi una traccia assai più profonda.

Giuseppe Baretti sembrava costruito apposta per fare da contrappunto, con la sua dirompente personalità, a quella esangue e sognante del Gozzi, cui tuttavia rimase sempre affettuosamente legato. Era un Torinese di famiglia monferrina, e aveva avuto un'infanzia tribolata. A sei anni gli era morta la madre, e il padre si era riaccasato con una ragazza che gli aveva portato in casa il cicisbeo. Appena fu in età di capire, il ragazzo prese a schiaffi l'intruso, lo sfidò a duello, e fu cacciato dalla famiglia. Si rifugiò a Guastalla da uno zio che gli consentì di frequentare un po' di scuola, poi si trasferì a Venezia dove si legò d'amicizia coi fratelli Gozzi. Ma non aveva nulla per sfondare in quella città raffinata, neanche il fisico. Alto, massiccio, ruggibondo e sanguigno, con una criniera d'ispidi capelli rossastri renitente alla parrucca, le mani nodose, la voce tonante, i suoi modi ruvidi facevano stecca sulle grazie leziose di quella società incipriata. Nemmeno il suo carattere vi s'intonava. La violenza delle passioni, l'impeto, la generosità, gli scatti di collera mescolati alla larga risata rabelaisiana, la solidità morale, la forza degli entusiasmi facevano di lui un personaggio romantico, nato per sbaglio con un secolo di anticipo. E fu uno sbaglio che gli costò caro.

A Venezia decise, per amore di una ragazza, di fare il poeta, scrisse per lei alcuni bruttissimi versi, si ammalò, tentò la fortuna a Milano dove conobbe Parini di cui diventò amico, Verri e Beccaria di cui diventò nemico, si provò senza riuscirci a far l'editore, s'innamorò un'altra volta, ma senza successo come la prima, per un po' di tempo lavorò a Cuneo come architetto militare, e infine tornò a Venezia, accolto dall'Accademia dei Granelleschi, dove assunse lo pseudonimo di Severo Fuggitivo. Per sbarcare il lunario, fece una traduzione di Corneille e la dedicò al duca Vittorio Amedeo di Savoia nella speranza di ottenerne un incarico. Ottenne invece le malevole critiche di un poetastro mediocre ma bene informato, Biagio Schiavo, che elencò tutti gli errori di quel lavoro. In realtà, più che di errori si trattava di arbitrii: Baretti non era un traduttore, ma un adattatore, che manipolava i suoi testi. Furibondo, aggredì lo Schiavo al caffè e lo riempì di botte. Lo Schiavo si vendicò con un libello. Baretti rispose con un altro libello, e scoprì la sua vera vocazione. Non era un poeta. Non era un narratore. Era un polemista.

Nel '51, eccolo a Londra. Non ha un impiego, non conosce che poche parole d'inglese, ma con quelle poche riesce a dare lezioni d'italiano a un'allieva che s'innamora (finalmente!) di lui, gli procura altri allievi e lo introduce nell'ambiente letterario su cui regna Samuel Johnson, cui questo Italiano schietto, intero e integro, così diverso da quello solito, insinuante e pieghevole, va molto a sangue. Col suo appoggio, Baretti comincia a pubblicare qualche saggio sulla nostra lingua, o per meglio dire contro di essa, difendendo i dialetti. Se la riprende con Voltaire, senza rendersi conto (ma questo gli capiterà anche con altri) di esserne egli stesso un prodotto, e col Verri. «Il francese di Buffon» scrive «è incantevole, l'inglese di Gibbon ammirevole, l'italiano di Verri abominevole.»

Mentre prepara un vocabolario italo-inglese, lavora come poeta al teatro italiano di Londra, ma quando si accorge che è pieno d'invertiti, li aggredisce con epiteti da codice penale, e viene cacciato via. Poco gl'importa: i suoi saggi hanno successo, e per il vocabolario ha già ottenuto un sostanzioso acconto da ben otto librai. Con quei soldi in tasca (è la prima volta che gli capita), è convinto di avere il mondo in tasca. Si abbandona a grandezzate. Manda denaro ai fratelli. Crede di essere diventato un personaggio importantissimo e si presenta al primo ministro Pitt offrendogli, a nome dei Savoia, un'alleanza contro l'Austria per strapparle Milano e darla al Piemonte. Pitt fa chiedere spiegazioni dal suo ambasciatore a Torino dove naturalmente nessuno ne sa nulla, e denuncia Baretti come un volgare intrigante alle polizie di mezza Europa.

L'incauto se la cava solo grazie all'intervento dei suoi amici letterati, i quali spiegano a Pitt che quell'intrigante è solo un povero sprovveduto.

Baretti consegna il vocabolario: il primo che si pubblichi delle due lingue dopo quello – pessimo – dell'Altieri. Ci son dentro tutti i difetti dell'autore – inesattezze e dimenticanze –, ma anche i suoi pregi: concretezza e chiarezza. Il successo è grande: se ne stampano venti edizioni. Coi diritti d'autore, Baretti si finanzia un viaggio in Spagna e in Portogallo, di dove manda agli amici quelle lettere «familiari» di cui poi l'editore Pasquali avrebbe pubblicato la raccolta insieme a quella del Gozzi. Esse rivelavano, accanto al Baretti polemista, il Baretti reporter che volta le spalle alle preziosità descrittive, ai capricci, alle leziosaggini letterarie che infioravano l'uggioso memorialismo italiano, per mirare dritto ai fatti, alle cose e agli uomini con una prosa tanto più rapida e tagliente quanto meno s'impantana in dubbi e problemi di stile. Ora Baretti sa di essere un giornalista completo, e ne trae le conclusioni. Torna a Venezia, e sul terreno già arato dal Gozzi ormai in disarmo a Padova, fonda «La frusta letteraria».

Il programma era già nel titolo. Baretti sapeva benissimo di non potersi occupare di politica, per la quale d'altronde, da buon Italiano del Settecento, cioè da apolide, non nutriva veri interessi. Nato al momento giusto, cioè un secolo dopo, non c'è dubbio che Baretti sarebbe stato un uomo del Risorgimento, un martire dello Spielberg o un luogotenente di Garibaldi. Ma questa certezza la deriviamo più dal suo temperamento che dalle sue idee, di cui risulta e risalta solo la confusione. Non lo si può classificare nemmeno fra gl'illuministi perché non ne ebbe l'impegno sociale. Questo antiletterato, in fondo, non vedeva che la letteratura. Ma vi si avventò sopra come un uragano, rinnovandone linguaggio e costume.

I suoi propositi li enunciò in un «manifesto» che recava la falsa data di Rovereto, accompagnandolo con un numero di prova per saggiare le reazioni del lettore. Dovettero essere positive, perché un mese dopo il giornale comparve. Baretti si presentava, secondo il costume del tempo, in chiave favolistica, come un Aristarco Scannabue, veterano di tutte le guerre, vestito alla turca, con una gamba di legno e servito da uno schiavo di nome Marcuf. Una truculenta maschera, che aderiva abbastanza bene al suo volto.

La «Frusta», di cui era editore un certo Zatta, voleva essere un'ampia rivista critica di tutto ciò che si pubblicava nel mondo anche in fatto di scienza, d'industria, di agricoltura, e Baretti affermava di non essere il solo a compilarla, anzi di avere molti collaboratori. Era una bugia. Salvo il raro e saltuario contributo di qualche amico, la scriveva tutta di suo pugno, occultandosi dietro vari pseudonimi, forse anche per cautelarsi contro le proprie contraddizioni. E ce n'erano molte. In una pagina si scagliava contro il Frugoni, in un'altra ne imitava le strofe. In una pagina se la rifaceva coi cinquecentisti, nell'altra esaltava i Granelleschi che dei cinquecentisti si proclamavano i continuatori. Denuncia la volgarità dando di «diarrea» a chi la pratica. Non conosce mezze misure. La sua musa, se non è l'entusiasmo, è la collera, ma più la collera che l'entusiasmo. Attacca il Verri, il Beccaria, il Goldoni, cioè attacca anche il poco che c'era di buono. Spesso, più che argomentare, urla e schiamazza. Ma finalmente, dopo due secoli di untuosità accademiche e di apostrofi ampollose e laudative, ecco uno scrittore che nella lingua dei suoi lettori dice il fatto suo alla cultura italiana denunziandone il servilismo, il pedantismo e l'ipocrisia.

Naturalmente se la tirò tutta addosso. I poetucoli dell'Arcadia, non osando sfidare le sue bordate polemiche, si sfogarono in lettere e poesie anonime accusandolo d'ignoranza e di plagio e diffondendo le peggiori calunnie sul suo conto. Lo Zatta, impaurito da questa coalizione di odi e rancori, si ritirò dall'impresa, e Baretti dovette accollarsi anche il compito di stampatore. Ma gli avversari, con obliqua manovra, spostarono la polemica sul piano politico e religioso denunciandolo come eretico e rivoluzionario.

Dopo un anno di lotta eroica e solitaria, la «Frusta» fu soppressa, e i suoi nemici credettero di aver vinto la loro battaglia. Invece l'avevano persa. Anche dopo Baretti, i letterati italiani continuarono a fare dell'accademia. Ma i lettori se ne accorsero perché Baretti aveva dimostrato che si poteva anche non farla. I difetti dell'uomo saltano agli occhi: passionalità, mancanza di controllo critico, talvolta sguaiataggine, giudizi sommari, eccessi sia nell'elogio che nel vituperio. Ma saltano agli occhi anche le sue qualità: onestà, sincerità, schiettezza, e una prosa finalmente moderna.

Tornò in Inghilterra, più arruffato che mai. Una notte due prostitute lo apostrofano per strada. Scambiandole per invertiti, Baretti risponde con una pernacchia. Quella inconsueta replica gli scatena addosso i «protettori». A bastonate, Baretti ne ammazza uno, e a stento viene sottratto al linciaggio dalla polizia. Al processo, tutti i letterati inglesi vengono a deporre in suo favore, ma il presidente del tribunale vuol sapere da dove ha cavato «quel colpo di tuono o di gong» da cui le due ragazze dicono di esser rimaste assordate. Baretti fornisce un saggio di pernacchia, ne spiega la tecnica e il significato, e viene assolto per legittima difesa.

Anche questo contribuisce al suo rinnovato successo londinese. È considerato non soltanto il miglior esperto di letteratura italiana, ma anche un «personaggio», una pittoresca incarnazione del «temperamento latino». Scrive un penetrante saggio su Shakespeare e Voltaire che gli vale larghi consensi, ma trova ancora il modo di farne delle sue. Come trent'anni prima a Pitt, si propone al primo ministro Liverpool come mediatore in una diatriba dell'Inghilterra con la Spagna. Ma ormai lo conoscono e non lo prendono più per un intrallazzatore.

I suoi più grandi amici sono ancora Johnson e il ricchissimo mecenate Thrale che gli affida l'educazione dei suoi figli. Ma quando la ragazza si ammala d'appendicite, la madre, che si picca di medicina, vuol curarla a modo suo, e la lascia morire. Baretti, che adorava quella creatura – al punto da far nascere ignobili dicerie che non gli somigliano nemmeno di lontano –, non va per il sottile: accusa la signora Thrale di assassinio. È la prima rottura con la generosa e ospitale famiglia. Subito dopo muore il signor Thrale, e la vedova non aspetta nemmeno due ore per prendere il largo con un certo Piozzi, uno di quei tenori che hanno cominciato a mettere a soqquadro i cuori femminili di mezza Europa. Johnson, inferocito con gl'Italiani, rompe anche con Baretti, solo in punto di morte se ne pente, lo invoca, ma non fa più in tempo a vederlo. La signora Thrale, ora Piozzi, pubblica un libro di ricordi denigratori su di lui, e Baretti insorge con la sua violenza abituale: «Una donna che ha partorito tredici volte, abortito sei o sette, e ora corre la cavallina in Europa...». La dama risponde pubblicando delle lettere rimaneggiate di Johnson, che coinvolgono anche il Baretti. Lo scandalo è enorme, e un commediografo porta sulla scena tutti i suoi protagonisti.

Baretti è di nuovo solo, com'era scritto nel suo destino, vecchio e malato. L'Accademia Reale gli passa una piccola pensione che lenisce appena la sua miseria. Un acconto di cinquanta sterline giunge in tempo solo per pagare il suo funerale, mentre l'esecutore testamentario si affretta a distruggere tutte le sue carte nel timore che ci sia dentro qualche altro scandalo.

Si lasciava dietro una scia d'insulti: vagabondo, assassino, buffone, calunniatore. Ma il tempo ha rimesso le cose a posto. A parte il segno lasciato dal suo giornalismo nella letteratura, Baretti è uno dei due o tre «caratteri» della slombata Italia del Settecento. Per questo vi fece la figura dell'intruso.

Fra i tanti nemici che dovettero gioire della sua morte, c'era Pietro Verri che avrebbe potuto essere un suo amico. Anche se con mezzi e finalità diversi, avevano combattuto la stessa battaglia. Purtroppo, quando una cultura si riduce a una chiesuola di cui bisogna contendersi con le unghie gli spazi, non c'è posto che per odi, rivalità e rancori. I lettori, in Italia, erano poche migliaia: la lotta per accaparrarseli non poteva essere che all'ultimo sangue.

Verri apparteneva alla vecchia aristocrazia milanese, ma la sua fanciullezza non era stata esente da triboli. Il padre, come usava nelle famiglie patrizie, lo teneva a distanza, e la madre si occupava di lui solo per tormentarlo: fra l'altro, ogni mattina, gli radeva i denti con la lima delle unghie perché li aveva un po' irregolari. Il ragazzo crebbe indocile, scontroso, protervo e in sorda polemica coi genitori e col loro ambiente. Crediamo che le sue idee anticonformiste siano state il prodotto di questi umori.

La prima rottura avvenne per motivi sentimentali. Pietro s'innamorò della duchessa Vittoria Serbelloni, regina del più accreditato salotto intellettuale di Milano. Fu lei la sua grande iniziatrice in tutto, nell'alcova e nella cultura. Ma papà Verri considerò scandalosa quella «relazione», mise il figlio agli arresti in casa e, non ottenendo risultati, si rivolse addirittura al governo perché intervenisse. Vittoria, tempestivamente informata, parò il colpo appellandosi a un'autorità ancora più alta: il papa Benedetto XIV, suo zio. Nella società settecentesca succedeva anche questo: che i nobili potessero mobilitare i governi per impedire gli adulteri e che questi venissero presi sotto la protezione del Santo Padre.

La relazione finì, ma di morte naturale, quando Vittoria s'innamorò d'un altro, cosa che le capitava di frequente. Pietro le fece delle scenate. Poi, per dimenticarla, si arruolò nell'esercito – quello austriaco, naturalmente –, e col grado di capitano, che gli spettava per motivi di nascita, partì per la guerra contro la Prussia. Una sola volta, egli dice, vide il nemico, ma solo col cannocchiale, riportò una disastrosa impressione della mentalità militare, ma in compenso fece due preziose conoscenze: il principe Kaunitz e un Inglese di nome Lloyd, come lui arruolato nell'armata imperiale, che lo contagiò del proprio interesse ai problemi giuridici e finanziari. Rientrato a Milano, vi sprofondò leggendo avidamente tutto ciò che ne avevano scritto gli stranieri, e soprattutto gli enciclopedisti francesi, e i suoi polmoni si gonfiarono di ossigeno illuminista. Tanto, che subito a lui cominciarono a far capo tutti i rampolli della buona società milanese animati da idee progressiste. Era un fenomeno naturale, in una società come quella lombarda messa in movimento dal riformismo austriaco, e che proprio allora iniziava la sua grande avventura capitalistica. E altrettanto naturale era che a prenderne la testa fosse il Verri che aveva un cattivo carattere appunto perché aveva un carattere e sapeva imporlo e farsi obbedire. Oltre al fratello Alessandro, facevano gruppo intorno a lui un Visconti di Saliceto, un Lambertenghi, un Menafoglio, un Biffi, e un ragazzotto paffuto, timido, molliccio e mammaione che si chiamava Cesare Beccaria. Come allora era uso, essi si organizzarono nella solita Accademia che però prese l'insolito nome «dei Pugni», un po' in risposta alla diceria che Verri e Beccaria erano venuti alle mani, un po' a significare le sue bellicose intenzioni.

In realtà, viste a distanza, queste intenzioni non erano poi così bellicose. Verri e i suoi amici, tutti di nobile famiglia, appartenevano al «sistema», e non si sognavano di rovesciarlo. Anzi, come poi dimostrarono i fatti, smaniavano d'inserircisi, sia pure per operarvi riforme radicali. Il loro programma insomma era quello dei *filosofi* francesi: accettare il regime qual era, cioè la monarchia assoluta, e adeguarla dal di dentro all'esigenze moderne acquistandovi posizioni di potere. Ma questo adeguamento, rapportato al tradizionalismo bacchettone e timorato della vecchia società milanese, da cui questi giovani uscivano, vi seminava lo sgomento e faceva davvero con esso a pugni.

Le riunioni del sodalizio si tenevano al pianterreno di palazzo Verri, all'insaputa dei padroni di casa che stavano al piano di sopra. Si svolgevano in quell'aura di congiura che ai giovani piace tanto, e mescolavano il serio al faceto. Fu qui che Pietro lesse ai soci i suoi primi due saggi sul commercio di Milano, prima di mandarli a Kaunitz che li apprezzò molto e ordinò al Firmian – il quale invece si era rifiutato di prenderli in considerazione – di arruolare l'autore fra i riformatori della Ferma. E fu ancora qui ch'egli suggerì a Beccaria di scrivere un'opera contro la pena di morte.

L'incarico dovette stupire gli altri soci perché il Beccaria sembrava il meno adatto ad assolverlo. Non solo perché era il più giovane di tutti, ma anche perché non aveva mai fatto sfoggio di brillanti qualità. Anche lui s'era trovato in contrasto con la famiglia per ragioni sentimentali. Il padre lo aveva messo agli arresti in casa per interrompere il suo idillio con la figlia d'un ufficiale spagnolo, Teresa Blasco, eppoi s'era rivolto addirittura all'arciduca Ferdinando perché ponesse un veto. A sua volta l'ufficiale spagnolo s'era rivolto all'imperatrice Maria Teresa, e costei rimise la questione a Kaunitz il quale (guarda un po' di cosa dovevano occuparsi gli onnipotenti di allora) l'affidò a un giurì milanese che non ne venne a capo. Papà Beccaria scacciò il figlio che sposò la sua Teresa, e fu proprio il Verri a riconciliarli rimettendoli di fronte in una scena a sorpresa – ma precedentemente concordata con Cesare – in cui questi pianse, Teresa svenne, e i due genitori si commossero e li ripresero in casa.

Assumendo la regìa di questo giovanotto, Pietro dimostrava le sue qualità di scopritore e impresario di talenti. «Aveva bisogno d'uno stimolo continuo per decidersi a fare qualcosa» dirà più tardi di lui. Una prima prova gliela fece fare commissionandogli uno studio sul sistema monetario milanese che versava nel caos. E il Beccaria se ne sbrigò in modo tale da mettere il campo a rumore. Ne nacque una polemica coi conservatori in cui Verri interloquì mettendo in burletta i loro argomenti. E il gruppo ne uscì definitivamente accreditato agli occhi di una pubblica opinione, che ora in esso riconosceva una vera e propria «avanguardia».

Fu in questo momento che Pietro decise di fondare un

giornale per trasferire la battaglia riformista dalla chiusa aula dell'Accademia al campo aperto, renderne consapevole il pubblico e sollecitarne la partecipazione.

Era un'impostazione assai diversa da quella del Gozzi e del Baretti. Costoro avevano operato in una società immobile e in un regime imputridito, sordo a qualsiasi sollecitazione di progresso. Perciò il primo si era rifugiato nel bozzetto, contentandosi di una tenue satira di costume; il secondo si era sfogato nella letteratura portandovi una ventata di modernità, ma limitata a questo campo. Entrambi si erano tenuti lontani da problematiche di ordine politico, economico, sociale perché, come capita nei regimi illiberali, qualunque critica sarebbe passata per eversione.

I Milanesi, per loro fortuna, si trovavano in ben altra condizione. Non solo la loro società era in movimento, ma la loro cultura era, come abbiamo già detto, solidamente agganciata alla realtà e alle sue esigenze. Essa non disdegnava affatto l'economia politica, la finanza, l'amministrazione, la storia naturale, l'agricoltura, la medicina. E anche sui più delicati di questi temi, le autorità ammettevano un certo margine di dibattito e di critica.

Così i compilatori del «Caffè» poterono voltare le spalle alle solite uggiose diatribe letterarie per affrontare problemi concreti di pubblico interesse, e non sull'astratto piano della dottrina, ma in termini di suggerimenti pratici. Non sostennero tesi del tutto originali: il loro pensiero era di derivazione francese e inglese. Ma portarono un notevole contributo di chiarezza su certi argomenti, come per esempio quelli della legislazione. Nessuno disse con più energia di loro che «il solo dispotismo stabilmente utile per la prosperità di una nazione è il dispotismo delle leggi»: cosa oggi ovvia, ma abbastanza audace in quei tempi di assolutismo, e quindi di arbitrio monarchico. E nessuno difese con altrettanto rigore e coerenza i princìpi liberisti, di cui si nutriva il nascente capitalismo lombardo.

Qualcuno più tardi rimproverò agli uomini del «Caffè» di aver evaso i problemi fondamentali: cioè quelli dell'unità nazionale e della democrazia. Accusa assurda. A parte il fatto che la censura, con cui dovevano pur fare i conti, non gliel'avrebbe consentito, questi furono i problemi della generazione successiva, non di quella loro. Gl'illuministi non nutrivano concezioni patriottiche e democratiche. Anzi, essi si sentivano cittadini del mondo e accettavano che questo mondo fosse retto com'era retto, cioè da monarchie assolute ch'essi volevano soltanto illuminare sul cammino delle riforme. Non solo nel giornale, ma anche nella loro corrispondenza privata le parole «patria» e «democrazia» sono latitanti. Le riforme ch'essi proponevano non avevano frontiere. Le reclamavano non solo per Milano, ma anche per l'Austria e per tutta la comunità internazionale di cui si sentivano parte. E anche loro, come i *filosofi* francesi, non intendevano darle in appalto al popolo, nel quale non credevano; sognavano di farle discendere dall'alto del potere costituito, di cui contavano di diventare gl'ispiratori e lo strumento esecutivo.

Il difetto del «Caffè» fu semmai un altro, che poi era proprio la conseguenza di questa concezione: il suo scarso potere divulgativo. Di gente che leggesse, a Milano, ce n'era più che in ogni altra città italiana. Ma anche lì era poca. E questa poca non era tutta in grado di capire il contenuto di quel giornale serio e bene informato, ma troppo da specialisti. Più che al lettore, i suoi articoli si rivolgevano al solito circolo degl'iniziati che detenevano il potere, ed era logico, visto che al potere gli autori miravano molto più che alla pubblica opinione, e su di esso volevano influire. Tant'è vero che quando al potere fu arrivata, la compagine del «Caffè» si disgregò, e il giornale finì. Aveva assolto la missione che si era proposto: quella di orientare la casta dominante, non la pubblica opinione di cui non era mai stato al servizio.

I meriti del «Caffè» furono enormi. Sia pure in piccolo, anzi in piccolissimo, esso rappresentò per l'Italia ciò che l'*Enciclopedia* aveva rappresentato per la Francia. Mise in circolazione delle idee che rinfrescarono l'aria stantìa del nostro Paese. Ma non fu un giornale vero e proprio, cioè un organo d'informazione e di opinione al servizio del pubblico. Fu anch'essa un'Accademia, per quanto molto meno chiusa e più moderna.

Proprio nel momento in cui esso scatenava le sue più importanti battaglie contro gli appalti e i monopoli, per la liberalizzazione dei commerci, la riforma amministrativa e il riordino della moneta, usciva il saggio che il Verri aveva suggerito al Beccaria: *Dei delitti e delle pene*. Fu stampato a Livorno per evitare grane con la censura, e l'impressione che suscitò fu enorme. La proposta di abolire la tortura e la pena di morte urtava contro una pratica di secoli, cui la coscienza si era assuefatta. Il principio tuttora vigente faceva della confessione «la regina delle prove», e quindi giustificava qualsiasi mezzo per estorcerla. Quanto alla morte, nessuno dubitava della sua necessità e legittimità. C'era anzi, nei modi d'infliggerla, tutta una gerarchia di rituali, graduata secondo il rango di chi la subiva. I Cardinali, per esempio, avevano diritto a essere strangolati in Castel Sant'Angelo con un cordone d'oro e di porpora (ma purtroppo non avveniva mai). Per i nobili, c'era la decapitazione con un secco colpo d'ascia. Ma per i plebei c'era tutta una lenta iniziazione di slogature di arti, tagli di lingua e d'orecchi, accecamenti, laparatomie con ferri roventi eccetera. Nell'ultimo anno a Milano n'erano state eseguite oltre trecento.

Alla serrata critica del Beccaria contro queste efferatezze, le reazioni dei conservatori furono violente. A Milano, uno dei più accaniti oppositori fu il senatore Verri, padre di Pietro. E a Venezia il governo assoldò un mercenario della penna, il padre vallombrosiano Facchinei, per difendere l'ordine vigente. Ma i consensi soverchiarono di gran lunga i dissensi anche perché la loro eco si dilatò in tutta Europa. Voltaire scrisse che Beccaria aveva liquidato «gli ultimi avanzi di barbarie». E D'Alembert: «Questo libro basta ad assicurare all'autore un nome immortale. Che filosofo! Che verità! Che logica!».

Ma il successo non si limitò ai circoli intellettuali. Pietro Leopoldo di Toscana fece del saggio di Beccaria la sua guida spirituale, e abolì la pena di morte. Altrettanto fece, sia pure per gradi, Ferdinando di Napoli. Carlo III di Spagna restrinse al minimo la tortura. E Caterina di Russia seguì alla lettera i precetti del Beccaria. Forse mai nessun libro ebbe un effetto così immediato sulla condotta dei governi e incise altrettanto drasticamente sulla vita dei popoli e sul loro costume. Esso rappresenta il più luminoso contributo che l'Italia abbia dato alla civiltà in questo secolo. I suoi meriti non stanno tanto nella originalità delle idee che si ritrovano già in Montesquieu – per non risalire a Tertulliano e Sant'Agostino –, quanto nella chiarezza, stringatezza e incisività di esposizione che fanno di esso un vero e proprio «manifesto» di grande effetto sul lettore, e nel suo tempismo. Come scrive Cantù, esso era venuto proprio al momento giusto.

Verri, che se ne sentiva un po' il vero padre – e lo era –, fu molto contento del rumore che l'opera suscitava e che si riverberava su tutto il gruppo del «Caffè», ma lo fu un po' meno della gloria che ne derivava al Beccaria. Quando il traduttore francese li invitò entrambi a Parigi per riceverne il plauso, egli capì subito che a lui ne sarebbero toccate soltanto le briciole, e preferì mandare al proprio posto il fratello Alessandro. Attaccato com'era alle gonnelle della moglie, Beccaria non voleva muoversi, e occorse quasi fargli violenza. Arrivato a Lione, non voleva continuare il viaggio, e Pietro dovette scrivergli: «Se tornassi indietro, saresti riguardato come un imbecille che non sa vivere lontano dalla mamma. Vi è un lato di puerilità nel tuo carattere, che pregiudica molto alla stima che ti è dovuta». E Alessandro, nelle lettere al fratello, lo dipinge come un «verme della letteratura», un «fangoso insetto» ipocrita, ingrato e afflitto dal «mal di moglie».

Il fatto è che i Verri si sentivano defraudati di quel successo. Quando seppe che Parigi era ai piedi di Cesare, Pietro scrisse: «Da nessuno meno che da quest'uomo io mi aspettava che potesse farmi portare il peso di quella gloria che non avrebbe avuto senza di me. Questa è la vergognosa ingratitudine di un essere originalmente da nulla, senza credito, senza nome, da me a forza di una entusiastica amicizia, coperto nei suoi vizi e nei suoi difetti, riconciliato co' parenti e accolto nella casa paterna da cui era esiliato, innalzato alla celebrità».

In quel momento il «Caffè», dopo due anni d'intrepide battaglie, era finito. Era finito perché il Verri era stato nominato «consigliere», cioè pressappoco Ministro dell'Economia, il Carli presidente del Supremo Consiglio, il Frisi professore universitario, insomma perché la redazione si era trasformata in un gruppo di potere. Ma forse al suo scioglimento contribuirono anche questi dissapori e gelosie personali. Formalmente, Verri conservò buoni rapporti con Beccaria anche perché nel frattempo si era presa per amante sua sorella, sposata a Isimbardi. Ma la ruggine rimase, anche per l'insanabile contrasto dei temperamenti. Beccaria, che non aveva quello del combattente, non seppe, o per meglio dire non volle trarre alcun profitto dal successo del suo libro, non brigò cariche limitandosi a ricoprirne qualcuna più di lustro che di sostanza, e fu ben contento di ritirarsi nel suo guscio, la villa di Gessate, per coccolare la moglie e farsene coccolare. Quando questa morì, tutti pensarono che si sarebbe suicidato. Invece, non aveva ancora finito il lutto che già l'aveva rimpiazzata con un'altra con la quale si comportò come con la prima, standole appiccicato addosso: il «mal di moglie» non consentiva la vedovanza a questo sensuale casalingo che non sapeva far l'amore che nel letto coniugale. Pigro e molle, tutto gli pesava, anche gli onori. Quando re Ferdinando di Napoli andò a trovarlo, non si fece trovare in casa. A tavolino ci stava malvolentieri, mai più di due ore al giorno, e infatti nei trent'anni che gli rimasero da vivere, non produsse che alcune «consulte», cioè relazioni, e un paio di saggi minori, uno sullo stile, un altro di economia politica, di cui il Verri disse, dopo averlo letto: «La mia vendetta contro questo professore di economia sarà d'insegnargliela».

In comune, questi due uomini ebbero soltanto l'avarizia e l'apoplessia, di cui entrambi morirono a poca distanza l'uno dall'altro. Ma la sua vita, Pietro l'aveva ben altrimenti riempita. Il Ministero delle Finanze non gli bastava come non gli bastava la bella Isimbardi. A quarantacinque anni s'invaghì della propria nipote Marietta Castiglioni, che ne aveva ventidue, e la sposò. Malgrado la differenza d'età, fu un matrimonio abbastanza felice perché Pietro aveva conservato intatto il vigore della gioventù.

Non altrettanto bene andava la carriera, dove l'eccesso d'ambizione lo portava a strafare. Per aggirare il Firmian, che diffidava di lui, ogni tanto andava a Vienna a parlare direttamente col Kaunitz e con l'imperatore Giuseppe. Ma le ostilità di cui era circondato a Milano riuscivano regolarmente a bloccare la sua ascesa. Dopo cinque anni di gioie, Marietta gli dette il dolore di morire. Anche di lui tutti pensarono, come del Beccaria, che non sarebbe sopravvissuto. E invece anche lui, come il Beccaria, provvide subito a riaccasarsi, sebbene avesse cinquant'anni, con una ragazza di venti, Vincenzina Melzi, prelevata direttamente dal collegio. Ma si vede che aveva la mano felice perché anche questa scelta si rivelò buona.

Aveva il diavolo in corpo. Malgrado l'intensa attività politica che gli occupava le giornate e quella fresca sposina che gli occupava – presumiamo – le nottate, trovava ancora abbastanza energia per scrivere di tutto e litigare con tutti. Pose mano alla *Storia di Milano* ed entrò in lite con la propria famiglia, eccettuato il fratello Alessandro, per l'eredità del padre che, invece di lasciare il patrimonio a lui, ch'era il maggiore dei figli – com'era regola nelle dinastie patrizie –, lo aveva lasciato indiviso. Per la rabbia, egli trasferì nottetempo e di nascosto, facendosi aiutare da Vincenzina, le spoglie di Marietta dalla tomba di famiglia alla chiesa della Madonna di Ornago.

Nel 1786, in seguito alla soppressione della magistratura che occupava, fu collocato a riposo. Non se ne dette pace, e la delusione lo spinse a rivedere le sue idee. Anche in questo seguì la vicenda degl'illuministi francesi a loro volta delusi dal licenziamento di Turgot e dalle mancate riforme di Luigi XVI. Come loro, anche lui cominciò a chiedersi se il rinnovamento della società fosse compatibile con l'assolutismo che, invece di accogliere i suoi suggerimenti, lo aveva silurato. E quando scoppiò la rivoluzione francese, lui che alla rivoluzione si era sempre mostrato allergico, la salutò con simpatia come «un ribrezzo violento verso gli oppressori». Questo non gl'impedì, quando Leopoldo di Toscana successe al fratello Giuseppe sul trono d'Austria, di brigare un posto nella delegazione che doveva recargli l'omaggio della città di Milano. Ma non ce lo vollero. E questo rifiuto acuì il suo rancore. Disapprovò l'uccisione di Luigi XVI, ma con accenti insolitamente pacati, dicendo che la violenza era una triste necessità imposta dalla storia, e giustificò lo smantellamento di tutti i privilegi del Clero e della nobiltà. Fin dal '68 aveva scritto: «Sono un buon patriota, ma non un buon patrizio».

Questo atteggiamento gli valse, da parte dei conservatori, l'accusa di «giacobino», ma anche un trattamento di favore quando, con l'arrivo delle truppe di Napoleone, fu istaurato un governo democratico. Mentre quasi tutti i nobili venivano deportati, egli fu confermato nell'unica carica che tuttora rivestiva di consigliere municipale. Cercò di adattarsi al nuovo regime rinunziando a ogni lusso e scrivendo al fratello, da un pezzo trasferito a Roma, d'indirizzare le sue lettere «al cittadino Pietro Verri». Ma poi si trasferì nella sua villa di Ornago perché, disse, «è men male leggere i mali pubblici che vederli da vicino». I procedimenti del nuovo regime dovevano averlo disgustato.

La vecchiaia aveva un po' annacquato le sue passioni, e anche nel giudizio sul Beccaria si mostrava molto più equanime. Dopo la morte, ne fece una commossa rievocazione in consiglio comunale e propose di erigergli un monumento. Infaticabilmente, aveva seguitato a scrivere di tutto: di economia, di amministrazione, di morale, e ultimamente aveva composto certi *Pensieri d'un buon vecchio che non è letterato*. Morì nel '97, stroncato anche lui dall'apoplessia. Pochi giorni prima aveva detto al fratello: «Tra pochi anni l'Italia sarà una famiglia sola probabilmente». Ci pare che sia stata questa la prima e unica volta in cui il pensiero di un'Italia unita lo sfiorò. Fin allora, aveva guardato più a Parigi e a Vienna che a Roma e a Torino.

Ambizioso, caparbio, orgoglioso, litigioso, spesso intollerante, il Verri non era stato né un originale pensatore né un grande scrittore (la penna, la maneggiava meglio suo fratello Alessandro, polemista e cronista molto meno «impegnato», ma più arioso ed elegante di lui). Però era stato uno straordinario suscitatore di energie, un incomparabile suggeritore, insomma un «maestro». Non aveva tutti i torti quando rivendicava a se stesso la paternità del *Dei delitti e delle pene*, di cui aveva seguito e guidato la stesura, pagina per pagina. Il suo solo torto era di ricordarsene troppo. Ma questo faceva parte del suo carattere egocentrico e autoritario. Non c'è dubbio che fu lui a incarnare l'Illuminismo italiano con tutti i suoi meriti e con tutti i suoi limiti. Malgrado l'esaltazione che ne hanno fatta certi nostri storici, l'Illuminismo italiano non fu una grande cosa: ha ragione Virgilio Titone a negargli quell'universalità ed efficacia ch'esso ebbe invece in Francia e anche in Inghilterra. Mancandogli uno Stato, una capitale e soprattutto una società in grado di riecheggiarne la voce, visse di riporto e imitazione in chiusi circoli d'intellettuali senza contatto col pubblico. Ma fu comunque, in un secolo di miserie come il nostro Settecento, il prodotto più nobile. I suoi giornali e giornalisti ruppero finalmente l'infame monopolio delle Accademie, ne misero a soqquadro le parrucche e le tarme, rinnovarono il linguaggio.

Per quanto di raggio limitato, fu l'unico serio contributo al rinnovamento del Paese.

CAPITOLO VENTICINQUESIMO

PARINI E LA SUA SATIRA

Come in tutti i Paesi privi di libertà, la satira in Italia ha tradizioni antiche, ma plebee. Per secoli, essa era stata un'espressione del malcontento popolare, che si sfogava in libelli e «pasquinate» anonime, senza poter aspirare a diventare un genere letterario per due motivi. Prima di tutto perché esponeva gli autori a ogni sorta di rappresaglie, eppoi perché non trovava, né poteva trovar gradimento in una società come la nostra, avvezza alla solennità spagnolesca, e quindi priva di umorismo. Così, esclusa dal salotto, la satira restava un fatto di taverna, ne portava addosso il puzzo e raramente si distingueva dalla calunnia e dal turpiloquio. Di questo vizio d'origine, sono tuttora evidenti i residuati. Respinta da una società che vi si mostra allergica, la confonde col vilipendio e se ne offende, la satira italiana non ha mai acquistato l'eleganza, la trasparenza, la levità di quella francese e inglese, che gli stessi Re accettavano anche quando si appuntava contro di loro. Queste doti non le possiede nemmeno, né poteva possederle, il lambiccato, pedante e timidissimo Giuseppe Parini. Ma anche se non vi brillano, in lui fanno almeno capolino e per la prima volta assurgono a una certa dignità letteraria.

Era nato nel 1729 a Bosisio, paesotto del Comasco, da una famiglia di pochi mezzi, ma di un certo decoro piccoloborghese, come dimostrano i titoli di «messere» e di «madonna» con cui i suoi genitori sono registrati negli atti del Comune. Messere aveva passato la vita nei lutti: in fasce gli erano morti cinque dei sette figli datigli dalla prima moglie che poi era morta anch'essa. Delle due superstiti, una affogò nel lago, l'altra fu stroncata «di notte, da un subito accidente». Dei tre figli di secondo letto, sopravvisse solo Giuseppe. Ma nella prima adolescenza fu colto, come dice il suo condiscepolo Reina, «da una violenta stiracchiatura ai muscoli, perloché cosce, gambe e braccia cominciarono a estenuarsi». Questo malanno, che forse era un attacco di poliomielite, lo lasciò per tutta la vita claudicante. «Il prete zoppo» lo chiamava Pietro Verri con la sua abituale caritatevolezza.

La sua carriera fu decisa da una prozia che gli lasciò il proprio patrimonio a patto che si facesse prete e celebrasse messe in suo suffragio. Si trattava di una rendita modesta. Ma il ragazzo ne aveva bisogno per mantenersi agli studi. Venne a Milano con la zia e s'iscrisse alle Scuole arcimbolde, di cui erano stati allievi i Verri, Beccaria e altri rampolli della nobiltà milanese. Quanto ardente fosse la sua vocazione religiosa lo dice egli stesso, quando confessa di essere stato «istrascinato repugnante alla teologia e al sacerdozio». Ma c'era in ballo la famosa eredità condizionata dalle messe. Per poterle celebrare, dovette prendere i voti e accettare la tonsura. Fu un vero prete del Settecento: scettico e libertino.

Le sue passioni furono fin d'allora la letteratura, le donne e il giuoco. S'era imbrancato subito nell'Accademia dei Trasformati, la più sofisticata della città, di cui erano soci i Verri, il Beccaria, il Baretti, il Firmian, insomma il meglio di Milano. Cantù dice che costoro snobbarono, dall'alto dei loro blasoni, il povero prete campagnolo e malfermo. Non è vero. Il povero prete aveva già pubblicato una prima raccolta di poesie che non valgono nulla, ma che avevano ottenuto un certo successo perché perfettamente intonate alla grossolanotta moda di allora. Il successo a sua volta gli aveva spalancato le porte delle case più in vista. E Parini, col suo infallibile fiuto, non si era sbagliato nello scegliere quella dei Serbelloni.

I Serbelloni appartenevano a quella vecchia aristocrazia «nera», che ora si chiama «del Cappuccio», si tenevano alquanto in disparte dalle attività mercantili e industriali, rimpiangevano il feudale e fastoso regime spagnolo, detestavano la modernità e diffidavano dei letterati. Ma il capo della casata si era presa per moglie una Romana, Vittoria Ottoboni Buoncompagni che, sebbene nipote del papa Benedetto XIV, era donna d'avanguardia, e non soltanto nelle idee. Quando Parini entrò al suo servizio come precettore del figlio, essa aveva già avuto una lunga sfilza d'amanti, fra cui Pietro Verri, ed era in rotta col marito, «vecchio e pieno di mutria» com'essa diceva. Due anni dopo infatti si separarono, e Parini dedicò all'episodio un epigramma («Cari figli non piangete / che se ancor non nati siete, / non potendo vostro padre, / vostra madre vi farà») che non fa onore al suo buon gusto, ma piacque alla spregiudicata duchessa «giunonica e formosa», che seguitò a tenerselo in casa.

Di che natura fossero i loro rapporti non si è mai saputo con precisione. Ma, dati i tipi, ci riesce difficile immaginarli casti. Il fatto che in quel momento entrambi fossero impegnati in altri amori – lei col medico Cicognini, lui con la cantante Gabrielli – non doveva essere di grande impedimento, data la loro scarsa propensione alla monogamia. Alto, magro, pallido, con capelli neri e occhi languidi, Parini portava con molta grazia anche la sua infermità aiutandosi con le scarpe ortopediche che, per amor della poesia, gli confezionava gratis il calzolaio Ronchetta, egli stesso poeta dialettale. Alle donne piaceva anche perché esse sentivano che voleva piacergli, ne ebbe tante da scandalizzare perfino il Baretti, seppe sempre scegliersele fra quelle di più illustre casato o di più grande successo, e di tutte riuscì a conservare l'amicizia anche dopo la fine della relazione.

Sapeva scegliersi anche i nemici. In difesa del diritto dello scrittore a usare la lingua che gli è più congeniale, compreso il dialetto, scese in polemica col padre Branda e ne venne fuori una zuffa generale in cui entrarono anche il «Caffè» che prese le parti del Branda e la «Frusta» che prese quelle del Parini. Ma abbiamo l'impressione che in questa disputa l'elemento personale prevalesse su quello ideologico. Baretti difendeva Parini perché Parini era nemico di Verri. E Verri era nemico di Parini perché Parini era amico di Baretti, amante (o almeno sospettato di esserlo) della sua ex amante Vittoria, e soprattutto protetto da Firmian, il fiduciario di Maria Teresa a Milano, che non amava Verri.

Fu infatti a Firmian che Parini dovette la sua brillante carriera. Da lui ebbe una cattedra alle Scuole palatine, cioè all'università, la direzione del giornale governativo e vari altri incarichi che si traducevano in altrettanti stipendi. Ne aveva bisogno perché, sebbene nato povero, o forse proprio per questo, gli piaceva vivere da signore. Non ebbe pace finché non gli concessero un appartamento a Brera dove le palatine si trasferirono dopo la cacciata dei vecchi inquilini gesuiti, si arrabbiò moltissimo perché gli negarono la carrozza con un seguito di sei servitori, e si considerò addirittura vittima della ingiustizia più nera quando gli rifiutarono il ricco «beneficio» dell'abbazia di Lentate.

Questo continuo bisogno di denaro, che lo metteva alla mercé del potere, naturalmente condizionava la sua produzione letteraria e poetica, imponendo la mordacchia al suo progressismo. Parini fu un gran paladino delle riforme austriache, ma non precisamente un anticipatore. Con le sue odi non ne invoca mai di nuove. Elogia quelle già adottate dal potere come il divieto della evirazione (che oltre tutto liberava la sua nuova amante, il soprano Clementina Piccinelli, dalla pericolosa concorrenza dei castrati), l'obbligo del vaccino contro il vaiolo, l'abolizione dei gesuiti. Il Verri insomma non aveva tutti i torti quando fra le righe gli rimproverava di fare l'avvocato delle cause già vinte. Ma, anche se giusta, l'accusa era ingenerosa perché non teneva conto della diversa condizione in cui si trovava il suo avversario. Il nobile e ricco Verri poteva sfidare impunemente il potere e la sua censura: scrivere, per lui, era un hobby. Per il borghesuccio e squattrinato Parini, era il pane, il titolo, la carriera. Doveva difenderli.

E li difese bene, con la diplomazia delle amicizie, soprattutto femminili. Dopo la Piccinelli, ebbe per amante Teresa Angiolini Fogliazzi, prima ballerina del teatro ducale, invano corteggiata anche da Verri (e questo fu forse un altro motivo della loro inimicizia). Moglie di un coreografo grande amico di Parini, Teresa non era una potenza, ma lo diventò quando, col beneplacito del marito e dello stesso Parini, diventò la favorita prima dell'influentissimo conte Greppi e poi del principe Kaunitz, l'onnipotente Ministro di Maria Teresa, che grazie a lei prese sotto la sua protezione il poeta.

L'impenitente seduttore ebbe il suo castigo solo da vecchio, quando s'innamorò perdutamente – e gratuitamente – di Cecilia Tron «dalle belle braccia» e dal cervellino frivolo. Anche da questo amore cavò qualcosa di utile: l'ode *Il pericolo*, una delle sue migliori, dedicata appunto a lei. Ma la ripagò coi tormenti della gelosia, specie quando all'orizzonte comparve il più tenebroso, e quindi anche il più irresistibile dei rivali: il conte Cagliostro, che in un battibaleno lo scancellò dal cuore della bella Veneziana.

Doveva essere un lavoratore di tempra eccezionale perché, malgrado i numerosi incarichi e le ingarbugliate vicende sentimentali, la sua produzione non aveva mai subìto arresti. Chi voglia approfondirne i valori estetici ha di che leggere per vari semestri. Ma questo non è il nostro compito. Più che come poeta e letterato, a noi Parini interessa come uno dei maggiori testimoni e interpreti dell'Illuminismo italiano, di cui incarna i pregi, ma anche i limiti. Prodotto di una società asfittica e provinciale, anche se la meno provinciale d'Italia, Parini ne risente e ripercuote tutte le angustie. Ma è appunto qui il suo valore di documento. Egli rappresenta molto bene la disgraziata condizione dell'intellettuale italiano costretto, per conservare il «posto», a restare all'ombra del potere. È illuminista perché anche il potere lo è, ma lo è nei limiti in cui lo è il potere. Parini vuole le stesse cose che vogliono Maria Teresa, Kaunitz e Firmian. Non prende coraggio nemmeno quando sul trono di Vienna sale Giuseppe, riformatore molto più radicale e spericolato di sua madre. Anzi, trova eccessivo il suo progressismo, se ne impaurisce e, sia pure a bassa voce, lo critica.

Non meno prudente si mostra nei confronti della società. Per denunziarne i vizi e le malformazioni, egli compose un poemetto, *Il giorno*, in cui, presentandosi come precettore di un giovane aristocratico, ne descrive la giornata e ne mette in risalto la vuotaggine. Come satira di costume, è la più valida che ci offra il Settecento, anche perché esso non ce ne offre altre. Ma non si può dire di certo ch'essa scavi a fondo. Ed è naturale perché, componendo quella corbellatura, Parini sapeva benissimo che a leggerla sarebbero stati soltanto i corbellati. Se avesse potuto contare su un «pubblico» popolare in grado di fornirgli una clientela, e quindi non soltanto una fonte di guadagni, ma anche un sostegno morale, forse Parini avrebbe dato del suo futile e inutile «giovin signore» un quadro molto più graffiante ed efficace. Ma quei ceti non sapevano leggere, e quindi il libro non poteva cercare altra udienza che fra i genitori del protagonista, dei quali non poteva urtare le suscettibilità, anche perché era alla loro mensa che Parini mangiava e sotto la loro protezione che faceva carriera. Come voleva riformare d'accordo col governo, così voleva satireggiare d'accordo coi satireggiati. Non c'è da fargliene colpa. Ma un po' di perplessità desta il fatto ch'egli non desse segno di soffrire di questo condizionamento. Anzi. Il suo linguaggio arzigogolato e miniaturato, che contraddice in pieno a quella «naturalezza» di cui egli pur si era fatto avvocato nella polemica col Branda, non solo non fa nulla per parlare a un pubblico più vasto, ma fa di tutto per respingerlo. Per Parini, il «pubblico» sono «i sciuri», i signori, e i letterati al soldo dei signori. Il resto è, com'egli stesso lo chiama, «volgo vile e maligno». Si capisce che dentro questi limiti mentali c'è poco da fare i progressisti.

Al *Giorno* egli lavorò quasi quarant'anni, e si sente. Una certa freschezza d'ispirazione si coglie solo nelle prime due parti, *Il mattino* e *Il mezzogiorno*, pubblicati rispettivamente nel '63 e nel '65, in cui qualche frustata schiocca. Nelle ultime due, che rimasero incompiute, c'è solo la fatica – che si contagia anche al lettore – di una ricerca stilistica, di cui lasciamo la diagnosi ai critici letterari, ma che va a tutto scapito della spontaneità e anche dell'efficacia satirica.

A quest'ultima forse Parini rinunziò di proposito in un momento in cui qualsiasi presa di posizione poteva comportare grossi rischi. Quando scoppiò la rivoluzione francese, Parini aveva sessant'anni ed era all'apice della sua carriera. Dotato di un «beneficio» ecclesiastico che gli garantiva una rendita sicura maggiorata da una pensione concessagli dal Papa, titolare della cattedra di lettere e sovrintendente dell'Accademia di Belle Arti, membro della Società Patriottica e dell'Accademia Ufficiale, egli era praticamente un alto dignitario del regime austriaco, e come tale si sentiva piuttosto esposto alle correnti d'aria che soffiavano da Parigi. Sebbene il senso non ne fosse chiaro, quei grandi avvenimenti cominciavano a provocare contraccolpi anche in Italia.

D'istinto il Parini – che oltre tutto in quel momento aveva per amante una Contessa, la Castelbarco – preferì tenersi sulle generali. In un'ode del '90 rese un vago omaggio alla «regal Parigi» dicendo che «non a sé fati oggi prepara», ma in un'altra corbellò la nuova moda femminile del nastro rosso al collo, detta «alla ghigliottina». Non lo fece soltanto perché alla ghigliottina i rivoluzionari francesi avevano mandato anche la loro Regina, sorella dell'Imperatore d'Austria, Signore di Milano e dello stesso Parini, ma anche perché il sangue sinceramente gli repugnava. Tuttavia si guardò dal dirlo in maniera esplicita. I tempi erano calamitosi, e nessuno sapeva cosa riserbasse il domani.

Tanta prudenza ebbe il suo premio quando, nel '96, gli Austriaci evacuarono Milano, lasciandola nelle mani di Napoleone. Parini, insieme a Verri, fu chiamato a far parte della nuova Municipalità. Alcuni suoi agiografi gli attribuiscono gesti di risoluto coraggio come il rifiuto di associarsi al grido di: «Morte agli aristocratici!». Ma si tratta di mistificazioni risorgimentali. La verità è che Parini mirò soprattutto a non compromettersi, entrando in una commissione che si proponeva di «illuminare il popolo riguardo alla costituzione fisica e morale dei Lombardi» e assolse i suoi compiti sostenendo e facendo decretare che il popolo doveva levarsi il cappello davanti alle autorità. L'unica battaglia che combatté fu quella per il proprio diritto, che gli venne riconosciuto, a una portantina con due portatori. Viceversa non aprì bocca né quando il comandante francese decise di revocare le delibere della Municipalità, né quando Beccaria, Visconti e Serbelloni chiesero la costituzione di uno Stato autonomo milanese.

Anche stavolta la sua prudenza fu premiata. Quando nel '99 tornarono a Milano, gli Austriaci non scoprirono a suo carico atti rilevanti di collaborazionismo e gli lasciarono la casa e la pensione, nonostante la severità del comitato di epurazione che per un anno terrorizzò Milano e in cui militava anche un giovanotto di nome Alessandro Manzoni. Comunque, un po' per sottrarsi alla caccia alle streghe, un po' perché mezzo accecato dalla cateratta e a corto di forze, Parini si era ritirato in campagna dove compose un *Te Deum* di ringraziamento per le vittorie austriache. Morì in agosto, e il giornale non ne dette nemmeno notizia.

La gloria gli venne a ceneri raffreddate. A riconoscergliela è stato soprattutto Croce, che di Parini apprezzava per ragioni di congenialità il «moderatismo» e il classicismo. Ma ci sembra che più nel giusto siano stati il Verri (detrattane, s'intende, la cattiveria), il Manzoni e il Leopardi, che lo considerano più erudito che colto, più letterato che scrittore, e più artista – nel senso di «artigiano» – che poeta. Parini fu un esemplare figlio del suo secolo incipriato e riccioluto, un accademico prezioso, un paziente e diligente ma freddo cesellatore di «pastorellate» e «cicalate» in pretto stile arcadico, che non anticipò nulla: né in fatto di poesia, né in fatto d'idee.

L'Europa nel 1748
Oceano Atlantico
Mare del Nord
REGNO D'IRLANDA
REGNO D'INGHILTERRA
Londra
R. DI NORVEGIA
R. DI DANIMARCA
Copenaghen
R. DI SVEZIA
Stoccolma
PROVINCE UNITE
Amsterdam
R. DI PRUSSIA
Berlino
IMPERO ROMANO GERMANICO
Vienna
REGNO DI POLONIA
Varsavia
IMPERO RUSSO
Mosca
Parigi
REGNO DI FRANCIA
Avignone
SVIZZERA
Torino
Milano
Venezia
Genova
Parma
Modena
Lucca
Firenze
REP. DI S. MARINO
REPUBBLICA DI VENEZIA
STATO D. CHIESA
Roma
CORSICA
(Genova)
R. DI SARDEGNA
Napoli
REGNO DI NAPOLI
Palermo
SICILIA
REGNO DI SPAGNA
Madrid
Lisbona
R. DI PORTOGALLO
REGNO D'UNGHERIA
CANATO DI CRIMEA
Mar Nero
Costantinopoli
IMPERO OTTOMANO
Damasco
Mar Mediterraneo
Sacro Romano Impero

CAPITOLO VENTISEIESIMO

GOLDONI E LE SUE COMMEDIE

Non è un caso che lo sboccio del giornalismo abbia coinciso con quello del teatro di prosa, che entrambi siano nati nella stessa città, e che entrambi si siano conclusi con l'esilio dei rispettivi protagonisti: Baretti a Londra, Goldoni a Parigi. La sorte di questi due uomini, fra loro nemici, è indicativa delle resistenze che incontrava l'intellettuale italiano a uscire dal chiuso circolo di una cultura infeudata al potere, di cui era sempre rimasto prigioniero, per farsi interprete della pubblica opinione, dei suoi gusti, dei suoi interessi e umori. Questa era considerata una fellonìa, e prima o poi si finiva per pagarla.

Carlo Goldoni nacque nel 1707, un giorno di Carnevale, e si sente. Per tutta la sua lunga vita non ci fu contrattempo né tribolo che riuscissero ad appannare il suo festoso ottimismo. L'amore per il teatro l'aveva ereditato dal nonno, ch'era di Modena e a tempo perso faceva il marionettaio. A otto anni, Carlo aveva già composto una commedia. E a tredici scappò con una compagnia di guitti. Lo iscrissero al collegio Ghislieri di Pavia, che poneva ai candidati due condizioni: l'età di diciott'anni e la vocazione al sacerdozio. Carlo di anni ne aveva sedici e al sacerdozio era allergico. Ma in compenso era munito di una buona raccomandazione per il Vescovo che garantì per le sue intenzioni e, quanto al certificato di nascita, «so» scrisse più tardi Goldoni «che una sera mi coricai nell'età di anni sedici e che mi svegliai la mattina d'anni diciotto: avrò dormito probabilmente due anni». Come si vede, l'Italia è sempre stata la stessa: chi ha in tasca un Vescovo può infischiarsi anche dell'anagrafe.

Fu un campione di scapestratezze goliardiche: passava le giornate dietro alle gonnelle e le notti al tavolo di giuoco. Gli andò liscia per tre anni. Ma quando si seppe ch'era lui l'autore di una licenziosa satira su certe signore di Pavia facilmente riconoscibili, dovettero arrestarlo per sottrarlo al linciaggio, e di nascosto lo imbarcarono su uno zatterone che lungo il Po lo ricondusse dai suoi a Chioggia.

È impossibile ricostruire le sue vicissitudini. Sono talmente arruffate ch'egli stesso, nelle *Memorie*, ne perde sovente il filo. Fu a Udine con suo padre a fare pratica d'avvocato, ma dovette fuggirne quando fu sorpreso nel letto di una ragazza dai genitori. A Modena, dove successivamente si trasferì, rimase talmente impressionato dallo spettacolo di un prete condannato alla berlina per stupro, che decise di farsi frate, e come Lutero volle darne solenne annunzio agli amici durante una cena, al termine della quale, invece che in convento, finì in bordello. Ottenne il posto di coadiutore criminale, ma lo perse perché dovunque lo mandassero in missione, ci si faceva seguire da qualche donnina allegra di cui includeva la spesa nella «diaria». Come abbia fatto Casanova, di cui naturalmente era grande amico, a descriverlo timido, ritroso e taciturno, non sappiamo.

Alla fine sembrò decidersi per l'avvocatura. E per non dover aspettare i regolari quattro anni falsificò i documenti facendosi passare per nato a Modena, e quindi «straniero», il che gli consentiva di dar subito la tesi di laurea. Vi si presentò dopo aver passato la notte a giuocare a carte col professore con cui doveva discuterla e che, avendogli vinto fin l'ultimo centesimo, lo promosse. Meno longanimi furono i clienti, di cui si dimenticava di seguire le cause, impegnato com'era a comporre drammi. Convinto di essere un poeta tragico, aveva scritto un'*Amalasunta*, e ora correva fra Vicenza, Bergamo e Milano per darne lettura agl'impresari di teatro. Uno di essi, al termine, gli chiese se si trattava di una tragedia o di una farsa. Goldoni tornò in albergo, accese la stufa e vi bruciò il manoscritto, senza rendersi conto dell'eroismo di quel gesto, né trarne la lezione. Infatti mise subito mano a un altro drammone, il *Belisario*, facendolo portare in scena, già cieco, da Arlecchino. Il comico gli scappava dalla penna anche contro la sua volontà.

A Milano era incappato in uno strano capocomico, Vitali, un po' medico, un po' ciarlatano, che gli aveva messo a disposizione la sua compagnia, in cui militava uno dei più celebri Pantaloni del tempo, il Rubini. Goldoni scrisse «intermezzi», adattò testi, fece l'amore con tutte le attrici, era felice. Ma scoppiò la guerra, una delle tante guerre «di successione» di quell'ingarbugliato periodo, a Milano arrivarono i Franco-piemontesi, Goldoni fuggì, presso Lodi cadde in mano ai briganti che gli rubarono anche i vestiti, e alla fine rientrò a Venezia, dove il Grimani gli offrì una scrittura di «poeta» nel suo teatro di San Samuele.

A quei tempi, il poeta, cioè l'autore, non vendeva le sue opere a un teatro. Ne diventava un impiegato a tutto fare. Goldoni dette il suo *Belisario* che, riveduto e corretto, ebbe un notevole successo, ma dovette anche riadattare i versi di un'opera lirica, la *Griselda* di Apostolo Zeno, musicata da Vivaldi. La primadonna era Elisabetta Passalacqua: «Magra, gli occhi verdi, pallida, impiastrata di liscio, una fisionomia ingrata, una voce falsa, monotona negli atti» doveva descriverla più tardi Goldoni nelle sue *Memorie*. Sarà. Ma questo non gl'impediva di esserne pazzamente innamorato: tanto che, essendone stato tradito, pensò di lasciare il teatro e di tornare all'avvocatura. Ma proprio in quel momento aveva scoperto Molière, era rimasto colpito dal suo *Convitato di pietra* e volle tentarne un'imitazione con un *Don Giovanni o il dissoluto*. Fu buon per lui che la parte di protagonista femminile venisse interpretata dalla donna impiastrata e dalla voce falsa. Essa salvò col suo brio quel mediocre lavoro, che tuttavia introduceva sul palcoscenico una prima novità: gli attori non portavano maschera, come usava nella «commedia dell'arte». Anche questa innovazione Goldoni l'aveva attinta a Molière. Ma fu lui a introdurla per la prima volta in Italia.

Seguì la compagnia in una lunga *tournée*. A Genova vide una ragazza alla finestra, se ne innamorò e la sposò senz'altro saper di lei ch'era la figlia d'un notaio. Il buon Dio dimostrò anche stavolta di aver un debole per gli sprovveduti, facendolo inciampare proprio nell'unica donna che poteva fare la moglie di un marito come lui. Nicoletta Connio era non soltanto graziosa e provvista di una discreta dote, ma comprensiva, paziente e devota quanto occorreva (e ne occorreva molto) per subire le infedeltà di un simile farfallone.

A questa svolta della vita, ne seguì un'altra nella carriera. La compagnia, come ogni poco avveniva, s'era sfasciata e ricomposta con altri attori, fra cui uno, Sacchi, faceva spicco anche per la sua cultura e modernità. Goldoni gli cucì addosso la parte di *Momolo cortesan*, finalmente una commedia vera, che fa un altro passo avanti nel cammino delle novità. Non è più imperniata soltanto sul «canovaccio» come quelle tradizionali «dell'arte», cioè su un intreccio appena abbozzato, che poi gli attori sviluppavano di propria testa, improvvisando. A canovaccio restavano le parti secondarie. Ma quella principale era tutta scritta, come i lavori di Molière. Gli scroscianti applausi del pubblico rivelarono a Goldoni la sua vera vocazione di commediografo di ambiente e di caratteri, e gli additarono la strada da seguire. Egli disfece il *Momolo*, lo scrisse stavolta da capo a fondo, e ottenne un altro grande successo. Ma non ebbe il coraggio di proseguire su questa strada (perché tutto era, fuorché eroe), tornò al canovaccio con lavori di poco impegno che lusingavano i gusti più retrivi e sguaiati del pubblico. E alla fine parve che si fosse addirittura disamorato del teatro perché brigò e ottenne la carica di Console di Genova a Venezia.

La sua fortuna furono due disgrazie. Ricevette l'ordine di far arrestare un truffatore genovese. Lo eseguì. Recuperò la refurtiva, e con la sua abituale leggerezza l'affidò a un sensale che prese il largo. Costretto a rifondere la perdita di tasca propria, Goldoni si trovò nei guai proprio nel momento in cui in compagnia entrava un'attrice fiorentina, la Baccherini, che gli fece girar la testa. In pochi giorni compose per lei, scrivendola dalla prima battuta all'ultima, *La donna di garbo*, ma non ebbe la gioia di vedergliela recitare perché la poveretta morì. Nuove complicazioni sopravvennero quando in casa gli capitò il fratello Gianpaolo che in tutto gli somigliava meno che nel talento. Il giovanotto s'era impegolato in un'avventura più grande di lui. S'era impegnato a procurare un reggimento di mercenari a un avventuriero zaratino che lo avrebbe ricompensato affidandone il comando a lui e la carica di supremo giudice militare a Carlo. Questi s'innamorò subito dell'idea, sebbene il reclutamento di mercenari fosse proibito dalla legge. Anzi, si fece prestare seimila ducati per anticiparli allo zaratino che naturalmente, intascata la somma, si dileguò. Così l'incorreggibile ingenuo si ritrovò nei guai. Non poteva denunziare il ladro perché avrebbe dovuto confessare il reato di reclutamento. D'altra parte, il creditore voleva il rimborso. A salvarlo dalla galera furono proprio coloro che avrebbero dovuto mandarcelo: quei terribili «Dieci» che, quando la politica non c'entrava, non erano poi così terribili, e che gli consigliarono di fuggire. Ed eccolo senza la casa, senza un teatro, senza lavoro, senza una lira, ma sempre con quella santa moglie cucita al suo fianco e pronta a tutto, anche a fare la serva, pur di procurargli un letto, una zuppa e una tazza di cioccolata, perché a quella Goldoni non sapeva rinunciare. Non per nulla Carlo Gozzi lo chiamava «il cioccolataio».

Vagabondando fra Genova, Bologna e Modena restarono impigliati negli eserciti austriaci, piemontesi e spagnoli che ancora una volta mettevano a soqquadro l'Italia. Goldoni allestì un teatro da campo per divertire gli Spagnoli con un'arlecchinata, ma invece sopravvennero gli Austriaci che, considerandolo un collaborazionista, gli sequestrarono scene e bagaglio. A piedi e per i campi, in mezzo alle schioppettate, i due sventurati arrivarono al comando, dove furono accolti benissimo. Il comandante era il principe Kaunitz, il futuro onnipotente Ministro di Maria Teresa, che oltre a restituirgli tutto, commissionò a Goldoni una serenata per le nozze della sua sovrana col Duca di Lorena. Goldoni non solo la compose, ma la cantò perché aveva una bella voce, ottenne gran successo, ebbe un vistoso premio, e chiese congedo. Non capiva nulla di politica, quella guerra non sapeva chi l'avrebbe vinta, e non voleva compromettersi. Raggiunse Pisa dove rimase tre anni a fare l'avvocato e dove entrò nell'Arcadia come pastore. Siccome non c'era un teatro, poteva star dietro alle cause, e ci fece presto la mano. Nicoletta respirò: finalmente aveva una vita di famiglia.

Ma al destino non si sfugge. Esso si ripresentò nei panni dei due Medebac, moglie e marito, capocomici di una compagnia sbarcata a Livorno. Gli proposero di mettere in scena *La donna di garbo* rimasta nel cassetto per la morte della Baccherini. Come resistere? E come rifiutare, dopo il trionfo, la proposta di rientrare a Venezia come autore stipendiato del teatro Sant'Angelo, che i Medebac avevano prelevato da Gaspare Gozzi, dopo la sua rovinosa gestione? Goldoni firma seduta stante un contratto che lega tutta la sua futura produzione alla compagnia, e Nicoletta, rassegnata, rifà le valigie.

Quello che nel '48 si ripresentò al pubblico veneziano era il solito Goldoni coi suoi testi convenzionali e abborracciati, con le sue larghe concessioni ai gusti più grossolani e anche più licenziosi della platea, coi suoi finali buttati giù senza troppo badare alla loro plausibilità, tanto per trarsi d'impaccio e mandare in qualche modo la gente a letto. Ma due fiaschi consecutivi bastarono a fargli capire che il pubblico non era più quello. Commediografo nato, Goldoni doveva aver sempre avvertito la povertà dei suoi canovacci. Ma non era uomo da ingaggiar battaglie per assumere una posizione di avanguardia. Fu il pubblico che gliela impose. Ora esso aveva a disposizione, lì a Venezia, ben otto teatri di prosa, su cui si avvicendavano anche i lavori di altri due autori in piena ascesa: il Chiari e Carlo Gozzi.

Il Chiari non era che un artigiano del teatro, ma il suo mestiere lo sapeva. Non aveva il talento di Goldoni, ma neanche la sua faciloneria. Come lui, aveva tolto la maschera agli attori, ma i testi li curava più di lui, anche se i suoi temi restavano quelli tradizionali della commedia dell'arte. Per questo non ne sopravvive nulla. Ma in quel momento i suoi lavori ottenevano un grosso successo, ch'egli sapeva anche ben monetizzare in titoli e onori.

In un legno del tutto diverso e più nobile era intagliato Carlo Gozzi, il fratello di Gaspare. Aristocratico, orgoglioso, solitario, misogino, cinico ed elegante, aveva debuttato nella repubblica delle lettere come socio fondatore dell'Accademia dei Granelleschi, forse la più retriva d'Italia. Conte dalla testa ai piedi e ben deciso a restarlo anche con la penna, Gozzi avversava tutte le novità avvertendovi un'insidia ai privilegi della sua casta. Per lui – e aveva ragione – un teatro, una poesia, una letteratura «impegnati» non potevano esserlo che a riforme democratiche. Di qui la sua decisa opposizione a tutta la cultura dell'Illuminismo. Per lui la cultura doveva restare un *otium*, un passatempo di «aula» e di Corte, riservato a una minoranza di gentiluomini raffinati che non si confondessero col «volgo» in nulla, neanche nel linguaggio. Gozzi propugnava e praticava un italiano «illustre» e un'arte evasiva che si esaurisse nel piacere, fine a se stesso, dell'invenzione fantastica. La realizzò nelle *Fiabe*, che rimangono la sua cosa migliore, ma cercò di portarla anche sulla scena. E ciò non poteva che trascinarlo in guerra sia con Chiari che con Goldoni.

Costui, costretto a fare i conti con simili rivali, comprese che non era più tempo di arlecchinate. Ma avventure non ne osò. Le sue tre prime commedie, dopo i due fiaschi iniziali – *I due gemelli*, *La vedova scaltra* e *La putta onorata* – sono tutte scritte, e molto più curate nei particolari, ma appartengono ancora a un repertorio convenzionale e popolaresco, di cui solo la platea si contentava.

La critica e l'opinione più avvertita esigevano di più. «Il teatro di Goldoni non è educativo e confonde i valori morali» strepitava Baretti sebbene non ancora armato di *Frusta*. E lo stesso Gaspare Gozzi, che pure al Goldoni voleva bene fino al punto di litigare per questo col fratello, diceva che le sue commedie erano «un obbrobrio».

Diciamo insomma la verità: il carattere dell'uomo non era pari al suo talento. Anzi, il suo talento egli lo avrebbe tranquillamente sacrificato al successo e ai soldi, se il pubblico, minacciando di rifiutargli questi e quello, non lo avesse obbligato a diventare Goldoni. Nel '50 gl'incassi del Sant'Angelo declinarono paurosamente. Goldoni, si diceva, aveva esaurito la sua vena, non faceva che ripetersi, era finito. Fu allora che, presentandosi di persona sulla scena, egli lanciò ai denigratori la famosa sfida impegnandosi a scrivere in un anno sedici commedie.

È molto probabile che l'idea gli fosse stata suggerita dal Medebac, impresario abilissimo e d'immense risorse pubblicitarie. Comunque, la trovata raggiunse il suo effetto e diventò il grande «affare» di quella città, cui la stagnazione politica e sociale non ne consentiva altri. Se ne discusse e ci si accapigliò nei salotti, nei caffè, e perfino nei conventi. Chi diceva che Goldoni avrebbe vinto, chi diceva che avrebbe perso. Ma intanto non si parlava che di lui.

Vinse, perché le sedici commedie le scrisse davvero, e Medebac dovette rimandare indietro torme di spettatori, tali erano l'attesa e la ressa. Ma la fretta era costata il suo pedaggio. L'autore mise in quella prova di forza il meglio di sé, ma anche il peggio, attingendo imparzialmente alla propria ispirazione e a quella altrui. Il buono si mescolava col cattivo e l'originale col plagio. Ma la bravata fece colpo, l'eco se ne ripercosse in tutt'Italia e in tutt'Europa, e la quotazione di Goldoni salì alle stelle. Egli chiese a Medebac di tenerne conto nella spartizione degli utili. Medebac, che con lui già spartiva la moglie, tenne duro. Ne nacque un litigio che rese ancora più assordante lo scampanìo pubblicitario. Goldoni si diceva derubato dall'impresario. La «Gazzetta veneta» gli fece i conti in tasca, appurò che nessun autore aveva mai guadagnato quanto lui, e concluse che a prosciugargli le tasche non era Medebac, ma il giuoco.

Forse alla rottura fra i due contribuì anche il fatto che Goldoni era stufo della Medebac, da quando aveva conosciuto Cornelia Barbaro Gritti, musa e amante dell'abate Frugoni. Comunque, la diatriba finì in mano agli avvocati per via dei diritti di stampa sui testi delle commedie, e bisogna riconoscere che Goldoni agì molto scorrettamente facendole pubblicare a Firenze per sottrarle a Medebac che le aveva regolarmente comprate.

Il patrizio Vendramin, che per legare Goldoni al suo teatro di San Luca aveva accettato da lui condizioni jugulatorie, dopo il primo anno dovette esserne assai pentito. Delle otto commedie promesse, Goldoni ne aveva date cinque sole, e di scarso successo. Era in piena crisi, anche sentimentale. La Cornelia, donna di mondo, lo aveva accolto nella propria alcova, ma senza scacciarne il Frugoni, forse perché non era sicura chi dei due fosse meglio qualificato a garantirle l'immortalità letteraria. I malumori che covavano sotto questa unione a tre scoppiarono nel '56, quando Goldoni da Parma scrisse a Cornelia una lettera che denunciava tutta la tresca, mandandone copia ad alcuni amici. Fu come affiggerla sui muri. Tutta Venezia ne fu subito informata, Frugoni scese in campo a difesa della dama e diede del «buffone e versicolatore» al rivale.

Questi ne uscì talmente tartassato, che a un certo punto si diffuse la notizia ch'era morto.

Visto che lo accusavano di ripetersi, cercò di rinnovare il suo repertorio con la mitologia. Vendramin non voleva saperne per l'eccessivo costo degli allestimenti, ma Goldoni insisté, mandò in scena il *Monte Parnaso*, e fece fiasco. Solo nel '60 ritrovò la strada giusta infilando uno dopo l'altro i successi dei *Rusteghi*, *Le baruffe chiozzotte*, *Sior Todaro brontolon*. Era finalmente il vero Goldoni, il realistico e sapido fotografo della società veneziana: quello di cui Voltaire tesseva l'elogio in una lettera indirizzata al commediografo.

Ma nemmeno quest'alta consacrazione scoraggiava i suoi nemici, fra i quali tuttavia c'erano notevoli diversità d'impostazione. Carlo Gozzi lo combatteva in nome di princìpi estetici, discutibili quanto si vuole, ma nobili e disinteressati: era troppo gran signore per scendere sul terreno delle beghe personali. Per il Chiari invece era soltanto una questione di gelosia e di bottega. Tanto, che nel '61 si rappacificò con Goldoni e anzi fece lega con lui contro Gozzi. I due vecchi rivali che si erano riempiti di contumelie, da quel momento non fecero che incensarsi a vicenda, e non fu un gran bello spettacolo.

Ma ormai Goldoni era stanco di Venezia. Pensava a Parigi dove c'era un teatro italiano, il cui direttore, Zanuzzi, già gli aveva offerto il posto di assistente. La grande decisione la prese nel '62, con l'abituale spensieratezza. Non conosceva Parigi, parlava malissimo il francese, e soprattutto non sapeva che il teatro italiano era considerato dai Parigini una specie di circo equestre, dove non c'era da ammirare che le smorfie plautine e le acrobazie degli attori. I testi erano solo pretesti per il virtuosismo degl'interpreti secondo i vecchi schemi della commedia dell'arte, che proprio qui aveva il suo museo. Per di più quel teatro aveva un suo particolare statuto, che non consentiva bizze e divismi. Le scelte di repertorio venivano fatte collettivamente da attori, orchestrali e ballerini che si dividevano anche utili e passivi. Goldoni, che pretendeva fare di sua testa, fu subito ai ferri corti con loro. Volle dare una sua vecchia arlecchinata e incolpò gl'interpreti dello scarso successo. Mise in scena *La serva riconoscente*, e i critici più indulgenti scrissero che bisognava dargli il tempo d'ambientarsi.

Goldoni, ch'era venuto a Parigi convinto di averla già in tasca, s'accorse che bisognava conquistarla e che non era facile. Da buon Italiano, s'era subito orientato negl'intrighi dell'alta società e s'era procurato l'appoggio di personaggi influenti come il segretario della Pompadour. Per far fronte agl'impegni mondani che gliene derivavano, aveva preso un signorile alloggio le cui finestre davano sul parco reale. Era ancora un bell'uomo sebbene navigasse verso la sessantina, e la loquacità, l'esuberanza, l'amore della buona tavola gli attiravano molte simpatie. Ma bisognava ancora vincere la battaglia del teatro.

Si mise di buona lena a stendere *Il ventaglio*, *L'Arlecchino erede*, *Il ricco insidiato*, cercando di applicare al meglio la lezione di Molière. E invece forse fu proprio questo a perderlo. La lezione evocava il confronto. E dal confronto Goldoni usciva schiacciato. Solo *I due fratelli rivali* si salvò. Come al solito, egli rigettò la colpa dell'insuccesso sugli attori accusandoli di sabotaggio, e chiese al revisore della Corte da cui il teatro direttamente dipendeva ch'essi venissero messi alle sue dipendenze. Gli attori, che i suoi fiaschi li pagavano di tasca propria, risposero rifiutandosi di rappresentare un altro suo lavoro.

Ormai era deciso a tornare a Venezia allo scadere del

contratto che lo legava a Parigi per due anni. Ma proprio allora una commedia su cui non faceva nessun assegnamento, *Gli amori di Arlecchino*, ottenne una strepitosa accoglienza. Ora Goldoni era convinto d'aver capito: i Francesi non volevano problemi, società, costume; volevano Arlecchino. E con la sua abituale arrendevolezza ai gusti del pubblico, quali che fossero, ne sfornò altri due. Ma un terzo cadde, e i cinque successivi lavori furono bocciati dai comici.

Goldoni era nei guai. Il ritorno a Venezia presentava delle incognite: un po' perché Vendramin, cui aveva seguitato a mandare le commedie rifiutate a Parigi, era furioso dei fiaschi che con esse aveva infilato; un po' perché il pubblico veneziano ora stravedeva per Gozzi dopo il trionfo riportato con *L'amore delle tre melarance*. Goldoni aveva un bel magnificare nelle sue lettere agli amici i suoi successi a Parigi. A smentirlo provvedeva Baretti sulla «Frusta» scrivendo che Goldoni non aveva incantato nessuno, che la critica francese lo considerava un plagiario cortigiano di Molière, che Diderot lo ignorava e Rousseau lo disprezzava, ed era la pura verità.

A queste disgrazie artistiche se ne aggiunse un'altra di ordine penale che minacciò di travolgerlo. Una minorenne lo denunziò per stupro. Quanto ci fosse di vero, non si è mai saputo con certezza. Si sa solo che a un certo punto la ragazza ritirò la denunzia dicendosi «abbastanza compensata». Forse di stupro non si trattava. Ma è chiaro che l'incorreggibile donnaiolo aveva dovuto allargare la borsa per rimediare a qualche malefatta.

Pur seguitando a sfornare arlecchinate – unico genere che pubblico e critici accettavano da lui, pur senza entusiasmo –, era in trattative con Lisbona e Vienna per un trasferimento nell'una o nell'altra capitale. Grimm lo seppe, e in una sua lettera dice che la partenza di Goldoni avrebbe provocato «un vuoto trascurabile nella commedia italiana e nessuno nella commedia francese». Ma entrambi i negoziati naufragarono, e Goldoni, vedendo in forse i suoi guadagni, brigò e ottenne l'incarico delle lezioni d'italiano alle figlie del Re, troppo ignoranti per accorgersi che nemmeno lui lo sapeva.

Con l'alloggio a Corte, il titolo di professore e seimila franchi di stipendio, avrebbe potuto vivere tranquillamente. Ma le sue mani seguitavano a essere bucate e sfortunatissime al giuoco. Poi, dopo tre anni, le lezioni cessarono, e invece dello stipendio egli dovette contentarsi di una pensione di tremilaseicento lire francesi. Si aggiunsero i primi sintomi della cateratta che di lì a poco doveva accecargli un occhio. Ma la sorte gli diede una mano. Per le nozze del futuro Luigi XVI con Maria Antonietta, lo incaricarono di scrivere un nuovo lavoro. Forse egli sentì ch'era l'ultima occasione che gli si presentava come commediografo, e compose in francese *Le bourru bienfaisant*, il burbero benefico. Il successo fu incondizionato. Il lavoro rimase nel repertorio della *Comédie française* fino al 1848, e vollero recitarlo anche a Corte con la partecipazione, in qualità di protagonista, del Principe di Condé. Solo il puritano Rousseau lo qualificò «tempo perduto».

Fu l'ultima illuminazione del talento drammatico di Goldoni che, indotto dall'entusiasmo – come sempre gli capitava – alla solita faciloneria, sfornò subito dopo *L'avaro festoso*, e fu subissato di fischi. Era il momento in cui all'orizzonte del teatro francese spuntava il nuovo astro di Beaumarchais. Non c'era più posto per nessun altro. La commedia italiana fu sfrattata dal suo locale, e al vecchio Goldoni che ormai aveva doppiato il capo della settantina non restavano che le memorie.

Si mise a scriverle direttamente in francese perché del suo italiano non si fidava (e aveva ragione). E in questo lavoro buttato giù alla brava per riempire le sue giornate vuote, ritrovò la sua vena migliore. Le *Memorie* riproducono tutti i difetti di Goldoni: sono inattendibili, scritte alla carlona, piene di riferimenti inesatti e di date sbagliate. Ma son pecche largamente riscattate dalla vivacità, dall'immediatezza, dall'acutezza delle osservazioni e da quel bonario umorismo, che costituivano il suo fascino umano. Pubblicate in tre tomi, riscossero un successo che nemmeno lui si aspettava e che gli permise di rimettere un po' in sesto le sue dilapidate finanze. Il Re comprò cinquanta copie del libro, la Regina venticinque, i cortigiani settantadue. Caterina di Russia se ne fece mandare ventiquattro. E Gibbon, dopo averle lette, disse che la vita di Goldoni era molto più divertente delle sue commedie.

La rivoluzione lo colse di sorpresa. Non s'era avvisto di nulla, non aveva neanche di lontano sospettato che il vecchio regime fosse in crisi, la monarchia discreditata, gl'intellettuali in rivolta. Della grande palingenesi di cui si trovava testimone, capì una cosa sola: che gli costava la pensione. Gli vennero in soccorso alcuni amici, mossi a pietà da quel povero vecchio, che si aggirava nelle anticamere degli assertori dei diritti dell'uomo a chiedere che riconoscessero i suoi. Giuseppe Chénier, fratello del poeta ghigliottinato, riuscì a farli valere presso la Convenzione che gli assegnò un sussidio annuo di milleduecento franchi.

Purtroppo, Goldoni era morto tre giorni prima, e quindici giorni dopo la decapitazione di Luigi XVI che lo aveva protetto e beneficato. Aveva ottantasei anni. Le sue ossa andarono disperse. Alla vedova fu assegnata una pensione di millecinquecento lire.

Era stato l'unico vero uomo di teatro italiano, ed era destinato a restarlo fino a Pirandello. Ma ciò non vuol dire che fosse anche un grande uomo di teatro. Lo hanno paragonato a Menandro, a Plauto, a Calderón de la Barca, a Molière. E se si prende come metro di misura la quantità del prodotto, si può anche dire che con le sue duecento commedie li ha battuti tutti. Ma di tante opere, a sopravvivere sono solo una diecina, e a condizione di accettarne i limiti, assai facilmente riconoscibili. Sia pure con molta più vena, anche Goldoni fu, come Gaspare Gozzi, un Canaletto della penna: un cronista attento, penetrante, ricco di colore e di trovate, della Venezia settecentesca. Qui è grande. Ma è grande nel piccolo, cioè dentro il modesto orizzonte di una città ormai scaduta a provincia, senza più alti aneliti e ideali. Marci d'ideologia, alcuni critici e registi d'oggi cercano d'imprestargli una problematica sociale e di scoprire nelle pieghe della sua comicità l'amarezza di una coscienza ferita dalle ingiustizie sociali.

Farneticazioni. Quello che a Goldoni mancò per raggiungere la vera grandezza fu proprio la coscienza: in questo Baretti, Gozzi e gli altri suoi critici avevano perfettamente ragione. Infatti non ebbe mai problemi, neanche di sintassi, sebbene ci si rigirasse piuttosto male. L'unico che lo assillava era quello del successo. Della società lo interessavano solo il costume e i caratteri, non certo le «strutture» e le disfunzioni. Non era né un riformatore, né un denunciatore, ma soltanto un cronista divertito e molto spesso divertente. Anche sul piano tecnico, le sue innovazioni mancarono di convinzione e di audacia. Contribuì moltissimo a disancorare il teatro italiano dalla rancida e avvilente commedia dell'arte, smascherando gli attori e sostituendo al canovaccio il testo scritto. Ma lo fece più accodandosi ai gusti del pubblico che anticipandoli, e ogni tanto tornando al vecchio modello.

Sul piano umano, malgrado i molti vizi, o forse anche per questi, fu un personaggio amabile. Come tutti gl'intellettuali italiani del Settecento, privi di una cultura nazionale in cui inquadrarsi, senza un pubblico in grado di capirli e su cui esercitare il loro apostolato, anche lui fu un avventuriero cortigiano; ma dei più bonari e candidi. Le *Memorie*, pur con tutte le loro inesattezze e omissioni, ne danno un ritratto abbastanza fedele. Se, come appare dalla loro lettura, furono scritte per suscitare non tanto l'ammirazione quanto la simpatia, bisogna riconoscere che avevano raggiunto lo scopo.

CAPITOLO VENTISETTESIMO

ALFIERI E LE SUE TRAGEDIE

Vittorio Alfieri appartiene al Settecento solo per ragioni anagrafiche. In realtà non ha nulla a che fare con questo secolo, e ne resta in disparte senza riuscire a inquadrarvisi. La sua statura di artista non è eccelsa. Ma la sua personalità sovrasta di gran lunga quella di tutti i suoi contemporanei. Fra tante comparse, è dei pochissimi che abbia stoffa di protagonista, anche se non riuscì a diventarlo.

Era nato ad Asti nel '49 da una delle più nobili famiglie piemontesi, il cui albero genealogico affondava le radici nel 1200. Ai suoi tempi il blasone comportava grossi vantaggi, ma anche qualche inconveniente. Coloro ch'erano destinati a fregiarsene, venivano sottoposti da ragazzi a una disciplina da caserma. In casa Alfieri, non ricchissima, ma molto agiata, non mancava nulla, meno la tenerezza. Vittorio perse il padre quando era ancora in fasce, e sua madre la vide di rado. Costei, una Maillard de Tournon, aveva già avuto un marito prima di Alfieri, e dopo di lui ne ebbe un altro, cugino del morto. A Vittorio aveva dato una sorellina, Giulia, e sei fratellastri – tre del primo, tre del terzo matrimonio –, ma niente altro, o ben poco. Era molto più Contessa che madre.

Il ragazzo venne affidato a un precettore, don Ivaldi, con la raccomandazione di «non farne un dottorino» perché la cultura era considerata un attributo incompatibile con la nobiltà. Ma la raccomandazione era superflua perché don Ivaldi, che riceveva lo stesso stipendio del cocchiere, ne sapeva poco più dell'allievo. Questi concepì per quel tipo di educazione un odio che più tardi doveva scoppiare in invettive violente, e crebbe solitario e scontroso in un deserto di affetti. A otto anni tentò di suicidarsi mangiando certe erbe che gli procurarono solo un po' di dissenteria. Ma forse nel gesto c'era più esibizionismo che disperazione. Quando, dopo una confessione, il prete gl'impose come penitenza di prosternarsi alla madre e di chiederle perdono alla presenza di tutti, vi si rifiutò, fu severamente punito, e da allora non si riconciliò più con la Chiesa.

Lo zio paterno, ch'era anche suo tutore, capì lo stato d'animo del nipote, e impose alla cognata di mandarlo all'Accademia militare di Torino. Il ragazzo ci arrivò smunto e talmente coperto di foruncoli e di eczemi che i compagni, con squisito tatto, gli appiopparono il soprannome di «carogna fradicia». Il loro dileggio stimolò il suo spirito di emulazione. A tredici anni era già iscritto all'Accademia e a quattordici raggiunse l'indipendenza economica grazie all'eredità dello zio tutore, morto improvvisamente.

La legge piemontese consentiva al minorenne di percepire le rendite, e Vittorio ne approfittò largamente. Si concesse un appartamento da scapolo, un maggiordomo – Francesco Elia – destinato a fargli per decenni da compagno, confidente e infermiere, e una scuderia. Aveva deciso di far l'ufficiale di cavalleria. Ma subito si accorse che la disciplina militare era inconciliabile con la sua dirompente smania di libertà, e preferì imbrancarsi con due suoi coetanei, un Belga e un Olandese che, guidati da un mentore inglese, stavano esplorando l'Italia. Seguito dall'erculeo, paziente, fedelissimo servitore, Vittorio cominciò a scendere con loro verso Milano, Parma, Modena, Bologna. Ma di queste città si rifiutò di visitare insieme agli altri i monumenti. Non gl'interessavano. Il viaggio per lui era soltanto una fuga: più che di arrivare, smaniava di partire. Solo Firenze lo sedusse, e Roma addirittura lo conquistò. A Napoli fu presentato a re Ferdinando, da buon aristocratico piemontese rimase sconcertato dalla ciabattoneria di quella Corte, tornò per conto proprio nell'Urbe, andò a baciar la pantofola a papa Clemente XIII, e riprese la sua forsennata corsa attraverso la Penisola. Nemmeno le donne di cui ogni tanto s'innamorava o credeva d'innamorarsi riuscivano a placare questo suo delirio psicomotorio. Da Venezia a Genova, da Genova a Marsiglia, da Marsiglia a Parigi, che gli fece l'effetto di una «fetente cloaca» forse perché re Luigi XV, cui l'ambasciatore piemontese lo presentò, non lo guardò nemmeno, e infine eccolo a Londra.

Più che la città, lo incantò il paesaggio inglese: i grandi boschi propizi alle lunghe solitarie cavalcate, i tenui colori del loro fogliame, e i parchi così diversi dai giardini italiani, impreziositi e coartati dalla mano dell'uomo. Alfieri rimarrà sempre sordo alle pietre, ai monumenti, alle architetture, e sensibilissimo invece alla natura.

Anche dell'Olanda, dove trasmigrò subito dopo, gli piacque tutto, e per le stesse ragioni. Gli piacque anche una paffuta e languida Baronessa, il cui marito accettò di buon grado la collaborazione di questo *latin lover* alla pace coniugale. Alfieri visse con loro, li seguì nelle stazioni termali, e quando fu costretto a separarsene decise per la seconda volta di suicidarsi. Si fece fare un salasso da un medico, e poi si strappò le bende per morire dissanguato. Elia, che se l'aspettava, lo immobilizzò, lo ricaricò in carrozza, e attraverso Belgio, Alsazia, Lorena, lo ritrascinò dalla sorella in Piemonte, dove a quel corpo inerte e muto occorsero parecchie settimane per ritrovare la parola e un po' di voglia di vivere.

Avendo raggiunto i vent'anni, poteva disporre di tutto il patrimonio, e si accorse ch'era molto più cospicuo di quanto il suo amministratore, per tenerlo in freno, gli avesse fatto credere. Fu sfiorato dalla tentazione di «sistemarsi», e ci si provò. Aveva tutto per diventare il protagonista della vita mondana torinese: portava un gran nome, era ricco, era bello e contento di esserlo. Indossava abiti ricercati che sottolineavano l'eleganza della sua alta e asciutta figura, sovrastata da una fulva chioma, di cui andava particolarmente fiero. Decise di sposare un'ereditiera di alto lignaggio, ma costei rifiutò. Alfieri aveva l'approccio facile con le donne, che lì per lì non resistevano mai alla furia della sua passione, vera o immaginaria che fosse. Ma non ce ne fu mai una che riuscisse a sopportarlo a lungo e gli restasse fedele. Le sue pose, il suo egocentrismo, le sue crisi isteriche che rasentavano l'epilessia, e forse lo erano, le spaventavano. Capivano che quell'amante non amava che se stesso e in loro cercava soltanto la propria esaltazione. Il personaggio era già delineato.

Per qualche settimana s'immerse nella lettura dei libri che si era portato al seguito dai suoi viaggi. Anzi, eccessivo com'era in tutto, vi sprofondò: la sua cultura sarà sempre tutta fatta di grandi indigestioni intervallate da lunghi digiuni, e si sente. Divorò gli enciclopedisti francesi (senza trarne, a quanto risulta, gran profitto), ma a entusiasmarlo fu Plutarco che suscitò in lui «un trasporto di grida, di pianti e di furori», com'era logico, visto che lì si trovava fra «eroi», lui che smaniava di diventarlo, anzi era convinto di esserlo già.

Ma si stufò presto, e ripartì, sempre seguito dal fedele Elia, per uno di quei suoi viaggi senza itinerario. Passò da Vienna, dove non volle incontrare il Metastasio perché lo vide genuflettersi davanti a Maria Teresa, proseguì per Budapest, Praga e Berlino, che gli parve una detestabile caserma (qual era), ma dove si fece presentare a Federico II, attraversò la Danimarca, e passò in Svezia. Questo paese disabitato e silente, coi suoi «lagoni crostati» e le sue «cupe selvone», lo incantò. Nell'amore per questi sfondi funerei, egli già riecheggiava Ossian (senz'averlo ancora letto) e anticipava Foscolo. Si appassionò alla slitta «con furore» (questa è la parola che più spesso ricorre nella sua autobiografia, e sempre pronunciata in tono di compiacimento), a bordo di una di esse risalì verso la Lapponia, passò in Finlandia che gli piacque ancora di più, attraversò la Carelia, e si spinse in Russia fino a Pietroburgo. Il Ministro piemontese gli offrì di presentarlo alla grande Caterina. Rifiutò. Detestava quella «Clitennestra filosofessa» e la Russia gli fece l'effetto di un «asiatico accampamento di allineate trabacche»: gli andarono a genio solo le criniere dei cavalli e le barbe degli uomini. Riprese la strada dell'Occidente per Danzica, Colonia e Spa. La nostalgia della Baronessa lo richiamò in Olanda. Ma la Baronessa non c'era. C'era invece ancora il vecchio amico d'Acunha, ambasciatore del Portogallo, uno dei pochi che riuscivano a sopportare gli sbalzi del suo umore.

Rimase con lui due mesi. Poi rieccolo a Londra. Già nel precedente viaggio vi aveva conosciuto una dama di alto lignaggio, Penelope Pitt, figlia del grande statista e moglie di Lord Ligonier. La ricercò, la sottopose a uno dei suoi soliti «furiosi» corteggiamenti che la disponibilità della signora rendeva assolutamente superfluo, ma stavolta dovette vedersela con un marito non altrettanto arrendevole. Penelope fu esiliata in campagna a sedici miglia da Londra, ma la distanza era troppo modesta per scoraggiare un cavalcatore della resistenza di Alfieri, cui anzi le galoppate notturne nel bosco, il rischio, l'intrigo, facevano da catalizzatore. Più che la donna forse gli piaceva proprio la difficoltà dell'approccio, il rischio, il segreto, che gli davano l'impressione di vivere un romanzo di cappa e spada. Una volta, nel saltare una staccionata, si ruppe una spalla. Raggiunse ugualmente l'amante, trascorse con lei la notte spasimando insieme di piacere e di dolore; e l'indomani sera, col braccio al collo, andò a teatro. Durante la rappresentazione un inserviente venne a chiamarlo. Uscì dal palco e si trovò a faccia a faccia con Lord Ligonier, che lo invitò a seguirlo in Hyde Park; ma poi, vedendolo minorato, rinunciò a battersi con lui. Non vi rinunciò invece Alfieri, sebbene fosse anche un pessimo spadaccino. Con molta cavalleria Ligonier si limitò a toccargli il braccio di striscio, e se ne andò. Alfieri corse da una parente di Penelope per sentire cos'era successo. Ci trovò lei stessa, cacciata di casa dal marito. Le chiese di sposarlo, ma lei rifiutò. L'indomani lesse sul giornale una cronaca che riportava «le funeste e risibili cause di divorzio tra Lord Ligonier e Penelope Pitt con le confessioni del lacché che da tre anni gode i favori della padrona». Penelope se lo vide ricomparir davanti stravolto, urlante e in preda a vere e proprie convulsioni. La scenata continuò senza pause tre giorni e tre notti. Poi insieme partirono per una lunga luna di miele che tuttavia non dette i frutti sperati. A Rochester si separarono. Lei trasmigrò in Francia, lui in Olanda e di lì a Parigi dove si rifiutò d'incontrare Rousseau per timore di esserne accolto con superbia.

Proseguì per la Spagna col fido Elia e con una raccolta dei versi di Ossian. Finalmente aveva scoperto il «suo» poeta, e quando seppe abbastanza di spagnolo per leggere il *Don Chisciotte*, scoprì anche il suo progenitore, ma forse non lo riconobbe. Eppure, quella che attraversava la drammatica e solenne *meseta* castigliana era proprio una coppia da Cervantes: lui in sella a un puledro andaluso, Elia trotticchiante al suo fianco a bordo d'un muletto. In una locanda di Madrid scoppiò fra i due una mezza tragedia perché Elia, nel pettinarlo, gli tirò una ciocca. Furibondo, Alfieri gli spaccò la testa con un candeliere d'argento. Il servo saltò addosso al padrone che snudò la spada. Li divisero i camerieri accorsi allo strepito. L'indomani ripresero la strada come se nulla fosse avvenuto, salvo il buco sulla testa di Elia coperta di garze. Alfieri ebbe il suo castigo a Cadice dove, in attesa d'imbarcarsi per Genova, conobbe una ragazza che gli attaccò la blenorragia: un male di cui allora era difficile guarire.

Aprì di nuovo casa a Torino, pieno di buoni propositi sedentari, e naturalmente provvide subito a equipaggiarsi di cavalli e di un'amante. Ma ci doveva essere in lui qualche deficienza di alcova perché anche la marchesa Turinetti, sebbene avesse una diecina d'anni più di lui, cominciò subito a tradirlo. Anch'essa ebbe il suo castigo quando si ammalò di un male «di cui forse» dice Alfieri «poteva esser stato io la cagione», ipotesi più che verosimile. Fu mentre la curava con trepida abnegazione ch'egli avrebbe concepito, ispirandosi agli arazzi egiziani che tappezzavano la casa, il suo primo componimento: la tragedia *Cleopatra*.

Quando la fece leggere a un amico prete, questi vi trovò parecchi errori di grammatica e di sintassi, ma ciò non impedì a un capocomico di rappresentare il lavoro al Carignano, dove ottenne un modesto successo. Ma ad Alfieri sembrò un trionfo. Convinto di aver trovato la propria vocazione, disse addio al mondo, compresa la signora Martin che aveva rimpiazzato la Marchesa e, rifugiatosi in campagna, sprofondò nella letteratura. Per non distrarsene, racconta, si faceva legare alla sedia da Elia, e ci crediamo senz'altro perché questi gesti facevano parte del suo repertorio, e anche le parole che dice di aver pronunciato – «volli, sempre volli, fortissimamente volli» – vi s'intonano alla perfezione. Ma per scrivere *Filippo* e *Polinice*, dovette ricorrere al francese perché si accorse di non conoscere abbastanza bene l'italiano. E allora decise di andare in Toscana a impararlo. Passando per Modena, s'innamorò di Bianchina Tari Jacopi; a Pisa, di Sandrina Gnolari. Ma il grande e decisivo incontro lo fece a Firenze.

Luisa Stolberg era una gentildonna austriaca di grande famiglia imparentata anche agli Asburgo, ma di pochi mezzi. Non avendo dote, era stata destinata al convento, quando cadde sotto gli occhi di Carlo Stuart, Conte d'Albany, ultimo epigono della dinastia che per quattro generazioni aveva regnato in Inghilterra e tuttora pretendente al trono di Londra. Carlo aveva trentadue anni più di lei, ma portava un gran nome, riceveva dal governo francese un cospicuo appannaggio, e insomma era molto meglio del convento. Si sposarono.

Alfieri era in uno dei suoi momenti di maggior felicità creativa. Non badava all'originalità degli spunti. Li prendeva dove li trovava: da Tito Livio derivò il soggetto di *Virginia*, da Seneca quelli di *Agamennone* e *Oreste*, da Machiavelli l'ispirazione (e lo stile) per il saggio sulla *Tirannide*. Questo però non gl'impediva di tenere una scuderia con otto cavalli e di seguitare a condurre una vita da gran signore. Sebbene spasimoso di gloria letteraria, coi letterati se la faceva poco, condivideva nei loro confronti i pregiudizi della sua casta, non si dimenticava mai di essere il Conte Alfieri. Insomma, era uno snob.

Egli dice di essere rimasto conquistato non solo «dagli occhi nerissimi con candidissima pelle e biondi capelli» della Contessa, ma anche dalla sua intelligenza e cultura. Ci pare difficile. Di lineamenti pesanti e piuttosto volgari, Luisa non era bella, aveva poca testa e cattivo carattere. Ma era una Stolberg, moglie di uno Stuart. Per starle vicino, Alfieri cedette tutto il suo patrimonio alla sorella in cambio di un cospicuo vitalizio annuo, che poi fu occasione d'infiniti dissapori fra i due. Alfieri era generoso solo con se stesso e coi cavalli. Con tutti gli altri era avaro, trattava malissimo i servi, evadeva il fisco con mille sotterfugi, e ora aveva più che mai bisogno di denaro per far fronte a una «relazione» con una donna di esigenze pari al suo rango, avida, frivola e vanitosa.

Per due anni lo Stuart non se n'accorse, o finse di non accorgersene. I costumi del tempo ammettevano il «cavalier servente», e Alfieri cercò di farlo nel miglior modo possibile, sebbene la parte gli fosse poco congeniale. Come *garçonnière* i due amanti avevano un convento, dove Luisa diceva di andare a prender lezioni di ricamo. Poi tra marito e moglie scoppiò una scenata, lui cercò di strangolarla, e lei fuggì a Roma mettendosi sotto la protezione del cognato, il Cardinale di York, che odiava il fratello. Anche il Papa e il granduca Leopoldo di Toscana considerarono Luisa la calunniata vittima di uno sposo brutale.

Ma a disingannarli fu lo stesso Alfieri che la raggiunse

poco dopo. Lungi dal salvare le apparenze, egli ostentò i suoi rapporti con lei. Il Papa, il Granduca e il Cardinale, che frattanto si era riconciliato con Carlo, si sentirono corbellati, e Alfieri dovette sloggiare. Partendo, lanciò un sonetto di dileggio al Papa, e un giovane poeta di nome Vincenzo Monti ne approfittò per guadagnarsi dei meriti agli occhi della Chiesa rispondendogli – è il caso di dirlo – per le rime.

Fu per Alfieri un brutto momento. Con Luisa, tutto sembrava finito. I primi due volumi delle sue tragedie erano stati accolti freddamente: i pochi che ne avevano parlato, meno il Calzabigi, lo avevano fatto in termini dispregiativi. Alfieri si era trasferito a Siena dal suo vecchio amico Gori Gandellini. Proseguì per Padova, Venezia e Torino. Tornò a Firenze solo per ricorreggere le sue opere. Poi riprese a vagabondare per Francia e Inghilterra, e al ritorno fece sosta a Torino per visitare la madre che non vedeva da anni e per farsi presentare al nuovo Re, Vittorio Amedeo II, che lo accolse come un figliol prodigo tornato all'ovile.

Ma quell'ovile non era per lui. Quando seppe che Luisa aveva finalmente ottenuto la separazione dal marito e il permesso di recarsi a Baden, rifece precipitosamente le valigie, ma non per incontrare lei. Nel frattempo si era innamorato di una signora veneziana conosciuta a Pisa, Alba Vendramin Correr, e fu da lei che tornò. Luisa la raggiunse più tardi, a Baden, e dopo sedici mesi di separazione fu un'altra luna di miele. Mentre lei «passava le acque», lui componeva di getto la sua tragedia migliore, il *Saul*, e buttava giù il canovaccio della *Mirra*, della *Sofonisba* e dell'*Agide*. Unica nota di mestizia in quel felice intermezzo, la notizia della morte di Gori, alla cui memoria egli dedicò un dialogo su *La virtù sconosciuta*.

Poi i due decisero di prendersi una vacanza. Lei andò a Parigi, lui tornò a Pisa dalla Vendramin. Non c'è da rinfacciargli questa infedeltà perché Luisa gliela ricambiava con gl'interessi, e da sempre. Per sorvegliarla, egli le aveva messo alle costole Elia. Ed Elia un giorno era tornato a dirgli che la Contessa lo aveva licenziato perché lui l'aveva sorpresa a letto con un altro. Per tutto ringraziamento, anche Alfieri lo licenziò, sia pure con una buona pensione, ingiungendogli di tornare a Torino e di tener la bocca chiusa. Il devoto e paziente servitore non l'aprì nemmeno quando il suo ex padrone smise di passargli l'assegno. La strana coppia si tenne unita a furia di tenersi slegata, ognuno vagabondando per proprio conto e ritrovandosi solo a lunghi intervalli. Anche quando decisero di stabilirsi a Parigi, presero casa in quartieri diversi e lontani. Con la scusa di farsi dare lezioni di disegno, lei si prese per amante il pittore Fabre, ma cercò ugualmente di aiutare Alfieri aprendo un salotto letterario, dove si riunivano Giuseppe Chénier, il fratello di Andrea, lo scultore David, Ippolito Pindemonte, e qualche volta Giuseppina Beauharnais, la futura moglie di Napoleone. Lo frequentava anche Madame de Staël, che considerava Alfieri un talento mediocre e Luisa una testolina vuota, ma bravissima come agente pubblicitaria del suo Vittorio sul cui piedestallo sperava d'innalzare anche se stessa.

La speranza andò per il momento delusa. Stampate in francese dall'editore Didot, le tragedie di Alfieri non suscitarono, nella patria di Corneille e di Racine, che sorrisetti di compatimento. Ma la seconda edizione andò meglio: non solo perché purgata degli svarioni sintattici che costellavano la prima, ma anche perché i tempi erano cambiati. Il popolo parigino era sceso per le strade, aveva incendiato la Bastiglia, teneva prigioniero il Re, in aria si respirava odor di sangue, e a quel clima corrusco le tragedie alfieriane s'intonavano bene.

Come Goldoni, neanche Alfieri s'era accorto della rivoluzione. Cominciò a capirla solo il giorno in cui, al termine di una delle sue solite scenate, il segretario Polidori si licenziò urlandogli: «È finita l'epoca dei tiranni!». Contro i tiranni, Alfieri aveva scritto un trattato. Ma la tirannia ch'egli denunziava era quella degli altri. Ne aveva salutato la fine con un'ode a *Parigi sbastigliata*. Ma nel vedere contestata la sua, mutò atteggiamento. Probabilmente v'influirono anche motivi d'interesse. Fra i beni che lo zio gli aveva lasciato ce n'erano anche di francesi che gli fruttavano una buona rendita. Il governo rivoluzionario glieli confiscò nello stesso momento in cui aboliva la pensione che fin allora la Corte aveva passato a Luisa come moglie dello Stuart. Alfieri era ancora ricco, ma lo era meno di prima, e questo non lo lasciava indifferente. Tuttavia in nessun caso avrebbe potuto simpatizzare con una rivoluzione che «puzzava di stalla» e che fra i suoi traguardi poneva quello dell'uguaglianza. Alfieri non voleva essere uguale a nessuno e non accettava che qualcuno si considerasse uguale ad Alfieri.

Nel '93, dopo che la ghigliottina si era abbattuta sulla testa del Re e della Regina, decisero di lasciare Parigi. Sebbene entrambi stranieri, incontrarono parecchie difficoltà a ottenere i passaporti. Alfieri dice che addirittura «volevano arrestare la Contessa perché ricca, nobile e illibata». L'illibatezza di Luisa, che si era presa al seguito anche il Fabre, la conosciamo. Quanto all'arresto, non ne fu mai minacciata.

Dopo una sosta a Bruxelles, si stabilirono a Firenze. La città accolse bene Alfieri, applaudì il *Saul*, il *Bruto* e il *Fi-*

lippo che vi furono rappresentati, ma tenne il broncio a Luisa che vi aveva lasciato cattivi ricordi. La chiamavano «la comare» per i suoi intrighi, e D'Azeglio, Brofferio, Capponi, e Foscolo concordano nel considerarla volgare e infida.

Alfieri lavorava alla sua autobiografia, che aveva cominciato a scrivere tre anni prima a Parigi. Un po' la presenza di Fabre, un po' la declinante salute, un po' i fastidi che gli procurava l'incerta sorte delle sue rendite piemontesi ora che a Torino era arrivato Napoleone e vi aveva instaurato un regime che ricalcava quello parigino, incupivano il suo già scontroso carattere. Cercò consolazione in una nuova amante di cui non conosciamo il nome, ma a cui dedicò alcuni sonetti. Nel '99, quando i Francesi arrivarono anche a Firenze, egli preferì non farcisi trovare, e si trasferì con Luisa (e il solito Fabre) in campagna.

L'ultimo anno fu un tormento. Non riusciva più a scrivere, che da un pezzo ormai era diventata la sua unica occupazione e consolazione. Sentiva di essere a malapena sopportato da Luisa, di cui tuttavia, un po' per cavalleria, un po' per orgoglio, seguitò a difendere il buon nome nelle lettere agli amici e nelle sue memorie, vantandone la purezza e la devozione. Nell'ottobre del 1803 la morte lo colse nel sonno per un attacco d'uricemia. E Luisa, che per testamento ne ereditò tutte le sostanze, dimostrò al morto un attaccamento che da vivo gli aveva lesinato. Fece celebrare cento messe in suffragio della sua anima, commissionò un monumento al Canova, e curò con molto impegno l'edizione di tutte le sue opere. Nello stesso tempo tuttavia cercò di farsi ridare dalla Francia la pensione in cambio di tutti i manoscritti «dell'immortale Vittorio Alfieri», che il defunto aveva lasciato al Comune di Asti, e che alla fine furono ereditati dal Fabre, il quale a sua volta li lasciò al museo di Montpellier. Sino alla morte, Luisa seguiterà a far la vestale della gloria di Alfieri. Ma solo perché la considerava una parte della propria eredità.

La fine di Alfieri non fu considerata un avvenimento. Un po' perché di avvenimenti ce n'erano, in quel convulso infuriare di guerre, di ben più grossi. E un po' perché di Alfieri i contemporanei si erano poco accorti. Non era stato un illuminista perché non si era mai interessato ai problemi della società, né aveva mai creduto al potere demiurgico delle monarchie assolute di perseguire il progresso nelle riforme. E non era mai stato nemmeno un rivoluzionario perché non credeva nel popolo e nella sua capacità di autogovernarsi. Questa era una problematica che lo lasciava del tutto indifferente, e perciò era rimasto estraneo a un secolo che invece vi si era profondamente appassionato. Non ebbe relazioni con gl'intellettuali del suo tempo, non frequentò i loro cenacoli, e dopo che l'Arcadia di Roma l'ebbe invitato a leggere il *Saul*, egli la definì (non senza qualche ragione) «un branco d'idioti».

Alfieri fu riscoperto dai romantici dell'Ottocento, che lo esaltarono come il loro caposcuola. Ma anche questa era un'illusione ottica. Coi romantici Alfieri ebbe in comune qualcosa: il senso della natura e la smania dell'*elsewhere*, dell'altrove, ma non i grandi ideali. Non condivise con loro nemmeno quello della libertà, perché l'unica libertà che lo interessava era la sua. Alfieri era soltanto un ribelle. E pur da morto seguita a restarlo a tutto, anche all'etichette che via via hanno cercato di appioppargli.

L'unica che caso mai gli convenga è quella di «decadente», che poi ha avuto i suoi continuatori nei Foscolo, nei Byron, nei D'Annunzio, e giù giù – malgrado certe contrarie apparenze – fino agli Hemingway e ai Malraux:

tutte incarnazioni dello stesso eroe. Egli inaugura un nuovo personaggio letterario: il «poeta-vate». Questo, Alfieri volle essere, e in un certo senso riuscì a diventare nella sua autobiografia, la sua opera meglio riuscita, che ci dà il ritratto non dell'uomo qual era, ma del modello a cui s'ispirava. Vernon Lee ha ragione di chiamarlo «un posatore». I personaggi di questa pasta lo sono tutti. La loro verità umana sta proprio nella posa che assumono di solitari Prometei in rivolta contro l'ordine costituito nel nome non di qualche definito ideale, ma solo della propria personalità.

Alfieri era un egocentrico che, prima ancora di scriverle, volle vivere le sue tragedie, i cui protagonisti infatti si somigliano tutti perché tutti somigliano a lui, e anche per questo non valgono molto. Alcuni critici puntigliosi dicono ch'egli non conosceva nemmeno la storia in cui andava a pescarli. Ma questo non vorrebbe dir nulla: nemmeno Schiller conosceva bene la storia di Filippo II, eppure nel suo *Don Carlos* ne scolpì un ritratto icastico, anche se del tutto arbitrario. Le pecche di Alfieri sono altre. Sono la monotonia dei suoi personaggi, che si riducono quasi sempre al protagonista e all'antagonista, e la sommarietà e rozzezza dei loro contrasti. Non uomini con le loro sfumature e ambiguità, ma incarnazioni del Bene e del Male, essi si affrontano sempre nel momento in cui le loro passioni toccano il parossismo, sono «urlatori» che si battono a monologhi filosofeggianti senza darsi tregua né darne all'ascoltatore. Tutti i vizi di Alfieri vi sono facilmente riconoscibili: la sua cultura a singhiozzo, la sua scarsa padronanza della lingua, la sua «furia» declamatoria. Alfieri è il più grande drammaturgo italiano per la stessa ragione per cui Goldoni è il più grande commediografo: cioè perché l'Italia non ne aveva altri.

Per parlarci con sincerità, ci sembra che del suo teatro, come delle sue satire e dei suoi saggi ideologici, non rimanga nulla di vivo. Rimane solo la sua autobiografia perché rimane il personaggio. Alfieri fu un grande carattere: costruito, contraddittorio, prepotente, insolente, esibizionista, prevaricatore, ossessivo, gigione, non privo di miserie morali; ma affascinante perché macroscopico in tutto, anche nei difetti. In un'Italia meschina come quella del Settecento, sembra addirittura un gigante.

CAPITOLO VENTOTTESIMO

GLI ARCADI

Nell'*Italia del Seicento* abbiamo dedicato un capitolo a Cristina, la regina di Svezia che dopo l'abdicazione si era accasata a Roma, e vi aveva fondato il più importante cenacolo culturale del secolo: l'Accademia reale. Alla morte della *basilissa*, come la chiamavano, nel 1689, i frequentatori non ebbero più un tetto sotto cui raccogliersi, ma seguitarono a riunirsi un po' qua, un po' là, per dibattere i loro problemi artistici e letterari e leggere l'uno agli altri i propri componimenti. Erano uomini d'origine ed estrazione diverse, ma accomunati dall'onesto intento di liberare la letteratura italiana dall'enfasi, dalla retorica e dalle ridondanze barocche dell'epoca spagnolesca per riportarla alla purezza e asciuttezza dei modelli toscani del Tre e del Cinquecento. Un giorno che uno di loro declamava una poesia in stile petrarchesco, il Taja disse che tutto questo gli ricordava un romanzo del Sannazaro: l'*Arcadia*. Il Crescimbeni captò al volo la parola e propose d'intitolare a essa la società.

Marchigiano di nascita e arciprete di professione, il Crescimbeni non era un grande letterato, ma in compenso era un eccellente organizzatore, autoritario ed efficientissimo. Trasformò quella peripatetica e sparpagliata comitiva in una specie di partito con tanto di statuto fissato in dodici tavole dal Gravina, apparato centrale e succursali in quasi tutte le altre città d'Italia. Nello statuto era detto che l'Accademia doveva restare assolutamente libera, ma questo era – si capisce – un sogno proibito: soltanto un «mercato» su cui smerciare i suoi prodotti le avrebbe consentito di diventarlo, ma il mercato non c'era perché non c'erano lettori. E quindi anch'essa dovette ricorrere al solito mecenate impegnandosi a pagargli pedaggio.

Di mecenati ce ne furono vari, a cominciare dal papa Clemente XI, ch'era stato un assiduo di Cristina e che mise addirittura il Campidoglio a disposizione degli Arcadi per solennizzare le loro celebrazioni. Ma una sede stabile riuscirono a procurarsela solo quando il Crescimbeni, ch'era anche un geniale agente di pubbliche relazioni, ebbe la brillante idea di nominare «primo e massimo pastore», cioè pressappoco presidente onorario, il re Giovanni V di Portogallo. Lusingato da tanto onore, costui donò all'Accademia quattromila scudi per l'acquisto d'un terreno ai piedi del Gianicolo che fu chiamato Bosco Parrasio e ospitò anche un teatro.

Dell'Arcadia si può fare, con eguale fondatezza, sia l'elogio che la denigrazione. Ma non c'è dubbio che alla denigrazione offre più argomenti che all'elogio. Come tante, e forse tutte, le cose italiane, cominciò bene, si sciupò per strada, e finì per provocare guasti più gravi di quelli che intendeva riparare. Ma il fatto che questi guasti si avvertano tuttora dimostra quale importanza, sia pure in senso negativo, essa abbia avuto.

Di Accademie ce n'erano sempre state, anche nell'antica Grecia. Ma il loro grande secolo fu il Seicento, come conseguenza dello scientismo cioè dello sviluppo del pensiero scientifico. A differenza del pittore o del poeta che può lavorare anche in solitudine, anzi se ne pasce, lo scienziato deve tenersi al corrente degli studi e sperimentazioni altrui, e quindi ha bisogno di continui scambi. L'Accademia ne diventa, in un secolo in cui mancano la stampa, la radiotelevisione eccetera, l'unico tramite: Galileo fa le sue comunicazioni ai Lincei, che le diffondono in tutto il mondo e ne raccolgono per lui.

Ma a favorire l'Accademia c'è anche un altro motivo: la solitudine degl'intellettuali. Essi non hanno «pubblico» (insistiamo su questo punto perché è fondamentale), e quindi non possono parlarsi che tra loro. Questo vezzo diventerà un vizio destinato a fare ancor oggi di quella italiana una delle culture più «alienate» d'Europa, cioè più incomunicabili, astratte, ermetiche e avulse dalla società e dai suoi problemi. Ma è appunto questa situazione di fatto a rendere necessaria l'Accademia, senza la quale gl'intellettuali non avrebbero nessun punto di raccordo e non potrebbero comunicare neanche tra loro.

Quelli dell'Arcadia, che si erano assegnati il lodevole compito di «restaurare la poesia italiana mandata a soqquadro dalla barbarie dell'ultimo secolo», riuscirono a costituire una specie di repubblica culturale al di sopra degli Stati in cui il Paese era frazionato: e questo fu certamente un risultato positivo, in quanto creò negl'Italiani il senso di una comunità, sia pure solo letteraria. Una dopo l'altra, tutte le città della Penisola ebbero la loro filiale, cui facevano capo i «notabili» locali. Nei suoi registri troviamo iscritti anche nomi di uomini che in realtà con l'Arcadia e i suoi moduli e modelli non avevano nulla a che fare come l'Alfieri, il Goldoni, il Vico. Ma questa è appunto la riprova della sua forza: l'iscrizione all'Arcadia era allora ciò che oggi è l'iscrizione al «Rotary»: una consacrazione e un passaporto. Essa fu copiata anche all'estero, e alla sua anagrafe troviamo registrati perfino Voltaire e Goethe.

Questo successo fu dovuto soprattutto alle capacità organizzative del Crescimbeni che nei suoi trentott'anni di direzione portò le succursali a quaranta, mantenne una fitta corrispondenza con tutt'i letterati d'Europa, e raccolse e pubblicò un'antologia della poesia arcadica in nove volumi, più tre di prose, più quattro di biografie dei maggiori maestri e protagonisti di quella scuola. Ma la sua «dittatura» provocò molte scontentezze. In una lettera al Maffei, Gravina denunziava con parole di fuoco i metodi autoritari del Crescimbeni e lo accusava di tradire lo spirito dell'Accademia accogliendovi, pur di far proseliti, anche persone di nessun conto. Nel 1711 ci fu aperta rottura. I secessionisti fondarono un'altra Accademia, i Quirini. Ma il Crescimbeni venne facilmente a capo dello scisma un po' per le sue superiori doti di comando, un po' perché trovò un valido appoggio nei gesuiti, allora potentissimi, che sempre avevano visto nell'Arcadia un mezzo per distrarre gl'intellettuali da problemi più pericolosi.

Avevano ragione, e questo era proprio il rovescio negativo dell'Accademia. Essa dava una patria alla cultura italiana, ma una patria astratta e completamente avulsa dal Paese e dai suoi reali interessi e bisogni. I temi che dibattevano gli Arcadi appassionavano solo gli Arcadi. Essi esercitavano la loro fantasia, o per meglio dire la castravano rispolverando le favole della mitologia greca. Nel loro club non c'era posto che per pastori e pastorelle. Ne adottavano i nomi, ne assumevano le pose, ne copiavano i riti. Sprecavano tonnellate di fiato e d'inchiostro per dimostrare che il loro precursore era stato Gesù per l'omaggio ricevuto in culla dai pastori. Si azzuffavano sulla derivazione di certe parole, chiamando in soccorso Virgilio e Petrarca, loro supremi modelli.

Tutto ciò aveva il suo motivo: era la reazione allo stile spagnolesco del Seicento, ampolloso, verboso, gremito come un torrone d'iperboli, di metafore e di antitesi, lo stile – tanto per intenderci – di Giovan Battista Marino. E come tale rispondeva a un'esigenza. Ma era un'esigenza di «specialisti» pedanti, quali son sempre stati e continuano a essere gli uomini di cultura italiani. Il discorso rimaneva fra loro: l'opinione pubblica ne era tagliata fuori. È vero che, non avendo i mezzi per interessarsi a nulla, essa praticamente non esisteva. Ma gl'intellettuali nulla facevano per crearla e provocarla. Chiusi nella loro Arcadia, seguitavano a dibattere i loro problemi di lana caprina sulla siringa di Pan, sul ripristino del calendario greco-romano, sulla lunghezza d'un verso, sulla ripartizione dei platonici feudi di Beozia o Tessaglia. E questo divorzio dalla vita li condannava alla sterilità.

Già nel 1727 il De Revillos accusava l'Arcadia di vaniloquio. Ma la requisitoria più severa la svolse Baretti nella sua «Frusta letteraria». Molti Arcadi cominciarono a vergognarsi di esserlo: uno dei più illustri, Metastasio, rifiutò gli allori dell'Accademia, e Goldoni, che vi aveva appartenuto solo per convenienza professionale, la corbellò in una sua commedia. Nel 1766, quando l'Arcadia decise d'incoronare «pastorella» dell'anno, con lo pseudonimo di Corilla Olimpica, Maddalena Morelli, che come poetessa valeva poco, ma valeva moltissimo come favorita del principe Gonzaga, dovette indire la cerimonia di notte per sottrarsi agli schiamazzi della folla, e sulla statua di Pasquino furono appese tali satire che i due amanti preferirono allontanarsi per un pezzo da Roma.

Il fatto è che sul Settecento spirava ormai un altro vento: quello di una cultura, come oggi si dice, «impegnata», cioè dedita a risolvere i problemi reali della società: quelli della rappresentanza politica, delle riforme amministrative, dell'economia, della finanza, delle leggi penali e civili, dell'ordinamento giudiziario. Questa cultura arrivava d'Oltralpe ed è ciò che viene comunemente chiamato «Illuminismo». L'eco ch'essa suscitò in Italia fu debole – checché ne dicano certi apologeti – appunto perché la nostra cultura seguitava a correr dietro alle «fanciullaggini» dell'Arcadia, come le chiamava Baretti. Ma bastò a metterla in crisi facendone risaltare le tarme e le parrucche. I frutti positivi dell'Arcadia erano soltanto quelli negativi: essa aveva posto la parola fine a un costume letterario falso e artificioso, ma ne aveva creato un altro non meno lezioso e convenzionale. Quella dell'Arcadia continuava a essere una letteratura di «evasione». Invece che tra i falsi eroi, evadeva tra i falsi pastori. Ma seguitava a evadere, e sempre nel falso: un esercizio che non produce mai nulla di buono. La ventina di volumi raccolti dal Crescimbeni possono interessare, anzi interessano senz'altro gli specialisti del Settecento. Ma il lettore può anche tranquillamente ignorarli: pepite d'oro, in tutta quella mota, ne troverebbe poche. Di tutti gli autori che figurano in quell'antologia, due soli ci sembrano degni di una menzione speciale: Frugoni e Metastasio.

Carlo Innocenzo Frugoni veniva da una nobile famiglia genovese in cui c'era stato anche un Doge. A sedici anni credette di avere una vocazione religiosa e prese i voti: «tremendi voti» li chiamerà più tardi, sebbene a quei tempi l'abito talare facilitasse tutto e non impedisse nulla. Grazie a un'intelligenza pronta e a una memoria ferrea, a poco più di vent'anni era già membro dell'Arcadia e professore in un collegio di Brescia, di dove passò a Genova e poi a Bologna. Una carriera abbastanza facile dunque, se a complicargliela non ci fosse stato il carattere. Sotto apparenze di gaudente, Frugoni nascondeva l'irrequietezza e la malinconia. Soffriva di essere prete. Soffriva di essere piccolo. Quando diventò calvo, smise di levarsi la parrucca anche di notte. Quando cominciò a invecchiare, contraffece i propri dati anagrafici. Era sempre crivellato di debiti perché si mangiava tutto lo stipendio al giuoco. Fumava come un turco: fu, pare, il primo letterato italiano a praticare questo vizio. E soprattutto s'innamorava come un collegiale. Faustina (Zappi) lo sedusse col suo «crin bruno», Ginevra (Fontana) con la sua «treccia bionda». Dietro alle gonnelle, perdeva la testa e il ritegno, spasimava di gelosia, cadeva in profonde depressioni nervose, meditava il suicidio e forniva pretesto ai pettegolezzi più piccanti. Quando a Bologna uscì un libello anonimo e scandalistico che rivelava le tresche e le scostumatezze delle signore più in vista della città, nessuno dubitò che l'autore fosse Frugoni, su cui si avventarono le ire di tutti, e specialmente della Curia. L'unico a difenderlo fu il potente cardinale Bentivoglio, e non solo perché aveva un debole per questo prete libertino, ma perché a scrivere quel libello sembra che fosse stato proprio lui: e il particolare la dice abbastanza lunga sui costumi del Clero di allora.

Comunque, per sottrarre il suo protetto alle rappresaglie, il Bentivoglio gli trovò un posto a Parma, di cui i Farnese stavano facendo l'«Atene d'Italia». Purtroppo, Frugoni ci aveva appena messo piede che già s'era perdutamente innamorato di Angela Pizzi dalla «molle rotondetta eburnea gola». Il Vescovo intervenne, e lo confinò a Piacenza nel sepolcrale collegio degli Orfanelli, dove il poveretto si ammalò di esaurimento nervoso e di malaria.

Per sottrarsi a quell'esilio, accettò di comporre il baccanale *Pan* per il teatro dei Farnese, sebbene al teatro non avesse nessuna passione. Ma durante le prove perse la testa per la prim'attrice Faustina Bordoni, e dal castigo del Vescovo si salvò solo perché il duca Francesco lo assunse come poeta di Corte.

Fu il periodo più felice, o il meno infelice, della sua tribolata esistenza. Grazie all'aiuto del Bentivoglio e del cardinale Corsini, riuscì a farsi liberare dai voti più stretti, il che gli permise di seguitare a innamorarsi con meno rischi. Ebbe anche più tempo da dedicare alla letteratura. Ma l'impiego di Corte aveva pure i suoi inconvenienti. Più che il proprio estro gl'imponeva di seguire i capricci del Duca, e siccome il Duca aveva un debole per il melodramma, Frugoni dovette scriverne uno da cui, confidava a un amico, «non so cavare i piedi». Non fu questo il suo solo lavoro fatto contraggenio. Lo stipendio era scarso, il giuoco seguitava a mangiargliene larghe fette, e per arrotondarlo era costretto ad accettare qualsiasi commissione poetica. Componeva un tanto (che poi era un poco) a rima o a quartina, come un farmacista le sue ricette. Ma lo facevano tutti, anche Parini, anche Vico. E non potevano non farlo, visto che non c'era un pubblico in grado di acquistare le loro opere.

Questo mestierantismo non compromise soltanto il suo talento poetico; ebbe deleteri riflessi anche sulla sua vita e la sua carriera. Nel '27 Francesco morì. E Frugoni, come poeta di Corte, dovette scriverne l'elogio funebre. Detestava questi incarichi anche perché la morte era un argomento che lo atterriva. L'ode, andata perduta, doveva essere piuttosto brutta. Ma lo sembrò ancora di più recitata da lui, perché non sapeva declamare: il pubblico lo sgomentava e lo faceva tartagliare.

Il nuovo Duca, Antonio, era uno scapolo quasi cinquantenne, cui ora la ragion di Stato imponeva di prender moglie per procurare un erede alla dinastia. E anche per il suo matrimonio con Enrichetta di Modena, Frugoni fu messo ai lavori forzati: doveva sfornare un poema, un melodramma e un dramma. Disse che non ce la faceva e chiese la collaborazione di altri poeti. Ne accorsero ben duecentotrentadue, e ciò dimostra quanti ce n'erano e quanto fossero affamati di «commesse». La raccolta dei loro versi fu stampata in otto giorni su pagine di carta diversa, piene di refusi, e il Duca indignato la fece sequestrare. Per farsene perdonare, Frugoni portò a termine con eroico sforzo – che purtroppo si sente – il libretto del melodramma *Medo*, poi musicato da Leonardo Vinci, e rifece le canzonette di un altro di Apostolo Zeno.

Ma le vicissitudini dinastiche che gli procuravano tanti fastidi non finirono qui. Poco dopo anche Antonio fu stroncato da un colpo apoplettico, ma sua moglie fece in tempo a informarlo ch'era incinta, e lui ebbe quello di rifare il testamento per lasciare trono e patrimonio «al ventre pregnante della Serenissima Duchessa». L'avvenimento era grosso. Tutta la diplomazia europea era mobilitata per l'accaparramento del Ducato, se questo fosse rimasto senza titolare: nella prima parte di questo libro abbiamo detto quale decisiva parte la sorte di Parma ebbe soprattutto nella politica spagnola grazie a Elisabetta e al suo fido Alberoni. Ma il titolare c'era, nella pancia della vedova, e Frugoni fu incaricato di annunziarne l'avvento. Per nove mesi non fece altro che anticipare con odi e sonetti il lieto evento: mai feto fu accompagnato nel suo divenire da altrettanti squilli di tromba poetica. Purtroppo, alla fine della presunta gestazione, attentamente spiata dagli emissari di tutte le altre Corti europee, Enrichetta dovette confessare che il suo «ventre pregnante» non era mai stato tale. E a fare le spese della sua menzogna fu il povero Frugoni, colpevole di averla rivestita di quartine. Accusato di collaborazionismo col falso puerperio, dovette lasciar Parma dove poté rientrare solo al seguito di Carlo, il primogenito di Elisabetta Farnese, Regina di Spagna. Ma Carlo, subito dopo designato al trono di Napoli, ci rimase poco, a Parma tornarono gli Austriaci, e Frugoni fu messo in disparte.

Mal visto dalle autorità, senza posto, senza incarichi, per tredici anni Frugoni dovette tirare avanti fra triboli di ogni genere, anche economici, come capitava a tutti gl'intellettuali italiani quando cadevano in disgrazia presso il potere, unico loro sostegno. A un amico che lo incitava a scrivere, rispondeva amaramente: «Non si vendono libri, ma solo dediche», e lui non aveva protettori a cui farne. Diventò sempre più bisbetico. Prese a schiaffi un padre domenicano che d'altronde li meritava per le calunnie propalate contro di lui. Ebbe una zuffa coi medici per via di certi sonetti in cui corbellava la loro «arte vana». Alla fine anche l'ultima amica rimastagli, la contessa Terzi, lo mise alla porta.

Traslocò a Venezia, ospite dei Sanvitale, e nonostante fosse ormai sulla cinquantina prese un'ennesima cotta per la Cornelia Barbaro Gritti che aveva venticinqu'anni meno di lui, ma si divertiva a collezionare amanti di chiara fama. Nella sua alcova infatti erano già passati o stavano per passare il Goldoni, il Metastasio, l'Algarotti, il Bettinelli, il Chiari. Per consolarsi delle sue infedeltà, Frugoni si rifugiò fra le braccia di una popolana, Adriana Bisciutti, e buon per lui se ci fosse rimasto: era una donna semplice, ma piena d'intuito e devota. Purtroppo, in Frugoni c'era una vena di snobismo che lo riportò fra le grinfie d'una duchessa Moruzzi Mellini. Sebbene amante in carica d'un Cardinale, costei gli fece tali scenate di gelosia ch'egli alla fine l'abbandonò per la contessa Del Buono.

Questa girandola di avventure non bastava tuttavia a ripagarlo delle disavventure professionali. Senza l'Algarotti e il console inglese Holdernesse, spesso non avrebbe avuto nemmeno di che mangiare, vestirsi e scaldarsi. Quando Parma, in seguito al trattato di Aquisgrana, venne assegnata al fratello di Carlo, Filippo, Frugoni vi tornò, e finalmente, grazie all'illuminato ministro du Tillot, riebbe il suo posto di poeta di Corte, oltre quello di precettore dei figli del Duca, d'ispettore degli spettacoli teatrali e di segretario a vita dell'Accademia di Belle Arti. Era finalmente la pace, ma la raggiungeva solo nella vecchiaia, quando gli restava ben poco tempo per goderne. Morì nel '68.

I giudizi su di lui sono discordi. L'Arcadia lo considerò «novello Pindaro», e sbagliava. Ma sbagliava anche Baretti quando lo chiamava «raccoltajo» e Alfieri quando lo definiva «pomposo galleggiante scioltista caposcuola». Di tutti i giudizi altrui, il più centrato è forse quello del Foscolo: «cembalo tintinnante». Ma Frugoni nessuno lo capì più e meglio di Frugoni, che su se stesso non prendeva abbagli; ed è proprio questo che fa di lui, fra i suoi contemporanei, un caso a parte. Frugoni è l'unico che, pur praticando i cànoni dell'Arcadia, ne vede i limiti, la convenzionalità, la miseria provinciale e li denuncia anche nella propria poesia. Si considera «augel d'inferme piume», si autodefinisce «orator de' cicisbei», e a monsignor Fabroni che lo chiama poeta, risponde: «verseggiatore e nulla più».

Non è del tutto vero. Poca poesia è musicalmente perfetta come la sua. È lui che inventa il verso sciolto e ne detta il modello agli altri, compreso il Parini. Ciò che gli mancò fu ben altro: l'impegno e il coraggio. Le sue odi denunziano spesso la fretta, la scarsa meditazione, la mancanza di lima. Ma il fatto è che le componeva senza crederci. Se invece di scrivere su ordinazione, cioè su argomenti che lo lasciavano indifferente, si fosse abbandonato alla propria ispirazione, Frugoni ci avrebbe dato ben altro. Ma per far questo, gli sarebbe occorso un pubblico in grado di leggerlo, di capirlo e di mantenerlo comprando i suoi libri. E il pubblico non c'era. Per campare, egli doveva contentare il mecenate committente lusingando la sua sete di piaggerìe. E per le piaggerìe, Frugoni trovava superfluo ricorrere al talento: orecchio e mestiere bastavano.

Ma ne soffriva, ed è questo che lo riscatta. Fu un uomo malinconico e amaro perché, lungi dall'inebriarsi del suo successo, ne vedeva tutta la futilità e fu il primo a denunciarla. I contemporanei ammirarono i pregi esteriori, l'eleganza formale dei suoi versi. A noi essi dicono qualcosa solo per quel che c'è sotto e qua e là trapela: la scontentezza dell'impotenza, il rimorso di una missione tradita, la trattenuta rivolta contro la propria condizione di poeta cortigiano, «sciuscià» del potente.

Da simili turbamenti non fu invece afflitto il suo maggior rivale, Metastasio.

Il suo vero nome era Pietro Trapassi, e la fortuna cominciò ad arridergli fin dalla culla. Sebbene di famiglia modesta – il padre aveva una piccola bottega di chincaglieria –, fu tenuto a battesimo dal potente cardinale Ottoboni che le malelingue gli attribuiscono come vero padre e che in realtà lo trattò e protesse come un figlio. A Pietro non mancava nulla per farsi amare, anzi fu questa l'arte in cui più eccelse fin da bambino: era bello, mansueto, spiritoso ma senza insolenza, e dotato di un orecchio musicale che gli permetteva d'improvvisare con estrema facilità rime e sonetti. Un giorno che per strada ne sciorinava uno ai suoi compagni di scuola, passò (e fu il secondo bacio della fortuna) Gian Vincenzo Gravina, e lo udì.

Gravina lo abbiamo già incontrato: era l'autorevole giurista che aveva redatto lo statuto dell'Arcadia. Colpito dal talento del ragazzo, se lo prese addirittura in casa per avviarlo allo studio del diritto e farne il proprio successore. Fu lui a tradurgli nel greco «Metastasio» il nome «Trapassi», che tutta la famiglia adottò sentendosene culturalmente nobilitata. Il ragazzo si mostrò pari all'alto onore. Digerì con disinvoltura i testi classici – Pindaro, Tibullo, Catullo, Ovidio – che il maestro gli diede in pasto. Ed era ancora imberbe e «paffuto come un amorino» quando, dopo aver affrontato in singolar tenzone e battuto per prontezza ed eleganza di versi i più noti improvvisatori del tempo – quali il Rolli, il Vannini, il Perfetti –, fu accolto come «pastorello» in Arcadia con lo pseudonimo di Artino Corasio.

Ma il Gravina, che della poesia non si fidava, voleva che il discepolo diventasse abate e avvocato, due mestieri sicuri. E il discepolo non si ribellò perché alla sicurezza anche lui teneva moltissimo. Prese la tonsura, ma senza l'obbligo di dir messa, e ottenne dal Papa un «beneficio», cioè una pensione, di trecento scudi l'anno, che non gli sarà mai ritirata fino alla morte. Subito dopo il Gravina morì, lasciandolo erede di un patrimonio di circa quindicimila scudi. Era qualcosa più della sicurezza. Era il benessere.

Il dolore di Metastasio per la morte del maestro fu sincero. Gli fece splendidi funerali e scrisse in suo onore un'elegia che fu letta con grande successo in Arcadia. Poi cercò consolazione nel giuoco e nella galanteria: un intermezzo di dissipatezza cui posero fine un po' la sfortuna con le carte, un po' una lite con gli altri eredi di Gravina che lo costrinse a una rovinosa transazione. Si ritrovò quasi povero e decise di andare a far l'avvocato a Napoli nell'accreditato studio del Castagnola. Il Castagnola era un uomo severo che considerava i poeti dei pagliacci da circo o poco di più. Metastasio li frequentò di nascosto ma seguitò a frequentarli, fu presto di casa con tutto il mondo culturale napoletano, conobbe Vico e Giannone, diventò assiduo di Marianna Pignatelli.

Napoli a quel tempo era feudo dell'Imperatore d'Austria, Carlo VI. Forse il lettore ricorda che questo sovrano era afflitto dal problema della successione, che infatti più tardi doveva provocare una guerra. Grande fu quindi il suo giubilo e quello dei suoi cortigiani quando si seppe che l'Imperatrice era incinta. A Napoli il cardinale d'Althan, cognato della Pignatelli, volle che il lieto evento avesse la sua brava consacrazione poetica come allora usava e commissionò un melodramma al Metastasio.

Questi dapprima rifiutò nel timore di perdere il posto presso il Castagnola. Poi accettò, ma a patto che il componimento restasse anonimo. E rubando le ore al sonno, buttò giù gli *Orti Esperidi* che gli valsero un compenso di duecento ducati e furono musicati dal maestro Sarro. Il lieto evento fu una delusione perché, invece del sospirato maschio, l'Imperatrice scodellò una femmina (la futura Maria Teresa), ma l'opera fu rappresentata ugualmente e ottenne un così strepitoso successo che tutti vollero sapere chi ne fosse l'autore. La più curiosa era il soprano Marianna Benti (la prima delle tre Marianne di Metastasio), detta «la Romanina». Lo era al punto che con una lauta mancia corruppe il segretario del Cardinale, il quale le rivelò il segreto. Immediatamente tutta Napoli lo riseppe. Lo riseppe anche il Castagnola, che licenziò Metastasio. Ma proprio su questo la Romanina contava. D'accordo col marito Bulgarelli accolse in casa il disoccupato, gli fece dare lezioni di musica dal Porpora e – sempre d'accordo col marito – se lo prese come amante. Nel Settecento queste convivenze a tre erano ancora più comuni di oggi e non scandalizzavano nessuno.

La Romanina aveva già una quarantina d'anni e non era una gran cantante. Ma questi difetti erano compensati da un forte temperamento d'attrice, da una notevole carica di sex appeal e soprattutto da una gran saggezza. Metastasio le piaceva non soltanto perché era un bel giovanotto, elegante, curato, di piacevole compagnia, ma anche perché rappresentava un buon «investimento». Gli fece subito comporre un altro melodramma tagliato apposta sulla propria misura di primadonna, *Didone abbandonata*, e fu un altro strepitoso successo: nello spazio d'un secolo fu adottato come libretto da ben quaranta compositori. La Romanina capì che quell'uomo era la miglior assicurazione per la vecchiaia che incalzava. Buona amministratrice dei suoi cospicui risparmi, si trasferì a Roma con lui, per legarselo ancora di più si prese in casa i Metastasio padre e fratello, e aprì una scuola di canto, di cui fu allievo anche una delle future grandi «stelle» della lirica, il castrato Broschi detto «Farinello».

Ormai Metastasio era un uomo arrivato: l'Arcadia lo teneva in palmo di mano; Apostolo Zeno, poeta cesareo alla Corte di Vienna, gli rendeva per lettera omaggio; la sua nuova opera *Siroe* mandava in visibilio le platee di mezza Europa, e l'impresario Aliberti glien'aveva già commissionata un'altra, il *Catone in Utica*. Fu l'unico fiasco del fortunato librettista, cui i toni drammatici e i morti in scena non s'addicevano. Ma lo capì subito anche lui. Dopo poche repliche, Catone andò a morire dietro le quinte, e gli spettatori lo appresero soltanto dall'elegiaco racconto che ne fecero i suoi amici. Il fiasco si tramutò in trionfo, e l'Aliberti propose seduta stante un nuovo contratto: trecento scudi a opera per quante opere volesse.

Sebbene avesse il lavoro facile, Metastasio capì i pericoli dell'inflazione e non compose mai più di due melodrammi all'anno. Gli bastavano anche perché alle spese di casa seguitava a provvedere largamente la Romanina in cui tuttavia, con la menopausa, si manifestavano preoccupanti segni di autoritarismo. Un giorno passò da Roma l'altra Marianna conosciuta a Napoli, la Pignatelli-D'Althan, ora prima dama della Corte di Vienna e favorita dell'Imperatore. Aveva quindici anni meno della Romanina. Cosa successe fra i due non si sa, ma il fatto è che, tornata in Austria, essa persuase Carlo a chiamare Metastasio come poeta cesareo al posto del vecchio Zeno, e lo stesso Zeno caldeggiò la proposta. Il negoziato fu condotto dalla Romanina che badò solo a tenere alta la tariffa del suo amante, spuntò per lui il cospicuo stipendio di tremila scudi all'anno, ma rinunziò a seguirlo in quella trasferta.

Di passaggio per Venezia, anche Metastasio pagò il suo pedaggio di galanteria alla Barbaro Gritti che di celebrità non se ne lasciava scappare una, e a Vienna si accasò presso il gentiluomo napoletano Martinez nella qualità che più gli era congeniale: quella di ospite. Vienna gli piacque, e lui piacque a Vienna. Era compito, cortese, amabile, parlava bene il tedesco oltre che il greco, il latino, il francese e lo spagnolo. Aveva gran cura della sua persona, anzi scandalizzò la Corte per lo scialo che faceva di creme e di profumi, e amministrava saggiamente la propria salute guardandosi da ogni eccesso. Per cinque ore al giorno componeva versi sulla lavagna, canticchiandoli e accompagnandosi sul clavicembalo di cui il Porpora gli aveva rivelato tutti i segreti. Quando non era convocato a Corte, pranzava da Marianna, nel cui castello trascorreva l'autunno. La loro relazione era talmente rispettabile che la rispettava anche l'Imperatore.

Non la rispettò invece la Romanina che, quando ne fu a conoscenza, partì disperata e furente per Vienna, ma a Venezia si fermò e tentò il suicidio. Metastasio ne fu turbato soprattutto per lo scandalo, ma non si mosse. Preferì mandare l'abate Riva dal Bulgarelli per convincerlo a riprendersi la moglie alla chetichella. Pochi anni dopo essa morì lasciando tutto il suo patrimonio all'infedele, che con molta eleganza lo lasciò al compiacente vedovo e prese il lutto. Esso consistette nella rinunzia alle serali visite a Marianna. Andava lei da lui, dalle sette alle dieci di sera.

Godeva d'immenso prestigio in tutta Europa. Corrispondeva assiduamente con Federico II, con Caterina di Russia, con Voltaire, Diderot, D'Alembert. Era talmente corteggiato e coperto di regali che anche quando, dopo la morte di Carlo, scoppiò la guerra di successione al trono per impedire a Maria Teresa di salirvi, fu proclamata l'*austerity* e anche il teatro entrò in crisi, egli non ne risentì. Niente lo turbava, se non ciò che poteva minacciare la sua salute e la sua pace. Rinunziò perfino al titolo nobiliare concessogli da Assisi, la patria d'origine della sua famiglia, per non doverci andare. E quando il suo vecchio amico Porpora, povero e malato, gli chiese aiuto, girò la supplica al Farinello scrivendogli con sublime egoismo: «Vi sarò personalmente obbligato se mi vorrete evitare il dolore di vedere il naufragio d'un uomo, per il quale abbiamo sentito rispetto». Nella soffitta della sua casa abitava Haydn, di cui egli udiva le struggenti suonate e le ammirava. Ma non mosse un dito per aiutarlo, quando seppe che moriva di fame.

Da una sola perdita fu veramente colpito: quella della seconda Marianna, che frattanto aveva segretamente sposato. Smise di scrivere, rinunziò a ogni mondanità, rinunziò perfino al titolo di Barone dell'Impero e alla croce di Santo Stefano che Maria Teresa gli offriva. Non usciva più di casa. Ma fu proprio in casa che trovò di che consolarsi con la figlia del suo anfitrione Martinez, Marianna anche lei. Aveva sedici anni e lui cinquanta, quando cominciò a insegnarle musica e canto. Fu un amore da Pigmalione. Essa diventò una delle più grandi interpreti dei suoi melodrammi, in groppa ai quali corse l'Europa.

Fu il suo ultimo raggio di sole. Sebbene anche da vecchio fosse un bellissimo vecchio e le donne seguitassero a disputarselo, era diventato misantropo e malinconico. Forse sentiva che il suo mondo – quel mondo di cipria, di parrucche e di melodramma – era agli sgoccioli. I protagonisti gli morivano sotto gli occhi, uno dopo l'altro. Metastasio se ne congedava con odi funebri che gli riempivano il portafoglio, ma gli lasciavano vuoto il cuore, risvegliatosi finalmente a qualche palpito. Quando scomparve anche Maria Teresa, di cui era stato il cocco, il figlio Giuseppe II abolì tutte le pensioni concesse dalla madre, compresa quella di Metastasio, che ne fece una tragedia: non tanto per i soldi di cui non aveva bisogno, quanto perché era un segno di eclissi. Sebbene non vi trovasse più alcun piacere, era talmente attaccato alla vita che quando morì – di polmonite, a ottantaquattr'anni – ordinò nel testamento che il suo corpo fosse sottoposto ad autopsia «per scoprire gli sconcerti della mia salute».

Non c'è dubbio che Metastasio fu l'unico poeta di fama e livello internazionali che abbia avuto l'Italia nel Settecento. Mozart lo idolatrava, Vincenzo Monti gli dedicò la *Giunone placata*, Ludovico Muratori il *Rerum italicarum scriptores*, perfino lo scorbutico Baretti, per potergli tributare un elogio, scrisse che Metastasio non aveva nulla a che fare con l'Arcadia. Tanta ammirazione non era del tutto infondata. Metastasio ebbe come nessuno il senso musicale del verso, anzi il suo verso è a tal punto musica pura che c'è da chiedersi se non abbia sbagliato vocazione facendo il poeta invece che il compositore. È lui l'inventore e l'insuperato maestro di quel «bel canto» italiano che doveva conquistare il mondo. Non era soltanto un grande «orecchiante», sebbene fosse anche questo. Sotto la sua profluvie di rime facili e tintinnanti c'erano anche la lima, il gusto, la misura e la cultura. Il saggio sul teatro greco che, su ordinazione di Diderot, egli scrisse per l'*Enciclopedia*, rivela un acume critico nettamente in anticipo sui tempi.

Ma la Vernon Lee sbaglia, quando lo paragona a Racine. Sul livello del melodramma, egli toccò il punto più alto; ma a quello del dramma non arrivò mai: gliene mancava la passione perché egli stesso non ne provò mai nessuna. I suoi galanti eroi piangono più di quanto non soffrano, e le sue delicate eroine, quando sfiorano la tragedia, cascano subito nello stridulo. Il teatro lo aveva nella pelle, ma solo lì. Fu un vero Italiano del Settecento, un apolide che poteva metter radici dovunque perché non ne aveva in nessuna patria, che rimase estraneo ai problemi del suo tempo perché non aveva una coscienza né civile né morale che li riecheggiasse, e quindi non ne soffrì mai il morso. Da questo vuoto tutti gl'Italiani erano afflitti. Ma c'era chi lo sentiva, sia pure oscuramente, e ne soffriva, come l'Alfieri, il Baretti e in una certa misura anche il Frugoni. Metastasio, no.

Delle sue opere (ventisei melodrammi, sette commedie, cinque azioni sacre, cantate, poesie, serenate) si erano pubblicate una quarantina di edizioni. Ma il successo non gli sopravvisse. Il romanticismo, tutto fremito di passioni, non poteva capire Metastasio, e tanto meno amarlo. Fino a Carducci e Croce, la critica fu inesorabile contro di lui. De Sanctis e Martini furono più indulgenti perché lo inquadrarono meglio nel suo tempo, che in fondo non poteva dare di più. La poesia, è vero, gli deve poco. Ma Cimarosa, Paisiello, Mozart e Rossini gli debbono molto.

CAPITOLO VENTINOVESIMO

GLI STORICI

Paragonato a quello francese, inglese e tedesco, il Settecento italiano di grande non produsse che degli avventurieri del tipo di Cagliostro e Casanova. A condannare tutti gli altri alla mediocrità fu la mancanza di una coscienza religiosa e civile. Questa brillò in tre soli uomini: Vico, Muratori e Giannone.

Giambattista Vico, all'inizio del secolo, aveva già trentadue anni, che sembravano molti di più per i triboli che li avevano punteggiati. Figlio d'un povero libraio oberato di una numerosa famiglia, a sette anni era cascato fratturandosi il cranio, per altri tre il suo cervello era rimasto scombussolato, poi s'era ammalato di tubercolosi e aveva dovuto abbandonare gli studi di diritto cui s'era avviato. Li riprese due anni dopo, ma con poche forze e scarso entusiasmo. Per di più s'era innamorato d'una vicina di casa quattordicenne, Teresa, che non lo ricambiava. La ragazza non aveva tutti i torti. Oltre che sgradevole d'aspetto per via del suo corpo meschinello, del volto rincagnato e d'un curioso tic che gli faceva scuotere le orecchie come un gatto infastidito, era difficile di carattere: collerico, permaloso, pedante, avaro e geloso. Tuttavia alla fine, più impietosita che sedotta, Teresa gli disse di sì, ma a condizione ch'egli si procurasse un «posto».

Per ottenere quello di precettore nella famiglia di un

provinciale arricchito, Vico si attribuì una discendenza da Carlo d'Angiò. Solo così a quei tempi un intellettuale poteva guadagnarsi il pane. Dovette stare per nove anni nella solitudine di Vatolla, ma ci trovò una buona biblioteca che gli permise di familiarizzarsi coi classici latini e italiani e soprattutto coi filosofi, fra i quali cominciò a fare le sue prime scelte. Non ci sorprende ch'egli preferisse Platone ad Aristotele e gli stoici agli epicurei. Ma il suo rifiuto di Gassendi, di Spinoza e soprattutto di Cartesio crediamo che fosse dovuto soltanto alla preoccupazione di non cadere in sospetto presso la Chiesa. A Napoli in quegli anni l'Inquisizione imperversava, erano ricomparsi gli *auto da fé*, e il Vescovo di Cava minacciava di scomunica la città se non metteva al bando gli Ateisti, seguaci di Cartesio.

Vico aveva la vocazione della filosofia, ma anche una gran paura dei rischi che questa disciplina comportava. Anzitutto, essa non offriva nulla ai suoi militanti perché all'università nemmeno la s'insegnava come materia a sé stante. Eppoi, non c'erano scampi: o uniformarla al magistero della Chiesa, cioè sacrificargliela, o finire davanti al Sant'Uffizio. Vico, pur seguitando a coltivarla per suo conto, si mise a fare ciò che facevano tutti gli altri letterati del tempo, cioè a scrivere poesie per nozze, nascite e funerali di personaggi illustri. Egli stesso riconosce che si adeguavano «alle maniere più corrotte del poetare moderno», e questo gli fa onore perché significa che nel panegirico servile si sentiva a disagio. Forse fu per sottrarcisi che concorse alla carica di segretario comunale, ma fu bocciato. In compenso ottenne la cattedra di eloquenza, che comportava uno stipendio magro, ma finalmente sicuro.

Ne aveva bisogno perché Teresa gli stava snocciolando

figlioli a ripetizione. La povera donna non doveva vedersela soltanto con la miseria, ma anche con le collere e il dispotismo del marito, di cui aveva dovuto accogliere in casa anche il padre e il fratello. Per di più c'erano le malattie. Tre bambini già presentavano sintomi di tubercolosi, e a Vico era venuta una fistola in gola che non guariva mai, gli ammorbava l'alito e obbligava la povera donna a fargli da infermiera tutta la notte.

Malgrado tante angustie, aveva posto mano a una delle sue opere più impegnative, la *Scienza nuova in forma negativa*, andata completamente perduta. Era dedicata al cardinale Corsini che, secondo l'uso del tempo, avrebbe dovuto finanziarne la pubblicazione (le dediche servivano appunto a questo). Ma aveva scelto male il suo mecenate. Corsini non volle scucir soldi, e Vico dovette provvedere da solo alle spese di stampa vendendo un anello di famiglia, «un diamante di cinque grani di purissima acqua»; e siccome non bastava, ridusse d'un buon terzo il manoscritto, cambiandogli anche il titolo in quello di *Principi d'una scienza nuova d'intorno alla natura delle Nazioni*, poi conosciuto come *Scienza nuova prima*.

L'accoglienza della critica fu fredda, e questa non fu la sola delusione che patì. Poco prima aveva concorso alla cattedra, molto più importante e remunerata, di diritto romano, raccomandandosi alla protezione del principe Eugenio di Savoia, il grande condottiere austriaco, onnipotente presso l'Imperatore. Ma Eugenio se n'era lavato le mani, e la cattedra era toccata a un altro. L'amarezza di questa sconfitta lo rese ancora più sensibile alle critiche che piovvero sulla *Scienza nuova*. Lami a Firenze scriveva di aver letto il libro «con tanto tedio». Ma la stroncatura più aspra comparve su una rivista di Lipsia: «Un abate napoletano ha pubblicato un fantasioso sistema di diritto naturale manipolato a gloria della Chiesa pontificia». Un libraio di Napoli la espose in vetrina. Vico se ne sentì mortalmente offeso, se la riprese con Giannone, collaboratore di quel foglio, e in pochi mesi, sottoponendosi a un lavoro massacrante, riscrisse tutto il libro: la *Scienza nuova seconda*, cui non cessò d'allora in poi di aggiungere sempre nuovi commenti, note, correzioni che poi, incorporate nel testo dopo la sua morte, formarono la versione definitiva dell'opera, la *Scienza nuova terza*.

Questi continui ripensamenti e revisioni sono indice dei tormenti di Vico. Tutto si accaniva contro di lui. La tubercolosi, che gli aveva portato via tre dei suoi bambini, ora gli procurava violenti dolori alle braccia e alle gambe, impedendogli di camminare e di scrivere e obbligandolo a dettare al fratello. La fistola gli divorava il palato e gl'impediva di mangiare. Ma a dargli lena era la disperata volontà di difendere le proprie teorie dall'assalto dei denigratori cui rispondeva con polemica furia. Il suo era un incessante ruminare intorno alle proprie idee per approfondirle sempre più e legarle in sistema: perciò non faceva che tornarvi sopra anche nelle sue lettere e anche nell'*Autobiografia*, che aveva pubblicato in quegli anni a Venezia e a cui pure non si stancava di fare aggiunte e rettifiche.

Vico è un pessimo scrittore, pesante, pedante, contorto, involuto: e questo è il primo motivo del suo insuccesso in un secolo che faceva della grazia e dell'eleganza il suo vangelo, ma non il solo. Il fatto più grave è ch'era fuori del suo tempo. Formatosi negli ultimi decenni del Seicento, non sapeva nulla o quasi nulla di ciò che si era scritto dopo, anche perché non si era mai mosso da Napoli e non conosceva nessuna lingua, nemmeno il francese. Nel suo miserabile «basso» i «lumi» non si erano accesi. Ma ha ragione Momigliano quando dice che Vico, anche se fu uno studioso peggiore dei suoi contemporanei, meno informato e aggiornato, fu però un pensatore più grande.

La linea del suo pensiero è difficile da tracciare. Lo stesso Croce riconosce ch'esso è talmente lutulento, confuso e oscuro da autorizzare le interpretazioni più contraddittorie. Non è compito nostro addentrarci in diatribe di esegesi. Di Vico, ci limitiamo a cogliere l'essenza: cioè lo storicismo. Ridotta al nòcciolo, la sua posizione è questa.

Fin qui, egli dice, i filosofi si sono dedicati alla scoperta delle leggi che regolano la vita naturale, e ne hanno tratto ben poco costrutto perché solo Iddio, che le ha dettate, è in grado di conoscerle. Il campo della conoscenza umana è ben altro, è la storia, perché questa sono gli uomini che l'hanno fatta. Di essa si può fare una vera scienza, ricostruendone le costanti, che si ripetono in tutte le fasi del suo sviluppo.

Queste costanti, Vico le chiama «ricorsi». A differenza della concezione giusnaturalistica di Machiavelli, che riconduceva tutto all'azione individuale del «Principe», Vico pone a protagoniste della storia le «Nazioni» non nel loro moderno significato, ma in quello di popoli o di classi, cioè di «gruppi». E per ricostruirne la vicenda, comincia subito col distinguere la storia profana da quella sacra. Di quest'ultima l'uomo non può capire nulla perché a farla non fu lui, ma Dio, che quindi ne possiede in esclusiva le chiavi.

È probabile che su questo punto Vico la pensasse proprio così. Ma è anche possibile che sia stata la prudenza a consigliargli quella distinzione, o almeno a influirvi. Per lui la faccenda di Adamo e del peccato originale era materia non di storia, ma di «rivelazione», e quindi intoccabile. In materia di fede, il suo conformismo era assoluto. Quando aveva scoperto Grozio, era stato tentato di pubblicare un commento al suo celebre libro sulla pace e la guerra, ma ci aveva rinunciato «perché non conviene ad un uomo cattolico di religione, adornare di note l'opera d'un autore eretico». Messo dunque da parte tutto ciò che alla fede attiene, egli ritesse la vicenda della civiltà dividendola in tre fasi: l'età degli dèi, l'età degli eroi, l'età degli uomini, e per primo scopre il significato storico del «mito» in cui non vede più un'arbitraria e fantastica divagazione poetica, ma la traduzione in simboli di fatti e situazioni reali. Cioè Vico trova il legame tra la filologia, che è l'indagine letteraria del mito, e la filosofia che la strumentalizza per ricostruire attraverso di essa una fase della civiltà. Le favole, egli dice, non esistono. Dentro ognuna di esse c'è un brano di storia, cioè un «momento» della vicenda umana: basta sapercelo trovare con una giusta interpretazione.

La storia, secondo Vico, non fa che ripetere continuamente se stessa. Nelle sue esperienze politiche, economiche e sociali, la civiltà medievale ricalca quella dell'antica Grecia e dell'antica Roma: ritorna la schiavitù, ritorna la vendetta come riparazione del torto, ritorna Omero sotto le spoglie di Dante. La civiltà matura, passando dall'età della poesia a quella della ragione e nell'illusione di progredire, si corrompe fino a cadere in pezzi e dare avvìo a una nuova barbarie. Perché, dice Vico, l'uomo crede di «fare» e in realtà «fa». Ma solo nell'ambito del «ricorso» in cui gli tocca di vivere e di operare. A regolare i ricorsi non è lui, ma la «provvidenza», questa «regina delle faccende degli uomini», che in definitiva dispone di tutto al di fuori dei loro propositi e sovente contro di essi. Vico non arriva alla concezione di Hegel, che nel secolo successivo concepirà la storia come uno strumento dell'idea, di cui gli uomini non sarebbero che gl'inconsapevoli «robot». Ma in un certo senso l'anticipa. E a ogni modo è il primo a ricercare nella storia qualcosa che va al di là degli avvenimenti, a cogliere l'importanza dei fattori economici, e soprattutto a sentirne la tragica grandiosità.

Vico è un solitario. Questa è la sua forza, e questo è anche il suo limite. Non è abituato a parlare agli altri perché gli mancano un pubblico e una società. Il suo è un lungo monologo che spesso divaga per mancanza di un contraddittore che lo riporti sul suo tracciato, e lo si avverte anche dalla sua macchinosa sintassi. Nella sua incomunicabilità si riflette la disperata condizione dell'intellettuale italiano senza dialogo con nessuno e quindi senza possibilità di quei confronti con le opinioni altrui che affinano il linguaggio, impongono il senso della misura e costringono alla «comunicabilità».

La sua vita ebbe qualche barlume di luce solo negli ultimi anni, quando il re Carlo di Borbone lo nominò storiografo di Corte, gli raddoppiò lo stipendio e diede una cattedra anche a suo figlio. Ma era troppo tardi per goderne. La malattia lo incalzava, gli toglieva la memoria, lo rendeva muto, cioè più muto del solito. Il suo carattere, sempre difficile, era diventato impossibile. Morì nel '44, a settantasei anni, e chissà cosa avrebbe detto se avesse visto la scena che si svolse nella sua camera mortuaria quando intorno al suo cadavere si accese una tremenda rissa fra una confraternita di frati e quella dei professori che se lo contendevano. Un finale del tutto in tono col collerico e scorbutico personaggio ch'egli era stato.

Ludovico Antonio Muratori è il suo degno contrappunto, sia come uomo che come storiografo.

A Vignola presso Modena c'è ancora, ridotta a scuola, la casa in cui egli nacque nel 1672 da una modesta famiglia contadina. Il padre non poté mandarlo agli studi, ma il ragazzo se li fece per conto suo seguendo, aggrappato alla grata della finestra, le lezioni di un maestro che alla fine si commosse di tanta perseveranza e lo accolse gratis tra i suoi allievi. A tredici anni entrò in seminario e chiese i voti. Lo facevano un po' tutti in un secolo in cui la Chiesa rappresentava l'unica industria remuneratrice. Ma Muratori non lo fece per questo. A differenza di Parini, di Metastasio, di Frugoni e di tutti gli altri abati e abatini della letteratura, egli volle servire Dio perché in Dio ci credeva, con gran scandalo di tutti, e specialmente dei preti, che in seguito gliel'avrebbero fatta pagare.

Fu «ordinato» a diciott'anni, entrò come precettore in una ricca famiglia, e si dette al suo studio preferito: il latino. Le sue traduzioni di Quintiliano e di Seneca suscitarono tale ammirazione che Carlo Borromeo lo chiamò a Milano come prefetto della Biblioteca Ambrosiana, oltre che come suo confidente e confessore. Era il posto che meglio gli si addiceva. Scoperse e decifrò codici e manoscritti, e ne trasse materia per un trattato sui *Primi cristiani della Chiesa* che gli spalancò le porte di tutte le Accademie. Egli stesso fu il pilastro di quella Borromea, e lì per lì parve che anche lui volesse avviarsi a una di quelle carriere cortigiane, tipiche del letteratume abatesco del Settecento. Compose anche un panegirico di Luigi XIV. Ma subito se ne pentì, mandò al diavolo la mondanità, e sprofondò nei suoi incunaboli.

In quel torno di tempo vennero scoperti nella chiesa di San Pietro dei resti, e qualcuno disse ch'erano quelli di

Sant'Agostino. Il Papa li autenticò come tali, Muratori confutò indignato il verdetto, e monsignor Fontanini lo accusò di eresia. Era l'inizio di una polemica che non doveva più finire. Muratori rappresentava l'altra faccia del cattolicesimo ateo e libertino del Settecento: quella rigorista, fortemente influenzata dal giansenismo. Moralmente severo, era intellettualmente libero, non accettava né Inquisizione né censura, escludeva possibilità di conflitti tra fede e verità, e non ammetteva che questa venisse sacrificata a quella per motivi propagandistici. Lo sfruttamento delle false reliquie lo indignava. E quando si trovò tra le mani certi pensieri ed epigrammi di Giuliano l'Apostata, li tradusse e pubblicò perché erano veri e illuminanti, anche se il loro autore era stato l'ultimo campione del paganesimo. Teologi e bacchettoni insorsero accusandolo di eversione e sacrilegio. Non se ne curò e non rispose: aveva da catalogare i sessantamila volumi della sua biblioteca, e li catalogò.

Poco dopo venne a Modena il grande filosofo tedesco Leibniz per certe ricerche genealogiche negli archivi degli Estensi, tuttora Duchi della città. Vi trovò il caos, se ne lamentò col duca Rinaldo, e questi chiamò Muratori a riordinarli. Invano il Borromeo cercò di trattenerlo. Muratori aveva nostalgia di Modena, della sua quiete, e del clima di tolleranza che vi mantenevano gli Este, Signori non splendidi, ma equilibrati e amanti della cultura. Vi resterà fino alla morte.

Si era iscritto all'Arcadia, e aveva lanciato il progetto di trasformarla anche di nome in una «Repubblica delle Lettere Italiane» al di sopra degli Stati: un'idea che, se fosse stata accolta, forse avrebbe anticipato il Risorgimento. Ma la parola «Repubblica» puzzava al naso di tutte le autorità, comprese quelle di Modena, e i letterati italiani non erano gente da rischiare il «posto». Muratori si confinò tra le sue carte, iniziò una fitta corrispondenza con storici, eruditi e archivisti di tutto il mondo, e compose alcuni saggi sull'estetica, sulla poesia, e anche su problemi più concreti e di attualità, come quelli di Comacchio e Ferrara di cui la Chiesa contendeva agli Este la sovranità. Muratori fu per il suo Duca, e non per servilismo. Negli archivi aveva trovato i documenti che confermavano i suoi titoli. Ma naturalmente questo non valse a fargli vincere la causa e tanto meno a metterlo al riparo dalle ire della Chiesa che per bocca del solito Fontanini lo accusò di aver falsato le carte, lo tacciò di furto e di plagio, e lo escluse dagli archivi del Vaticano e di varie città.

Nemmeno stavolta Muratori rispose. Corrispondeva con l'imperatrice Caterina di Russia, con Federico di Prussia, con Leibniz, con Newton, con Giannone, con Vico, con De Brosses, ed era impegnatissimo in opere di carità per l'assistenza agl'infermi, la redenzione dei carcerati e la revisione dei processi. Grazie al Duca, era diventato parroco di Santa Maria della Pomposa, ma invece d'ingrassare sulle sue rendite ci rimetteva di tasca propria. Viveva frugalmente con le sorelle, e l'unico suo lusso era la musica. Adorava il canto gregoriano e non si stancò di prenderne lezioni, ma inutilmente perché era stonato come un ciuco, e questa era l'unica cosa che incrinava la sua abituale sorridente serenità.

Uno dopo l'altro pubblicò tre saggi: uno sulla moderazione, uno sulla carità cristiana, uno contro la superstizione, che rappresentano il suo credo morale. Come pensatore, è questa trilogia la sua vera summa. Egli condanna le penitenze a sfondo masochista, il feticismo delle reliquie e il loro commercio, e chiede una riduzione delle feste religiose. Era un processo ai metodi di una Chiesa che ormai basava unicamente il suo apostolato sull'adorazione dei feticci, i baccanali liturgici e il conformismo. L'Inquisizione scatenò i suoi fulmini, i predicatori lo attaccarono dal pulpito. Muratori non sollevò nemmeno la testa dal manoscritto che stava compilando e che rappresenta la sua opera capitale: il *Rerum italicarum scriptores*. Ci lavorò sedici anni, e riempì ventisette volumi. Nemmeno il duca Rinaldo, allergico agli sciali, si sentì di assumersi le spese della pubblicazione. Ma a questo punto intervenne Milano, e fu il primo caso in Italia di un'impresa editoriale sostenuta per sottoscrizione dagli stessi lettori.

Sotto la protezione dell'imperatore Carlo VI si costituì una «Società Palatina», che raccolse ben centoventimila scudi. Fu un clamoroso successo che dimostrò quanta fame di cultura ci fosse in Italia, cioè quanto gli uomini di cultura fossero venuti meno al loro compito di diffonderla. Muratori aveva tutti i requisiti per assolverlo. In un certo senso egli è l'anti-Vico. Non cerca nella storia una filosofia della storia. Cerca la storia, e basta, ricostruendola sui dati, sulle cronache dei contemporanei, e perfino sui contratti notarili e sulle testimonianze dei processi.

Il principio d'autorità su cui si reggevano i poteri di allora, e specialmente la Chiesa, non ammetteva la nascita di un «pubblico» in grado di pensare: esso doveva restare «gregge» e contentarsi della verità rivelata dall'alto. Il gesuita Borghi cercò di scatenare un *pogrom* contro di lui accusandolo d'aver provocato con le sue eresie la peste a Messina. Il Fontanini lo denunziò al Pontefice come «sovversivo». Lo bersagliarono di lettere anonime. Si appellarono perfino al Grande inquisitore di Spagna perché venisse a istruire un processo contro di lui.

Muratori non sarebbe scampato alla tempesta, se sul Soglio non ci fosse stato in quel momento papa Lambertini. «Le opere degli uomini illustri non si proibiscono» rispose a chi gli proponeva di mettere all'indice la *Rerum*. E invece di scomunicare l'autore, gli offrì la porpora cardinalizia: un gesto da grande e coraggioso Vicario di Cristo, quale i Papi sono di rado. Muratori rifiutò con una lettera piena di reverenza e di umiltà. Il suo posto non era il Vaticano, ma la biblioteca di Modena, all'ultimo piano del palazzo ducale. Ci faceva un gran freddo perché Muratori non voleva che vi accendessero il fuoco per paura d'un incendio, e si contentava d'uno scaldino. Per di più c'erano da salire novantasei gradini: un po' troppi per il suo affannato cuore e le sue gambe indebolite. Eppure, tutte le mattine alle sette era lì, tuffato nelle sue vecchie carte e intento a riempirne di nuove. Compilava gli *Annali d'Italia* e le *Antichità estensi*, scriveva di agricoltura e di giustizia: dodici ore di lavoro al giorno e, come unico diversivo, una passeggiata con gli amici. Non sottolineava i propri sacrifici perché non gli pareva di farne, pago com'era di quella sua semplice e laboriosa vita, della sua modesta casa, della sua mensa frugale. Anche nella sua imperturbabilità agli attacchi dei lumaconi zelanti non c'era ombra di jattanza.

Nemmeno l'incalzare della paralisi che gli bloccò prima un occhio, poi una mano e infine lo immobilizzò a letto riuscì a turbare la sua serenità. Fino all'ultimo seguitò a dettar lettere, a consultare documenti, a occuparsi dei suoi poveri. Il Papa gli mandò una particolare benedizione, e quando seppe ch'era spirato nel gennaio del '50, disse: «È morto il primo onore d'Italia». Tutta la cultura europea prese il lutto, e ne aveva di che. Più che un grande storico, Muratori era stato un grande erudito, cioè un grande catalogatore di fatti. Ma proprio di questo c'era bisogno in quel momento. A Salisburgo gli studenti avevano contestato i loro professori sventolando i libri di Muratori come oggi si fa coi «pensieri» di Mao. Essi volevano che la storia venisse insegnata come la insegnava lui e ottennero l'adozione, come testi, delle sue opere. Fu grazie a lui che i documenti riacquistarono un valore anche di mercato e infatti diedero avvìo a un florido commercio.

Come tutti gli Italiani del Settecento, anche lui soffriva di «incomunicabilità» perché scriveva male. Messa a confronto con quella dei contemporanei francesi e inglesi, anche la sua prosa risulta goffa, artefatta e involuta. Ma questa era la dannazione di tutta la nostra cultura.

Fra tanti corrispondenti di Muratori c'era stato il suo quasi coetaneo Pietro Giannone, che di due anni lo aveva preceduto nella tomba. Giannone era nato nel 1676 a Ischitella nel Gargano, ma presto si era trasferito a Napoli per studiare legge. La sua salute era rimasta scossa da una malattia intestinale e più ancora dalle cure cui lo avevano sottoposto. Oltre a quella del diritto, aveva la passione della storia, o per meglio dire considerava questa succedanea di quello e viceversa. I suoi compagni lo chiamavano «Pietro il solitario» per la sua precoce serietà e la sua tendenza a stare sprofondato nei suoi libri e nei suoi pensieri. Era magro, nervoso e taciturno. Ma la prima volta che prese la parola in tribunale, lo fece in tal modo da rovesciare il processo in favore del suo cliente, e questo gli valse l'ingresso nello studio di Argento, il più famoso trombone del foro napoletano. Giannone non ne imitò lo stile oratorio: il suo rimase sobrio, asciutto e senza fronzoli.

Il suo destino fu deciso da un invito del governo a sostenere la sua causa contro le interferenze della Chiesa. Il governo in quel momento era austriaco e doveva fronteggiare una grave crisi economica. Un terzo del reddito del Reame era drenato dal fisco, un altro terzo era assorbito dai «benefici» ecclesiastici, i quali servivano solo a far ingrassare i preti che li avevano in appalto, senza neanche l'obbligo di risiedervi. L'imperatore Carlo VI ordinò radicali misure contro questo abuso. La Chiesa le impugnò minacciando la scomunica. E Giannone fu incaricato insieme ad Argento di difenderle sul piano legale.

Napoli aveva già una robusta tradizione di «giurisdizionalismo», cioè di quel pensiero giuridico che distingue nettamente fra Stato e Chiesa e rifiuta qualsiasi interferenza dell'una nel campo dell'altro. Giannone ne diventò il campione e vinse la causa sulla base di documenti ineccepibili che rivelavano in lui, oltre alla vocazione dell'uomo di legge, quella di storico. Questo gli procurò la fiducia di Carlo VI e l'odio della Curia, ch'egli del resto ricambiava in pieno. Giannone era qualcosa di più che un laico anticlericale: era un «ghibellino», che faceva dello Stato la sua religione.

I successi non gli avevano dato alla testa. Era rimasto l'uomo di sempre, solitario, taciturno, fedele alla sua dieta spartana e allergico a ogni mondanità. Aveva preso una casetta a Portici e ci viveva con una giovane popolana, Angela Castelli, che non sposò mai e che gli diede due figli. Era una ragazza quasi analfabeta, ma devota e discreta, che gli assicurava la quiete necessaria allo studio. Aveva cominciato a scrivere i primi volumi della *Storia civile* che avrebbero dovuto arrivare a quaranta, ma invece si fermarono al trentacinquesimo, e li stava stampando a proprie spese. Tutti lo avevano sconsigliato. Argento gli aveva detto: «Ti fabbrichi da solo la tua corona di spine». Ma Giannone non aveva dato retta a nessuno. In quest'uomo schivo, riservato e refrattario a qualsiasi esibizionismo e demagogia, vibrava una profonda passione.

I primi quattro libri ottennero un grosso successo: Carlo VI glieli compensò con centotrentacinque zecchini d'oro e la nomina ad avvocato di Stato. Col quinto, che dimostrava l'azione corruttrice esercitata dal diritto ecclesiastico su quello romano, cominciarono i guai. I gesuiti passarono al contrattacco con la loro arma preferita: la calunnia. Accusarono Giannone di concubinaggio e di empietà, perché offendeva le reliquie dei Santi e negava perfino il miracolo di San Gennaro, la cui collera si sarebbe abbattuta sulla città. Tutti sanno cosa rappresenta, per Napoli, San Gennaro. Era un invito al linciaggio. L'Inquisizione chiese al Viceré, cardinale d'Althan, la consegna del reo, l'opera fu messa all'*Indice* e bruciata, lo stampatore Vitagliano scomunicato.

Gli amici consigliarono a Giannone di trasferirsi per un po' di tempo a Vienna, unica città dove, grazie alla protezione dell'Imperatore, poteva stare al sicuro. Quando ci arrivò, dopo un avventuroso viaggio sotto falso nome, Giannone lesse sui giornali che sui muri di Napoli era stato affisso il bando della sua scomunica: «Non si deve nominare per nome e cognome l'autore della *Storia civile* per non contaminarsi con un uomo sì nefando». La reazione fu tipica dell'uomo. Lungi dal difendersi, contestò il titolo giuridico della condanna con un trattato «contra le scomuniche invalide» in cui si dimostrava che, secondo la legge civile, ogni cittadino ha diritto di sapere perché è condannato. Naturalmente il Papa non rispose. Ma l'Imperatore fece sua la tesi, e impose il ritiro della scomunica.

A Vienna, Giannone ebbe i suoi maggiori protettori in Ricciardi, fiscale del «Consiglio di Spagna» come si chiamava il dicastero preposto agli affari italiani, nel Ministro di Genova, marchese Doria, e nel grande Eugenio di Savoia. Ma ebbe anche una protettrice, Ernestina di Leichsenhoffen, che occupò nella sua vita il posto fin allora tenuto da Angela. Costei, rimasta a Napoli coi figli, per sfuggire alla persecuzione, si era ritirata in un convento, di cui in seguito diventò badessa. Ernestina la sostituì nel migliore dei modi: curò Giannone dei suoi mali di stomaco, gli tenne in ordine la casa, gli amministrò i guadagni. Giannone aveva ripreso a lavorare come avvocato e la *Storia civile*, tradotta in molte lingue, otteneva caldi successi in tutta Europa. A essa i gesuiti non riuscivano a opporre che calunniosi libelli, uno dei quali condusse l'autore in galera. L'esule soffriva di nostalgia, ma solo di questa.

Nel '33 scoppiò la guerra di successione polacca, e le ripercussioni in Italia furono quelle che abbiamo detto nella prima parte di questo libro. Al posto degli Austriaci, a Napoli s'istallò Carlo di Borbone, e l'Imperatore dovette liquidare il Consiglio di Spagna da cui dipendevano il lavoro e lo stipendio di Giannone. Bisognava ripartire. La separazione da Ernestina gli costò una grossa pena, ma contava di rientrare a Napoli. A Venezia invece l'ambasciatore spagnolo gli rifiutò il passaporto, e Giannone si sentì più esule che mai. Gli unici conforti gli venivano dalla presenza del figlio, che da un pezzo lo aveva raggiunto a Vienna, e dall'abbozzo di una nuova opera cui stava assiduamente lavorando: il *Triregno*. Gl'intellettuali veneziani lo avevano accolto con grandi onori, l'Università di Padova gli offriva una cattedra, ma i gesuiti erano già all'offensiva, l'onnipotente cardinale Albani intimava al Consiglio dei Dieci di rifiutargli il permesso di soggiorno, e la Serenissima non era più in condizioni di opporsi ai soprusi di Roma. Era sorvegliato, gli aprivano la corrispondenza, gli sbirri dell'Inquisizione lo seguivano passo passo, una notte lo rapirono, lo portarono a Crespiano e lo abbandonarono su un argine del Po come un malfattore qualsiasi.

Si rifugiò a Modena, dove il figlio lo raggiunse col prezioso manoscritto, e Muratori, venuto a trovarlo di nascosto, gli consigliò di trasferirsi a Ginevra dove stavano traducendo la sua *Storia*. Giannone cercò scampo a Milano dall'amico Trivulzio; ma, riconosciuto per strada da un senatore bacchettone, venne espulso. Invano in sua difesa si levarono le voci più prestigiose della cultura europea, da Voltaire a Galiani. Dovette riprendere il suo sacco di profugo, attraversare sotto falso nome il Piemonte e sconfinare in Svizzera.

A Ginevra trovò amici e ammiratori, tenne applauditissime conferenze, e portò a compimento il *Triregno*. A Roma seppero di questa nuova opera e, per impedirne la pubblicazione, macchinarono l'infamia risolutiva. Il cardinale Albani scrisse al marchese d'Ormea: «Il Papa ha fiducia che in Savoia possa succedere l'arresto del disgraziato Giannone». La fiducia era benissimo riposta perché la suprema ambizione del D'Ormea era la porpora cardinalizia, che valeva bene un Giannone. Un poliziotto savoiardo, Gastaldi, fu mandato a Ginevra per mettersi alle calcagna del profugo e cattivarsene l'amicizia. Giannone, ch'era un candido, accettò di fare un'escursione fino alla casa del Gastaldi, oltre confine. Così venne catturato e relegato insieme al figlio prima nella fortezza di Miolans, poi in quella di Ceva, e infine nella cittadella di Torino.

Restava il manoscritto, che le autorità di Ginevra si rifiutavano di consegnare a meno che non lo chiedesse lo stesso Giannone. Questi, nella sua ingenuità, era convinto che lo avessero arrestato per sottrarlo all'Inquisizione e se ne mostrava pateticamente grato ai suoi carcerieri. Può quindi darsi ch'egli abbia richiesto il manoscritto, ma può darsi anche che la sua firma fosse stata contraffatta. Comunque, il manoscritto arrivò e fu inoltrato a Roma dove fu trionfalmente bruciato. Per fortuna il d'Ormea ne aveva fatta fare una copia per i suoi archivi; altrimenti non ne sarebbe rimasta traccia.

Il *Triregno* era il completamento della *Storia civile*, una implacabile requisitoria contro il temporalismo della Chiesa. Prove storiche alla mano, Giannone documentava il falso della cosiddetta «donazione di Costantino» da cui aveva preso avvìo il potere temporale dei Papi, che aveva corrotto fin nelle midolla la Chiesa di Cristo. Questa visione dei tre Regni – quello terreno degli uomini, quello celeste di Gesù, e quello ibrido dei Papi che pretende al secondo, ma propende al primo – è di carattere teologale. Alcune tesi, come la negazione dell'autorità della Chiesa quando sia in contrasto con le Sacre Scritture, sono francamente protestanti.

Giannone non vide mai più la luce del sole. Dopo due anni suo figlio fu liberato, ma lui dovette trascinare per altri dieci la sua miserabile esistenza di galeotto. Fra gli altri tormenti, gl'inflissero anche la compagnia di un prete incaricato di strappargli l'abiura. Come oggi i regimi comunisti, la Chiesa non si contentava di uccidere, voleva anche umiliare le sue vittime costringendole a riconoscersi colpevoli per legittimare l'assassinio, aggiungendo a quello fisico quello morale. Stremato dalla solitudine, dalla fame e dal freddo, Giannone cedette. Ma il suo cedimento va messo sul conto dei suoi carnefici, fra i quali c'erano anche il re Carlo Emanuele e il suo Primo Ministro. Trascorse gli ultimi anni a scrivere l'autobiografia, *La Chiesa sotto il pontificato di Gregorio Magno* e i *Discor-*

si politici sulle Deche di Tito Livio. Morì nel '48. Il d'Ormea lo aveva preceduto di tre anni nella tomba senza essersi cavato la voglia della porpora che pure aveva dimostrato di meritare.

Come filosofo, Giannone non valeva Vico; né, come storico, Muratori. Come dice giustamente Titone, gli avvenimenti li vede più che altro da giurista, cioè come uno svolgimento d'istituzioni, e caso mai da teologo. Il conflitto ideologico gli sfugge, gli sfugge l'economia, gli sfugge il popolo, per il quale anzi affetta un evidente disprezzo. Per lui la storia si riduce alle «azioni individuali e arbitrarie dei sovrani», di fronte alle quali egli non si pone altro problema che quello della loro legittimità e illegittimità, e naturalmente in campo temporale considera legittimo tutto ciò che fa lo Stato e illegittimo ciò che fa la Chiesa.

Ma dentro questi limiti, e nella difesa di quella che si annunciava come la più grande conquista politica moderna – lo Stato di diritto, imparziale garante delle libertà individuali –, egli porta un appassionato impegno che fa clamoroso spicco sul qualunquistico conformismo dei suoi contemporanei. Alessandro Verri diceva di non capire perché la Chiesa lo avesse tanto perseguitato: «Il signor Muratori ha avuto maggior coraggio di lui, e non le sue sfortune». Non è così. La Chiesa, dal suo punto di vista, non sbagliava. Giannone svegliava con le sue trombe l'unico nemico contro cui essa è impotente: la coscienza civile.

CAPITOLO TRENTESIMO

GLI ECONOMISTI

Può sembrare strano che il pensiero economico italiano del Settecento abbia avuto i suoi maggiori cultori nel Sud, che fin d'allora era economicamente «area depressa». Ma il motivo era proprio questo. Nel Nord, e soprattutto nella Lombardia in piena ascesa, l'economista non pensava: faceva. Faceva o l'imprenditore nella sua manifattura e nella sua «cascina», o l'amministratore al servizio di un governo che all'economia badava molto come quello austriaco. Lo abbiamo visto parlando dei Verri e dei Beccaria: uomini di notevole competenza, ma per nulla dottrinari, anzi unicamente preoccupati di problemi pratici e di riforme immediate e concrete.

Essi erano parte del «sistema» e coi loro scritti cercavano di procurarvisi delle posizioni di potere. I voli nei cieli astratti della teoria non li attraevano.

Nel Sud accadeva il contrario. Di un riassetto economico c'era un grandissimo bisogno, che faceva da stimolante a questi studi. Ma agli uomini che vi si dedicavano il regime borbonico non offriva possibilità di azione concreta; e ciò li costringeva a restare nel campo della pura dottrina. Era anche questo uno dei tanti frutti del divorzio – in atto in tutta Italia, ma particolarmente nel Sud – fra società e cultura. L'illuminato governo austriaco utilizzava gl'intellettuali facendone dei riformatori o comunque dei collaboratori. Quello borbonico li teneva in anticamera non lasciando loro altro scampo che l'astratta speculazione.

Fu il caso, per esempio, di Antonio Genovesi che, nato a Milano, sarebbe probabilmente diventato il consulente finanziario del Viceré; e invece, nato a Castiglione di Salerno, dovette contentarsi di una cattedra universitaria, e gli andò bene. Era figlio di contadini, ma non dei più poveri, che naturalmente lo avviarono all'unica carriera remunerativa, quella ecclesiastica. Il prete da cui lo misero a lezione s'ispirava a criteri pedagogici piuttosto personali: quando l'allievo sbagliava, l'appendeva per i piedi e gli riempiva la testa di pugni. Riuscì tuttavia a ficcarglici quanto bastava ad avviarlo al seminario, dove nel '36 – e aveva ventiquattr'anni – fu ordinato controvoglia sacerdote.

Per sua fortuna, invece che in parrocchia finì in cattedra, grazie all'aiuto di monsignor Celestino Galiani, che gli procurò quella di metafisica all'università. Alto, forte di spalle, cordiale, indulgente, espositore chiarissimo e ordinato, fu subito l'idolo degli studenti e cliente fisso dei salotti colti, dove incontrò il meglio di Napoli, da Vico a un commerciante fiorentino, Intieri, che lo contagiò della sua passione per la meccanica e l'economia. Quanto Genovesi vi fosse portato, lo dimostrava un suo trattatello, già pubblicato, di metafisica morale, che s'ispirava al metodo matematico e confutava quello aristotelico. E la cosa aveva fatto arricciare il naso ai censori della Curia, per i quali Aristotile restava *ille philosophus*, l'incontestabile, la Corte di Cassazione.

Altrettanti sospetti suscitarono i suoi *Elementi fisico-matematici*, in cui dissertava sul principio dei corpi, il loro peso, la forza di gravitazione eccetera. Non diceva nulla di nuovo. Ma lo diceva in un modo nuovo: semplice, chiaro, accessibile a tutti, e quindi antiaccademico. Molti studenti disertarono i loro corsi per iscriversi al suo, e questo naturalmente gli valse i malumori e l'invidia dei suoi colleghi. Essi cercarono pretesti per attaccarlo, e non faticarono molto a trovarne. Genovesi s'ispirava soprattutto agl'Inglesi, Bacone e Locke, e come loro faceva dell'esperimento il metodo di ricerca della verità, mettendo da parte quella «rivelata», di cui la Chiesa si considerava la suprema depositaria. Era facile perciò accusarlo d'incredulità, e dall'incredulità all'eresia il passo è breve. Il cardinale Spinelli e l'abate Molinari fecero condannare alcune tesi dei suoi *Elementi di metafisica* e gli sbarrarono la strada alla più importante cattedra di teologia.

Quella che lì per lì egli considerò una disgrazia, fu invece la sua fortuna. Per prevenire guai peggiori, si diede agli studi economici nei quali era difficile dar di capo nel dogma, e l'amico Intieri gli venne in aiuto creando a sue spese una cattedra di commercio e meccanica, la prima a venire istituita in Europa. Il corpo accademico cercò d'impedire a Genovesi di assumerla. Ma il Primo Ministro Tanucci gliela fece assegnare d'autorità.

Il successo fu enorme, e non soltanto fra gli studenti. Le lezioni di quel professore moderno, eclettico, coraggioso, semplice e antiretorico diventarono famose in tutto il mondo, e per ascoltarle vennero a Napoli illustri personaggi come il Duca di Magdeburgo e il Principe di Brunswick. Un giorno si vide seduto a un banco anche un vecchio contadino dalle spalle curve e dai capelli bianchi, di fronte al quale Genovesi si tolse rispettosamente il berretto accademico. Era suo padre, che alla fine della lezione si alzò e disse: «Ho capito anch'io». Il figlio gli baciò la mano.

Le Università di Oxford e di Padova gli fecero allettanti proposte: le rifiutò. Il Tanucci gli rimproverava di non farsi mai vedere a Corte: rispose che non sopportava le mondanità, i pettegolezzi e le bizze di Maria Carolina. Ma con le rose c'erano anche le spine. Le accuse di ateismo e di eresia si facevano sempre più insistenti contro di lui. L'abate Magli ne fece materia d'un libello talmente acrimonioso che Genovesi chiese al cappellano dell'università di proibirne la pubblicazione. L'ottenne, ma poi se ne pentì, e perfino nel testamento ne chiese perdono al suo avversario. Era incapace di rancori, ma soffriva degli attacchi al punto che se ne ammalò di cuore. Questo non gl'impedì di seguitare a lavorare accanitamente. Anzi, la sua opera più importante, le *Lezioni sul commercio e l'economia civile*, la compose proprio allora, e il Tanucci ne fece il suo vangelo per cercar di realizzare nel Reame le riforme che Maria Teresa realizzava in Lombardia e Pietro Leopoldo in Toscana.

Genovesi gliene preparò il piano, dimostrando con dati le deleterie conseguenze delle arcaiche strutture feudali del Sud. Nel solo Napoletano su 1994 proprietà terriere, 1936 appartenevano a nobili e preti che ne vivevano parassitariamente senza apportarvi alcuna migliorìa. Esentati i latifondisti da ogni contributo, tutto il peso fiscale ricadeva sui contadini. Genovesi proponeva una radicale riforma agraria e la formazione di un personale tecnico agguerrito con studi universitari che avrebbero dovuto prendere il posto di quelli di teologia e di giurisprudenza. Chiedeva l'applicazione dei metodi di cultura intensiva introdotti in Inghilterra da Tull e un'audace politica d'investimenti perché – diceva, ed era uno dei primi a dirlo – il denaro non è la ricchezza, ma solo uno strumento della ricchezza: l'oro che affluisce dalle Americhe, se resta improduttivo, farà soltanto rialzare i prezzi e condannerà l'Europa alla miseria.

Se Tanucci avesse potuto applicare questa lezione, Genovesi sarebbe diventato il suo Pompeo Neri, cioè un uomo d'azione. Purtroppo, l'accorto Ministro non riuscì a vincere le resistenze dei nobili, sostenuti dalla prepotente e scervellata regina Maria Carolina, e anche lui fu liquidato. Genovesi dovette contentarsi della pura dottrina; ma la servì così bene che alla sua scuola si formò il fior fiore della futura *intellighenzia*.

Sempre più contestato e malato, alla fine fu costretto a lasciare la cattedra. Ma siccome la miserabile pensione che gli avevano assegnato non gli bastava, seguitò a dare lezioni private. «Ho cinquantasei anni, e sembro un vecchio di ottanta» scriveva a un amico. Morì l'anno dopo, e mezza Napoli s'incolonnò dietro il suo feretro.

Di tutt'altra pasta era Ferdinando Galiani, nipote di quel monsignor Celestino che aveva tanto protetto e aiutato il Genovesi. Anche le sue origini erano diverse: veniva da un'agiata famiglia di magistrati abruzzesi, ma era stato affidato allo zio perché lo facesse istruire a Napoli. Anche lui ebbe un precettore piuttosto manesco, don Giacomo Catalano. Ma di lì a poco fu l'allievo a picchiare il maestro, e ne nacque un rapporto così affettuoso che il Catalano rimase poi sempre a servizio di Galiani come suo segretario.

Il particolare è rivelatore: fin da ragazzo il Galiani amava la polemica. La faceva anche con gli altri suoi pedagoghi sebbene lo zio, che lo adorava, avesse scelto i migliori: il Cusano, futuro Vescovo di Palermo, e il Buonafede, che in fatto di filosofia andava per la maggiore. In casa di don Celestino si adunava il meglio di Napoli, dal Vico all'Intieri. Ma il giovane Ferdinando teneva testa a tutti con una vivacità, uno spirito, un'arguzia che mandavano in sollucchero il monsignore. Piaceva anche alle donne sebbene fosse piuttosto brutto, piccolo di statura, con la testa a pera, gli occhi miopi; e le donne piacevano a lui.

Seguitarono a piacergli anche dopo che fu nominato abate. (Tanto per intenderci, visto che questa qualifica nel Settecento ricorre con molta frequenza: essa veniva data a titolo onorifico non solo a dei semplici preti come il Chiari e il Parini, ma anche a seminaristi e a laici autorizzati a vestire l'abito ecclesiastico.) La mondanità lo attraeva, e non c'era salotto di cui egli non diventasse subito la «stella». Non c'è da stupirsi che sia stato lui il primo a dire che «il tempo è moneta». Gl'impegni mondani gliene lasciavano così poco che, per utilizzarlo al massimo, invece di scrivere, dettava, e a tale velocità che il povero Catalano stentava a tenergli dietro con la penna. A diciott'anni pubblicò una splendida traduzione di Locke perché aveva imparato perfettamente l'inglese, oltre al francese, al tedesco e allo spagnolo; e a ventidue un *Trattato della moneta* in ben cinque volumi, che lo rese di colpo celebre in tutt'Europa.

Le invidie naturalmente furono proporzionali al successo. Dissero ch'era un superficiale, lo accusarono d'improvvisazione e di plagio. Nella prefazione di una successiva ristampa, il Galiani ammise francamente di essersi giovato degli studi e ritrovati altrui. Ma questo non toglie nulla ai suoi meriti di grande divulgatore, e il primo a riconoscerli fu il maestro di tutti: Adamo Smith. Fra le sue molte intuizioni c'è anche quella, modernissima, che sui costi di produzione quello che più incide è il lavoro, e che pertanto la vera ricchezza d'un Paese è la manodopera qualificata.

Il vero difetto di Galiani era l'allergia agli approfondimenti. Gliel'impediva la varietà dei suoi interessi. Al contrario di Vico, eternamente sprofondato nel suo solitario monologo e incapace di uscirne, il socievole Galiani si lasciava tentare un po' da tutto – storia, scienze naturali, geografia, geologia – e, aiutato da una prodigiosa capacità di assimilazione, su tutto riusciva a portare dei baleni d'intelligenza. A un certo momento si appassionò di pietre laviche, ne mise insieme una piccola collezione, e la mandò in regalo a papa Lambertini con questa dedica: «*Beatissime Pater, fac ut lapides isti panes fiant*», Beatissimo Padre, fa' che queste pietre diventino pane, cioè in parole povere: sgancia un po' di quattrini. E il Lambertini, ch'era un uomo spiritoso, sganciò assegnando all'impertinente abatino il canonicato di Amalfi che comportava una rendita di quattrocento ducati l'anno.

A essa si aggiunsero quelle del patrimonio che lo zio, morendo, gli aveva lasciato. Ora Galiani era ricco e poteva soddisfare tutti i suoi capricci. Era membro dell'Accademia Ercolanense, scriveva un trattato sulla conservazione dei grani, viaggiava per l'Italia, teneva corrispondenza con gli enciclopedisti francesi. E alla fine il Tanucci, che lo aveva in gran simpatia, lo nominò segretario dell'ambasciata di Napoli a Parigi.

Dapprincipio Galiani ci si trovò male. Abituato alla luminosità e alla vivacità estroversa di Napoli, quella città grigia e un po' inamidata non gli piacque. Poi ci fu la sua presentazione ufficiale a Corte. Sentendosi ancora più piccolo dinanzi al solenne Re, disse in un inchino: «Maestà, io non sono che l'anticipo del segretario. Il segretario viene dopo». Il Re rise, la battuta fece il giro della capitale, e tutti i suoi salotti si aprirono allo spiritoso napoletano. Il più ospitale fu quello della signora d'Epinay, che abbiamo già incontrato come amica di Grimm e protettrice di Rousseau. Galiani s'innamorò di questa donna non bella e non più giovane, ma dolce e materna, e ne fu ricambiato. Parigi accettò quella *liaison* del tutto in tono col suo costume.

Quella società, in cui mondanità e cultura si sposavano così bene, era la più congeniale a Galiani e ne stuzzicava gli estri. Egli poteva abbandonarsi a tutte le stravaganze, compresa quella di farsi regolarmente accompagnare da una scimmia ammaestrata e vestita all'ultima moda, che si era portata al seguito da Napoli insieme al fido Catalano. A chi gliene chiedeva il perché, rispondeva che il vero segretario d'ambasciata era lei. Questo naturalmente non piaceva all'ambasciatore Cantillana, già molto seccato della popolarità di cui godeva il suo subalterno. La scimmia aveva intuito la sua antipatia, la ricambiava, e un giorno per dispetto gli versò sulla parrucca l'olio di una lampada. Furioso, l'ambasciatore ordinò che la bestia venisse uccisa, ma Galiani obiettò che, trattandosi di un segretario d'ambasciata, essa aveva diritto di difendersi in un regolare processo. Tutta Parigi si appassionò a quella disputa, e corse a sentire l'arringa di Galiani, il quale ne prese spunto per corbellare Erasmo Darwin, nonno del grande naturalista, di cui aveva anticipato le teorie evoluzioniste. A furor di popolo, la scimmia fu assolta. Ma poco dopo lo stesso Galiani dovette farla sopprimere perché aveva tentato di strangolare una sua amica di cui era gelosissima.

Furono i migliori anni di Galiani. Stava a letto fino a mezzogiorno, riceveva gli amici in camera come un Re i suoi cortigiani, aveva l'armadio pieno di pellicce, portava il monocolo, faceva il giro dei salotti che se lo contendevano perché la sua presenza consacrava la loro fama, vi raccoglieva battute di spirito, ve ne seminava di sue, corbellava il regime e ne godeva tutti i piaceri. Pur con un forte accento napoletano – che coloriva il suo discorso e mandava in visibilio gli ascoltatori –, parlava splendidamente il francese, e in questa lingua compose uno spregiudicato trattatello sulle donne in cui sosteneva che, per avere successo, esse dovevano essere mezzo devote e mezzo prostitute: il che era un po' forte per un abate, ma non per una Chiesa che accettava tutto, purché non si toccassero i suoi privilegi. Quando tornò a Napoli per curarsi la gotta alle terme d'Ischia, non vide l'ora di ripartire, sebbene gli proponessero incarichi importanti.

Certamente avrebbe finito i suoi giorni a Parigi, se un incidente diplomatico non avesse posto fine alla sua missione. Per la sua benedetta mania delle indiscrezioni, un giorno confidò all'ambasciatore danese che il Tanucci avversava l'alleanza tra le dinastie borboniche di Parigi, Napoli e Parma, perseguita invece dal primo ministro francese Choiseul. Questi lo riseppe e impose al Tanucci il richiamo dell'abate. Galiani ne pianse di disperazione. «Mi hanno spezzato il cuore» disse alla signora d'Epinay, che non avrebbe mai più rivisto, ma con cui rimase in corrispondenza fino all'ultimo.

A Napoli lo trattarono bene. Gli diedero importanti incarichi e un buon stipendio. Ma non si ritrovava più in quella città ciabattona, dove mondanità e cultura restavano divorziate, anzi non si erano mai sposate. La sua brillante epigrammatica conversazione non trovava più pareti che ne rimandassero l'eco. Imbronciato e scontroso, passava le sue giornate a scrivere lettere ai suoi amici parigini, gli unici coi quali valeva la pena discorrere, anche di lontano. Mandò loro anche il testo di una sua commedia satirica, *Socrate immaginario*, che fu rappresentata a

Parigi con immenso successo, tanto che i critici lo paragonarono – esagerando – al miglior Molière.

Il colpo di grazia al suo morale lo dette la morte della signora d'Epinay. Era stata, fra tante passeggere avventure, l'unica donna della sua vita. E da quel momento non fu più lui. Si rifugiava nella musica frequentando i concerti. Ogni tanto ne diceva qualcuna su Maria Carolina, che detestava, e sul suo amante Acton. Con tutte quelle che aveva raccolto in tanti anni di Parigi, il suo repertorio non era mai a corto di battute. Gli altri ci si divertivano, ma lui no. Preferiva restarsene in casa a canticchiare le sue arie preferite – aveva molto orecchio e una discreta voce di baritono – accompagnandosi sul cembalo, a leggere i suoi Dante, Boccaccio e Machiavelli, e a comporre saggi critici sul dialetto napoletano.

Si sentì male a Venezia dove lo avevano mandato in missione, ed ebbe appena il tempo di farsi riportare a Napoli. Morì d'apoplessia nell'87, che non aveva ancora sessant'anni.

Non era stato un grand'uomo. Era stato un Voltaire «alla pommarola», in formato dialettale. Il suo talento non era sostenuto né dalla passione civile di un Giannone, né dall'alta coscienza di un Muratori o di un Genovesi. Ma era stato senza dubbio l'intellettuale italiano più cosmopolita, più elegante, più versatile, il solo che avesse saputo accoppiare le qualità dell'uomo di mondo a quelle dell'uomo di cultura. Forse fu tradito dalla facilità del suo talento. Riuscendo in tutto, non s'era impegnato in nulla. Ma quello che aveva dato, certamente poco a confronto di ciò che avrebbe potuto, non è da buttar via. La sua diagnosi della situazione economica e sociale del Mezzogiorno era esatta. Anche lui, come Genovesi, identifica le cause della miseria meridionale nella ragnatela delle barriere doganali che inceppano il Reame, nell'assenteismo dei latifondisti, nei gravami fiscali che schiacciano il contadino, nell'arretratezza dei metodi di coltura, nella mancanza di una politica del credito che dia l'aìre allo sviluppo industriale. Dice ai governanti: «Ma perché tenete in cassa dieci milioni di scudi d'oro, invece di utilizzarli in migliorìe agricole e impianti di manifatture?» Ma lo dice senza l'impeto polemico del Genovesi.

Forse, ben utilizzato, avrebbe dato di più. Ma in un regime che tirava soltanto a campare come quello borbonico, aveva tirato a campare anche lui. E c'era riuscito al meglio.

CAPITOLO TRENTUNESIMO

GLI ARTISTI

Il Seicento fu il secolo del barocco, un'arte ampollosa, encomiastica, declamatoria, che espresse plasticamente l'assolutismo autoritario della Chiesa post-tridentina. Il nuovo stile allignò quasi esclusivamente nei Paesi cattolici e trovò il suo grande puntello nella potenza spagnola. Quando questa venne meno, sotto i colpi di quella borbonica e asburgica, il barocco entrò in agonia. Il secolo successivo segnò il trionfo del rococò, un'arte gaia, frivola, capricciosa, che attecchì e prosperò specialmente in Francia e in Austria.

La parola «rococò» deriva dal francese *rocailles*, conchiglie che decoravano certe grotticelle spugnose, disseminate nei giardini delle grandi ville patrizie, considerati ambienti naturali da ricevimento, dove, in una girandola di balli, feste, picnic, si davano convegno dame e cavalieri. Fu più uno stile d'interni che di esterni, che bandì tutto ciò che recava l'ipocrita e musona impronta barocca. Le case si riempirono di specchi, stucchi, lumiere, lacche, statuine di maiolica e porcellana, cuccume, bricchi dalle forme esili e civettuole. Anche nelle acconciature e nell'abbigliamento tutti s'intonarono alla nuova moda, ostentando parrucche incipriate e grondanti di riccioli, indossando panciotti ricamati, calzoni di seta attillatissimi, scarpine con tacco e fibbia, graziosi cappelli a forma di tricorno, impugnando spadini dall'elsa finemente cesellata, ventagli dai disegni esotici, variopinti ombrellini di seta.

Nei salotti si servivano caffè e cioccolata, le bibite del secolo. Le dame, accompagnate dagl'immancabili cicisbei, allacciavano continue tresche, appoggiate a un canapè, tra le siepi d'un boschetto, nella penombra d'una grotta. Fra le pareti dei salotti, nel bel mezzo d'un giardino, violini, violoncelli, viole d'amore deliziavano gli ospiti con scherzi e minuetti. Si suonava e si danzava in un clima galante e galeotto, fatto di bisbigli, sussurri, sospiri, strizzatine d'occhio, sguardi furtivi e compiacenti. Leggerezza, grazia, fatuità diventarono le nuove parole d'ordine. Non ci s'impegnava su nulla, nemmeno sull'amore, considerato un piacevole scherzo e un giuoco grazioso. La conversazione frivola, indiscreta, piccante, diventò un'arma infallibile di conquista, una battuta di spirito al momento giusto il miglior *passe-partout* per espugnare il cuore e l'alcova d'una dama.

Fu Parigi a dare il la al *new look* rococò, a fissarne il cerimoniale, dettarne i canoni, portarne alla perfezione (e agli eccessi) le manifestazioni. Vienna, Potsdam, Pietroburgo, le altre grandi capitali europee, con minore grazia ma con altrettanta curiosità, s'affrettarono ad adottare le nuove fogge e il nuovo galateo. In Italia il rococò ebbe scarsa presa e poca fortuna. Ne giunse qua e là la flebile eco, ma in nessuno dei grandi artisti del secolo esso lasciò il segno. In Tiepolo, Canaletto, Guardi, Longhi, Carriera di rococò c'è ben poco, anche se a Venezia questo stile ebbe accoglienze meno tiepide che altrove. I maestri del colore del Settecento non ne furono contagiati. Essi seguitarono a ispirarsi agli illustri predecessori del Cinque e del Sei, di cui non furono gli epigoni ma i continuatori.

Giambattista Tiepolo era nato nel 1696, figlio d'un piccolo armatore. Fisicamente era di statura superiore alla media, robusto, biondo, con un gran naso a becco su una bocca carnosa e sensuale. Gli piacevano la bella vita e le belle donne, ma soprattutto gli piaceva la pittura. Per potervisi dedicare in pace, a ventiquattr'anni, decise di prender moglie e metter su casa. Sposò Cecilia Guardi, sorella di Francesco, che gli scodellò nove figli, due dei quali, Giandomenico e Lorenzo, calcarono le sue orme e acquistarono una certa rinomanza.

Tiepolo fu il pittore più prolifico del suo tempo e uno dei più fecondi di tutti i tempi. Lavorava giorno e notte, «fa un quadro nel tempo che un altro ci mette a sciogliere il colore», disse di lui il conte De Tassin. La sua specialità erano gli affreschi. Il suo prodigioso pennello spaziò su pareti, volte, soffitti d'infinite chiese, ville, palazzi, sfogandosi in grandiose scene sacre e profane, storiche e mitologiche, ch'erano un inno alla luce e al colore: le vergini si confondevano con le divinità pagane, i santi coi guerrieri, gli angeli coi demoni. I suoi affreschi, definiti «toccate musicali», mandarono in visibilio i contemporanei e i posteri.

Adulato, conteso, strapagato da Principi, prelati, ricchi borghesi, nel 1726 ottenne l'incarico di decorare il duomo di Udine. Nel 1731 e nel 1740 affrescò i palazzi milanesi Archinti e Clerici. Dovunque lo richiedessero, in Italia e all'estero, lui accorreva. Solo a Stoccolma rifiutò di recarsi perché il Re trovò le sue tariffe troppo alte.

Aveva bisogno di molto denaro perché viveva da gran signore, possedeva un guardaroba da nababbo, si circondava di mute di levrieri e di bellissimi pappagalli, ostentava gioielli di gran fattura, comprò addirittura uno schiavo negro, Alim, che ritrasse in numerosi affreschi e nel 1741 fece battezzare. Guadagnava soldi a palate, ne spendeva a piene mani, ma era prodigo più con sé che con gli altri. Qualche volta riusciva persino a essere taccagno. Quando il Re di Spagna lo invitò a Madrid, si fece precedere da un certificato di povertà per ottenere il rimborso delle spese di viaggio.

Nel 1750 il pittore «tutto fuoco», com'era stato battezzato, fu chiamato a Würzburg, capitale della Franconia, a decorare il salone imperiale e lo scalone della residenza del vescovo principe Carlo Filippo. Vi giunse in compagnia dell'amante Cristina, che gli faceva anche da modella, dei figli Giandomenico e Lorenzo e d'uno stuolo di aiutanti. Si mise subito all'opera e la eseguì a tempo di record, lasciando di stucco il committente, che gliene affidò subito un'altra. Tornò a Venezia due anni dopo e un'ondata di nuove ordinazioni lo sommerse. Non ne rifiutò nessuna e seppe far fronte a tutte, sebbene da tempo soffrisse di gotta. A sessantasei anni, Carlo III di Spagna lo volle a Madrid per affrescare il palazzo reale. Tiepolo, dato il precario stato di salute, sulle prime nicchiò, poi decise ugualmente di partire col solito codazzo di amante, figli e «negri».

Il contratto prevedeva un soggiorno di tre anni, uno stipendio di duemila doppioni l'anno, più cinquecento per la carrozza, cinquecentotrentacinque per il viaggio e una casa a spese del sovrano. Giunto a Madrid, s'ammalò gravemente e fece testamento. Riavutosi, impugnò il pennello e s'accinse alla decorazione delle immense sale degli Alabardieri e del Trono. Nonostante l'età e gli acciacchi, anche stavolta la sua mano compì prodigi, che gli guadagnarono molti consensi ma gli attirarono anche molte gelosie. Ad accanirsi contro di lui fu soprattutto il pittore boemo Raffaele Mengs, che godeva a Corte di alte protezioni. Tiepolo gli rompeva le uova nel paniere e minacciava il suo primato, fin allora indiscusso e incontrastato. L'ostilità, dapprima sorda e sotterranea, diventò aperta quando il Re fece al Tiepolo un elogio che Mengs trovò esagerato. Un bel giorno i due pittori vennero alle mani, anzi ai bastoni. Giambattista decise allora – sia pure a malincuore – di tornarsene a casa, ma la morte non gliene lasciò il tempo. Fu sepolto, senza troppi onori, nella chiesa di San Martino. Aveva appena compiuto settantaquattr'anni. Con lui scomparve l'ultimo rappresentante della grande pittura decorativa veneta.

Tiepolo lasciò numerosi eredi e imitatori, a cominciare dai figli, ma nessuno l'uguagliò. Nel campo dell'affresco, in cui quasi esclusivamente si cimentò, non ebbe rivali. Fu un incomparabile scenografo ch'ebbe bisogno di grandi spazi, immense pareti, volte vertiginose, sconfinati soffitti. Canaletto e Guardi affidarono invece a piccole tele le loro visioni: scorci della laguna, squarci di cielo, andirivieni di gondole, via vai di gente.

Canaletto si chiamava in realtà Antonio Canal. Il nomignolo gli era stato affibbiato perché era una specie di nanerottolo. Quel poco che sappiamo di lui ci dice ch'era figlio d'un modesto scenografo. Sull'esempio paterno debuttò come «pittore di teatro», esperienza che si risolse in un fiasco e lo convinse a cambiar strada. Scelse quella che percorreva ogni giorno e che aveva quotidianamente sotto gli occhi: la laguna. La vita gaia e luminosa che in essa si svolgeva e palpitava monopolizzò la sua tavolozza. Era la stessa vita che Goldoni rappresentava nelle sue commedie, la vita di tutti i giorni e di tutti, nobili e popolani, cortigiane e gondolieri, che affollavano piazze, canali, calli, campielli. Solo da questi esterni egli seppe trarre ispirazione. Quando non dipingeva lo s'incontrava nelle mercerie o in piazza San Marco o sul Canalgrande a prendere appunti, fare schizzi, tracciare bozzetti. Giunse persino a trasformare una gondola in studio e a solcare su di essa i canali fermandosi qua e là per riprendere questo o quel paesaggio. All'inizio fece largo uso del chiaroscuro, delle contrapposizioni forti, delle tinte drammatiche, poi il suo pennello s'ingentilì, i cieli si tersero, le prospettive s'addolcirono, le figure umane s'illuminarono.

I suoi migliori clienti erano i ricchi stranieri, specialmente inglesi, nessuno dei quali tornava in patria senza una sua «veduta» nella valigia. Canaletto divenne talmente popolare al di là della Manica che il collega Amigoni, da tempo emigrato in Inghilterra, dove aveva fatto fortuna, lo invitò a Londra. Nel 1746 Antonio partì con una lettera d'accompagnamento del console inglese che raccomandava al proprietario del palazzo in cui il pittore si sarebbe istallato di dargli una bella finestra sul Tamigi. Le accoglienze furono piuttosto tiepide e Antonio ne soffrì molto. Si mise subito al lavoro con grande lena e sfornò una profluvie di quadri, ispirati al brumoso e malinconico paesaggio londinese, che ebbero però scarso successo e trovarono pochi acquirenti. I critici non gli risparmiavano frecciate e i mercanti lo ignoravano. Effettivamente le «vedute» inglesi non erano all'altezza di quelle veneziane: tecnicamente perfette ma fredde, senz'anima, quell'anima che l'artista ritrovò solo quando rivide la sua laguna. A contatto con le calli, i campielli, le gondole il suo pennello riacquistò la lucentezza, il brio, la schiettezza d'un tempo. Charles De Brosses, dopo aver visto le sue tele, scrisse: «Nell'arte di ritrarre Venezia, Canaletto non ha rivali. La sua maniera di dipingere è chiara, gaia, viva, immediata, notevole specialmente nel dettaglio». Nel 1764, a sessantasette anni, fu eletto membro dell'Accademia delle Arti. Quattr'anni dopo, all'apogeo della fama, morì.

Non ebbe una scuola, ma ne fece una. Molti si misero sulla sua scia, ma uno solo ci rimase: Francesco Guardi, più giovane di lui di diciassett'anni, ma, come lui, dotato d'un occhio acutissimo e d'uno straordinario gusto cromatico. Veniva da una famiglia d'un certo rango, originaria di Val di Sole. Dal padre, discreto pittore, ereditò la passione per il disegno, ma furono l'esempio e la lezione del Canaletto a formargli lo stile e a ispirare la sua tavolozza, cui però Francesco impresse un sigillo personalissimo. Fu un grande «vedutista», che vide le stesse cose del Canaletto ma con maggiore abbandono e più commozione. Le sue visioni della laguna non hanno il nitore, la chiarezza di contorni, la geometria di quelle del Canaletto. Sono più lontane, svaporate, irreali. Racchiudono la malìa e la magìa d'una città che, dietro la maschera d'un eterno carnevale, nasconde un volto triste e pieno di rughe: canali putridi, approdi bavosi, intonaci fatiscenti, soffitti cariati, monumenti sbreccati.

Forse proprio per questo i Veneziani l'amarono poco e gli preferirono Canaletto, la cui fortuna presso i contemporanei fu immensamente superiore alla sua. A consacrare quella di Francesco, che lasciò la laguna una sola volta per un viaggio d'affari, furono i posteri. Secondo un calcolo, non sappiamo quanto attendibile, egli dipinse oltre tremila quadri, molti dei quali si trovano a Londra. Guardi morì povero, com'era vissuto, a ottant'anni, dopo una vita interamente spesa al servizio dell'arte. Timido, taciturno, frugale, gli si conobbe un unico vizio, comune del resto a molti suoi concittadini: il giuoco.

Canaletto e Guardi furono pittori d'esterni. Pietro

Longhi predilesse invece gl'interni. Non s'affacciò alla finestra, non uscì all'aperto, non si mescolò alla gente nelle strade e nelle piazze. Ambientò i suoi dipinti nel chiuso delle dimore patrizie e dei tuguri plebei, dei caffè e dei ridotti, dei palcoscenici e dei salotti. Contrapponendo la sua arte a quella del Tiepolo, Gaspare Gozzi scrisse nella celebre «Gazzetta»: «Il Tiepolo ti presenterà un fatto d'arme, un'adunanza di personaggi grandi, una storia; il Longhi un'adunanza di belle, un'avventura d'amore, un discepolo di musica».

All'inizio, Pietro subì forse l'influenza del Tiepolo e tentò la via dell'affresco. Ma fece naufragio e si volse alla pittura di genere domestico, alla piccola cronaca quotidiana, alla commedia (fu chiamato «il Goldoni della pittura»). Nelle scene di costume non ebbe rivali. I suoi interni, studiati nei minimi particolari, quasi cesellati, senza una sbavatura, senza un orpello, immuni da pedanteria e da enfasi, ci forniscono l'immagine più calda, viva, umana della vita intima veneziana, colta con occhio arguto, curioso, indulgente. L'uomo fu prodigo e bonario, di gusti semplici, amante della buona tavola e delle «ciacole». Forse per questo campò fino a ottantatré anni.

Rosalba Carriera non si volse né alla laguna né agl'interni delle umili o fastose residenze veneziane. Fissò i volti dei suoi abitanti e li tramandò ai posteri in ritratti di straordinaria somiglianza e splendida fattura. Debuttò come miniaturista in avorio decorando tabacchiere, portaciprie, scrigni. Le sue incisioni erano dei capolavori di psicologia e di grazia. Diventò giovanissima un'artista di grido. Il suo studio era frequentato non solo da Veneziani, ma anche da stranieri. Inglesi, Francesi, Tedeschi includevano nel loro itinerario la Laguna per farsi ritrarre da lei. Erano i suoi clienti più devoti e gli ambasciatori più entusiasti della sua inimitabile arte.

Nel 1701 Cristiano Cole la iniziò alla tecnica del pastello. Anche in questo genere Rosalba non ebbe rivali. Massimiliano di Baviera, Cristiano di Meclemburgo, Augusto di Sassonia la sommersero d'ordinazioni. Il celebre critico-mercante francese Pietro Crozat la invitò a Parigi, dove ebbe accoglienze trionfali. Il «Mercure de France» pubblicò in gran rilievo la notizia del suo arrivo. Versailles le spalancò le porte. Il ritratto che fece al futuro Luigi XV, che aveva allora dieci anni, la impose come pittrice di moda. I prezzi dei suoi quadri salirono alle stelle e Rosalba tornò in patria piena d'oro e di luigi. Fu anche a Vienna, dove conobbe l'Imperatore, che restò inorridito dalla sua bruttezza.

La scarsa avvenenza non le impedì d'essere corteggiata da uomini bellissimi e di ricevere infinite offerte di matrimonio, che rifiutò per potersi dedicare interamente all'arte. Nel 1746, sulla soglia della settantina, fu colpita da una grave malattia agli occhi, che la rese progressivamente cieca e, negli ultimi tempi, la fece uscir di senno. Calò nella tomba nel 1757 lasciando tutti i suoi beni alla sorella e destinando duemilacinquecento lire per le messe di suffragio.

La pittura del Settecento raggiunse l'apogeo a Venezia e per questo ci siamo soffermati sui suoi artisti più famosi, tralasciando quelli (assai minori) fioriti nel resto d'Italia. Ma la pittura non esaurisce il panorama artistico del secolo, cui impressero un personalissimo marchio due grandi architetti: Filippo Juvara e Luigi Vanvitelli.

Juvara, messinese di nascita, figlio d'un orafo, avrebbe dovuto abbracciare la carriera ecclesiastica, ma la passione per il disegno ebbe il sopravvento su quella per la teologia. Debuttò progettando apparati scenici per l'incoronazione di Filippo. Gli archi di trionfo, i palchi e i baldacchini che in quell'occasione allestì, lo fecero conoscere al di là dello Stretto e gli aprirono le porte dell'Urbe, dove venne a contatto con gli artisti più in voga. Scoprì l'architettura classica, esplorò meticolosamente gli antichi ruderi, s'infatuò di Vitruvio e del Borromini. Per alcuni anni si guadagnò da vivere facendo addobbi di gesso e cartapesta per scenari teatrali, funerali e matrimoni. Quando tornò a Messina fu presentato a Vittorio Amedeo che, dopo avergli affidato l'ingrandimento della reggia cittadina, lo chiamò a Torino, dove passò oltre due decenni, adorato dal sovrano, riverito e conteso da dame e cavalieri, non solo per la sua fama d'architetto ma anche per le sue doti d'uomo di mondo e di brillante cortigiano.

La città sabauda, dopo gl'infiniti saccheggi delle soldatesche francesi, era dal punto di vista edilizio piuttosto malridotta. Sebbene i Savoia fossero gente rude, dedita alle armi e refrattaria all'arte, era però la capitale dello Stato più potente della Penisola. Il che impegnò i suoi sovrani a conferirle un certo decoro esteriore. Torino aveva bisogno di nuovi palazzi, nuove chiese, nuove strade. La sua popolazione non faceva che crescere, la nobiltà abbandonava le proprie terre e i propri castelli per inurbarsi, porsi al servizio del Re, godere dei privilegi di Corte e partecipare ai suoi svaghi. Juvara prese a sfornare progetti su progetti, aiutato da una legione di capimastri, artigiani, decoratori, pittori, arazzieri. Il Re gli mise a disposizione un intero appartamento nel palazzo dell'università in via Po, lo nominò architetto reale e ingegnere civile, lo fece cavaliere di San Maurizio, gli concesse il beneficio dell'abbazia di San Pietro di Selve.

Ci manca lo spazio per elencare tutte le sue opere. La più spettacolare fu la basilica di Superga, che Vittorio Amedeo volle innalzare in adempimento d'un voto fatto durante l'assedio francese della capitale. Il grande santuario s'erge sulla collina, sollevato su un alto basamento, che gli dà slancio e spicco. La facciata è formata da un pronao, scandito da colonne; ai lati si levano due campanili che inquadrano e mettono in risalto la monumentale cupola. Nonostante la mole, la composizione non ha niente di tozzo e opprimente. L'equilibrio delle parti, il dosaggio dei pieni e dei vuoti, ne fanno uno dei capolavori architettonici del Settecento.

Ma l'opera più riuscita dello Juvara, per unanime giudizio dei contemporanei e dei posteri, fu la palazzina di Stupinigi, a pochi chilometri da Torino, nata come luogo di convegno dell'aristocrazia, le cui sorti il Re sabaudo, sull'esempio di quello francese, intendeva sempre più legare a quelle della Corona. Stupinigi diventò una succursale della Corte, nei suoi parchi e nei suoi saloni si davano feste e balli, nei vasti boschi che la circondavano il sovrano e i nobili s'abbandonavano a interminabili partite di caccia.

Sotto Carlo Emanuele, Juvara seguitò a lavorare indefessamente come prima, anzi più di prima, guadagnandosi l'appellativo di «architetto dei Re e re degli architetti». Non s'accontentò di progettare chiese e palazzi e di sistemare strade. Costruì apparati funebri e nuziali, macchine per fuochi d'artificio, disegnò mobili e porcellane, fondò persino una scuola d'arte.

Il suo lungo soggiorno torinese fu interrotto da alcuni viaggi all'estero: a Lisbona, Londra, Parigi, Roma, Madrid, dove lo chiamò Filippo V, e dove la morte lo ghermì il 31 gennaio 1736. Le sue esequie si svolsero a Torino, la città che più amò e che più l'amò. Con lui calò nel sepolcro il maggiore architetto del secolo, barocco nelle cupole e nelle facciate mosse, rococò negli effetti scenografici e nella grazia delle decorazioni.

Luigi Vanvitelli nacque quando Juvara era già un artista affermato. Vanvitelli era il nome italianizzato del fiammingo Van Vittel. Luigi era nato a Napoli allo scoccare del secolo, figlio d'un pittore che, nel 1706, per motivi politici, era dovuto emigrare a Roma. A sei anni il piccolo Luigi già disegnava dal vero e sbalordiva gli artisti che frequentavano la casa paterna.

Gli architetti su cui si formò furono Vitruvio, Palladio e Bramante, ma subì anche il fascino dello Juvara. A vent'anni gli fu affidata la decorazione a fresco d'una chiesa di Viterbo e da quel momento le ordinazioni non si contarono. Prolungò la berniniana facciata di palazzo Odescalchi, sistemò definitivamente la chiesa di Santa Maria degli Angeli, iniziata da Michelangelo sui ruderi delle terme di Diocleziano, eseguì innumerevoli altri progetti.

L'eco della sua fama giunse all'orecchio del Re di Napoli, che gli affidò la costruzione della reggia di Caserta. Nel 1751 approntò il modello, l'anno dopo, alla presenza di Carlo III, della Regina, della Corte, di due squadroni di fanteria e di otto cannoni, pose la prima pietra. In quell'occasione il Borbone gli regalò una cazzuola d'argento, che Luigi donò alla chiesa romana di San Filippo Neri. La reggia è un ciclopico edificio a pianta rettangolare, lungo duecento otto metri, profondo centosessantacinque, alto quaranta, con quattro cortili interni, un grande ingresso centrale e una teoria interminabile di finestre e finestrelle. L'effetto è imponente, solenne e severo. Da quell'immenso blocco di laterizi e travertino emana un'austerità da Escuriale. L'interno, più mosso, articolato, arioso, è una specie di labirinto, solcato da atri, porticati, vestiboli, scalinate.

A questa faraonica impresa Vanvitelli legò il proprio nome e la propria fortuna. Divenne architetto ufficiale del Re, che l'alluvionò di commissioni. La ricostruzione della chiesa della SS. Nunziata, i ponti di Eboli sul Sele e di Canosa sull'Ofanto, i giardini reali, i palazzi dei Principi d'Angri e Campolieto recano la sua firma e la sua impronta. Un'impronta che non ha nulla di rococò e che anticipa il neoclassico, lo stile ufficiale dell'Ottocento.

CAPITOLO TRENTADUESIMO

WINCKELMANN

Nel 1755 venne ad acquartierarsi in Italia un personaggio che, sebbene non italiano, era destinato a svolgere una parte di protagonista nella vita italiana, come un secolo prima era capitato a Cristina di Svezia.

Si chiamava Johann Winckelmann, ed era nato trentott'anni prima nel Brandeburgo. Il Brandeburgo era la culla della Prussia, che a sua volta, sotto la guida dei suoi maneschi Re Hohenzollern, fu la culla del germanesimo più rozzo e aggressivo. A riscattare quest'area depressa dalla sua endemica povertà era stata la patata, quando i coloni latino-americani ne introdussero in Europa la coltivazione. Era l'unica pianta capace di attecchire nel suo sabbioso terreno, e qualcuno dice che gli Hohenzollern dovevano a essa la loro forza perché diede loro una certa autosufficienza.

Si tratta naturalmente di esagerazioni. Ma sta di fatto che quel povero Paese altre risorse non aveva. Berlino, sua capitale, era un villaggio di poche migliaia di anime, e la popolazione era composta quasi esclusivamente di contadini e soldati, cioè di contadini che trascorrevano una buona aliquota della loro vita a fare i soldati perché i loro Re erano sempre impegnati in qualche guerra o guerricciola per ingrandire i propri possedimenti.

Il padre di Johann era uno dei pochi che fossero riusciti

a elevarsi alla condizione di artigiano, faceva il sellaio, e voleva farlo fare anche al figlio. Ma il ragazzo aveva la passione dello studio, e per mantenersi a scuola si arruolò come cantore. Quando il suo maestro divenne cieco, gli si offrì come lettore, divorò tutti i libri della sua biblioteca, e mise su una scuola per conto suo. Avendo saputo che ad Amburgo era stata messa all'asta la libreria di un famoso umanista morto poco prima, fece a piedi i trecento chilometri che lo separavano da quella città e ne tornò portando a spalla diecine di testi greci e latini. Di queste lingue aveva già un'assoluta padronanza. Ma non gli bastavano. E per imparare anche l'ebraico, s'iscrisse alla facoltà di teologia di Halle. Anche quando ebbe ottenuto un buon posto di professore, più che alla cultura degli allievi, seguitò a pensare alla propria. E infatti abbandonò presto la cattedra per un posto di bibliotecario a Dresda, in Sassonia.

Anche Dresda non era che una piccola città di provincia, ma con rango di capitale. C'erano molti diplomatici stranieri, e fra gli altri un Cardinale, Archinto, nunzio pontificio presso il Principe elettore. Archinto andava spesso in biblioteca, conobbe Johann, e i due si fecero reciprocamente una grande impressione. Fu così che il teologo protestante prese a frequentare la nunziatura cattolica, dove alcuni gesuiti lo incantarono. Fra i ministri luterani egli non aveva mai trovato gente così colta e raffinata, ma soprattutto così aperta ai valori della civiltà classica, sebbene pagana. Parlavano di Grecia in greco, di Roma in latino, mai una volta gli capitò di accapigliarsi su questioni di Bibbia o di Chiesa. «Dovreste andare in Italia» dicevano i gesuiti. Winckelmann non chiedeva di meglio: l'Italia esercitava su di lui un richiamo sempre più perentorio. Ma non aveva i mezzi. Fu il nunzio a offrirglieli. Il cardinale Passionei cercava un bibliotecario di fiducia per la sua libreria, la più ricca di Roma. Le condizioni erano buone: vitto, alloggio e settanta ducati all'anno. C'era soltanto una piccola condizione da soddisfare: bisognava farsi cattolici. Winckelmann non ebbe la minima esitazione. Fece atto di abiura nella cappella stessa del nunzio, e a un amico che glielo rimproverava rispose: «A spingermi è stato l'amore del sapere, l'unica cosa che m'interessi».

In realtà non aveva abiurato a nulla perché a nulla credeva. Winckelmann non era un ateo. Ma il suo Dio era, com'egli stesso diceva, «al di sopra di ogni chiesa, confessione o sètta». Riteniamo che abbia ragione il saggista inglese Pater, quando gli attribuisce una naturale inclinazione verso il cattolicesimo per quanto esso aveva saputo conservare della tradizione classica e pagana. La Bibbia non c'entrava. Ciò che rendeva Winckelmann fisiologicamente allergico a Lutero era il suo ripudio del Rinascimento. E ciò che lo attraeva della Chiesa di Roma non era una certa interpretazione di Dio, ma una certa interpretazione della vita, come di un bene supremo da godere coi sensi e con l'intelletto. Era, diceva Goethe, un pagano.

Prima di partire, consegnò alle stampe un saggio critico: *Pensieri sulla imitazione delle opere greche in pittura e scultura*, in cui era già l'abbozzo del suo pensiero e che può essere considerato il breviario del movimento neoclassico. In fatto di arte, diceva pressappoco, non c'è più nulla da scoprire. I Greci hanno già detto tutto. Per raggiungere i vertici dell'eccellenza, non si può che ripercorrere i loro sentieri. Colui che c'è meglio riuscito è Raffaello. L'opera mise a rumore gli ambienti culturali di Dresda e giunse all'orecchio del Principe elettore, cattolico devoto, che concesse a Winckelmann un vitalizio di duecento talleri all'anno più altri venti per il suo viaggio.

Quando si presentò alla frontiera, i doganieri del Papa gli confiscarono i libri di Voltaire che si era portati al seguito. Era un benvenuto alquanto in contraddizione con l'idea che Winckelmann si era fatto della tolleranza della Chiesa e del gran conto in cui teneva la cultura. Ma l'incidente non appannò i suoi entusiasmi anche perché i libri gli furono subito dopo restituiti. Le opere d'arte del Vaticano e soprattutto i marmi di Michelangelo lo immersero in tale estasi che dimenticò persino di presentarsi al Passionei, dei cui stipendi del resto non aveva più bisogno. Infatti andò da lui solo per dirgli che non poteva accettare l'incarico: a Roma, gli disse, c'erano troppe cose da vedere e da studiare. E tutto vide e studiò, meno che Roma. La città moderna nei suoi aspetti pittoreschi e miserabili, il popolo, la società, il costume, non lo interessavano minimamente. L'Urbe, per lui, non era che una pinacoteca. Ma di questa esplorò ogni angolo, con teutonico puntiglio, e sempre in stato di *trance*. «Dio me lo doveva» andava ripetendo «dopo tutto quello che ho sofferto in gioventù.» E a un amico di Dresda scriveva: «Tutto è niente, paragonato a Roma. Solo qui ho saputo che non sapevo nulla, prima di venirci». Abitava sul Pincio, ma di lì si trasferì in un appartamento del palazzo della Consulta che gli aveva procurato Archinto. Troppo occupato a setacciare palazzi e musei, frequentava poca gente, e di veri e propri amici se ne fece due soli, che condividevano i suoi interessi: il cardinale Albani, e un pittore boemo, Mengs, che come lui era rimasto prigioniero di Roma e come lui era destinato a lasciare una larga impronta nella cultura del tempo. Mengs razzolava col suo pennello come Winckelmann predicava. Era talmente innamorato di Raffaello che ne aveva assunto anche il nome, e accanto a lui i Romani, per farlo contento, dovevano più tardi seppellirlo. Winckelmann diceva che anche Raffaello – quello vero – si sarebbe inchinato davanti a certi dipinti del suo omonimo continuatore. I critici d'oggi si mostrano molto meno indulgenti, e a Mengs pittore non attribuiscono un posto di primo piano. Ma a Mengs esegeta non possono rifiutarlo. La sua opera *Pensieri sulla bellezza e il gusto nella pittura* (1762) esercitò sulla linea di Winckelmann una grossa influenza, e tuttora rappresenta uno dei sacri testi del neoclassicismo.

Dopo aver scandagliato Roma e i suoi dintorni, Winckelmann andò a scoprire Napoli. V'incontrò Tanucci e Galiani, ma a sconvolgerlo fu Paestum. La serena maestosità di quei frontoni e colonne lo rese vieppiù certo delle proprie certezze e gli mise in corpo la smania di risalire alla fonte dell'Arte Assoluta: la Grecia. A Roma, dove rientrò per preparare il viaggio, trovò brutte novità: Albani era morto, il che l'obbligava a sgombrare dal palazzo della Cancelleria, e il Re di Prussia aveva scacciato dal trono di Dresda il Principe elettore, il che lo privava del vitalizio. Ma nemmeno questi contrattempi lo distrassero dal suo miraggio. Doveva partire insieme a una turista inglese che prometteva di provvedere a tutto. Ma non sappiamo per quali motivi il progetto andò in fumo e Winckelmann in crisi. «Mi taglierei un dito,» esclamò «mi farei sacerdote di Cybele, pur di vedere quella terra.»

Per consolarsi, tornò a Napoli ad approfondire le sue esplorazioni sui cimeli dell'architettura e statuaria greca. La sua *Lettera sulle antichità di Ercolano* e il *Resoconto sulle ultime scoperte di Ercolano* sono la prima trattazione sistematica sull'argomento e richiamarono su Pompei l'interesse di tutti gli studiosi d'Europa. Come esperto di arte classica il suo prestigio era tale che non fu scosso nemmeno dalle due pàpere che prese quando, nel suo più impegnativo trattato, cui aveva lavorato per sette anni, riprodusse e illustrò come esemplari autentici di pittura greca due composizioni che Mengs gli aveva gabellato per tali, e che invece erano frutto del suo pennello. Gli avversari (ne aveva, naturalmente) ne approfittarono per invalidare tutta l'opera e qualificarla una «patacca». Ma non è vero. L'opera resta un alto esempio di saggismo: forse il primo in cui la critica d'arte diventa arte per i suoi valori stilistici. Winckelmann non era buon scrittore. Ma quando parla di arte lo diventa. Egli fu il primo a scoprire l'incidenza che il culto del bello aveva avuto su tutta la vita della Grecia, la sua storia e il suo costume. Alcune sue intuizioni, come per esempio quella che l'arte greca non è che ragione tradotta in marmo, rimangono. Nessuno, prima di lui, aveva afferrato con tanta chiarezza il passaggio dal «grande» stile di Fidia e di Mirone a quello «grazioso» di Prassitele. E nessuno aveva afferrato con altrettanta penetrazione l'interdipendenza fra il culto dell'arte e quello delle libertà greche.

L'eco di questo libro *(Storia dell'arte antica)*, che Winckelmann aveva dedicato alla memoria di Mengs nonostante il brutto tiro che costui gli aveva fatto, arrivò fino in Prussia. Il Re Federico il Grande, amico di Voltaire, si atteggiava a patrono della cultura, e invitò Winckelmann a trasferirsi nella sua Corte di Berlino. Winckelmann chiese uno stipendio di duemila talleri. Federico ne offrì mille. E Winckelmann di rimando: «Vi risponderò come vi rispose quel castrato al quale rimproveraste di avanzare pretese superiori a quelle dei vostri migliori Generali: *Ebbene, Maestà, fate cantare i vostri generali!*». In realtà Winckelmann, che non era per nulla avido, aveva in orrore Berlino e in grande antipatia quel sovrano che aveva cacciato dal trono il suo vecchio benefattore di Sassonia.

In Germania tornò qualche anno dopo, ma solo a cercarvi qualche sovvenzione che gli consentisse d'intraprendere il sospirato viaggio in Grecia. A Monaco fu ricevuto con grandi onori, e a Vienna Maria Teresa e il principe Kaunitz lo colmarono di doni e lo invitarono a restare. Ma Winckelmann, che non aveva mai amato i suoi Paesi, dopo il lungo soggiorno in Italia li trovò ancora più sgraziati e inospitali. Dopo neanche un mese tornò sui suoi passi, e a Trieste, mentre aspettava una nave che lo riconducesse ad Ancona, strinse amicizia con un altro viaggiatore, un tale Arcangeli.

L'episodio è sempre rimasto avvolto un po' nel mistero. Ma tutto lascia credere che si trattasse, come si suol dire, di una «amicizia particolare». Winckelmann aveva sempre concesso poco all'amore. Era troppo assorto nella contemplazione del bello. Ma non c'è dubbio che il bello, per lui, era quello di sesso maschile, come del resto lo era per i Greci. Le sue pagine traboccano di inni alla virile armonia degli Ercoli e dei David, mentre non se ne trova nessuno per la fragile grazia delle Veneri. Le uniche intimità che gli si conoscono sono quelle col suo allievo e compatriota Lamprecht e con un giovane romano ch'egli stesso ci ha descritto, con voluttuosa ammirazione, «alto, biondo e morbido come un atleta ateniese». Tutto questo non turbava minimamente la sua coscienza assolutamente refrattaria al senso cristiano del peccato. La sua etica era soltanto estetica.

Ci sono quindi buoni motivi per supporre che la sua attrazione per l'Arcangeli avesse dei sottintesi erotici che il giovanotto mostrò di condividere. Questi una mattina entrò nella camera di Winckelmann, contigua alla sua, tentò d'imbavagliarlo per portargli via la borsa, e siccome l'altro reagì gl'inferse cinque pugnalate e si diede alla fuga. Il ferito ebbe solo il tempo di ricevere i sacramenti e di dettare le ultime volontà fra cui c'era anche quella di perdonare all'assassino. Ma non fu esaudito. Catturato poco dopo, l'Arcangeli fu processato per direttissima e condannato al supplizio della ruota, uno dei più crudeli.

L'opera critica che Winckelmann si lasciava dietro non è immune da errori e sordità. Avendo dovuto limitare le proprie esplorazioni all'Italia, egli scambiò per greca l'arte greco-romana, che è cosa alquanto diversa. La sua predilezione per la scultura lo rese piuttosto sordo alla pittura, di cui non fu buon giudice. E la sconfinata ammirazione per gli antichi, se da una parte lo aiutò a capirli, dall'altra lo indusse alla ostinata e sistematica negazione degl'impulsi creativi moderni. Secondo lui l'arte doveva, come la lancetta di un orologio, ribattere sempre lo stesso quadrante, restando ancorata ai modelli di quella classica. Disprezzava i grandi maestri fiamminghi perché se n'erano distaccati e li definiva «grotteschi». Per lui tutto si riduceva a una questione di proporzioni e di simmetria. Qualunque emozione vi trapelasse era bestemmia.

Naturalmente la critica moderna rifiuta queste estreme conclusioni. Ma resta ugualmente debitrice a Winckelmann di profonde e rivoluzionarie intuizioni. Fu lui a rivelare la Grecia all'Europa contemporanea. E fu grazie a lui che uomini come Goethe e Herder ne colsero l'ispirazione più profonda. Egli fu il primo a risalire alle origini del Rinascimento e a dargli, per così dire, il certificato anagrafico. Fu il primo cioè a cogliere i nessi fra critica e storia dell'arte. Tutto il neoclassicismo che impronta il secolo non soltanto nelle arti plastiche, ma anche in letteratura e filosofia è, nel bene e nel male, figlio suo.

Ma egli dettò anche un archetipo a tutti quegl'intellettuali nordici – e sono legioni – che d'allora in poi presero a discendere le Alpi per cercare in Italia (e in Grecia) quell'armonia, quell'equilibrio, e forse anche quell'oblio che non trovavano in casa propria. Byron era anche lui un Winckelmann con la scintilla della poesia. Lo era Schliemann. Lo furono, sia pure su un più modesto piano edonistico, gli scopritori e pionieri di Capri e Taormina, compreso Axel Munthe. Sono i grandi innamorati dell'Italia per quello che l'Italia rappresenta di antitetico alle loro romanticherie: la terra non soltanto del sole, ma anche delle linee nitide, delle forme composte e serene.

L'Italia deve molto a questi uomini. Gli deve anche un'immagine di se stessa, molto migliore e più lusinghiera della sua realtà.

CAPITOLO TRENTATREESIMO

CAGLIOSTRO

Un altro posto di proscenio spetta a Giuseppe Balsamo, alias Alessandro Cagliostro. Nessun avventuriero, in un secolo che ne produsse a josa, fece tanto parlare di sé, fu al centro di tante polemiche, appassionò e divise tanto l'opinione pubblica, esecrato e idolatrato, trattato ora alla stregua d'un sovrano senza corona, degradato ora al rango di volgare furfante. Eppure la storiografia italiana non è ancora riuscita a darcene un convincente ritratto. Martire o impostore, profeta o istrione, scienziato o ciarlatano, filantropo o imbroglione: chi fu Cagliostro?

Diceva d'essere nato in Oriente all'ombra delle Piramidi e d'essere cresciuto alla corte del Muftì Salaahim, dove aveva appreso i primi rudimenti di magia e d'alchimia. Si vantava d'essere stato amico di Gesù e d'avergli dato molti consigli. A quel tempo – diceva – Cristo era poco più d'un ragazzo mentre lui, Cagliostro, era già un uomo fatto. Confessava d'aver assassinato su ordinazione Pompeo, ma si rifiutò sempre di fornire particolari sul delitto.

Naturalmente i dati anagrafici, sebbene di difficile reperimento, parlano un linguaggio molto più pedestre. Era venuto alla luce a Palermo l'8 giugno 1743, figlio d'un mercante, Pietro Balsamo, e d'una donnetta tutta casa e chiesa, Felicita Bracconieri, che il figlio faceva discendere nientemeno che da Carlo Martello. Non abbiamo molte notizie sulla sua infanzia perché egli si rifiutò sempre di parlarne. Quel po' che ne sappiamo lo dobbiamo alle cronache sparse e lacunose di contemporanei, che di Giuseppe Balsamo cominciarono a occuparsi solo quando diventò Cagliostro.

Fu un bambino esuberante e vivace, d'intelligenza pronta, con poca voglia di studiare, disobbediente e attaccabrighe. Fino a tredici anni frequentò il seminario di San Rocco, dove la famiglia l'aveva rinchiuso per toglierlo dalla strada e allontanarlo dalle cattive compagnie. Ma vi combinò tali e tante marachelle, che i superiori l'espulsero. I parenti allora lo spedirono a Caltagirone, nel convento dei Fatebenefratelli. Anche qui si fece subito notare per il suo carattere ribelle e la sua allergia allo studio. Coi Padri della Chiesa poco se la diceva e la teologia l'annoiava a morte. Quanto al greco e al latino, non ne imparò nemmeno i rudimenti. L'unica cosa che lo interessava era la chimica, che a Caltagirone, come in tutti i conventi del tempo, era tenuta in gran conto e largamente praticata. Diventò aiuto del padre speziale, il quale lo iniziò ai segreti della farmacopea, imparò a confezionare elisir di lunga vita, balsami contro l'artrite, pomate contro gli eczemi e perfino filtri d'amore, che pare andassero a ruba anche all'interno del convento. Ma anche questa parentesi fu breve. La condotta del novizio era scandalosa e contagiava i compagni. Un giorno, durante la refezione, Giuseppe lesse ad alta voce le litanie sostituendo i nomi delle Sante con quelli di note prostitute. Era il colmo, e i superiori furiosi lo cacciarono. Il ragazzo tornò a Palermo, accolto freddamente dalla famiglia, che vedeva sfumare il sogno di far di lui un prete. Ora avrebbe dovuto guadagnarsi da vivere da solo.

Non aveva arte né parte ma, da buon Italiano, e per

giunta siciliano, possedeva un'immaginazione straordinariamente fertile. Fu in questo periodo che scoprì d'avere una spiccata inclinazione per il disegno. Perché non sfruttarla fabbricando testamenti e assegni falsi? Si mise subito all'opera e guadagnò parecchio denaro, ma fu scoperto e dovette cambiare aria e attività. Fece per un certo tempo il ruffiano. Smascherato ancora una volta, diventò «pataccaro». La polizia gli si mise alle calcagna obbligandolo a lasciare Palermo e a trasferirsi a Messina. Qui conobbe un uomo che doveva cambiare il corso della sua vita, un armeno di nome Altotas, che diceva d'essere un cultore di scienze occulte, anzi se ne proclamava «l'ultimo depositario». Fu costui a svelare a Giuseppe i segreti della magia e a fargli conoscere l'Oriente.

Non siamo in grado di fissare l'esatta cronologia degli spostamenti di Balsamo in Africa e in Asia Minore, perché egli avvolse sempre in un alone di mistero le sue peregrinazioni giovanili, forse per accreditare la leggenda della propria nascita favolosa. Visitò – e su questo i biografi sono d'accordo – Grecia, Egitto, Rodi, Malta, dove fu presentato al Gran Maestro dell'Ordine, Pinto, che lo prese a benvolere e gli allestì un laboratorio d'alchimia, con tanto di alambicchi, matracci, storte, provette. Coadiuvato dall'inseparabile Altotas, Giuseppe passava notti intere a mescere polveri, distillare erbe, confezionare decotti, elisir, pomate. La morte di Altotas, avvelenato dalle malefiche esalazioni di una pentola, pose fine agli esperimenti e al soggiorno maltese di Balsamo, che si congedò da Pinto e tornò a Palermo. Non vi restò a lungo perché la polizia lo teneva d'occhio e gli rendeva la vita difficile: al minimo sgarro sarebbe finito in galera. Pensò allora d'emigrare a Napoli, città molto più grande di Palermo e dove nessuno lo conosceva. Ma anche da qui dovette fuggire in seguito al ratto d'una minorenne. Roma fu la tappa successiva.

Vi giunse con una lettera di presentazione per l'ambasciatore di Malta, Breteuil, che l'accolse come un figlio, gli diede del denaro e gli apparecchiò un laboratorio. Giuseppe riprese la sua attività d'alchimista e si guadagnò presto una discreta fama di guaritore. Le sue pillole, le sue pozioni, i suoi filtri trovavano molti acquirenti, specialmente nel popolino ingenuo e credulone fino a quando una rissa non lo fece improvvisamente finire in carcere.

Correva l'anno 1768 e Giuseppe non ne aveva ancora compiuti venticinque. Ecco il ritratto che ce ne fa uno dei suoi biografi più illustri, Pericle Maruzzi: «Simpatico d'aspetto, non troppo alto, dalle spalle quadrate, largo il petto; testa forte coperta da capelli neri ondulati, un bel collo rotondo e muscoloso; mani e piedi piccoli, i movimenti vivaci, il viso pieno, colore fresco, fronte aperta e alta. I tratti del viso simmetrici e armonici, naso ben fatto, l'orecchio fine e ben disegnato, il labbro superiore predominante sull'inferiore. Le labbra – spesso socchiuse – mostravano bellissimi denti. Gli occhi neri, espressivi, pieni di vita, magnetici. La voce e il gestire simpatici e da perfetto meridionale. Il vestiario semplice e talora un po' trascurato. Molto fiero, alle volte quasi rude e di pochi complimenti. Nessuno l'ha mai accusato d'essere rubacuori o di prestarsi ai capricci delle grandi e piccole dame che incontrò in ogni parte d'Europa». Non poteva dirsi bello, ma interessante sì. Con le donne era generoso e galante ma, nonostante il sangue «caliente» che gli scorreva nelle vene, per esse non perse mai la testa, fatta eccezione per la moglie.

Lorenza Feliciani era una bella trasteverina di quattordici anni, non molto alta, fresca, formosa, «dolce, gentile, timida». Ignoriamo dove e come Giuseppe la conobbe. Forse Lorenza andò da lui per acquistare una crema di bellezza, o forse i due s'incontrarono per strada. Quel ch'è certo è che in quattro e quattr'otto si sposarono. Lei portò in dote centocinquanta scudi in abiti, gioielli, biancheria e denaro; lui altrettanto in moneta sonante.

La coppia andò ad abitare a Trinità dei Pellegrini, ma non vi dimorò a lungo. Una denuncia per contraffazione di cedole obbligò Giuseppe a fare fagotto in fretta e furia. Lasciò Roma in compagnia della moglie e d'un certo marchese Agliata, un imbroglione specializzato nella fabbricazione di patenti e diplomi falsi. Fu dopo aver conosciuto l'Agliata che Balsamo adottò il nome di Alessandro Cagliostro, che per qualche tempo fece precedere dal titolo di Colonnello prussiano. A chi questo nome appartenesse lo ignoriamo. Alcuni storici lo ascrivono a un antenato materno di Giuseppe, altri gli attribuiscono origini orientali, altri ancora lo derivano dalla cabala. Comunque sia, da questo momento Giuseppe Balsamo cambia identità.

Ci manca lo spazio per seguire gl'innumerevoli vagabondaggi di Cagliostro dopo la precipitosa fuga da Roma. Su consiglio del Marchese, che nel frattempo era diventato l'amante di Lorenza, il terzetto prese la via di Loreto, dove visse di piccoli espedienti e d'elemosine. Successivamente si trasferì a Bergamo. Qui, stando a certe cronache, si dedicò a una non meglio specificata attività di «reclutamento o ingaggio», subito abbandonata per un'altra più redditizia e collaudata: la falsificazione di banconote. Ancora fresche d'inchiostro, prima d'essere spacciate, queste venivano fatte stagionare nel generoso seno di Lorenza. Ma la frode fu scoperta e il terzetto finì in carcere. Quando furono rimessi in libertà, il Marchese se la svignò con la cassa lasciando i compari con un palmo di naso e senza il becco d'un quattrino. Cagliostro e la moglie abbandonarono Bergamo e presero a girovagare per l'Italia del Nord, la Francia meridionale, la Spagna e il Portogallo.

Come sbarcassero il lunario non sappiamo, ma non ci è difficile immaginarlo: imbrogliucci, accattonaggio. A Lisbona Alessandro cercò di buttare la moglie fra le braccia d'un potente Ministro, ma Lorenza, che pure non era nuova a questo genere d'esperienza, si ribellò, con gran rabbia del marito. A Lisbona la coppia s'imbarcò per Londra, ove Cagliostro si mise a vendere elisir di lunga vita, decotti e purganti. Lorenza si dimostrò assai più compiacente, e i giovani sposi cominciarono finalmente a godere d'un po' di benessere. Il soggiorno londinese fu bruscamente interrotto da una denuncia per ricatto, che li fece finire in prigione, dove però non restarono a lungo poiché un cliente risanato da Cagliostro pagò la cauzione. Liberati, andarono ad abitare nella casa di campagna del benefattore. Per sdebitarsi Cagliostro sedusse la figlia dell'anfitrione, nonostante la sua inesorabile bruttezza. Scoperta la tresca, il padre mise gli ospiti alla porta. La coppia prese allora la via di Parigi, dove Lorenza conobbe un certo Duplesir e se ne invaghì. Quando Alessandro se n'accorse, minacciò fuoco e fiamme. Trovava del tutto naturale che la moglie si dedicasse a servizi di alcova: purché lo facesse nell'interesse della famiglia, non per il proprio piacere. Di questo la punì facendola rinchiudere in una specie di convento. Non sappiamo cosa fu di lei durante i successivi spostamenti del marito. La troveremo più tardi a Londra, dove Alessandro approdò nel maggio 1776.

Fra le molte conoscenze fatte nella capitale inglese la

più importante fu quella dei coniugi Scott. Costoro avevano la passione del giuoco e puntavano grosse somme al lotto. Quando seppero che un mago era giunto in città, andarono a trovarlo e gli chiesero su quali numeri dovevano puntare. Cagliostro glieli fornì, in cambio di poche ghinee. I numeri uscirono, gli Scott guadagnarono duemila sterline e in un baleno la fama del mago si sparse per tutta Londra. La sua abitazione fu presa letteralmente d'assedio da migliaia di cittadini pieni d'acciacchi, di debiti e d'illusioni. Cagliostro li accoglieva tutti, a tutti dava consigli, balsami, pozioni, numeri al lotto. Si faceva pagare solo dai ricchi. I poveri li visitava gratis e ai più bisognosi dava anche piccoli sussidi. Mise su una bella casa e attrezzò un nuovo laboratorio, dove passava tutto il tempo che l'attività di guaritore gli lasciava libero. Come ogni alchimista che si rispetti, faceva esperimenti soprattutto di notte, con indosso un lungo camice tatuato di esoterici simboli. Si vantava d'aver scoperto la pietra filosofale che trasformava i metalli vili in argento, oro e platino, e guariva tutti i mali. Lorenza gli faceva da segretaria e teneva a bada i postulanti che s'assiepavano davanti la porta di casa. I più importuni erano gli Scott che, dopo la clamorosa vincita al lotto, volevano carpire ad Alessandro altri numeri. Poiché Cagliostro non si sbottonava, lo denunciarono alle autorità. Alessandro fu imprigionato, e con lui finì in carcere, sotto l'accusa di stregoneria, anche Lorenza. Quando furono rimessi in libertà, decisero di tornare sul continente. Prima di lasciare Londra, Alessandro s'iscrisse alla massoneria di rito scozzese.

Ignoriamo i motivi di quest'adesione, dovuta probabilmente al fascino che sul Conte esercitava tutto ciò che sapeva di mistero e di potenza occulta. Forse vi contribuì anche il fatto che la massoneria godeva allora di grande popolarità non solo in Inghilterra, dov'era nata, ma anche nel continente, dove le logge erano spuntate come funghi.

Ci manca lo spazio per fare la storia particolareggiata di quest'organizzazione. Limitiamoci a qualche cenno biografico.

La parola «massone» cominciò a circolare nel Medio Evo. Pare che avesse corso già nel Trecento. I primi a usarla sarebbero stati gl'Inglesi, che chiamavano *masons* i muratori addetti alla lavorazione della *freestone*, una pietra impiegata nella costruzione di palazzi, castelli, conventi, cattedrali.

Il *freestone mason*, che in Francia diventò *franc-maçon* e in Italia «libero muratore» o, più semplicemente, massone, non era un manovale qualunque, ma un operaio specializzato. Il suo compito non era quello di squadrare pietre, dar loro questa o quella forma, questa o quella dimensione. Svolgeva mansioni più impegnative e delicate, cui lo qualificava un lungo apprendistato. Quella del *freestone mason* era una vera e propria carriera. Chi l'abbracciava doveva sottoporsi a un tirocinio di sette anni, dopodiché entrava a far parte della «loggia», una specie di associazione di categoria.

La loggia prendeva nome dal luogo dove i muratori si riunivano per mangiare, riposare, redigere i progetti. Ogni loggia aveva delle regole, un sommario e rudimentale statuto, cui i membri dovevano conformarsi, pena sanzioni che prevedevano perfino l'espulsione. C'era una gerarchia con vari gradi: il più basso era quello d'«apprendista», cui si aveva diritto dopo sette anni di garzonato. Dopo altri sette, si diventava «compagno». Al vertice stava il «maestro», corrispondente al nostro architetto, incaricato della stesura del progetto e della sua esecuzione. Al maestro s'affiancava un chierico o un funzionario laico col compito di vigilare, per conto del committente (Vescovo o abate, Principe o margravio), l'andamento dei lavori. A parte questo controllo, più formale che tecnico, il maestro aveva carta bianca, fissava i tempi di lavorazione e i salari, e teneva la contabilità del cantiere. La sua autorità, all'interno della loggia, era insindacabile, ma non si limitava all'attività professionale, cioè alla supervisione dei lavori e all'ispezione delle maestranze, tenute alla massima efficienza; esercitava anche un rigoroso controllo morale. I liberi muratori non dovevano fare soltanto bene il proprio lavoro; dovevano anche dare un esempio di buoni cittadini, buoni sudditi, fedeli al Re e alla Chiesa, onesti, leali, sobri.

Ecco alcune delle norme che dovevano osservare, elencate nella Costituzione d'una antica loggia inglese: «Sarete leali l'uno verso l'altro, e cioè verso ogni maestro o compagno dell'arte, e farete loro quello che vorreste essi facessero a voi; nessun maestro assuma il lavoro di un signore o altro se non si sente capace di portarlo a termine; il maestro paghi onestamente e lealmente il salario ai compagni, come esige il costume dell'Arte; nessun maestro o membro dell'Arte tolga ad altri il lavoro a meno che non sia incapace di portarlo a termine; il muratore accolga di buonanimo i muratori stranieri quando arrivano nel suo paese, gli dia lavoro per almeno due settimane e, se non ci sono pietre per lui, lo soccorra con un po' di denaro, perché almeno possa arrivare alla loggia più vicina».

La loggia era quindi anche un'associazione di mutuo soccorso. In cambio del lavoro che ricevevano e dell'assistenza di cui godevano, i massoni dovevano non solo rispettare certe regole morali, ma anche custodire i segreti della loro arte. Ciascuna loggia aveva i suoi, di cui era gelosissima. Ciò era dovuto al fatto che non esistevano uffici brevetti ed era pertanto facile trafugare e sfruttare quelli altrui. Da qui la severità delle selezioni, la durezza delle sanzioni, l'assidua sorveglianza degl'iscritti, l'adozione di termini simbolici, di convenzionali segni di riconoscimento, di parole d'ordine.

Come dalle medievali comunità di muratori della pietra si sia passati alle confraternite massoniche vere e proprie è difficile dire poiché il passaggio avvenne per gradi e sotto il coperto del segreto. Esso iniziò nel Seicento, quando le logge persero a poco a poco il carattere professionale per darsi un contenuto filosofico e politico. I nuovi adepti rimasero fedeli alla simbologia e al gergo, ma non erano più né muratori, né capimastri, né geometri, né architetti, non avevano mai visto una livella né impugnato una cazzuola. Perseguivano un ideale di perfezione morale, predicavano la libertà, l'uguaglianza, la fratellanza, combattevano ogni forma d'intolleranza e di dogmatismo. Il *Book of Constitutions* (Libro delle Costituzioni) del 1722-23 negava il titolo di massone agli atei. In questo Libro, redatto da un ministro della Chiesa scozzese, il dottor James Anderson, trovarono la loro prima sistematica formulazione la nomenclatura e il rituale massonici, adottati dalla Gran loggia riunita, la cui fondazione, nel 1717, segna l'inizio ufficiale della massoneria.

A questa, come abbiamo detto, Cagliostro aderì durante il suo secondo soggiorno londinese. L'alone di mistero che avvolgeva l'organizzazione e il prestigio morale di cui godeva lo entusiasmarono al punto che decise di fondare una loggia tutta sua. La chiamò egiziana, le diede un motto e uno statuto e se ne proclamò Gran Cofto, cioè Gran Maestro. Quindi si mise a far proseliti in tutt'Europa. Le adesioni superarono ogni aspettativa. In Belgio, in Olanda, in Germania il Conte – come ora si faceva chiamare – fu ricevuto con grandi onori. In Curlandia fu portato in trionfo e gli abitanti di Mittau, la capitale, gli offrirono addirittura il titolo e il trono ducale, che egli rifiutò. Non erano questi i galloni cui ambiva. Il suo sogno era quello di fondere il rito scozzese con quello egiziano e di diventare capo universale della massoneria.

Fu con questo miraggio che si recò a Pietroburgo, sede della loggia più potente e meglio organizzata d'Europa. Qui ebbe una serie di colloqui con l'imperatrice Caterina, di cui erano noti i sentimenti filomassonici. Il Conte le parlò a lungo della sua setta, la invitò ad aderirvi, le chiese persino d'assumerne l'alto patronato. Riuscì a guadagnarsi le simpatie della Corte ma si tirò addosso i fulmini dei medici per aver guarito due malati che la scienza ufficiale aveva dato per spacciati. Fu probabilmente questo «miracolo» a perderlo e a consigliargli il trasferimento a Varsavia. Anche qui si diede subito a far propaganda al rito egiziano. Tenne conferenze sull'occultismo, organizzò sedute spiritiche, fece esperimenti di magia e presiedette a numerosi riti d'iniziazione. Dopo quasi tre mesi lasciò la Polonia e si accasò a Strasburgo.

Le accoglienze che la città gli tributò furono degne d'un sovrano. Vi giunse a bordo d'una sontuosa carrozza stracolma di bagagli, seguito da uno stuolo di lacchè, maggiordomi, segretari. Prese alloggio in una bellissima villa, che diventò subito meta d'un ininterrotto pellegrinaggio di cittadini bisognosi di cure o semplicemente desiderosi di vedere da vicino il celebre mago. Cagliostro riceveva tutti, a tutti dispensava cure, ricette, consigli. Cominciò a circolare la voce che il Conte restituiva la vista ai ciechi, l'udito ai sordi, la favella ai muti, raddrizzava gli storpi, spianava i gobbi, ridava foga e giovinezza ai vecchi: non c'era malattia che resistesse alle sue pozioni, ai suoi elisir, ai suoi balsami. Strasburgo si trasformò in un immenso convalescenziario. Gli *ex voto* e i *Te Deum* non si contarono. Mai visti in una volta sola, a opera d'un solo individuo, tanti portenti. Si dava per certo che una signora aveva supplicato Cagliostro di farla ringiovanire di venticinque anni; che Cagliostro le aveva mandato un misterioso elisir a mezzo del proprio servo; che costui, essendo la dama fuori casa, lo aveva consegnato alla domestica, una donna di una trentina d'anni, la quale, non sapendo di cosa si trattasse ma conoscendo i poteri taumaturgici del mittente, aveva bevuto il filtro; che la padrona rincasando aveva trovato, al posto della fantesca, una bimbetta di cinque anni spaurita e piagnucolosa; e che, resasi conto dell'accaduto, si era precipitata da Cagliostro a chiedergli un'altra dose d'elisir, ma il mago le aveva risposto che l'esperimento non si poteva ripetere.

L'eco del prodigio fu tale che il Vescovo-Cardinale della città, il ricco e potente principe Luigi di Rohan, manifestò il desiderio di conoscere Cagliostro. «A che scopo?» chiese il mago quando ne fu informato. «Se Sua Eminenza è malata venga con gli altri e lo guarirò; se sta bene non ha bisogno di me come io non ho bisogno di lui.» Il Vescovo trovò la risposta sublime e andò a bussare alla porta del mago. Appena fu al suo cospetto, Alessandro, guardandolo fisso negli occhi, gli disse: «La vostra anima è degna della mia, e voi meritate di conoscere i miei segreti». Il Cardinale, in brodo di giuggiole, invitò Cagliostro a trasferirsi nel suo splendido castello. Il Conte non se lo fece ripetere e ordinò subito il trasloco.

La residenza del Principe era quanto di più sfarzoso si potesse immaginare. Qualcuno l'aveva addirittura paragonata a Versailles. Rohan vi conduceva vita da nababbo più che da prelato. Le sue feste non erano meno splendide di quelle di Parigi. Alla sua mensa si dava convegno il fior fiore del gotha europeo. Tanto lusso non meravigliava nessuno perché il Vescovo apparteneva a una delle più grandi famiglie di Francia, imparentata coi Valois e i Borboni. Luigi ne era il più illustre rampollo. Alto, asciutto, affabile, colto, gaudente, raffinato, s'era guadagnato il soprannome di «bell'eminenza». L'Accademia di Francia l'aveva accolto nella schiera degli Immortali per i suoi studi di fisica e di scienze naturali.

Furono probabilmente questi interessi ad attirarlo verso Cagliostro, che lo iniziò ai segreti dell'occultismo e dell'alchimia. Il Vescovo diventò il testimone oculare delle mirabolanti trasformazioni operate dal mago per mezzo della pietra filosofale. Per lui – raccontano – Cagliostro creò dal nulla un brillante del valore di venticinque milioni, che Rohan non si sfilava nemmeno quando andava a letto. Il Principe pendeva dalle labbra del Conte, che pendeva dai cordoni della sua borsa. Un bel giorno Cagliostro decise di lasciare Strasburgo ed emigrare a Parigi. «È il buon Dio che ci lascia», esclamò una vecchietta vedendo Alessandro salire in carrozza. Migliaia di cittadini commossi lo seguirono sin fuori le mura.

La capitale francese accolse il mago, accompagnato dall'inseparabile Lorenza e da un codazzo di servi doppio di quello che l'aveva scortato a Strasburgo, con grandi feste. Anche qui tutti volevano fare la sua conoscenza. La marchesa d'Orvilliers così descrisse il primo incontro con Cagliostro: «Non era assolutamente bello, ma giammai s'era offerta alla mia osservazione una fisionomia più notevole; aveva soprattutto uno sguardo d'una profondità quasi soprannaturale. Non saprei rendere l'espressione dei suoi occhi: era nello stesso tempo del fuoco e del gelo, attirava e respingeva, faceva paura e ispirava una curiosità invincibile».

A Parigi s'istallò nel palazzo di Rohan, altalenante fra la sua diocesi e la capitale per stare il più possibile vicino all'amico, che seguitava a godere della sua protezione e soprattutto dei suoi sussidi. Non che l'attività di guaritore e di speziale non rendesse, ma certamente non consentiva al mago di mantenere lo splendido treno di vita che sfoggiava. A Parigi si dedicò soprattutto alla massoneria, allora in gran voga, fece nuovi proseliti e cominciò a carezzare l'idea di fondare nella capitale francese la loggia-madre. Ma il celebre «affare della collana» mandò in frantumi tutti i suoi sogni.

Per rievocarlo dobbiamo fare un piccolo salto indietro e riportarci al tempo in cui Rohan era ambasciatore a Vienna. Sul trono imperiale sedeva la severa Maria Teresa, le feste erano bandite, e anche i diplomatici stranieri dovevano adeguarsi all'*austerity*. L'unica pecora nera era l'ambasciatore francese, che dava balli favolosi, banchetti degni di Trimalcione, feste da mille e una notte. Maria Teresa era fuori della grazia di Dio, ma non osava prendere provvedimenti contro Rohan, dato il suo altissimo rango e il suo nobile lignaggio. Quando però la figlia Maria Antonietta diventò Regina di Francia, Rohan non solo fu esonerato dall'incarico, ma addirittura diffidato dal rimettere piede a Versailles. Disperato, il Vescovo si confinò nella sua diocesi di Strasburgo.

L'idea d'aver perduto il favore dei sovrani lo faceva impazzire e gli toglieva sonno e appetito. A più riprese cercò di rientrare nelle loro grazie, ma tutti i suoi tentativi urtarono contro la volontà di Maria Antonietta. Un giorno bussò alla sua porta una certa contessa Giovanna de La Motte, moglie d'un giovane ufficiale di guarnigione, che aveva conosciuto anni prima. Chiedeva al Principe d'aiutarla a far trasferire a Parigi il marito. Rohan disse che avrebbe fatto il possibile. Congedandosi, la donna, perfettamente al corrente dei reiterati e vani sforzi compiuti dal Vescovo per essere riammesso a Corte, gli confidò di conoscere molto bene la Regina e di goderne la fiducia. L'animo di Rohan si riaprì alla speranza. Promise alla de La Motte mari e monti in cambio d'un'intercessione. Appena la Contessa se ne fu andata, convocò d'urgenza Cagliostro, gli riferì il colloquio e gli chiese il suo parere. Il mago rispose che anche questa era una carta da giuocare.

Le visite della de La Motte al Principe si fecero sempre più frequenti. Rohan prendeva per oro colato ogni parola della donna, credeva come un bambino a tutti i suoi racconti, specialmente a quelli ambientati a Versailles. Ogni volta che la Contessa pronunciava il nome della Regina, Rohan aveva un leggero trasalimento. Non si stancava di far domande su Maria Antonietta, sulle sue abitudini, sulle sue simpatie, sui suoi hobby. La Contessa rispondeva con dovizia di particolari, naturalmente inventati. Un giorno, in gran segreto, gli annunciò che, grazie ai suoi buoni uffici, la sovrana non solo era disposta a riconciliarsi con lui ma addirittura a incontrarlo nei giardini di Versailles. Come prova dei mutati sentimenti della Regina gli lesse un messaggio (anche questo falso) di Maria Antonietta, che fissava il luogo e l'ora dell'appuntamento. Al settimo cielo per la felicità e al colmo dell'emozione, Rohan benedisse la Contessa e le offrì una grossa somma di denaro. Pochi giorni dopo, nel boschetto di Venere, in una notte senza luna, ebbe luogo il convegno. Un'ombra di donna s'avvicinò al Vescovo. Sopraffatto dalla visione, Rohan cadde in ginocchio e, tremando come una foglia, baciò la veste della «Regina». «Potete sperare che il passato sia dimenticato», gli sussurrò l'ombra, dileguandosi poi nelle tenebre. Pochi giorni dopo, la Contessa chiese al Cardinale altri denari. Rohan non solo glieli diede, ma ordinò al suo segretario di versare alla de La Motte tutti i soldi che voleva. Fino a quando sarebbe durato il *bluff*? Prima che il Cardinale lo scoprisse, l'avventuriera decise di giuocargli un altro tiro.

A suggerirglielo furono due innocenti gioiellieri, Boehmer e Bassenge, fornitori della corona. Costoro erano disperati perché non riuscivano a vendere una preziosa collana confezionata per Luigi XV, che voleva regalarla alla propria amante, la du Barry. L'affare non era stato concluso per la morte del sovrano, e Boehmer e Bassenge, che vi avevano investito tutti i loro capitali, non sapevano a chi smerciare il prezioso. La stessa Maria Antonietta, che aveva notoriamente le mani bucate e amava pazzamente i gioielli, quando sentì il prezzo della collana che il marito avrebbe voluto donarle, disse che la Francia aveva bisogno più di vascelli che di gemme.

I due gioiellieri, alle cui orecchie la Contessa era riuscita a far giungere l'eco della sua influenza a Corte, decisero allora di ricorrere a lei. La de La Motte vide la collana, la trovò bellissima e promise che avrebbe convinto la Regina a cambiare idea e ad acquistarla, magari a rate. Successivamente si recò dal Cardinale e gli disse che Maria Antonietta faceva da tempo la corte alla splendida gemma, ma che in quel momento non aveva il denaro sufficiente per comprarla. Rohan si offrì di garantire per lei e il 24 gennaio 1785 firmò l'impegno coi due gioiellieri. Una settimana dopo recapitò personalmente alla Contessa la collana, la cui prima rata avrebbe dovuto essere pagata dalla regina il 1° agosto. In sua presenza la de La Motte finse di consegnarla a un presunto emissario della sovrana.

Quando scoccò l'ora della prima rata, la contessa chiese e ottenne una dilazione, che insospettì Boehmer e Bassenge. I due gioiellieri, invece di rivolgersi a Rohan che, per scongiurare uno scandalo, avrebbe pagato di tasca propria, si precipitarono dalla sovrana. Maria Antonietta prima cascò dalle nuvole, poi si rese conto dell'imbroglio. Ne informò subito il marito che ordinò l'immediato arresto dei coniugi de La Motte, del Vescovo e di Cagliostro, ritenuto l'anima nera di Rohan. Il mago protestò invano la propria innocenza. Furono tutti rinchiusi alla Bastiglia.

Il parlamento fu incaricato d'istruire il processo, che si celebrò l'anno dopo. I giudici riconobbero l'innocenza di Rohan e di Cagliostro, che vennero assolti con formula piena. La Contessa e suo marito furono condannati all'ergastolo. Ma per un motivo o per l'altro, tutti i protagonisti della vicenda ne uscirono assai malconci. Il Re e la Regina perché l'opinione pubblica, ostile alla corona, non volle credere che fossero estranei all'imbroglio; il Cardinale perché fece la figura del gonzo credulone; Cagliostro perché, come mago, avrebbe dovuto aprire gli occhi all'amico.

Costretto a lasciare in fretta e furia la Francia, Cagliostro riparò in Inghilterra, dove non solo non ebbe le accoglienze che s'aspettava ma fu ferocemente attaccato dal direttore del «Courier de l'Europe», Théveneau de Morande, un ignobile gazzettiere che viveva di delazioni e di ricatti. Costui, con la complicità di Lorenza che aveva litigato col marito, svelò a tutta l'Europa la vera identità e le umili origini di Cagliostro. Il Conte si difese male, e appena poté riattraversò la Manica. Nella primavera del 1787 approdò a Bienne in Svizzera, dove poco dopo lo raggiunse, pentita e contrita, la moglie, rimasta a Londra a smontare la casa e a spedire i mobili. Il mago si trattenne a Bienne alcuni mesi guadagnandosi da vivere coi vecchi elisir. Alla fine di luglio, in seguito alle insistenze di Lorenza che voleva rivedere il padre, decise di tornare a Roma. Il grande avventuriero, che sapeva raggirare Principi e Re, era disarmato di fronte a quella donnetta di poco cervello e sempre pronta a tradirlo, non soltanto di letto.

Di passaggio a Trento, divenne amico del Vescovo, che s'offrì di procurargli un salvacondotto per gli Stati pontifici, scrivendo personalmente al segretario di Stato cardinale Boncompagni. Costui rispose che non ce n'era bisogno perché Cagliostro non era affatto persona sgradita. Con questo viatico Alessandro e la moglie si misero in viaggio per Roma. Il mago prese alloggio in una locanda di piazza di Spagna mentre Lorenza s'istallò in casa del padre.

Per sbarcare il lunario, Cagliostro riprese a fabbricare filtri, pomate e balsami. Lo storico Nevio Matteini dice che tentò a più riprese di guadagnarsi la fiducia dei massoni romani, ma con scarsi risultati, a causa forse della diffidenza che costoro nutrivano per il rito egiziano. Stando alle cronache del tempo, il Conte fu ammesso a una sola seduta massonica, il 15 settembre 1789 a Villa Malta. In quell'occasione fece degli esperimenti magici che sbalordirono i presenti, prevedendo con un anticipo di tre settimane le dimostrazioni di Versailles contro Luigi XVI.

Non sappiamo se fu la sua presenza a Villa Malta a insospettire le autorità pontificie o se intervennero altre circostanze. Sta di fatto che il Sant'Uffizio gli mise alle calcagna i propri segugi, i quali cominciarono ad annotare ogni suo spostamento. Non sappiamo neppure se egli si rendesse conto dei pericoli che correva. Come tutti i furbi troppo furbi, Alessandro era talvolta d'un'ingenuità disarmante. Non s'accorse, o finse di non accorgersi, che persino Lorenza tramava contro di lui, sobillata da un monaco, il quale riuscì a farle confessare le attività magiche del marito, promettendole in cambio il paradiso. Forse queste attività furono solo un pretesto per la cattura di Cagliostro. La causa vera andrebbe ricercata nei reiterati tentativi del Gran Cofto di fondare nell'Urbe una loggia massonica di rito egiziano, in cui la Chiesa vedeva una grave minaccia alla fede e all'ordine costituito.

Il 27 dicembre 1789 Alessandro fu tradotto nella fortezza di Castel Sant'Angelo. Il Sant'Uffizio ordinò l'immediata istruzione del processo, che durò diciotto mesi. L'imputato comparve quarantatré volte davanti ai giudici che lo sottoposero a estenuanti interrogatori, durante i quali Alessandro si proclamò ora innocente, ora colpevole, ora di nuovo innocente. In una feroce requisitoria il pubblico ministero l'accusò d'aver negato «la maestà e la perfezione di Dio, la divinità di Gesù Cristo, la sua morte, la grande opera della redenzione, la verginità di Maria, l'efficacia dei sacramenti, l'adorazione dei Santi, l'esistenza del purgatorio, la dignità della gerarchia ecclesiastica». Il mago tentò disperatamente di scagionarsi, ma i giudici, che lo volevano a tutti i costi colpevole, non prestarono orecchio alle sue arringhe, e il 21 marzo lo condannarono a morte. Per intercessione del Papa, la pena capitale gli fu commutata in quella dell'ergastolo da scontare nella fortezza pontificia di San Leo, nel Ducato d'Urbino. L'imputato ascoltò la sentenza in ginocchio, i piedi e i polsi incatenati, il capo velato di nero. Successivamente, in veste di penitente, a piedi scalzi e con un cero in mano, assisté al pubblico rogo delle sue carte, dei suoi strumenti magici, dei suoi emblemi massonici. Nell'aprile, debitamente scortato, partì per San Leo. A dorso di mulo raggiunse la fortezza, dove fu provvisoriamente rinchiuso nella cella del tesoro per passare poi in quella famigerata del pozzetto, che si può ancora visitare: uno stambugio di tre metri per tre e mezzo, umido, maleodorante, infestato da topi, cimici e pidocchi, in cui ci si calava attraverso una botola scavata nel soffitto. Una finestrella di trenta centimetri per settanta, protetta da una massiccia inferriata, era l'unico spiraglio sul mondo esterno.

Non poteva comunicare con nessuno e quest'isolamento lo piombava nella più cupa disperazione. Per ammazzare il tempo imbrattava le pareti di simboli magici e di autoritratti, usando le festuche del paglericcio come pennelli e l'urina mescolata a ruggine come colore. Questo calvario durò quasi quattro anni e mezzo. Gli ultimi mesi furono i più terribili perché il detenuto, ormai completamente privo di senno, urlava giorno e notte, si copriva di morsi e graffi, picchiava la testa contro il muro, si flagellava. Il 26 agosto 1795 finalmente un attacco apoplettico lo liberò da tante sofferenze. Il suo cadavere venne adagiato su un'asse di legno e sepolto in terra sconsacrata.

La notizia della morte si diffuse in un baleno per tutt'Europa e la figura del mago tornò alla ribalta. La leggenda se n'impadronì. Apologeti e denigratori se la contesero. Venerata dagli uni, esecrata dagli altri, fu consegnata ai posteri, che ancora si domandano: chi fu Cagliostro? Un profeta o un ciarlatano, un martire o un furfante?

CAPITOLO TRENTAQUATTRESIMO

CASANOVA

Nel 1786 uscì un feroce *pamphlet* contro gli avventurieri, *Soliloquio d'un pensatore*, firmato da un noto avventuriero, Giacomo Casanova. Il libello prendeva di mira soprattutto Cagliostro, che l'autore presentava come un volgare furfante, un rozzo venditore di fumo, un magonzolo da quattro soldi.

Casanova e Cagliostro s'erano conosciuti per caso molti anni prima ad Aix-en-Provence. Era stato un incontro freddo e fugace. Cagliostro era allora all'inizio della carriera, mentre Casanova ne era all'apice. Fu quella l'unica volta che si videro. Come mai non simpatizzarono? Tutt'e due massoni, tutt'e due appassionati di scienze occulte, tutt'e due affetti da una specie di delirio peripatetico, tutt'e due Italiani e, soprattutto, tutt'e due imbroglioni, forse si somigliavano troppo per non provare una reciproca, invincibile diffidenza.

In comune avevano anche le origini. Casanova, come Balsamo, veniva da un'umile famiglia. Era nato a Venezia il 2 aprile 1725 da un'attricetta, Zanetta Farussi, figlia d'un calzolaio. Stando all'anagrafe, il padre era un certo Gaetano, di professione attore; stando alle malelingue, era un nobile, Michele Grimani.

I genitori, non potendo accudirlo, l'affidarono alla nonna materna che a nove anni lo mandò a studiare a Padova con l'abate Gozzi, sotto la cui guida Giacomo imparò non solo a leggere e scrivere, ma anche a suonare il violino. Una notte, mentre dormiva, la sorella dell'abate, Bettina, sgusciò furtivamente nella sua camera e si infilò nel suo letto, svegliandolo di soprassalto. Giacomo fu gradevolmente sorpreso da quella visita, cui puntualmente altre seguirono. Più tardi confesserà che in quei convegni, per quanti sforzi facesse, non riuscì a perdere la propria innocenza. Bettina non volle infatti mai concederglisi del tutto, limitandosi a tenerlo in uno stato di costante eccitazione.

Terminati i corsi a Padova, si congedò dall'abate e da Bettina e tornò a Venezia. Non avendo il becco d'un quattrino, decise d'abbracciare la carriera ecclesiastica, la più comoda, a quei tempi, per chi voleva sbarcare il lunario senza fatica. Nel febbraio 1740 ricevette la tonsura e il titolo d'abate; undici mesi dopo, i quattro ordini minori. Invitato a tenere il suo primo sermone in San Samuele, si presentò sul pulpito ubriaco fradicio, farfugliando e strabuzzando gli occhi. Qualcuno gridò allo scandalo e Giacomo non trovò di meglio che svenire. Fu subito calato dal pergamo e trasportato in sacrestia, di dove, appena ripresa conoscenza, se la svignò.

Un altro, al suo posto, avrebbe forse buttato la tonaca alle ortiche. Casanova invece la tenne ancora tre anni, comportandosi come se non l'avesse mai indossata. Non la trovava affatto incompatibile con la vita spensierata e bisbocciona che ora conduceva grazie alle sovvenzioni del senatore Malipiero, un vecchio scapolo, ricco e gaudente, che l'aveva preso a benvolere. Il patrizio teneva mensa imbandita nel suo splendido palazzo sul Canalgrande e dava feste da mille e una notte, alle quali Giacomo non mancava mai, conteso dalle più belle dame veneziane, conquistate dal suo straordinario fascino.

Era quello che oggi si direbbe un «fusto»: alto quasi due metri, spalle quadrate, vita sottile, fronte un po' sfuggente, naso adunco, labbra carnose, occhi vivi e scrutatori, incarnato olivastro. Nonostante la mole, si muoveva con grazia, ostentava una gran sicurezza, ispirava confidenza e simpatia. Era un conversatore brillante, arguto e garbato. I suoi inchini e i suoi baciamano erano perfetti, i suoi complimenti mai gratuiti e banali. Sapeva leggere nel cuore della donna e interpretare ogni suo più piccolo desiderio. Per appagarlo non badava a spese e a debiti. La colmava di fiori, profumi, gioielli, abiti. «Non esiste» diceva «donna onesta dal cuore incorrotto che un uomo non sia sicuro di conquistare assicurandosene la gratitudine. È uno dei mezzi più certi e più rapidi. Un uomo che dichiara il suo amore a parole è uno sciocco. L'unico modo di farlo è con le proprie attenzioni.» Ecco il segreto delle sue conquiste.

A diciassette anni perse la propria verginità, seducendo contemporaneamente due sorelle, Nanette e Marton. «Nella mia lunga carriera di libertino» scrisse nelle *Memorie*, rievocando l'eccezionale impresa «durante la quale la mia invincibile inclinazione per il bel sesso m'ha insegnato a usare tutti i mezzi di seduzione, ho fatto girare la testa a qualche centinaio di donne. La chiave del mio successo è dovuta al fatto che non ho mai attaccato le novizie, quelle i cui princìpi morali o pregiudizi erano un ostacolo alla riuscita, se non insieme con un'altra donna. Ho capito ben presto che una ragazza si lascia difficilmente sedurre per mancanza di coraggio, mentre, quando si trova con un'amica, s'arrende con abbastanza facilità: le debolezze dell'una causano la caduta dell'altra.»

Se di notte sacrificava a Venere, di giorno si consacrava alle Muse. Non c'era ramo dello scibile che non l'appassionasse: dalla letteratura alla filosofia, dalla storia alla botanica, dalle scienze occulte a quelle esatte. Era un insaziabile divoratore di libri, un insonne grafomane, uno sperimentatore accanito di formule magiche, un viaggiatore curioso e instancabile. A diciassette anni visitò Corfù e Costantinopoli, al seguito d'un certo Giacomo da Riva. Tornato a Venezia, entrò nel seminario di San Cipriano, ma vi rimase solo due settimane. In seguito alle pressioni della madre, che lo voleva a tutti i costi prete, si fece assumere dal Vescovo di Martirano. Ma la vita ecclesiastica l'annoiava a morte. Un bel giorno piantò in asso il Vescovo e se n'andò a Napoli, dove conobbe importanti personaggi e fece strage di cuori femminili. Il marchese Galiani, fratello del celebre abate, gli diede una lettera di presentazione per il cardinale romano Acquaviva, di cui, poco dopo, entrò al servizio. Ma una faccenda di corna l'obbligò a lasciare precipitosamente l'Urbe e a riparare a Costantinopoli.

Al principio del 1746 rimpatriò senza una lira in saccoccia e con una gran voglia di divertirsi. Per un certo tempo si guadagnò da vivere suonando il violino al teatro San Samuele. Una sera, rincasando dopo un concerto, vide un tale perdere per strada una lettera. Si precipitò a raccoglierla e a restituirgliela. L'altro, che risultò poi essere l'ex inquisitore Matteo Bragadin, per sdebitarsi, gli offrì un passaggio in gondola. Durante il tragitto, il patrizio fu colpito da un infarto e sarebbe certamente morto se Casanova, con gran presenza di spirito, non avesse ordinato un immediato salasso. In segno di gratitudine, Bragadin adottò il suo salvatore come figlio, assicurandogli uno stipendio di dieci zecchini.

Giacomo si diede alla pazza gioia: feste, viaggi, giuoco e soprattutto donne. Fu in questi anni che si guadagnò la fama d'impenitente dongiovanni e d'irresistibile playboy. Nella sua alcova s'avvicendavano grandi dame e semplici popolane. Gli piacevano tutte, e a tutte egli piaceva. Ma le sue cotte duravano lo spazio d'un mattino, anzi d'una notte. Unica eccezione, quella per una certa Henriette, che durò addirittura alcuni mesi.

Il suo approdo non poteva essere che Parigi, dove si trattenne un anno, ricevuto nei salotti e a Corte, conteso e coccolato dalle più belle donne della Capitale. La celebre attrice Silvia Balletti gli spalancò le porte del mondo teatrale e letterario e lo presentò agli uomini più in vista di Francia. Fece la conoscenza di Crébillon, D'Alembert, Fontenelle, Voisenon. Frequentò la famosa scuola di danza di Marcel, dove si perfezionò nel minuetto, ballo allora assai in voga. Tradusse in italiano la commedia di Cahusac *Zoroastro* e diventò un assiduo frequentatore della Comédie française. A Fontainebleau ebbe l'onore d'assistere al pasto serale del Re e della Regina e restò stupefatto sentendo la sovrana chiedere se quello che stava mangiando era pollo in fricassea, piatto da poco importato oltralpe dall'Italia.

In nessun'altra città s'era trovato così bene, s'era tanto divertito, aveva fatto tante amicizie e mietuto tanti allori femminili. Al confronto Vienna, dove si trasferì la primavera successiva, dovette sembrargli una trappa. La città pullulava di commissari di castità, istituiti dalla bigotta Maria Teresa per vigilare sulla moralità pubblica e denunciare i concubini. Ma nemmeno questo gl'impedì di fare collezione di trofei muliebri. Fra un'avventura e l'altra, vinse e perse al giuoco forti somme di denaro, conobbe il poeta di Corte Metastasio col quale ebbe un lunghissimo colloquio e strinse amicizia con molti uomini di cultura. Il 29 maggio 1753, dopo tre anni d'assenza, fece ritorno a Venezia.

Si mise a spendere a piene mani, a dare feste sontuose, a reclutare nuove amanti. Concupì persino una giovane monaca, Caterina Capretta, con la complicità d'una compagna di cella, Maria Maddalena, amica della novizia e amante dell'ambasciatore francese de Bernis, un libertino scettico e raffinato, grande impresario di «balletti verdi». I convegni amorosi che si svolgevano nella sua *garçonnière* erano oggetto di commenti maligni e di piccanti pettegolezzi. I festini cominciavano con una cena luculliana e culminavano in vere e proprie orge collettive, che il padrone di casa dirigeva con grande maestria da dietro un paravento munito d'oblò. Qualche volta anche l'anfitrione si buttava nella mischia, e allora Giacomo ne prendeva il posto di regista e di guardone.

Nella Venezia del Settecento queste quadriglie erano all'ordine del giorno e non scandalizzavano nessuno. Non fu quindi per avervi preso parte che Casanova cadde nelle maglie dell'Inquisizione. Quali furono allora i motivi del suo improvviso arresto? In una serie di rapporti confidenziali rinvenuti negli archivi della Serenissima, Giacomo viene presentato come un parassita, un corruttore di minorenni, un millantatore, un baro, un bestemmiatore. Nel registro del segretario dell'Inquisizione, in data 21 agosto 1755, si parla di «gravi offese commesse da Casanova soprattutto alla nostra santa religione». Tutti questi reati l'avevano certamente reso inviso all'Inquisizione, ma la vera causa del suo arresto fu la corte troppo assidua fatta all'amante di Antonio Condulmer, uno dei tre inquisitori, che gli costò cinque anni di carcere ai Piombi.

Chi metteva piede in queste famigerate galere raramente ne usciva vivo. La volta delle celle era così bassa che il detenuto non poteva stare dritto. Un lurido paglierictio, rosicchiato dai topi e invaso dalle cimici, era, col tradizionale bugliolo e una sgangherata seggiola, l'unica suppellettile. Appena vi fu rinchiuso, Giacomo cominciò a meditare la fuga: «Ho sempre pensato» scriverà più tardi «che quando un uomo si ficca in capo di riuscire in qualche progetto e non s'occupa d'altro che di questo, deve aver successo malgrado ogni difficoltà; quest'uomo diventerà gran visir, papa, butterà all'aria la monarchia, purché si dia da fare per tempo, abbia il coraggio e la costanza necessari». La sua rocambolesca evasione, preparata con la meticolosità d'un certosino, dimostrò ch'egli possedeva questa e quello.

E rieccolo a Parigi. Per prima cosa andò a trovare il vecchio amico e compagno di crapula de Bernis che, grazie alla protezione della Pompadour, aveva fatto una gran carriera, era diventato uno degli uomini più potenti di Francia e aspettava da un momento all'altro la nomina a Ministro degli Esteri. De Bernis accolse Giacomo con grandi feste, lo presentò come un esperto di questioni finanziarie al controllore generale de Boulogne, che gli fece conoscere Paris-Duverney, uno dei fondatori della Scuola militare. Costui era alla ricerca disperata di cento milioni per la scuola, ma non osava chiederli al Re. Casanova gli confidò d'avere un piano per racimolare la somma senza ricorrere all'erario, che avrebbe dovuto coprire solo le spese di riscossione. Il progetto consisteva in una lotteria. Il governo l'approvò subito, nominò Giacomo esattore e gli assegnò sei botteghini. Egli se ne tenne uno e mise in vendita gli altri cinque per diecimila franchi.

Fra le molte conoscenze fatte in questo periodo, la più singolare fu quella con la marchesa d'Urfé, una donna ingenua, bizzarra e ricchissima, che aveva il pallino delle scienze occulte. Casanova entrò nelle sue grazie e nei suoi scrigni decifrando un manoscritto, di cui la Marchesa credeva d'essere la sola a possedere la chiave. Il Veneziano le diede anche lezioni d'alchimia, le svelò segreti magici e le promise persino di farla diventare uomo. Ecco in che modo: «Io Casanova mi sarei incaricato di cercare una vergine in un luogo che gli spiriti m'avrebbero indicato, l'avrei resa pregna d'un bambino maschio in un modo noto solo alla confraternita dei Rosacroce. Il bambino, nato vivo, non avrebbe avuto un'anima dalla natura. Immediatamente dopo la sua nascita, sarebbe stato presentato a madama d'Urfé e questa l'avrebbe nascosto per sette giorni nel suo letto. Alla fine della settimana, madama sarebbe morta con le proprie labbra appiccicate a quelle del bambino, che avrebbe così ricevuto l'anima sua. Da quel momento sarebbe stato mio obbligo vegliare sul bambino in collaborazione con un capo segreto dell'ordine. Appena mio figlio avesse raggiunto l'età di tre anni, madama d'Urfé sarebbe resuscitata». Naturalmente l'operazione non riuscì, ma nelle more dell'esperimento Casanova spillò alla Marchesa parecchie migliaia di franchi.

Il secondo soggiorno parigino durò con varie interruzioni cinque anni, durante i quali Giacomo compì per conto del governo francese varie missioni, non sempre chiare. Nel 1763 si trasferì a Londra per organizzarvi una lotteria, sul modello di quella parigina, ma il progetto andò in fumo. Nella capitale inglese ebbe numerose avventure, non tutte a lieto fine. La più disgraziata fu quella con una prostituta, figlia e nipote di prostitute, Marianna Charpillon, che non solo gli carpì un mucchio di quattrini, ma lo tradì con un barbiere. Il grande seduttore si comportò in quest'occasione come tutti gl'innamorati cornuti: prima fece una scenata, poi perdonò e infine, siccome la donna seguitava a tradirlo senza ritegno, decise d'uccidersi gettandosi nel Tamigi, ma all'ultimo momento se ne fece dissuadere da un amico.

Rimasto completamente al verde, cercò di rifarsi al tavolo da giuoco. Ma la fortuna gli arrise solo a metà. Vinse cinquecentoventi ghinee a un certo barone Stenau, che lo pagò con un assegno falso e gli procurò un mare di guai. Per colmo di sventura, si buscò anche un'infezione venerea dall'amante del Barone di cui, fra una puntata e l'altra, aveva goduto i favori. Disperato, decise di cambiar aria e tornarsene sul continente. A Berlino ebbe l'onore d'essere ricevuto dal grande Federico, a Mittau incontrò il cancelliere Kaiserling, a Pietroburgo, dove passò nove mesi, fece amicizia col fior fiore dell'*intellighenzia* e del gotha locali, a Varsavia fu presentato al sovrano Stanislao Poniatowski.

Raramente egli si fermava in un Paese o in una città più di qualche mese. La sua fama di baro e di spia l'obbligava a soggiorni brevi. I governi non lo vedevano di buon occhio; le polizie di tutt'Europa lo sorvegliavano. Fu assalito dalla nostalgia di Venezia. Ma come tornarci? In incognito? L'avrebbero facilmente riconosciuto. Invocando un'amnistia? Dati i precedenti, gliel'avrebbero certamente negata. Si ricordò allora d'aver letto recentemente una storia della Serenissima piena d'insulti e di calunnie contro la sua città. Se ne procurò una copia e la confutò in tre volumi, che fece stampare a Lugano. L'edizione andò letteralmente a ruba. I reggitori della Repubblica la lessero, la lodarono, ma non mossero un dito in favore dell'autore, il quale dovette pazientare ancora cinque anni, vagabondando in lungo e in largo per l'Italia. A Livorno tentò invano d'arruolarsi nella flotta russa che aveva gettato le ancore in quel porto, a Napoli incontrò la vecchia amante Lucrezia e la figlia che aveva avuto da costei, Leonilda. Il marito della giovane, un nobilotto locale, mosso a compassione dalla sua indigenza, gli restituì i cinquemila ducati di dote che, nove anni prima, egli aveva dato alla figlia.

Da Napoli passò a Roma, poi a Firenze, da dove fu espulso per cattiva condotta. Riparò a Bologna e vi rimase nove mesi, dividendosi imparzialmente fra biblioteche e alcove. In questa città scrisse un *pamphlet* sull'influenza esercitata dagli organi sessuali sul carattere femminile, che gli fruttò cento zecchini. A Trieste si guadagnò da vivere scrivendo su ordinazione poesie encomiastiche e facendo piccoli favori al governatore asburgico e al console veneziano. Riusci a ottenere dalle autorità austriache che il postale Trieste-Venezia fermasse anche a Udine e a persuadere certi monaci armeni, che avevano abbandonato la Serenissima, a farvi ritorno. Finalmente giunse il tanto sospirato lasciapassare e, dopo diciotto anni, poté rimetter piede in patria.

Gli amici l'accolsero con grandi feste, le signore fecero a gara per concedergli le loro grazie, i vecchi protettori Barbaro e Dandolo gli assicurarono un piccolo sussidio mensile di dodici zecchini. Per arrotondarlo, Giacomo si arruolò come spia al servizio dell'Inquisizione, di cui in passato era stato vittima egli stesso, e a testimonianza di questa sua attività rimangono, conservate negli archivi veneziani, una cinquantina di relazioni, cioè di delazioni.

Nel 1779 conobbe una modesta sartina, Francesca Buschini, che viveva con la madre e un fratello. Se n'invaghì, affittò una casetta in Barbaria delle Tole e vi si istallò con l'intera famigliola. Francesca era una ragazza sana, semplice, remissiva, senza grilli per la testa, altruista e devota. A lei siamo debitori di tutte le notizie sull'ultimo soggiorno veneziano di Casanova, racchiuse in trentadue lettere, che Francesca scrisse all'amante durante i nove anni della loro relazione. Nove anni grigi, tribolati, amareggiati dai creditori, scanditi dall'accidiosa routine di una vita piatta e pantofolaia.

A spezzarla bruscamente fu l'uscita d'una violenta satira, *Né amori né donne* (un titolo ch'era tutto un programma), in cui Casanova dimostrava che il potente Carlo Grimani era, come lui, figlio bastardo del patrizio Michele. Il libello scatenò un putiferio. L'autore, memore delle esperienze passate, fece in fretta e furia fagotto e abbandonò Venezia. Non l'avrebbe mai più rivista.

Per due anni ramingò per l'Europa, vivendo di sovvenzioni d'amici e d'impieghi saltuari. A Vienna, l'ambasciatore veneziano Sebastiano Foscarini l'assunse come segretario. Nel febbraio 1784, in casa del diplomatico, conobbe il conte Giuseppe Carlo di Waldstein, discendente del grande Wallenstein, accanito giuocatore d'azzardo e ancora più accanito cultore di magia. Giuseppe e Giacomo simpatizzarono subito, e quando il Conte gli offrì il posto di bibliotecario nel suo castello boemo di Dux, con uno stipendio annuo di mille fiorini, Casanova non se lo fece ripetere.

A Dux, Giacomo passò gli ultimi tredici anni della sua vita, isolato dal mondo, senza donne e senza amici, leggendo e scrivendo dalla mattina alla sera, snobbato dal Conte, che quando aveva ospiti di riguardo lo confinava in cucina coi servi. Il Principe di Ligne, zio di Waldstein, ci ha lasciato uno splendido ritratto di Casanova durante questo periodo: «Non c'era giorno in cui il Veneziano non brontolasse o per il caffè o per il latte o per il piatto di maccheroni, che pretendeva a ogni pasto. Il cuoco non gli aveva preparato la polenta, lo stalliere gli aveva dato un cattivo vetturino quando voleva venirmi a trovare, i cani avevano abbaiato nella notte, ospiti inattesi l'avevano costretto a mangiare a un tavolo separato, un corno da caccia aveva offeso i suoi timpani con delle dissonanze. Il parroco l'aveva fatto arrabbiare perché voleva convertirlo. Il Conte non gli aveva detto bongiorno per primo. La minestra gli era stata servita troppo calda per dispetto. Un servo l'aveva fatto aspettare prima di portargli una bevanda. Non era stato presentato a un celebre visitatore che voleva vedere la lancia con la quale era stato assassinato il grande Wallenstein. Il Conte aveva dato in prestito un libro senz'avvertirlo. Un servo non s'era tolto il cappello passandogli davanti. Quando parlava in tedesco nessuno l'aveva capito, s'era arrabbiato e qualcuno s'era messo a ridere. Entrando in una stanza aveva fatto la riverenza che gli era stata insegnata sessanta anni prima dal celebre maestro di danza Marcel e qualcuno s'era burlato di lui. Ballando il minuetto aveva fatto un passo che aveva suscitato l'ilarità generale. S'era messo in abito di gala con la sua penna bianca, il suo vestito di seta trapunto d'oro, il suo gilé di velluto nero, i suoi lacci forniti di fibbie di cristallo di rocca e le sue calze, e qualcuno aveva riso».

L'uomo che aveva deliziato il mondo con la sua scintillante e inesauribile conversazione, ch'era stato ricevuto da Re e Regine, che aveva avuto ai piedi le più belle donne del suo tempo, che aveva fatto parlare di sé tutta l'Europa, s'era trasformato in un vecchio orso, scontroso, misantropo e ipocondriaco, pieno d'ubbie, d'acciacchi e di manie, che s'adombrava per un nonnulla e per un nonnulla prendeva cappello. La sua *belle époque* era durata mezzo secolo. Poi, il lento, triste, inesorabile tramonto, riscaldato dai ricordi e aduggiato dai rimpianti. Quando, il 4 giugno 1798, calò nella tomba, il grande Casanova era già morto da vent'anni.

Lo confermano le *Memorie* che cominciò a scrivere, in francese, nel 1790. Esse abbracciano infatti solo diciotto anni della sua vita (dal 1756 al 1774), i più avventurosi, i più ruggenti, i più spensierati. Sulla loro veridicità sono stati avanzati molti dubbi. Come tutte le autobiografie, anche questa rappresenta più il personaggio che l'autore voleva essere che quello che fu in realtà. Sincerità e finzione si mescolano ed è difficile, specialmente per noi posteri, sceverare questa da quella. I dodici volumi che le compongono vanno presi quindi per quello che sono, o piuttosto per quello che Casanova ha voluto che fossero: «Che gioia, e che dolore, ricordare il tempo passato», sospirava l'autore.

«Pochi libri al mondo sono più deliziosi. Non esiste un altro documento che si possa paragonare al vivo e imparziale quadro del diciottesimo secolo che le *Memorie* ci offrono», ha scritto Havelock Ellis. E Rémy de Gourmont: «Casanova racconta tanti di quegli episodi che gli sono sfavorevoli che bisogna accettare anche quelli che gli sono favorevoli». «Non ho mai letto un libro – autobiografia o romanzo – capace di dare così completamente il senso della vita», ha detto il critico americano Edmund Wilson. «Divino», definì lo stile di Casanova Alfred de Musset. E Sainte-Beuve: «La sua è una delle migliori prose francesi».

Anche sul piano umano, non si presta che a giudizi polivalenti. Casanova fu un baro, una spia, un imbroglione, un falsario, ma anche un perfetto cavaliere, un gran signore, uno straordinario giornalista, uno scrittore di razza: il vero Italiano del Settecento, apolide e cosmopolita, condannato a una vita corsara dalla mancanza di una patria, di una società, di una fede e di una morale.

EPILOGO

CAPITOLO TRENTACINQUESIMO

LA FINE DI UN MONDO

Nonostante il crescere e il moltiplicarsi dei giornali, alla fine del secolo la circolazione delle notizie era ancora lenta e malcerta anche fra i vari Stati europei. Degli avvenimenti d'oltre Atlantico non arrivavano che confuse voci. Così non c'è da meravigliarsi che quasi nessuno, nemmeno delle classi dirigenti, comprendesse il senso e la portata della rivoluzione americana.

Il Nord-America era ancora un paese lontanissimo, e a cui nessuno riconosceva una qualifica di protagonista. Sebbene territorialmente sterminato, non aveva nemmeno due milioni di abitanti, ai quali mancava, come oggi si direbbe, ogni potere decisionale perché non erano «cittadini», ma «coloni», sottoposti alla sovranità del Re d'Inghilterra. A essa non avevano mai pensato di ribellarsi anche perché avevano bisogno della flotta e dell'esercito inglesi. Dovevano infatti difendersi non soltanto dagl'Indiani con cui la partita era ancora aperta nell'interno delle praterie, ma anche dai Francesi solidamente impiantati nel Canada, e dagli Spagnoli tuttora arroccati non soltanto nel Messico, ma anche in Florida.

Ciò che rovinò l'Inghilterra furono, in un certo senso, le sue vittorie. Come abbiamo detto nella prima parte di questo libro, la diplomazia inglese si servì, lungo tutto il Settecento, delle guerre europee che si susseguirono qua-

Le tredici colonie dell'America del Nord
Le tredici colonie riconosciute indipendenti nel 1783
Territori ceduti dalla Gran Bretagna agli Stati Uniti nel 1783
Compagnia della Baia di Hudson
Québec
New Hampshire
Montréal
CANADA
Grandi Laghi
Boston
Massachusetts
New York
New York
Rhode Island
Connecticut
Filadelfia
Pennsylvania
Territorio del Nord-Ovest
New Jersey
Maryland
Delaware
Virginia
St. Louis
Carolina del Nord
Luisiana
Charleston
Georgia
Carolina del Sud
Oceano Atlantico
Texas
Nuova Orléans
Florida
Is. Bahamas
Golfo del Messico
L'Avana
NUOVA SPAGNA
Cuba
Haiti
Giamaica
Messico
Belize

si senza interruzione sino alla fine di quella dei Sette anni nel '63, per rinsaldare i suoi domini d'oltremare, e specialmente d'America. C'era riuscita in pieno: anche il Canada francese e la Florida spagnola avevano dovuto rassegnarsi a diventare colonie inglesi. Ma con l'attenuarsi di questa doppia minaccia, aumentava nei coloni il desiderio d'indipendenza anche dalla madrepatria.

La sua tutela infatti essi erano costretti a ripagarla con tributi che ostacolavano il loro sviluppo. Non potevano impiantare fabbriche che potessero far concorrenza a quelle inglesi, dovevano riservare le loro materie prime all'Inghilterra e avviarvele su navi inglesi. Questo aveva già provocato parecchi attriti. Ma, finché c'era stato il pericolo di aggressioni franco-spagnole, la paura era bastata a comporli. A precipitare la rottura fu il più trascurabile di tutti quelli fin allora scoppiati: l'imposizione di una tassa sul tè il cui gettito non avrebbe superato le sedicimila sterline l'anno: una cifra, anche per quei tempi, men che modesta.

Ma qui insorgeva una questione di principio. Quasi tutti di origine inglese, i coloni avevano importato dalla madrepatria una certa mentalità che li rendeva allergici a tasse che non fossero state approvate dai loro rappresentanti. In Inghilterra il parlamento era nato proprio da questa esigenza, affermatasi in una lotta secolare contro l'arbitrio del Re. I coloni avevano già fatto valere questo loro diritto nel '65 quando gl'Inglesi avevano preteso addossargli almeno una parte delle spese sostenute nelle guerre contro Francesi e Spagnoli, cui i coloni dovevano la propria sicurezza. Ma non c'era stato niente da fare. I coloni avevano dato il loro sangue arruolandosi, ma i soldi si erano rifiutati di scucirli perché «senza rappresentanza, niente tasse».

Il governo inglese non aveva fatto tesoro di questa lezione. E così, per sedicimila sterline, provocò il disastro. All'imposizione, un pugno di coloni travestiti da Indiani risposero assaltando nel porto di Boston un carico di tè e rovesciandolo in mare. Era la fine del '73. Gl'Inglesi reagirono bloccando la città e deferendo i responsabili a un tribunale di guerra. I coloni del Massachusetts, di cui Boston era la capitale, lanciarono un appello ai confratelli delle altre dodici province in cui il territorio era allora diviso. E i loro delegati s'incontrarono l'anno dopo a Filadelfia, dove fu steso un patto di reciproco aiuto e assistenza.

La guerra avrebbe ancora potuto essere evitata perché il sentimento di fedeltà era tuttavia forte verso l'Inghilterra, se questa non avesse commesso il marchiano errore di sollecitare l'aiuto degl'Indiani. I coloni lo considerarono un tradimento (qual era) e reciprocarono appellandosi a Francia e Spagna che furono ben liete di accorrere con le loro flotte non per dare man forte agl'insorti, ma per prendersi una rivincita contro l'Inghilterra e toglierle la supremazia sui mari.

Per gl'Inglesi fu un brutto momento. Quella ch'essi avevano considerato una piccola rivolta coloniale, un litigio in famiglia, era diventata guerra europea, anzi mondiale, perché la si combatteva dappertutto. Mentre gli Spagnoli in Mediterraneo gli strappavano Minorca e i Francesi li sloggiavano da parecchie isole dei Caraibi, gli Olandesi li attaccavano a Ceylon e a Sumatra. Fu la necessità di far fronte a tutte queste minacce che impedì all'Inghilterra di domare i coloni. Costoro non erano riusciti a mettere insieme più di ventimila armati, e armati male. Ma in compenso avevano trovato un geniale condottiero in Giorgio Washington che, sottoponendoli a una disciplina di ferro, riuscì a trasformare i «figli della Libertà», come si chiamavano quelle sgangherate bande di volontari, in un vero esercito.

Nel '77 le forze inglesi dovettero capitolare a Saratoga. La lotta, anche se continuò fino al 1782, era ormai decisa. Ma il grande avvenimento americano non fu la vittoria militare. Fu la *Dichiarazione d'indipendenza* redatta fin dal 1776 da Jefferson che traduceva in articoli di legge una concezione politica considerata fin allora un sogno di utopisti. Essa diceva che tutti gli uomini nascono uguali e con un certo patrimonio di diritti che niente e nessuno può contestare: il diritto alla vita, il diritto alla libertà e il diritto alla «ricerca della felicità». Ogni uomo può scegliere il proprio destino e l'organizzazione politica ch'egli crede più adatta a favorirlo. Egli cioè è sovrano in quanto è lui che col suo voto designerà al potere dei «delegati», i quali in nessun caso potranno servirsene per coartare i suoi inalienabili diritti, compresa la revoca della delega. Naturalmente egli si sottometterà alle decisioni di una maggioranza, che tuttavia sarà tenuta al più assoluto rispetto delle minoranze e del singolo. Fra i cittadini non ci saranno altre differenze che quelle create dal merito, e quindi non potranno mai diventare ereditarie né qualificare a privilegi. Come i diritti, i doveri saranno uguali per tutti: nessuno, qualunque posto occupi, potrà esserne esentato. Solo la legge, espressione della volontà collettiva, è sovrana.

È pressappoco quello che aveva scritto Rousseau nel suo *Contratto sociale*. Se fosse stato lui a suggerire queste idee agli americani o gli americani a suggerirle a lui, è un problema complesso e che in questa sede non trova posto. Chi voglia approfondirlo non ha che da leggere il magistrale studio di Tocqueville sulle origini della democrazia americana. Un fatto comunque è certo: che la democrazia, anche se frutto sul piano dottrinario di un lungo travaglio del pensiero europeo iniziatosi con la Riforma di Calvino, furono gl'insorti americani a tradurla in un regime politico che innalzava l'uomo alla dignità di cittadino, lo rendeva uguale a tutti gli altri cittadini, pienamente libero e pienamente responsabile di fronte alla società. Molto più dell'aiuto della Francia e della Spagna, molto più del genio strategico di Washington, fu la coscienza di questa grande conquista che condusse i coloni alla vittoria. Ed è questa stessa coscienza che da duecento anni consente alla democrazia americana, malgrado tutte le sue imperfezioni, di superare qualunque crisi senza rinnegarsi. Gli uomini che nella piccola città quacchera di Filadelfia ne redassero lo Statuto s'ispirarono alla Bibbia, dando così ai suoi princìpi di libertà e di uguaglianza un fondamento religioso, che nessuna contingenza politica ha più potuto scalfire.

Di tutto questo, l'Europa non si rese conto che molto più tardi. Lì per lì essa non vide nella rivolta americana che l'occasione per sovvertire l'equilibrio delle forze che l'Inghilterra aveva costruito a proprio vantaggio, strappandole il dominio sui mari. E l'esempio di questa incomprensione lo dette la Francia. La sua flotta riportò brillanti successi contro quella inglese. Ma le sue finanze, pessimamente amministrate, uscirono stremate dallo sforzo. Questo non era un danno irreparabile per un Paese che, quanto a risorse, seguitava a essere il più ricco d'Europa. Irreparabile fu il contagio ideologico. I soldati francesi che, al comando di Lafayette, sbarcarono in America per dar mano agl'insorti, non solo lessero lo Statuto dei coloni di Filadelfia, ma ne constatarono anche la pratica funzionalità. Essi videro quali energie sprigionava quella nuova società di uomini liberi, ne assorbirono il fremito democratico e lo riportarono in patria. Nessun seme poteva attecchire più facilmente in un Paese già arato dalla predicazione di Rousseau e dove il vecchio regime era rimasto più vecchio che dappertutto altrove e chiuso all'esigenze del mondo moderno. Re Luigi e i suoi cortigiani credevano di aver rinsaldato il prestigio della monarchia colando a picco qualche nave inglese. E invece l'avevano irreparabilmente condannata.

Le prime a venire al pettine furono le difficoltà economiche. Era un male endemico di cui il ministro Turgot aveva benissimo indicato i motivi e i rimedi. Bastava liberalizzare gli scambi smantellando la pesante bardatura dei vincoli, monopoli e privilegi che li rendevano sclerotici. Ma questa bardatura era la greppia delle caste dominanti, le cui resistenze avevano avuto la meglio sull'animo indeciso del Re e lo costrinsero a liquidare il Ministro.

Luigi ricorse ai miracoli di Necker, un banchiere ginevrino che passava per il mago della finanza. E il miracolo egli lo avrebbe compiuto, anche senza ricorrere alla magia, se la Corte (che nel regime assolutistico si confondeva con lo Stato e con esso faceva cassa comune) avesse accettato di ridurre le sue folli spese, e le classi privilegiate di pagare le tasse. Ma queste classi erano talmente ottuse che la proposta fu scartata e il Necker liquidato come un pericoloso sovversivo.

Uno dopo l'altro, i suoi successori subirono la medesima sorte. L'ultimo, Calonne, scrisse: «La Francia è un Paese composto di tanti Stati separati, ciascuno con una sua particolare amministrazione, dove ogni provincia ignora ciò che accade nell'altra, dove i ricchi non pagano tasse, e dove il privilegio impedisce qualsiasi giustizia: un Paese insomma impossibile da governare». Ma nel 1788 il passivo del bilancio toccò tali vertici, che il Re richiamò il Necker e convocò per l'anno seguente gli Stati Generali.

Gli Stati Generali erano il parlamento della Francia. Ma, a differenza degli altri parlamenti, esso era diviso in tre diversi ordini secondo le classi che vi erano rappresentate: il Clero, la nobiltà e la borghesia cittadina. Siccome ognuno di essi si riuniva e deliberava per conto proprio, è facile capire che i primi due, solidali nella difesa del privilegio, soverchiavano il terzo. Cioè lo avrebbero soverchiato se il parlamento avesse funzionato. In realtà esso non era stato più convocato dal 1614, cioè da oltre un secolo e mezzo. E fu per questo che l'annunzio suscitò un'enorme impressione fatta di attesa, di timore, di sospetti e di speranze.

La sessione fu aperta da un breve discorso del Re che riconobbe con franchezza la gravità della crisi finanziaria, chiese che venissero adottate delle riforme, ma raccomandando che non ci si lasciasse prendere la mano «da un esagerato desiderio d'innovazione», e lasciò la parola a Necker, che per tre ore alluvionò di cifre e statistiche i parlamentari. Costoro, che dal ministro si aspettavano qualche proposta programmatica, rimasero delusi e disorientati. Ma per quel giorno (5 maggio) non successe nulla.

La battaglia cominciò l'indomani, quando i rappresentanti della nobiltà e quelli del Clero si riunirono per conto loro per prendere le proprie decisioni. I borghesi, comprendendo che se si votava come per il passato, e cioè per Stati, quello loro sarebbe stato sopraffatto dagli altri due, mandarono a dire che il voto doveva essere dato in seduta plenaria e a titolo individuale. I nobili rifiutarono perché questo metodo, dissero, non era previsto. Ma il vero motivo era che i rappresentanti del Terzo stato ammontavano alla somma degli altri due, e quindi formavano maggioranza perché quelli del Clero – fra i quali ce n'erano parecchi di origine plebea – erano divisi, e infatti non presero posizione.

Si giunse a una situazione di stallo che durò tutto il mese, ma che si ripercosse nel Paese creandovi una febbrile tensione. Il 10 giugno il Terzo stato rinnovò la sua richiesta in tono ultimativo. Alcuni giorni dopo esso fu rinforzato da alcuni rappresentanti del Clero che disertarono quello loro. Il suo presidente dichiarò che siccome il Terzo stato rappresentava il novantasei per cento della popolazione aveva il diritto di costituirsi in Assemblea Nazionale facendo a meno degli altri due.

Non era ancora la rivoluzione. La maggioranza di quegli uomini era monarchica. Per trarre il Re dalla loro parte essi decretarono che, finché l'Assemblea rimaneva in carica, tutti i cittadini dovessero pagare le tasse, ma vi si rifiutassero se essa veniva sciolta. Il Re adunò i suoi Ministri. Necker lo supplicò di aderire alle richieste dell'Assemblea accettando il suo sistema di votazione. Ma gli altri lo convinsero che in tal modo sarebbe rimasto prigioniero dei suoi nemici. Egli fissò al 23 la convocazione degli Stati Generali per informarli delle sue decisioni. E a questo punto entrò in giuoco anche il caso.

La sala dove la riunione doveva svolgersi, nel palazzo reale di Versailles, doveva essere ingrandita e riattata. Quando i deputati del Terzo stato vi si presentarono, trovarono le porte chiuse e l'interno occupato dagli operai. Sospettando che si trattasse di un pretesto per impedirgli di entrare, si trasferirono in un attiguo campo di tennis, che allora si chiamava pallacorda, proclamarono che dovunque la loro Assemblea si riunisse, lì era il popolo francese, e giurarono di non sciogliersi prima di aver dato alla

Francia una nuova Costituzione. Cioè dissero in sostanza che l'unico potere legittimo erano loro.

A Parigi la notizia creò grande entusiasmo, e cortei di folla mossero su Versailles per montare buona guardia intorno all'Assemblea. Gli umori della città erano tali che alcuni nobili e quasi la metà dei rappresentanti del Clero si unirono al Terzo stato, rendendone schiacciante la supremazia.

Il Re si presentò alla sessione coi suoi Ministri, fra i quali non c'era Necker che si era rifiutato d'intervenire. Pronunziò alcune parole di circostanza, e poi fece leggere il suo responso da un segretario. Riconobbe al parlamento piena competenza in fatto di finanze e di tasse e il diritto di proporre riforme. Ma ribadì il sistema di votazione per Stati e respinse la pretesa del Terzo di costituirsi in Assemblea Nazionale e di prenderne il nome. «Il vero rappresentante del popolo sono io,» concludeva la dichiarazione «e come tale vi ordino di sciogliervi per riunirvi domani e prendere separatamente le vostre decisioni.»

Quando si alzò per uscire, quasi tutti i nobili ma solo una piccola aliquota del Clero lo seguirono. Quelli del Terzo stato rimasero. Il Gran Ciambellano rinnovò l'ingiunzione di sgombrare la sala. Mirabeau gli rispose che solo le baionette potevano indurveli. Quando il Re ne fu informato, brontolò: «Be', se vogliono restare, restino, e che il diavolo se li porti». Non aveva capito che quel rifiuto di obbedienza era la fine del suo potere, o almeno del suo potere assoluto.

A Parigi il subbuglio cresceva. Le autorità mobilitarono la gendarmeria, ma scoprirono che in parecchi reparti c'erano delle «cellule» che s'erano impegnate a obbedire soltanto all'Assemblea. Lo stesso giorno quarantasette nobili, capeggiati dal Duca d'Orléans, cugino del Re, si unirono al Terzo stato. Il fronte della resistenza si sgretolava sempre più. Il Re si arrese alle pretese dell'Assemblea di votazione collegiale, ma fece convergere sulla città dieci reggimenti, composti in maggioranza di Svizzeri e Tedeschi perché dei Francesi capiva che non c'era più da fidarsi. L'Assemblea temette di essere dispersa con la forza, o finse di temerlo per suscitare la reazione del popolo, e trasformò il proprio nome in quello di «Costituente» per rendere irrevocabile la propria qualifica alla creazione di un nuovo regime. Non aveva ancora rotto e non voleva rompere i ponti con la monarchia. Voleva soltanto indurla ad accettare una forma costituzionale sul modello di quella inglese, e Mirabeau lo disse esplicitamente mettendo in guardia il Re dai suoi cattivi consiglieri.

Fra costoro c'era la regina Maria Antonietta, strettamente legata ai cortigiani più retrivi. Capricciosa, prepotente, sventata, non era mai stata popolare. Ora aveva perso anche la sua pàtina di frivola gaiezza un po' perché non ne aveva più l'età, un po' perché proprio in questa emergenza la sorte l'aveva duramente colpita portandole via il primogenito, erede al trono. Bruscamente richiamata da quella sventura alla realtà, vi reagiva con puntigliosa acredine. Fu anche lei a spingere il Re ad appesantire la mano congedando Necker e sostituendolo con un suo favorito. Parigi rispose porgendo un trionfale saluto al Ministro licenziato. Un giovane ex gesuita che ora faceva l'avvocato, Desmoulins, in un comizio definì il licenziamento di Necker un tradimento, invitò il popolo a impugnare le armi e ne diede l'esempio agitando una pistola. Una folla minacciosa si ammassò, fu dispersa dai soldati, ma tornò ad ammassarsi l'indomani, 13 luglio, per assaltare depositi di armi e impadronirsene.

Il 14 ci fu un attacco agl'Invalidi che fruttò migliaia di fucili e una dozzina di cannoni. A un tratto una voce gridò: «Alla Bastiglia!». La Bastiglia era una prigione, ma ormai in disarmo. Anzi, da un pezzo era riservata a ospiti di lusso e degni di riguardo, tra i quali c'era stato a ripetizione anche Voltaire. Attualmente non contava che sette inquilini, trattati in guanti gialli. Ma la sua sagomatura di fortezza medievale, le sue mura massicce, i ponti levatoi, ne facevano il simbolo dell'assolutismo. E il suo comandante, De Launay, uomo in realtà mitissimo, passava per un torturatore.

Gli assalitori mandarono una delegazione a chiedergli di ritirare i cannoni che, postati sulla città, vi facevano pesare la loro minaccia. De Launay assentì e trattenne i delegati a colazione. Ma dal di fuori alcune teste calde penetrarono nell'interno e abbassarono i ponti levatoi che consentirono agli assedianti d'irrompere in massa. De Launay che, da soldato d'onore, intendeva ritirarsi, ma non arrendersi, intimò di sgombrare, non fu obbedito, e ordinò alle sue sessanta guardie di aprire il fuoco. Gli assalitori risposero coi loro archibugi e poi coi cannoni razziati agl'Invalidi. Dopo quattr'ore di battaglia un centinaio di morti lastricavano il cortile. Piuttosto che continuare la carneficina, De Launay mandò la chiave dell'ingresso principale agli assalitori confidando nella loro cavalleria. Gli assalitori si precipitarono nella cittadella, trucidarono alcune guardie, s'impadronirono del comandante e lo istradarono verso il municipio per sottoporlo a un sommario processo. Ma per strada alcuni scalmanati gli saltarono addosso, lo massacrarono, lo decapitarono e sfilarono per le strade di Parigi con la sua testa infilata su una picca.

Il Re era impegnato in una partita di caccia. Quando

rientrò, scrisse nel suo diario: «14 luglio: nulla». Un cortigiano, che arrivava trafelato da Parigi, gli raccontò l'accaduto. «Ma questa» disse il Re «è una rivolta!» «No,» rispose l'altro «è la rivoluzione.» L'indomani si presentò all'Assemblea, di fronte a cui prese solenne impegno di ordinare il ritiro delle truppe sia da Versailles che da Parigi. Licenziò i Ministri chiamati in carica pochi giorni prima, richiamò per la terza volta Necker, il 17 si presentò in municipio dove si era costituita una giunta di borghesi e popolani. E di fronte a tutti attaccò sul proprio cappello la coccarda blu, bianca e rossa: i colori che la Francia rivoluzionaria aveva scelto come propria bandiera al posto di quella bianca dei Borboni. Un gesto che, compiuto qualche giorno prima, forse gli avrebbe salvato la testa e anche il trono. Ormai era tardivo.

Neanche di questi avvenimenti l'opinione pubblica europea ebbe un'esatta informazione e una chiara visione. E quelle che li capirono meno di tutti furono le altre monarchie assolute cui una secolare deformazione mentale impediva di concepire, financo in via d'ipotesi, che un popolo potesse rivendicare il diritto di decidere il proprio destino. Alle Corti di Vienna, di Berlino, di Pietroburgo, di Madrid, i fatti di Parigi sembrarono una manifestazione di demenza collettiva, destinata a sfociare soltanto nel caos. Ci volle del tempo prima che l'Europa si rendesse conto di cosa succedeva.

Per come si era svolta, la presa della Bastiglia non era stato un episodio glorioso. Ma è giusto che i Francesi abbiano fatto del 14 luglio la loro festa nazionale perché la partita fu giuocata e vinta proprio lì. Tutto il vecchio regime cadde senza opporre più resistenza di quell'antica fortezza che lo simboleggiava. Con semplici tratti di penna la Costituente ne liquidò tutti i residuati. Ai nobili che si erano ostinati a difenderlo, non restò altro scampo che la fuga oltre frontiera, dove si dettero a tramare contro il loro Paese. Come tutti i fuoriuscitismi, anche questo fu fatale alla causa che intendeva servire. Furono gl'intrighi di questi uomini, intesi a fomentare rivolte all'interno e a creare all'estero uno spirito di crociata contro la Francia, a immergere il nuovo regime in una psicosi di sospetti e di paure che fatalmente doveva sboccare nel terrore.

Il primo a farne le spese fu il Re. Sebbene prigioniero dell'Assemblea e ridotto a ratificarne i decreti, egli respinse il consiglio di suo fratello, il Conte d'Artois, che gli suggeriva un colpo di forza militare. Il Conte allora raggiunse gli altri fuoriusciti, offrendo così buoni argomenti a chi accusava il Re di doppio giuoco. Resa furibonda anche da una carestia di pane, la folla lo costrinse a lasciare Versailles e a trasferirsi a Parigi per controllarne meglio le mosse. Il palazzo reale delle Tuileries diventò la sua Bastiglia. Di lì egli vide lievitare una rivoluzione che ormai era sfuggita di mano alla stessa Assemblea. Quella che comandava era la piazza, della cui violenza era interprete un gruppo d'intellettuali estremisti, i giacobini.

La sorte del Re era probabilmente segnata. Ma a precipitarla fu un piccolo episodio marginale. Nel '91, dopo un anno e mezzo d'isolamento, il Re e la Regina vollero prendere la comunione in vista dell'imminente Pasqua. Ma rifiutarono di farsela impartire da uno di quei sacerdoti che avevano accettato l'investitura popolare facendosi eleggere dai fedeli invece che nominare dalla Gerarchia. Perciò i due sovrani decisero di andare a Saint Cloud, dove officiavano dei preti tuttora fedeli alla Chiesa di Roma. Ma la folla li bloccò per strada, obbligandoli a tornare indietro. L'affronto li decise a tentare la fuga.

Prima di avventurarvisi, il Re redasse un proclama con cui invalidava tutti i decreti ch'era stato obbligato a firmare. Ma il colpo andò a vuoto. Riconosciuti per strada, furono riportati di forza alle Tuileries, più prigionieri di prima. Il proclama era la riprova della loro «intelligenza col nemico».

Redatta la nuova Costituzione che s'ispirava ai tre grandi princìpi di Libertà, Eguaglianza e Fraternità, l'Assemblea si era sciolta per cedere il posto a un'altra eletta a suffragio popolare, che traducesse in pratica queste nobili aspirazioni. Ma non ce ne fu il tempo. Le monarchie assolute d'Austria e di Prussia avevano finalmente capito che quello della Francia non era un fatto di demenza collettiva, ma il primo guizzo di un incendio che minacciava d'incenerire tutti i valori e istituti sui quali esse si reggevano. E si erano coalizzate per spegnerlo con una spedizione punitiva, cui subito dopo si associò anche l'Inghilterra.

I contraccolpi in Francia furono immediati. Da quel momento rivoluzione e patria fecero tutt'uno. Chiunque patteggiasse per ragioni ideologiche con gli esponenti del vecchio regime, ormai al servizio degli aggressori, era un traditore. Inoltre l'emergenza esigeva il ricorso agli uomini più risoluti, che naturalmente erano anche i più estremisti. I grandi ideali di libertà e di fraternità non furono rinnegati, ma vennero accantonati. Per essi non c'era posto in un momento in cui gli eserciti nemici incalzavano da ogni parte. Ci volevano il pugno di ferro, i plotoni di esecuzione, insomma il terrore sia contro la minaccia esterna che contro la dissidenza interna. E chi poteva essere più dissidente di un Re per la cui causa gli altri Re si erano coalizzati, e di una Regina, di cui si sapeva che non aveva cessato di rivolgersi per aiuto al fratello Leopoldo,

Imperatore d'Austria, e poi al nipote che gli era succeduto? Del loro tradimento non c'era bisogno di prove. Il comandante dell'armata prussiana in marcia su Parigi aveva lanciato un proclama in cui si minacciava la distruzione della città se si fosse torto un capello alla famiglia reale.

La Francia raccolse la sfida. Guidata da Danton, il più grande tribuno della rivoluzione, e forse anche il suo solo uomo di Stato, la folla assalì le Tuileries, fece a pezzi i coraggiosi Svizzeri della Guardia, e trascinò i due sovrani prima in prigione, poi in tribunale, e infine sul patibolo.

L'Europa allibita non colse sul momento che l'aspetto sanguinario dell'episodio, e ne inorridì. Anche le menti più progressiste, quelle che si raccoglievano sotto il segno dell'Illuminismo, e che dapprincipio avevano simpatizzato col regime assembleare di Parigi e con le sue riforme, furono sconvolte dal doppio regicidio e lo deplorarono. Forse il solo a capire fu Goethe, quando disse che quella non era la fine *del* mondo, come tutti pensavano, ma soltanto di *un* mondo.

Era vero. Il 1789 non chiude, con undici anni d'anticipo, il secolo; ma un'èra.

Nota bibliografica

Alcuni critici ci hanno rimproverato d'aver compilato nel precedente volume, *L'Italia del Seicento*, una bibliografia troppo scarna delle opere da noi consultate. Non crediamo che il lettore a cui noi ci rivolgiamo la esiga. Comunque, visto che ci si chiede di denunciare le fonti a cui abbiamo attinto, ecco le principali.

Per quanto riguarda la storia d'Europa in generale: W. e A. Durant, *L'età del Re Sole*, *L'età di Voltaire*, *Rousseau e la Rivoluzione*, la *Storia d'Europa* di A.H.L. Fisher e la *Storia dell'età moderna* di G. Spini.

Sull'Italia in generale, il *Sommario della Storia d'Italia* di L. Salvatorelli, *L'Italia nel Settecento* di F. Valsecchi, il *Viaggio in Italia* di Carlo de Brosses, miniera di osservazioni, aneddoti, giudizi sul nostro Paese e i suoi abitanti.

Sui vari stati e staterelli in particolare, queste le opere principali che abbiamo consultato: la *Storia della casa Savoia* di F. Hayward e la *Storia di Torino* di F. Cognasso; le *Storie di Milano* di A. Visconti e A. Bosisio; *La République de Venise* di C. Diehl, *La Serenissima repubblica di Venezia* di A. Bailly, la *Storia di Venezia nella vita privata* di P. Molmenti, *I Dogi di Venezia* di A. Da Mosto; *Gli ultimi Medici* di H. Acton, *La splendida storia di Firenze* di P. Bargellini, *I Medici* di G.F. Young, *Pietro Leopoldo* di A. Wandruszka; *Le storie dei Papi* di L. von Ranke e L. von Pastor, *La Corte e la società romana* di D. Silvagni, *La vie quotidienne dans la Rome pontificale au XVIIIe siè-*

cle di M. Andrieux; *I Borboni di Napoli* di H. Acton, la *Storia di una capitale* di G. Doria, la *Storia del Regno di Napoli* di B. Croce, la *Vita napoletana del XVIII secolo* di R. Bouvier e A. Laffargue; la *Storia di Genova* di T. Ossian de Negri, *Genova in crinolina* di M. Dolcino; la *Storia di Lucca* di A. Mancini; il *Tramonto dei principati* di A. Archi, *I Farnese* di E. Nasalli Rocca, *I Gonzaga* di G. Coniglio, *Gli Estensi* di L. Chiappini.

La terza parte del volume è dedicata alla cultura e al costume. Le opere cui più abbondantemente abbiamo attinto sono: *La cultura illuministica in Italia* a cura di M. Fubini, *Settecento riformatore* di F. Venturi, oltre a numerosi saggi sparsi qua e là in antologie e riviste.

Troppo lungo sarebbe citare le biografie dei letterati, poeti, filosofi, storici, eruditi del Settecento di cui abbiamo tracciato i profili. Consigliamo ai lettori desiderosi di conoscere più da vicino Verri, Beccaria, Baretti, Gozzi, Parini, Goldoni, Alfieri, Metastasio, Vico, Muratori, di consultare le dotte bibliografie contenute nella *Storia della letteratura italiana* edita da Garzanti e nell'*Antologia della letteratura italiana* pubblicata da Rizzoli. Sulla massoneria segnaliamo *Le società segrete* a cura di Mackenzie; su Cagliostro, le biografie di A. Piano e Ribadeau Dumas; su Casanova, oltre le celebri *Memorie* curate da Piero Chiara, le vite di J. Rives Childs e di G. Ricchezza.

Per l'arte consigliamo *Belvedere* (il Settecento) di P. Bargellini, la *Storia dell'arte italiana* di Mazzariol e Pignatti, *Pittori veneziani del Settecento* di G. Damerini.

Avvenimenti principali

1700 – Muore Carlo II di Spagna, senza eredi.
1701 – Vittorio Amedeo II di Savoia si allea con la Francia.
1703 – Vittorio Amedeo II rompe l'alleanza con la Francia.
1705 – Il Piemonte è invaso dai Francesi. Torino assediata.
1706 – I Francesi sono sconfitti dalle truppe di Vittorio Amedeo II e di Eugenio di Savoia.
1711 – Muore l'imperatore Giuseppe I.
1713 – Trattato di Utrecht.
– Prammatica sanzione dell'imperatore Carlo VI.
1714 – Trattato di Rastadt.
1717 – Eugenio di Savoia sconfigge i Turchi.
1718 – Pace di Passarowitz tra Vienna e i Turchi.
1720 – Trattato dell'Aja.
1730 – Abdicazione di Vittorio Amedeo II di Savoia.
1733 – Carlo di Borbone entra in Napoli.
1737 – Muore Gian Gastone, l'ultimo dei Medici.
1738 – Pace di Vienna.
1740 – Morte di Carlo VI, cui succede Maria Teresa.
1746 – Sollevazione popolare a Genova contro gli Austriaci. Episodio di Balilla.
1748 – Trattato di Aquisgrana.
1749 – Filippo di Borbone nuovo duca di Parma, Piacenza e Guastalla.
1758 – È eletto papa Clemente XIII.
1759 – Carlo III di Borbone lascia Napoli. Gli succede il figlio Ferdinando IV.

1760 – Esce a Venezia la «Gazzetta veneta».
1764 – A Milano esce il «Caffè».
1765 – Pietro Leopoldo d'Asburgo granduca di Toscana.
1768 – I Genovesi cedono la Corsica alla Francia.
1770 – Abolizione a Milano della «Ferma generale».
1773 – Clemente XIV sopprime l'ordine dei Gesuiti.
– Morte di Carlo Emanuele III, cui succede Vittorio Amedeo III.
1780 – Giuseppe II imperatore d'Austria.
1783 – Terremoto di Messina.
1789 – Rivoluzione francese.

APPENDICE

RITRATTI

Biografie essenziali delle principali figure storiche trattate in questa Storia d'Italia.

John Churchill, primo Duca di Marlborough

(Ashe, Devonshire, 1650 – Cranbourn Lodge, presso Windsor, 1722)
Generale inglese

Generale tra i migliori di cui l'Inghilterra abbia potuto disporre, seppe sfruttare abilmente le amicizie a Corte della moglie Sarah Jennings e costruire la sua carriera politico-militare, non esente da casi di tangenti sui sussidi inglesi all'Austria che ne rovinarono del tutto la reputazione.

Nacque in una famiglia realista caduta in disgrazia all'indomani della vittoria parlamentare; le cui sorti si risollevarono con la restaurazione degli Stuart. Diede prova fin da giovane di uno spiccato interesse per la vita militare, entrò nell'esercito nel settembre 1667, con un comando nella *King's Own Company*. L'anno seguente ebbe la sua prima esperienza militare al di fuori dell'Inghilterra, prendendo parte alla spedizione nel Mediterraneo, presso la base di Tangeri. Nel 1672 era di nuovo a Londra; prese servizio sul mare affrontando la flotta olandese nella battaglia di Solebay (terza guerra anglo-olandese), durante la quale diede ottima prova di comando al punto di ottenere il titolo di Lord High Admiral's Regiment. L'esperienza marittima lasciò il posto l'anno seguente alle operazioni a terra: partecipò all'assedio di Maastricht a fianco dei Francesi contro gli Olandesi e proprio in questo teatro di guerra ebbe l'occasione di affiancare uno dei maggiori Generali del diciassettesimo secolo, il visconte di Turenne.

Contrario alla politica religiosa perseguita da Giacomo II, si avvicinò a Guglielmo III d'Orange, con cui si schierò nel 1688 durante la gloriosa rivoluzione, dopo aver disertato le fila degli Stuart. Il nuovo Re, per ricompensarlo del suo sostegno, lo chiamò a far parte del Consiglio privato del Regno e lo nominò Conte di Marlborough. Di fatto Guglielmo tenne lontano dalla politica Churchill, di cui non si fidava completamente e a ben ragione. Nel 1692 difatti emerse che il Conte teneva regolare corrispondenza segreta con Giacomo II in esilio e cadde così in disgrazia presso il sovrano.

L'allontanamento dalla Corte durò sino al 1702, quando salì al trono Anna Stuart e scoppiò nel continente la guerra di successione spagnola. Nominato capitano generale delle truppe inglesi grazie all'influenza esercitata sulla sovrana dalla moglie Sarah e grazie alle sue abilità diplomatiche riuscì a tenere unita la coalizione eterogenea che fronteggiava la Francia di Luigi XIV. Nel 1704 le sue truppe erano dislocate a protezione dei Paesi Bassi, ma davanti alla manovra francese in Germania tesa a minacciare l'Austria, Marlborough si portò rapidamente in Baviera e se ne impossessò. L'anno seguente pianificò l'offensiva nei Paesi Bassi spagnoli, dove indusse i Francesi a concentrarsi presso la fortezza di Namur; la successiva battaglia di Ramilles (1706) fu una terribile sconfitta per i Francesi, che videro cadere nelle mani del vincitore Bruxelles, Anversa, Gand, Bruges, le Fiandre e l'Hainaut. Proprio quando l'influenza sulla Regina Anna stava venendo meno, Marlborough lanciò una seconda offensiva sbaragliando i Francesi nella battaglia di Oudenaarde e con l'appoggio di Eugenio di Savoia si spinse in Francia conquistando Lilla (1708), quindi vinse un'altra volta nella battaglia di Malplaquet (1709), che gli diede l'opportunità di assediare le fortezze dell'Artois e delle Fiandre francesi. Fu questa l'ultima sua memorabile azione militare; l'allontanamento della Duchessa di Marlborough dalla Corte e l'avvento di un governo *tory* portarono al richiamo in Inghilterra del Generale, che fu accusato di corruzione. Si esiliò in Europa e rientrò in patria solo con l'avvento di Giorgio di Hannover nel 1714; riottenne i suoi titoli, ma la sua reputazione era del tutto rovinata.

Eugenio di Savoia

(Parigi 1663 – Vienna 1736)
Generale dell'Impero

Per il suo talento è considerato uno dei più grandi strateghi di tutte le epoche, insieme all'amico Duca di Marlborough, e un capace organizzatore dell'esercito imperiale. Grazie alle sue vittorie e alle sue capacità diplomatiche, l'Austria si affermò in Italia e nell'Europa centrorientale.

Pronipote del cardinale Mazzarino in quanto figlio di Olimpia Mancini, fu avviato alla carriera ecclesiastica e a quindici anni ricevette la tonsura; del tutto privo tuttavia di interesse per la vita religiosa, mostrò particolare interesse invece per le armi. Respinta la richiesta di avere un comando nell'esercito francese, a causa del coinvolgimento della sua famiglia nello scandalo dei veleni, Eugenio lasciò Parigi per la Corte imperiale di Vienna, dove Leopoldo I d'Asburgo lo nominò aiutante di campo al servizio di Carlo V di Lorena, impegnato nella guerra contro i Turchi. Promosso maggiore generale si distinse nella campagna del 1687 sempre contro i Turchi contribuendo alla vittoria di Mohács, che gli fruttò la promozione a tenente generale, quindi prese parte alla conquista di Belgrado (1688). All'inizio degli anni Novanta, Eugenio abbandonò l'area balcanica per portare soccorso al cugino Vittorio Amedeo II contro l'invasione francese e rimase per circa sei anni in Piemonte, dove conobbe diverse sconfitte. Richiamato in Austria ebbe il titolo di Feldmaresciallo e nel settembre 1697 colse di sorpresa i Turchi a Zenta conseguendo un clamoroso successo, con cui costrinse la Sublime Porta alla pace di Karlowitz (1699). La sua fama era ormai diffusa in tutta Europa, e l'Imperatore gli assegnò dei possedimenti tra il Danubio e la Drava oltre al permesso di edificare a Vienna il palazzo del Belvedere.

Nel 1701, con lo scoppio della guerra di successione spagnola Eugenio operò in Italia, dove affrontò e batté i Francesi a Carpi, Chiari e Luzzara (1701-1702); tre anni dopo, al fianco del Duca di Marlborough, sconfisse i Franco-Bavaresi a Blenheim sul Danubio superiore (1704). Di nuovo in Italia nel 1705, soccorse Vittorio Amedeo II dalla minaccia dei Francesi; sconfitto a Cassano d'Adda dal generale Vendôme, nel 1706 costrinse i Francesi a desistere dall'assedio di Torino. Entrato a Milano nel settembre 1706, venne nominato governatore del Ducato di Milano fino al 1716. Portatosi nel frattempo in Europa settentrionale, partecipò con il Duca di Marlborough alla vittoriosa battaglia di Oudenaarde nelle Fiandre (1708), quindi a Malplaquet (1709). Abbandonata l'Austria dagli alleati in seguito al trattato di Utrecht, Eugenio fu incaricato di avviare le trattative di pace con la Francia, che portarono alla pace di Rastadt e gli costarono la perdita della città di Landau e di Friburgo (1714).

Chiusa la guerra di successione spagnola, Eugenio fu richiamato in campo contro gli Ottomani, che furono sconfitti a Petervaradino (1716), poi si impossessò di Belgrado con una audace manovra che già a metà mattinata gli consegnava la vittoria e la piazzaforte (agosto 1717). I Turchi furono di conseguenza costretti a sottoscrivere una seconda pace, quella di Passarowitz, con cui cedettero all'Austria il Banato, Belgrado, la Serbia settentrionale e la Valacchia, di modo che l'Impero raggiunse la sua massima estensione territoriale. Sopravvenuta infine la pace, Eugenio diresse il riordino dell'esercito imperiale, che comandò ancora una volta sul Reno durante la guerra di successione polacca (1733-1735), dove bloccò sulla destra del fiume l'avanzata delle truppe francesi.

Wenzel Anton von Kaunitz-Rietberg
(Vienna 1711 – Vienna 1794)
Cancelliere dell'Impero

Fu il principale artefice della politica estera austriaca nella seconda metà del XVIII secolo, convinto fautore dell'avvicinamento della Corte di Vienna a quella di Versailles. Abile diplomatico, le cui indubbie capacità furono riconosciute da Federico II di Prussia che lo definì «la miglior testa d'Europa».

Kaunitz, originario d'una antica e nobile famiglia boema, fu indirizzato alla carriera diplomatica fin da giovane. Inviato nel 1741 a Torino, amministrò in seguito per un breve periodo i Paesi Bassi austriaci, quindi fu incaricato di rappresentare l'Austria nelle trattative che portarono alla pace di Aquisgrana, che sanciva la fine della guerra di successione austriaca e la cessione alla Prussia della ricca regione della Slesia. Il disegno di riportare sotto l'egida austriaca questo territorio spinse il Boemo a pianificare sin dal 1749 un radicale mutamento di alleanze che finì per condurre gli Asburgo a un'intesa con l'eterna rivale, la Francia. I suoi sforzi, condotti d'intesa con il ministro francese Turgot, furono premiati con quel «rovesciamento delle alleanze» che vide dalla seconda metà del XVIII secolo Asburgo e Borbone uniti contro la nascente potenza prussiana.

Nominato da Maria Teresa Cancelliere di Stato e Ministro degli Affari esteri, portò a pieno compimento il nuovo quadro diplomatico europeo, coinvolgendo nell'alleanza contro il comune nemico anche la Russia (1756-1757). Le vittorie conseguite da Federico II durante la Guerra dei Sette anni e il ritiro della Russia dal conflitto europeo costrinsero irrimediabilmente il Cancelliere alla stipulazione della pace di Hubertsburg, che sanciva la definitiva rinuncia alla Slesia da parte austriaca. La rivalità austro-prussiana fu tuttavia momentaneamente accantonata in occasione della prima spartizione della Polonia nel 1772, che assicurò all'Austria la Galizia e la Lodomiria. L'ultimo atto di Kaunitz, in ambito diplomatico, fu la partecipazione alla guerra di successione bavarese (1778-1779), che contrariamente alle speranze portò alla monarchia il solo territorio dell'Innviertel (corrispondente alla regione con Braunau).

Accanto alla gestione delle complesse questioni di politica estera, Kaunitz si occupò anche di quella interna, dove intervenne apportando alcune modifiche al lavoro svolto dal suo predecessore, il conte Haugwitz. In particolare, separò le gestioni amministrativa e finanziaria e creò un organo collegiale, il Consiglio di Stato (1760-1761). Un settore in cui intervenne poi in modo incisivo fu quello ecclesiastico, dove si prefisse di contenere sia le ingerenze sia i numerosi privilegi di cui beneficiava il Clero in ambito sociale, dalle manimorte alla censura. Portavoce di un dispotismo illuminato che attraverso il rafforzamento economico austriaco avrebbe dovuto agevolare gli Asburgo nell'assicurarsi la supremazia in ambito germanico, Kaunitz conservò la carica di Cancelliere durante tutto il regno di Giuseppe II e di Leopoldo II. Il suo peso direttivo venne del tutto meno con l'avvento al trono di Francesco II, dal quale Kaunitz si dissociò apertamente per l'avvicinamento alla Prussia messo in atto dall'Imperatore, scelta politica che portò il Boemo a lasciare la carica governativa nell'agosto 1792.

George Washington

(Bridges Creek, contea di Westmoreland, Virginia, 1732 – Mount Vernon, Virginia, 1799)
Primo presidente degli Stati Uniti d'America

La sua indomita volontà, le sue indiscusse capacità di organizzatore – per le quali si segnalò durante la guerra franco-indiana e in seguito a capo delle milizie americane nella guerra d'indipendenza – e il suo amore per la libertà ne fecero il candidato ideale per la presidenza degli Stati Uniti.

Nato in una famiglia benestante, mostrò uno spiccato interesse per gli studi di matematica. Risale al 1752 il progetto di divenire un grande proprietario terriero in seguito all'acquisto della sua prima proprietà e all'eredità della vasta tenuta di Mount Vernon, che contribuì a renderlo uno dei notabili più influenti della Virginia. Nel medesimo anno divenne aiutante in uno dei quattro distretti in cui era allora organizzata la Virginia, mentre nel 1753 fu incaricato di disporre l'evacuazione dei coloni francesi dall'Ohio oltre a controllare le frontiere dello Stato, incarico che lo coinvolse nelle operazioni della Guerra dei Sette anni contro i Francesi. Fu quindi presente alla sconfitta inglese nella battaglia del fiume Monongahela del luglio 1755, mentre nel 1758 prese attivamente parte alla cattura del forte francese di Duquesne (l'odierna Pittsburgh). Lasciato l'esercito con il grado di colonnello, tornò a occuparsi della gestione dei suoi possedimenti e nel 1759 si sposò con una ricca ereditiera virginiana.

Membro del parlamento della Virginia, Washington si distinse ben presto come capo degli oppositori alla politica coloniale britannica; scelto a far parte dei sette deputati virginiani al Congresso continentale di Boston, venne designato da John Adams comandante in capo delle milizie americane all'indomani dell'inizio delle ostilità contro gli Inglesi (1775). Dotato di una forte personalità, che lo rese rapidamente il principale animatore e simbolo della lotta all'Inghilterra, Washington seppe assicurare per tutta la durata del conflitto l'unità in un esercito mal armato, mal equipaggiato, esiguo e indisciplinato. Nonostante l'iniziale successo con la liberazione di Boston, fu costretto ad abbandonare New York prima e a ripiegare nel New Jersey poi (1776); a dispetto di questi rovesci egli ridiede fiducia e slancio alle sue truppe riportando vittorie a Trenton e a Princeton. Espugnò Filadelfia e grazie all'aiuto in uomini e mezzi giunto dalla Francia (al comando di La Fayette e di Rochambeau) e costrinse infine il generale inglese Cornwallis alla capitolazione a Yorktown nell'ottobre 1781. Nel trattato di pace di Parigi del 1783 il governo inglese riconobbe l'indipendenza delle colonie e pose termine alla guerra d'indipendenza americana.

Ritiratosi nella tenuta di Mount Vernon da dove seguiva l'evolversi delle vicende interne, Washington presenziò ai lavori del congresso continentale a Filadelfia nel 1787, dove ricoprì la carica di presidente e contribuì attivamente a far trionfare il «compromesso federale» nonché l'adozione di una nuova costituzione (27 settembre 1788). Il seguente 4 febbraio 1789 venne eletto all'unanimità presidente degli Stati Uniti, carica che fu riconfermata quattro anni dopo, nel 1792. Durante la sua presidenza attese al non facile compito di edificare il nuovo stato, privo com'era di modelli storici precedenti cui rifarsi. Giunto al termine del secondo mandato, Washington si congedò raccomandando fermamente agli americani di guardarsi dal prendere parte alle vicende europee, un principio di politica estera che trovò piena formulazione nell'isolazionismo promosso dalla dottrina Monroe (1823).

Cronologia essenziale

La seguente cronologia si propone di integrare e arricchire il percorso storico tracciato dagli Autori, evidenziando gli eventi principali che costituiscono l'ossatura di questa Storia d'Italia.

1700

Senza eredi diretti Carlo II di Spagna, prima della morte, designa quale suo successore Filippo di Borbone, Duca d'Angiò e nipote di Luigi XIV, a condizione che tenga separate le due corone di Spagna e di Francia. Nel Nord Europa, Carlo XII di Svezia sbarca in Seelandia e si impone sui Danesi, quindi nella battaglia di Narva sconfigge Pietro I di Russia.

1701

Vittorio Amedeo II di Savoia si allea con la Francia. Inizio della guerra di successione spagnola, che presenta le caratteristica di una guerra mondiale per l'estensione del teatro di guerra alle colonie: Filippo V e Luigi XIV, con l'appoggio della Baviera, si oppongono all'alleanza tra Inghilterra, Olanda, Austria, Prussia, Portogallo, Hannover (trattato di Metheun), cui seguiranno l'Impero e la Savoia, contrarie alla successione di Filippo al trono di Spagna. In Inghilterra viene varato l'*Act of Settlement* con cui si regola la successione al trono dopo la morte della regina Anna: la corona viene assegnata alla dinastia Hannover.

1702

Nella regione delle Cévennes i contadini ugonotti (detti *camisards*) si sollevano contro le autorità per le pesanti tasse imposte per la prosecuzione della guerra. Inizio del regno di Anna Stuart in Inghilterra.

1703

Vittorio Amedeo II rompe l'alleanza con la Francia. In Russia Pietro I fonda, alle foci della Neva, Pietroburgo, la finestra russa verso l'Occidente.

1704

Gli Inglesi si impossessano di Gibilterra; vittoria dei coalizzati sui Francesi a Höchstädt. La Francia vince Vittorio Amedeo II a Susa e occupa parte dei suoi possedimenti.

1705

Il Piemonte è invaso dai Francesi. Torino è posta sotto assedio. In Inghilterra, T. Newcomen e T. Savery costruiscono la prima macchina a vapore.

1706

Il duca di Marlborough riporta un importante successo sui Francesi a Ramillies e occupa il Belgio.

9 settembre – I Francesi sono sconfitti dalle truppe di Vittorio Amedeo II e di Eugenio di Savoia a Torino, che è liberata dall'assedio a cui era sottoposta.

24 settembre – Eugenio di Savoia entra a Milano.

1707

Unione di Scozia e Inghilterra con il nome di Gran Bretagna. In Ungheria, il parlamento proclama la caduta degli Asburgo e l'indipendenza del Regno.

1708

Vittoria coalizzata sui Francesi a Oudenaarde.

1709

11 settembre – I Francesi, seppur sconfitti, riescono a bloccare i coalizzati a Malplaquet.

Nella battaglia di Poltava (in Ucraina) Pietro I infligge una dura sconfitta agli Svedesi di Carlo XII: in seguito alla sconfitta la Svezia perde l'egemonia nel Baltico. In Polonia, Stanislao I Leczynski perde il trono polacco che viene assegnato, per volontà della Russia, ad Augusto II il Forte, elettore di Sassonia.

1710

In Spagna, il generale Vendôme consegue una rilevante vittoria a Villaviciosa, con cui contribuisce a cacciare dalla penisola iberica il corpo di spedizione coalizzato.

1711

L'Inghilterra, con il nuovo governo *tory* guidato da Bolingbroke, si ritira dal conflitto. Muore l'imperatore Giuseppe I, cui succede il fratello Carlo (futuro Carlo VI), al momento insediato sul trono spagnolo dopo la cacciata di Filippo V. Con la possibile riunione dei troni di Spagna e Austria si ripropone un Impero mondiale asburgico, quindi i contendenti sospendono le ostilità e avviano trattative di pace. Nell'area dell'Europa orientale, in seguito alle rivolte dei nobili ungheresi, la pace di Satmar assicura all'Ungheria l'amministrazione secondo proprie leggi, approvate dalla Dieta dell'Impero. In Russia, Pietro I attua una riforma amministrativa dove al Senato sono subordinati i vari Ministeri; il Regno è diviso in undici governatorati e cinquanta province.

1713

Pace di Utrecht: la Spagna e le sue colonie sono assegnate a Filippo V mentre i possedimenti spagnoli in Europa sono dati all'Austria; la Sicilia ai Savoia, oltre a Nizza, Savoia, Monferrato, Lomellina e Val Sesia; i Paesi Bassi ottengono il diritto di mantenere guarnigioni nelle città belghe; la Gran Bretagna ottiene Gibilterra, Minorca, Terranova, la Nuova Scozia, l'area con la Baia di Hudson e il monopolio del commercio degli schiavi con l'America spagnola (trattato dell'*asien-*

to). Prammatica sanzione dell'imperatore Carlo VI, con cui assicura la successione al trono alla figlia Maria Teresa. In Prussia sale al trono Federico II che avvia un profondo processo di riorganizzazione burocratico e militare.

1714

Pace di Rastadt: l'Imperatore riconosce il nuovo ordinamento europeo. L'Inghilterra si afferma quale arbitra degli equilibri continentali. I Turchi procedono all'occupazione della Morea e delle restanti basi veneziane a Creta.

1715

A Parigi viene ratificata l'alleanza tra la corona francese e i Cantoni svizzeri cattolici. Muore Luigi XIV e gli succede Luigi XV con la reggenza di Filippo d'Orléans; la Corte lascia Versailles e risiede fino al 1722 al Palais Royal.

1716

In Francia, John Law, appaltatore delle imposte e controllore generale, dà il via a un sistema economico basato sul credito, ma viene travolto da una crisi finanziaria (1720). Nei Balcani scoppia la terza guerra turca, in cui Eugenio di Savoia consegue le vittorie di Petervaradino e Temesvar.

1717

Eugenio di Savoia sconfigge i Turchi e conquista Belgrado. Vicino a Torino iniziano i lavori per l'edificazione della basilica di Superga, destinata ad accogliere le tombe della famiglia di Savoia. Händel compone il concerto grosso *Water Music* dopo aver raggiunto a Londra Giorgio I di Hannover. Filippo V viene spinto dal cardinale Giulio Alberoni a riconquistare la Sardegna, quindi tenta di riprendere la Sicilia, ma la flotta spagnola è sconfitta da una coalizione delle principali potenze europee a Capo Passero. Pietro il Grande compie il secondo viaggio in Europa per continuare sulla strada dell'occidentalizzazione della Russia.

1718

Pace di Passarowitz tra Vienna e i Turchi: l'Impero si espande inglobando la Valacchia, parte della Serbia e il banato di Temesvar; Venezia perde la Morea ma riesce a preservare le conquiste più recenti in Dalmazia, Albania, Erzegovina, Epiro e un miglior commercio con gli Ottomani.

1718-1733

A Milano, la giunta censuaria, con a capo Vincenzo De Miro, avvia la redazione del censimento, che tuttavia viene fortemente avversata dagli organi locali oltre che dall'aristocrazia.

1719

G. di Colloredo, governatore del Ducato di Milano, intraprende un'energico rilancio dell'economia locale.

1719-1721

I trattati di pace di Stoccolma, di Frederiksborg e Nystad annullano di fatto la presenza svedese sul continente a favore dell'Hannover, della Prussia, della Danimarca e della Russia.

1720

Pace dell'Aja: la Spagna è costretta a rinunciare a ogni pretesa sull'Italia meridionale; Carlo di Borbone, figlio di Filippo V, vede riconosciuti i diritti su Parma e Toscana; Vittorio Amedeo II scambia la Sicilia con la Sardegna e ottiene il titolo di Re di Sardegna. J.S. Bach compone i *Sei concerti brandeburghesi*.

1721

Pietro I si proclama Zar di tutte le Russie e sancisce l'affermarsi della potenza russa nel Baltico al posto della Svezia; al Patriarcato subentra il Santo Sinodo, che è presieduto dallo Zar. In Inghilterra inizia la lunga stagione parlamentare di Robert Walpole, che per un ventennio circa dirige la politica inglese. Montesquieu pubblica il romanzo filosofico *Le lettere persiane*.

1722

Pietro I equipara nobiltà di nascita e di ufficio nella legge relativa alla «tabella dei ranghi». In Prussia Federico II scrive le istruzioni per il Direttorio generale, massima autorità centrale prussiana; avvio del ripopolamento della Prussia orientale, cui fa seguito un incremento di agricoltura e commercio all'interno del Regno.

1723

In Piemonte sono pubblicate le Costituzioni, finalizzate all'unificazione legislativa.

1725

A Pietroburgo viene fondata l'Accademia delle Scienze. Vivaldi compone le *Quattro stagioni*.

1727-1737

In Spagna, Giuseppe Patino, Ministro della Marina e delle Indie e responsabile delle Finanze, ricostituisce la flotta e riordina le finanze statali.

1730

Il governo Walpole alleggerisce la pressione fiscale, tutela la proprietà privata, promuove il commercio e una politica di pace. Abdicazione di Vittorio Amedeo II di Savoia in favore di Carlo Emanuele III.

1731

Trattato di Vienna: l'Inghilterra riconosce la Prammatica Sanzione e in cambio Carlo VI abolisce le nascenti Compagnia orientale, con sede a Trieste, e Compagnia delle Indie Orientali, con sede a Ostenda.

1733

Guerra di successione polacca: Luigi XV appoggia il suocero Stanislao I Leczynski al trono di Polonia contro gli Asburgo, che sostengono Augusto III di Sassonia. La Spagna prende parte alla guerra a fianco della Francia. Carlo di Borbone (futuro Carlo III di Spagna) invade il Regno di Napoli. Un esercito franco-sardo occupa Milano.

1734

Carlo di Borbone strappa il Regno di Napoli all'Austria con la vittoria conseguita a Bitonto (1734). Il sovrano coadiuvato dal consigliere B. Tanucci promulga editti diretti contro le immunità e i benefici ecclesiastici.

1735

Durante i preliminari di pace che porteranno alla fine della guerra di successione polacca il Granducato di Toscana è attribuito a Francesco Stefano di Lorena, una volta morto Gian Gastone de' Medici.

1736

A Vienna si costituisce il Consiglio d'Italia, incaricato di gestire le questioni dei domini austriaci nella Penisola italiana.

1737

Muore Gian Gastone, l'ultimo dei Medici.

1738

La pace di Vienna pone fine alla Guerra di successione polacca: Luigi XV ottiene che a Stanislao Leczynski sia assegnata la Lorena, e che alla sua morte la regione faccia parte del Regno di Francia; la Toscana viene assegnata a Francesco di Lorena, marito di Maria Teresa dal 1736; Napoli e la Sicilia vanno a Carlo di Borbone; Parma e Piacenza all'Austria con il Milanese e il Mantovano; Carlo Emanuele III ottiene il Novarese, il Tortonese e le Langhe.

1738-1747

A Firenze si insedia un Consiglio della reggenza presieduto da M. Beauvau de Craon, che affronta le questioni sul passaggio dinastico agli Asburgo-Lorena.

1739

L'Inghilterra, in nome del principio della libertà dei mari, attacca la Spagna intenta a contrastare i privilegi coloniali che gli Inglesi si sono visti riconoscere dalla pace di Utrecht. Pace di Belgrado, in cui gli Asburgo perdono la Serbia settentrionale e la piccola Valacchia, territori conquistati nel 1718. Inizio della rivalità austro-russa per il controllo dei Balcani.

1740

Morte di Carlo VI, cui succede Maria Teresa. Scoppia la guerra di successione austriaca in seguito all'ingresso in Slesia di Federico II di Prussia, che si allea con la Francia. Le autorità veneziane mettono mano ai lavori di catasto. Elezione al Soglio pontificio del bolognese Prospero Lambertini, che adotta il nome di Benedetto XIV.

1740-1742

Federico II di Prussia nella Prima guerra di Slesia consegue le vittorie a Mollwitz e Chotusitz, mentre le truppe franco-bavaresi avanzano su Praga e Linz.

1741

Dieta di Presburgo: Maria Teresa ottiene l'appoggio ungherese; nel frattempo Carlo Alberto di Baviera viene eletto Imperatore come Carlo VII.

1742

Pace di Breslavia: l'Austria rinuncia alla Slesia, quindi volge contro la Baviera alleandosi con la Savoia, la Sassonia e la Gran Bretagna.

1743

Sconfitta francese nella battaglia di Dettingen contro Inglesi, Austriaci, Sassoni e Savoiardi. La Francia sigla la seconda alleanza con la Prussia. Il Ministro delle Finanze spagnolo, marchese de la Ensenada, attua un piano di riforme economiche.

1744-1745

Ha luogo la seconda guerra di Slesia che vede le vittorie prussiane a Soor e a Hohenfriedberg.

1744-1753

G.L. Pallavicini, plenipotenziario e governatore austriaco a Milano, avvia un programma di riforme amministrative oltre che di natura finanziaria.

1745

Con la pace di Dresda l'Austria conferma la cessione della Slesia alla Prussia, mentre nella pace di Füssen la Baviera riconosce Francesco I di Lorena Imperatore. La guerra prosegue sul fronte occidentale tra gli Austro-Inglesi contro i Franco-Spagnoli: i Francesi hanno la meglio sulle truppe inglesi nella battaglia di Fontenoy.

1746

Sollevazione popolare a Genova contro gli Austriaci ed episodio di Balilla, nome del giovane genovese G.B. Perasso, il quale scagliando una pietra contro un ufficiale austriaco diede il via alla rivolta nella città. A Filippo V succede il figlio Ferdinando VI. In Scozia, il pretendente Stuart al trono inglese, Carlo Edoardo, viene sconfitto nella battaglia di Culloden.

1747

La Francia occupa i Paesi Bassi austriaci (Belgio). Sul fronte italiano, gli Austro-Sabaudi vincono i Francesi nella battaglia dell'Assietta.

1748

Pace di Aquisgrana: la Francia rende i territori austriaci conquistati (i Paesi Bassi austriaci), nonché i territori coloniali; la Spagna riconosce all'Inghilterra l'*asiento* (monopolio del commercio degli schiavi verso l'America) fino al 1752; Parma e Piacenza sono date a Filippo, fratello di Carlo di Borbone; la Savoia ottiene l'Alto Novarese, Voghera, Vigevano. Venezia è impegnata in una vertenza con Vienna e Roma che si protrae fino al 1751, circa la sorte del patriarcato di Aquileia: la soluzione viene raggiunta mediante la divisione del territorio in due vescovati. Montesquieu pubblica *Lo spirito delle leggi.*

1749

Filippo di Borbone nuovo Duca di Parma, Piacenza e Guastalla. In Francia il marchese Machault d'Arnouville cerca di applicare delle riforme economiche ma incontra la ferma opposizione del Clero e della nobiltà. A Milano, la giunta del censimento, diretta da P. Neri, avvia i lavori per il nuovo catasto, che giungono a compimento nel 1757.

1750

Il Pallavicini affida in appalto a una «ferma», gestita da banchieri Bergamaschi (in particolare la famiglia Greppi), la riscossione delle imposte ducali.

1751

Inizia la pubblicazione, che dura fino al 1772, dell'*Enciclopedia o Dizionario ragionato delle scienze, delle arti e dei mestieri*, diretta da D. Diderot e preceduta dal *Discorso preliminare* di d'Alembert. Voltaire pubblica *Il Secolo di Luigi XIV.*

1753

Concordato tra la Spagna e la Chiesa, che riconosce alla prima ampi privilegi in materia di nomine e redditi. A Venezia, rappresentazione della *Locandiera* di Carlo Goldoni. A Londra viene fondato il British Museum.

1754

Guerra coloniale tra Francia e Inghilterra con scontri nella vallata dell'Ohio.

1755

Lisbona viene distrutta da un terremoto; la ricostruzione della capitale lusitana avviene sotto l'egida del primo ministro Sebastiano José de Carvalho Marchese di Pombal.

1756

gennaio – Convenzione di Westminster tra Federico II di Prussia e l'Inghilterra: il trattato inaugura il rovesciamento delle alleanze europee.
maggio – Trattato di Versailles: alleanza franco-austriaca, alla quale si uniscono Russia, Sassonia, Polonia, Svezia e Impero (esclusi Hannover, Assia-Kassel, Brunswick).

Carlo III di Borbone, figlio di Filippo V e re di Napoli dal 1735, succede a Ferdinando VI.

1756-1763

Inizio della Guerra dei Sette anni: Federico II, sentendosi accerchiato e per prevenire i suoi nemici, procede di sorpresa all'occupazione della Sassonia.

1757-1758

La Prussia affronta un nemico numericamente superiore e lancia l'offensiva vincendo presso Praga, a Rossbach, a Zorndorf, a Leuthen, ma subisce le sconfitte a Gross-Jägerdorf, Kolin e Hochkirch.

1758

È eletto papa Clemente XIII. Ferdinando di Brusnwick sconfigge i Francesi a Krefeld. In Francia, Étienne-François de Choiseul, chiamato agli Affari esteri, è di fatto Primo Ministro del Regno. Scontri tra coloni francesi e inglesi in Nord-America nella valle dell'Ohio; gli Inglesi si impossessano di Fort Louisbourg e Fort Duquesne (l'odierna Pittsburg).

1759

Ferdinando di Brusnwick infligge una sconfitta ai Francesi a Minden (Germania); Federico II subisce una grave sconfitta a Kunersdorf e solo il disaccordo tra gli alleati impedisce che la Prussia sparisca come Regno. Carlo III di Borbone lascia Napoli; gli succede il figlio Ferdinando IV. Nel Nord-America, l'avanzata inglese lungo il fiume San Lorenzo porta alla capitolazione di Québec. Nelle Indie occidentali i

Francesi perdono Guadalupa e Martinica (1762). In Portogallo, il ministro Pombal, in un quadro di riforma generale della scuola, delle finanze e dell'esercito, coglie l'occasione per espellere i Gesuiti.

1760

Esce a Venezia la «Gazzetta veneta». Gli Austro-Russi entrano in Sassonia e nel Brandeburgo, Berlino è occupata e saccheggiata. Federico II vince ancora a Liegnitz e a Thorgau ma si trova in una situazione sempre più critica. A Roma, progetto di prosciugamento delle paludi pontine, i cui lavori iniziano due anni più tardi. Gli Inglesi prendono Montreal e si spingono fino ai Grandi Laghi; gli Inglesi si aggiudicano pure le basi francesi lungo la costa occidentale africana. In Europa e in America del Nord si diffonde, come reazione al rococò, il movimento artistico neoclassico, che tende a imitare l'arte greco-romana.

1761

L'Inghilterra, raggiunti gli obiettivi nelle colonie e caduto il governo di William Pitt il Vecchio, sospende gli aiuti a Federico II, che è ormai costretto alla difensiva. Jean-Jacques Rousseau pubblica *La Nuova Eloisa*.

1762

L'avvento al trono di Russia di Caterina II pone fine alla guerra contro la Prussia; tutti i partecipanti si ritirano a causa dei gravi dissesti finanziari e per la scarsità di uomini e mezzi. La Francia espelle i Gesuiti.
Rousseau pubblica l'*Emilio o Dell'educazione*, mentre il *Contratto sociale* critica senza appello le basi su cui si regge la autorità monarchica e sostiene che la sola sovranità è quella del popolo.

1762-1766

La Società dei Pugni riunisce diverse personalità di spicco del mondo culturale milanese, come i fratelli Verri e Cesare Beccaria.

1763

Pace di Hubertsburg, che non porta a significativi mutamenti territoriali in Europa: la Prussia diviene la quinta grande potenza e si vede definitivamente riconosciuto dall'Austria il possesso della Slesia.
Pace di Parigi: la Francia cede alla Gran Bretagna il Canada, la Luisiana e i territori lungo la costa dell'Africa occidentale, stessa sorte tocca ai suoi possedimenti in India; la Spagna, che ha preso parte alla guerra coloniale franco-inglese, perde la Florida e i territori posti a Est del fiume Mississippi. L'Inghilterra si afferma come prima potenza coloniale a livello mondiale.

1764

A Milano esce la rivista «Il Caffè». C. Beccaria pubblica un testo rivoluzionario sulla giustizia punitiva contro l'impiego della tortura, *Dei delitti e delle pene*; l'archeologo tedesco Johann Joachim Winckelmann dà alle stampe la *Storia dell'arte nell'antichità*, che contribuisce a diffondere l'amore per il gusto classico in Germania.

1765

Pietro Leopoldo d'Asburgo granduca di Toscana. Le aspirazioni autonomistiche dei coloni nordamericani sono bloccate dai *King's Friends*, un gruppo parlamentare legato a re Giorgio III, i quali votano l'introduzione della legge del bollo (*Stamp Act*) che prevede tasse sui documenti, sui giornali e sui libri, creando forti tensioni tra le colonie e il parlamento inglese.

1766

Rivolte contro la politica riformatrice attuata da Carlo III. La Lorena è unita al Regno di Francia. A Venezia, la Deputazione che deve valutare lo stato del Clero elabora un testo di riforma generale del patrimonio ecclesiastico e degli ecclesiastici.

1767

Espulsione dalla Spagna dei Gesuiti.

1768

I Genovesi cedono la Corsica alla Francia. In Toscana viene abolita la «ferma». In Spagna viene decretata la subordinazione della pubblicazione dei documenti papali all'approvazione regia e viene limitato l'intervento dell'Inquisizione nella censura dei libri.

1768-1774

Divampa il conflitto russo-turco, che porta all'occupazione russa della Moldavia e della Valacchia; l'Austria si allea con i Turchi mentre la Prussia interviene come mediatrice e dirotta l'attenzione dei contendenti verso la situazione polacca.

1769

L'Austria occupa il territorio di Spis, concesso in pegno ai Polacchi nel 1412. Al fine di evitare un conflitto russo-austriaco si avvia la prima spartizione della Polonia.

1770

Abolizione a Milano della «Ferma generale»: la gestione della riscossione delle imposte viene assunta dallo Stato; l'arciduca Ferdinando d'Asburgo giunge a Milano come nuovo governatore. I Russi vincono la battaglia navale contro i Turchi a Çeşme sancendo di fatto la decadenza politico-militare turca. In Piemonte viene attuata una revisione delle Costituzioni del 1729. In Nord-America, l'introduzione di dazi doganali scatena reazioni violente a Boston, cui fa seguito il boicottaggio delle merci inglesi. Alcuni esponenti radicali, tra cui Thomas Jefferson, si pronunciano per il distacco dalla madrepatria. Le richieste per ottenere una rappresentanza in parlamento vengono respinte da Londra, che si impegna ad annullare delle tasse salvo quella sul tè, in quanto assicura il monopolio del prodotto alla Compagnia delle Indie Orientali.

1771

L'architetto neoclassico Giacomo Antonio Domenico Quarenghi lavora a San Pietroburgo al servizio della zarina Caterina II.

1772

Prima spartizione della Polonia: l'Austria si annette la Galizia; la Prussia la Prussia occidentale; la Russia la Russia Bianca. In Polonia restano comunque conservati una monarchia elettiva e i diritti dei nobili.

1773

Clemente XIV sopprime l'ordine dei gesuiti, che è espulso nello stesso tempo dalla Toscana. Morte di Carlo Emanuele III, cui succede Vittorio Amedeo III. Scoppia il conflitto tra coloni e madrepatria in Nord-America: un carico di tè viene gettato in mare (*Boston Tea Party*); a questa provocazione il governo risponde con lo stato d'assedio.

1774

A Luigi XV succede Luigi XVI. Robert Jacques Turgot è nominato controllore delle finanze, ma il suo tentativo di introdurre delle riforme liberiste fallisce. Con la pace di Küçük Kaynarca la Russia controlla Azov e assurge a protettrice dei popoli cristiani dei Balcani. A Filadelfia si tiene il primo congresso continentale cui prendono parte i delegati delle tredici colonie, che decidono di bloccare il commercio con l'Inghilterra. In Germania sono pubblicati *I dolori del giovane Werther* di Johann Wolfgang Goethe.

1775

In Piemonte Legge dei Pubblici, con cui viene introdotto un rinnovamento dell'organizzazione amministrativa locale dello Stato.

18 aprile – Primo scontro tra le milizie americane e gli Inglesi a Lexington.

In seguito alle battaglie di Concord e Bunker Hill divampa la Guerra d'indipendenza americana (Rivoluzione americana).

1776

Viene redatta la Dichiarazione dei diritti della Virginia, che sancisce la sovranità popolare; a essa si rifanno tutti gli altri Stati, che mano a mano sostituiscono gli statuti coloniali con nuove costituzioni.

4 luglio – Dichiarazione di indipendenza dei tredici Stati Uniti, redatta da Thomas Jefferson, cui fa seguito la prima Dichiarazione dei diritti dell'uomo, e il diritto di resistenza politica.

Gli Inglesi sono dapprima cacciati da Boston, poi sconfitti nel Delaware presso Trenton e a Princeton. L'inglese Edward Gibbon inizia la pubblicazione della *Storia della decadenza e caduta dell'impero romano*, che si protrae fino al 1788.

1777

Il ginevrino Jacques Necker è incaricato di dirigere le finanze francesi. Vittoria americana a Saratoga. Benjamin Franklin, ambasciatore a Parigi, sollecita un aiuto per la causa americana, cui rispondono diversi volontari europei (tra cui il francese La Fayette, il polacco Kosciuzko e il prussiano von Steuben).

1778

In Spagna viene varata la liberalizzazione degli scambi commerciali con le colonie. La Francia appoggia le colonie americane contro l'Inghilterra. Francia e Spagna intervengono a fianco degli americani. A Milano, l'architetto Giuseppe Piermarini termina i lavori di costruzione del Teatro alla Scala, iniziati due anni prima; *L'Europa riconosciuta*, di Antonio Salieri, inaugura l'apertura del teatro.

1778-1779

Guerra di successione bavarese: Giuseppe II, per rafforzare le posizioni austriache nell'Impero, persegue lo scambio tra Bassa Baviera e Palatinato Superiore contro l'Austria Anteriore. La Prussia interviene invadendo la Boemia e Maria Teresa obbliga il figlio a rinunciare ai suoi piani.

1781

Morte di Maria Teresa; Giuseppe II Imperatore d'Austria. Questi tenta una seconda volta di modificare la posizione austriaca in Germania assicurandosi l'alleanza russa. Il suo proposito di scambiare il Belgio con la Baviera fallisce per l'intervento prussiano, che ribadisce lo *status quo* definito dalla pace di Westfalia: l'Austria non è più in grado di opporsi all'interno dell'Impero al peso assunto dalla Prussia. Il controllore delle Finanze Necker dimissiona dall'incarico in seguito alle critiche al suo resoconto finanziario del Regno di Francia. Truppe francesi al comando di Rochambeau giungono a Rhode Island, mentre le potenze europee davanti alla guerra di corsa attuata dall'Inghilterra dichiarano la neutralità armata sui mari. In seguito alla sconfitta a Yorktown gli Inglesi pongono fine alle operazioni militari nel Nord America.

1783

Terremoto di Messina. In Francia il Ministro delle Finanze Charles Alexandre de Calonne tenta di riproporre i programmi di Turgot ma è osteggiato da un'assemblea di notabili. Invenzione della mongolfiera a opera dei fratelli Montgolfier.

21 novembre – Primo volo umano fatto da F. Pilâtre de Rozier e dal marchese F. d'Arlandes.

Pace di Versailles: l'Inghilterra riconosce l'indipendenza americana; Tobago e la costa occidentale africana sono cedute alla Francia; la Spagna ottiene invece Minorca e la Florida.

1785

La monarchia francese è scossa dall'«affare della collana», truffa ordita dalla contessa de La Motte ai danni della regina Maria Antonietta. A Londra nasce il «Daily Universal Register», che diviene nel 1788 «The Times».

1786

Sinodo di Pistoia: il vescovo giansenista Scipione de' Ricci promuove delle riforme ecclesiastiche, tra cui l'autonomia delle chiese locali rispetto al Papa e la superiorità del Concilio. Goethe, al termine del suo viaggio in Italia, torna a Weimar: si diffonde il classicismo nella letteratura tedesca. Rappresentazione dell'opera buffa *Le Nozze di Figaro*, su libretto di Lorenzo Da Ponte, e sinfonia detta «Praga» di Mozart.

1787

A Madrid il Gabinetto dei Ministri diviene un organo stabile. A Parigi l'arcivescovo Loménie de Brienne introduce alcune riforme ma non riesce a scongiurare il crollo finanziario dello Stato; il parlamento di Parigi chiede al Re la convocazione degli Stati generali. Seconda guerra russo-turca condotta dal principe Suvorov. Wolfgang Amadeus Mozart rappresenta a Praga con successo l'opera *Don Giovanni*.

17 *settembre* – Costituzione degli Stati Uniti d'America, che segna la nascita della prima democrazia moderna, in cui è prevista, in base all'insegnamento di Montesquieu, la separazione dei poteri.

1788

Bancarotta in Francia. In seguito ai disordini in tutto il Regno, Luigi XVI acconsente alla convocazione degli Stati generali che presentano al sovrano i *Cahiers de doléances* (lista dei desiderata e delle proteste) e invocano una monarchia limitata; a Brienne subentra di nuovo Necker. Pubblicazione della *Critica della ragion pratica* di Immanuel Kant. A Berlino iniziano i lavori per l'edificazione della Porta di Brandeburgo.

1789

5 maggio – Riunione degli Stati generali a Versailles: il Terzo Stato chiede il voto per testa e non per ordine, non ottenendolo.

17 *giugno* – Il Terzo Stato proclama gli Stati generali Assemblea nazionale.

20 giugno – Il Terzo Stato giura nella Sala della Pallacorda di non sciogliersi fino al conseguimento della costituzione.

9 luglio – Nascita dell'Assemblea nazionale costituente.

14 luglio – La popolazione parigina assalta la Bastiglia.
La Fayette crea una Guardia Nazionale; in tutta la Francia sorgono municipalità autonome mentre si verifica una prima ondata di nobili che fuggono dal Regno (emigranti).

20 luglio - inizio agosto – La «grande paura»: sollevazioni contadine nella campagne di tutta la Francia con assalti ai castelli della nobiltà e distruzione dei documenti inerenti ai diritti signorili.

4-5 agosto – L'Assemblea nazionale vota l'abolizione dei diritti feudali e la liberazione dei contadini.

26 agosto – Dichiarazione dei diritti dell'uomo e del cittadino.

5 ottobre – Il Re e l'Assemblea sono costretti dalla popolazione parigina a tornare a Parigi.

2 novembre – I beni ecclesiastici sono dichiarati beni nazionali.

Nel Brabante scoppia la rivolta cui fa seguito la breve cacciata degli Austriaci (che vi ritornano nel 1790). Misure adottate dalle autorità spagnole contro il diffondersi di notizie relative ai fatti politici che si susseguono in Francia. George Washington viene eletto primo presidente degli Stati Uniti.

Bibliografia

Una serie di contributi, divisi per area tematica, per chi volesse approfondire alcuni aspetti raccontati in questa Storia d'Italia. *Si è scelto di privilegiare testi in lingua italiana e di facile reperibilità.*

Per un riferimento generale:

A. Prosperi, *Dalla Peste Nera alla Guerra dei Trent'anni*, in *Storia moderna e contemporanea*, vol. I, Einaudi, Torino 2000

– e P. Viola, *Dalla Rivoluzione inglese alla Rivoluzione francese*, in *Storia moderna e contemporanea*, vol. II, Einaudi, Torino 2000

A. Spagnoletti, *Il mondo moderno*, Il Mulino, Bologna 2005

P. Viola, *L'Europa moderna. Storia di un'identità*, Einaudi, Torino 2004

Per la Penisola italiana:

W. Barberis, *Le armi del Principe. La tradizione militare sabauda*, Einaudi, Torino 2003

C. Capra, *La Lombardia austriaca nell'età delle riforme 1706-1796*, Utet, Torino 2001

D. Carpanetto e G. Ricuperati, *L'Italia del Settecento. Crisi trasformazioni lumi*, Laterza, Roma-Bari 2008

C. Costantini, *La Repubblica di Genova nell'età moderna*, in *Storia d'Italia*, diretta da G. Galasso, vol. IX, Utet, Torino 1997.

G. Cozzi, M. Knapton e G. Scarabello, *La Repubblica di Venezia nell'età moderna. Dal 1517 alla fine della Repubblica*, in *Storia d'Italia*, a cura di G. Galasso, vol. XII, 2, Utet, Torino 1999
S. Cuccia, *La Lombardia alla fine dell'Ancien Régime*, La Nuova Italia, Firenze 1971
A. De Maddalena, E. Rotelli e G. Barbarisi (a cura di), *Economia, istituzioni, cultura in Lombardia nell'età di Maria Teresa*, 3 voll., Il Mulino, Bologna 1982
F. Diaz, *I Lorena in Toscana. La Reggenza*, Utet, Torino 1988
–, L. Mascilli Migliorini e C. Mangio, *Il Granducato di Toscana. I Lorena dalla Reggenza all'età rivoluzionaria*, in *Storia d'Italia*, diretta da G. Galasso, vol. XIII, t. 2, Utet, Torino 1997
S. Pellegrini, *I magnifici Spinola. Una famiglia che ha segnato la storia di Genova*, De Ferrari, Genova 2010
A. Rao, *Il Regno di Napoli nel Settecento*, Guida, Napoli 1984
G. Ricuperati, *Lo Stato sabaudo nel Settecento. Dal trionfo delle burocrazie alla crisi d'antico regime*, Utet, Torino 2001
D. Sella e C. Capra, *Il Ducato di Milano dal 1535 al 1796*, in *Storia d'Italia*, diretta da G. Galasso, vol. XI, Utet, Torino 1984.
F. Venturi, *Settecento riformatore*, voll. IV e V, Einaudi, Torino 1984

Per le vicende europee:

P. Alatri, *L'Europa delle successioni (1731-1748)*, Sellerio, Palermo 1989
J. Berenger, *Storia dell'Impero asburgico 1700-1918*, Il Mulino, Bologna 2003
G. Corni, *Stato assoluto e società agraria in Prussia nell'età di Federico II*, Il Mulino, Bologna 1982
L. Guerci, *L'Europa del Settecento. Permanenze e mutamenti*, Utet, Torino 2006
N. Guasti, *Lotta politica e riforme all'inizio del regno di Carlo III. Campomanes e l'espulsione dei gesuiti dalla monarchia spagnola (17759-1768)*, Alinea, Firenze 2006

G. Klingenstein, *L'ascesa di casa Kaunitz. Ricerche sulla formazione del cancelliere Wenzel Anton Kaunitz e la trasformazione dell'aristocrazia imperiale (secc. XVII e XVIII)*, Bulzoni, Roma 1993

E. Le Roy Ladurie, *L'Ancien Régime*, vol. II, *Il declino dell'assolutismo. L'epoca di Luigi XV (1715-1770)*, Il Mulino, Bologna 2000

Per alcuni personaggi del XVIII secolo:

J.P. Bled, *Maria Teresa d'Austria*, Il Mulino, Bologna 2003

I. De Madariaga, *Caterina di Russia*, Einaudi, Torino 1988

H. Guillermin, *Robespierre politico e mistico*, Garzanti, Milano 1999

N. Henderson, *Eugenio di Savoia*, Corbaccio, Milano 2005

F. Herre, *Eugenio di Savoia. Il condottiero, lo statista, l'uomo*, Garzanti, Milano 2005

H. Lindsey, *Pietro il Grande*, Einaudi, Torino 2003

W. Marshall, *Pietro il Grande e la Russia del suo tempo*, Il Mulino, Bologna 1999

G. Ritter, *Federico il Grande*, Il Mulino, Bologna 2000

H. Troyat, *La grande Caterina*, Bompiani, Milano 2004

–, *Pietro il Grande*, Bompiani, Milano 2001

Per lo spirito culturale e scientifico:

B. Craveri, *La civiltà della conversazione*, Adelphi, Milano 2006

R. Darnton, *Il Grande Affare dei Lumi. Storia editoriale dell'Encyclopédie 1775-1800*, Sylvestre Bonnard, Milano 1998

V. Ferrone, *Una scienza per l'uomo. Illuminismo e Rivoluzione scientifica nell'Europa del Settecento*, Utet, Torino 2007

V. Ferrone e D. Roche, *L'illuminismo nella cultura contemporanea. Storia e storiografia*, Laterza, Roma-Bari 2002

U. Im Hof, *Storia dell'Illuminismo*, Laterza, Roma-Bari 1993

D. Outram, *L'illuminismo*, Il Mulino, Bolgna 2006
E. Tortarolo, *L'illuminismo. Ragioni e dubbi della modernità*, Carocci, Roma 2002
F. Venturi, *Settecento riformatore*, vol. I *Da Muratoria Beccaria*, Einaudi, Torino 1998
–, *Utopia e riforma nell'illuminismo*, Einaudi, Torino 2001
M. Vovelle (a cura di), *L'uomo dell'illuminismo*, Laterza, Roma-Bari 1992

Per la Rivoluzione americana:

G. Abbattista, *La rivoluzione americana*, Laterza, Roma-Bari 2009
T. Bonazzi (a cura di), *La rivoluzione americana*, Il Mulino, Bologna 1986
F. Jennings, *La creazione dell'America*, Einaudi, Torino 2003
N. Matteucci, *La rivoluzione americana: una rivoluzione costituzionale*, Il Mulino, Bologna 1987
J.G.A. Pocock, *La ricostruzione di un impero. Sovranità britannica e federalismo americano*, Manduria, Bari 1996
G. Wood, *I figli della libertà. Alle radici della democrazia americana*, Giunti, Firenze 1993

Per la Rivoluzione francese:

B. Buongiovanni e L. Guerci, *L'albero della Rivoluzione. Le interpretazioni della Rivoluzione francese*, Einaudi, Torino 1989
F. Chabod, *Alle origini della Rivoluzione francese*, Passigli, Firenze 1998
A. De Francesco, *Il governo senza testa. Movimento democratico e federalismo nella Francia rivoluzionaria 1789-1795*, Morano, Napoli 1992

A. Forrest, *La Rivoluzione francese*, Il Mulino, Bologna 1999
F. Furet (a cura di), *L'eredità della Rivoluzione francese*, Laterza, Roma-Bari, 1988
– e D. Richet, *La Rivoluzione francese*, 2 voll., Laterza, Roma-Bari 2003
J. Godechot, *La Rivoluzione francese. Cronologia commentata 1787-1799*, Bompiani, Milano 2001
L. Hunt, *La Rivoluzione francese. Politica, cultura, classi sociali*, Il Mulino, Bologna 1997
R. Martucci, *L'ossessione costituente. Forma di governo e costituzione nella Rivoluzione francese (1789-1799)*, Il Mulino, Bologna 2001
A.M. Rao, C. Galderisi ed E. Rufi (a cura di), *Pro e contro la rivoluzione*, Salerno, Roma 1989
A. Soboul, *Storia della rivoluzione francese. Principi Idee Società*, BUR, Milano 1997
D. Sutherland, *Rivoluzione e controrivoluzione. La Francia dal 1789 al 1815*, Il Mulino, Bologna 2000
T. Tackett, *In nome del popolo sovrano. Alle origini della Rivoluzione francese*, Carocci, Roma 2000
–, *Un re in fuga. Varennes, giugno 1791*, Il Mulino, Bologna 2006
M. Vovelle, *I giacobini e il giacobinismo*, Laterza, Roma-Bari 1998
–, *La Rivoluzione francese 1789-1799, prefazione di F. Diaz*, Guerini Scientifica, Milano 2003

Per l'economia e la società:

C. Donati, *Nobili e chierici in Italia tra Seicento e Settecento. Studi e ricerche storiche*, Cuem, Milano 2002
G. Huppert, *Storia sociale dell'Europa moderna*, Il Mulino, Bologna 2001
D.S. Landes, *Prometeo liberato. Trasformazioni tecnologiche e sviluppo industriale nell'Europa occidentale dal 1750 ai nostri giorni*, Einaudi, Torino 2000

P. Malanima, *Economia preindustriale. Mille anni: dal IX al XVIII secolo*, Bruno Mondadori, Milano 1995
S. Pollard, *La conquista pacifica. L'industrializzazione in Europa dal 1760 al 1970*, Il Mulino, Bologna 1989
M.E. Wiesner, *Le donne nell'Europa moderna 1500-1750*, Einaudi, Torino 2003

INDICI

INDICE DEI NOMI

INDICE DELLE CARTINE

RIFERIMENTI ICONOGRAFICI

© Foto Scala, Firenze:

1. *Entrata in Milano di Eugenio di Savoia a capo dell'esercito austro-piemontese*
4. Antoine Pesne, *Federico II il Grande Principe della Corona*
5. Jean-Marc Nattier, *Ritratto di Caterina I*
9. Anton Raphael Mengs, *Ritratto di Carlo III di Borbone*
12. Scuola austriaca, *Ritratto di Maria Antonietta*
13. Johann Nepomuk Geiger, *Leopold Mozart con i figli Wolfgang e Nanneri al piano*
14. Francesco Guardi, *L'ascesa della mongolfiera*
16. Pierre-Antoine Demachy, *Demolizione della Bastiglia*

© The Bridgeman Art Library:

2. Scuola austriaca, *Il principe Eugenio di Savoia nell'assedio di Belgrado*
3. Scuola italiana, *Ritratto di Antonio Vivaldi*
6. Jean Huber, *Ritratto di Voltaire*
7. Alessandro Longhi, *Ritratto di Carlo Goldoni*
8. Louis-Michel van Loo, *Luigi XV*

© Fototeca Gilardi:

10. *Maria Teresa d'Austria con la sua famiglia*
11. A. Perego, *La redazione del «Caffè»*
15. *Il giuramento della Pallacorda*

SOMMARIO

APPENDICE

INDICI

Finito di stampare nel mese di settembre 2010 presso
Grafica Veneta S.p.A
Via Malcanton, 2 - Trebaseleghe (PD)

Printed in Italy

RCS Libri

ISBN 978-88-17-04432-5